GUSTAVE FLAUBERT

Une manière spéciale de vivre

PIERRE-MARC DE BIASI

GUSTAVE FLAUBERT

Une manière spéciale de vivre

GRASSET

© Éditions Grasset & Fasquelle, 2009.
ISBN 978-2-253-15615-4 – 1ʳᵉ publication LGF

A Pierre Dumayet

« Les chevaux et les styles de race ont du sang plein les veines, et on le voit battre sous la peau et les mots, depuis l'oreille jusqu'aux sabots. La vie ! la vie ! bander, tout est là ! C'est pour cela que j'aime tant le lyrisme. »

A Louise Colet, Croisset, 15 juillet 1853

Le troisième Flaubert

Qu'est-ce qu'une vie d'écrivain ? Une enfance, des amours, des voyages, des amitiés, des soucis d'argent, des mondanités, des succès, des revers... oui, sans doute, comme pour chacun d'entre nous. Mais au fond, tout cela a-t-il vraiment quelque chose à voir avec ce qui nous intéresse le plus : l'œuvre, l'écriture, le style, le message qui font que cette vie-là, justement, est celle d'un *écrivain* et ne ressemble pas à toutes les autres ? En réalité, qu'aurai-je gagné à connaître avec précision ses habitudes alimentaires, ses façons de s'habiller ou ses fréquentations nocturnes si, au bout du compte, je n'ai toujours pas une idée plus claire de ce qui a fait de lui l'auteur que j'admire, de ce qui l'a poussé à créer, de ce qui l'a *inspiré* ?

La question touche naturellement toute entreprise biographique mais elle devient cruciale quand on aborde une figure comme celle de Gustave Flaubert pour au moins deux raisons. La première est formelle : si Flaubert a révolutionné l'histoire du genre romanesque, c'est au nom de nouvelles exigences – l'impersonnalité, le refus de conclure, la relativité des points de vue – qui installent au cœur de son écriture une figure du vide : « personnalité de l'auteur : absente ». Comment, dans ce cas, partir à la recherche de l'écrivain dans l'œuvre sans trahir son projet et surtout sans risquer de s'égarer ? Flaubert n'évite aucune occasion de rappeler que le grand art est sans rapport avec l'existence réelle du créateur et il n'a pas de mots assez durs pour en parler : des choses de la vie quotidienne, il dit simplement « Arrière, guenilles ! ». Pour lui, l'œuvre est tout, l'homme n'est rien. Le plus beau cadeau que pourrait lui faire la postérité serait de ne rien savoir de sa vie contingente, en lisant ses textes comme s'il n'avait jamais existé.

Tel que Flaubert la conçoit sous son rapport théorique et formel, la situation, on le voit, n'est déjà pas très engageante pour le biographe, mais le problème s'aggrave encore démesurément si l'on considère l'autre côté des choses : le versant « guenilles » et contingences de la vie. Là, c'est bien pire : non seulement nul ne doute que Flaubert a existé, mais chacun peut se faire une idée très précise de son agenda en se plongeant dans les cinq mille pages de sa *Correspondance*, dont la richesse et le style font l'une des plus éblouissantes œuvres épistolaires de notre littérature. A l'impersonnalité structurale de l'œuvre répond ici une exceptionnelle réussite de l'écriture du quotidien, tour à tour profonde, cinglante, drôle, émouvante, où le lecteur se trouve d'emblée placé, on ne peut plus directement, en face de l'homme et de toutes ses qualités.

On comprend aisément pourquoi, dans ces conditions, il existe si peu de biographies de Flaubert. Alors, pourquoi ce livre ? D'abord parce que la difficulté, en matière d'écriture, est toujours excitante : pour le plaisir, donc, de risquer l'impossible. Ensuite, et surtout, parce que, entre les deux Flaubert qui semblaient occuper tout le terrain – celui impersonnel des œuvres, et celui inimitable des lettres –, on a vu se profiler, depuis quelques années, *un troisième Flaubert*, beaucoup plus difficile à aborder, et bien moins connu, qui permet pour la première fois peut-être de comprendre la médiation entre l'auteur et l'homme : le Flaubert des manuscrits et des carnets, précisément l'écrivain, l'homme-plume au travail.

C'est ce troisième Flaubert que ce livre cherche à deviner, de l'intérieur même de son écriture à l'état naissant. Comment devient-on un fou de littérature ? Qu'est-ce que le « dada » de l'écriture ? A quel prix une nouvelle façon d'écrire peut-elle être aussi un style de vie ? Quels secrets intimes se trouvent cryptés sous la beauté marmoréenne des œuvres ? Qu'est-ce que nous cache la *Correspondance* ? Qu'est-ce qu'on ne sait pas sur Flaubert ? Voilà les questions que cette enquête biographique pas comme les autres voudrait poser dans cet entre-deux de l'existence et de la littérature que nous révèlent les manuscrits, en cherchant à comprendre pourquoi *écrire* pour Flaubert n'était rien moins qu'une question de vie ou de mort. Une question grave, mais affirmative, et joyeuse aussi.

« Après mille réflexions, j'ai envie d'inventer une autobiographie chouette, afin de donner de moi une bonne opinion :

1° Dès l'âge le plus tendre, j'ai dit tous les mots célèbres dans l'histoire : nous combattrons à l'ombre – retire-toi de mon soleil – quand vous aurez perdu vos enseignes et guidons – frappe, mais écoute, etc. ;

2° J'étais si beau que les bonnes d'enfant me masturbaient à s'en décrocher les épaules... et la duchesse de Berry fit arrêter son carrosse pour me baiser (historique) ;

3° J'annonçai une intelligence démesurée. Avant dix ans, je savais les langues orientales et lisais la *Mécanique céleste* de Laplace ;

4° J'ai sauvé des incendies 48 personnes ;

5° Par défi, j'ai mangé un jour XV aloyaux, et je peux encore, sans me gêner, boire 72 décalitres d'eau-de-vie ;

6° J'ai tué en duel trente carabiniers. Un jour nous étions trois, ils étaient dix mille. Nous leur avons foutu une pile !

7° J'ai fatigué le harem du grand Turc. Toutes les sultanes, en m'apercevant, disaient : "Ah ! Qu'il est beau ! Taïeb ! Zeb ketir !"

8° Je me glisse dans la cabane du pauvre et dans la mansarde de l'ouvrier pour soulager des misères inconnues. Là, je vois un vieillard... ici une jeune fille, etc. (finis le mouvement), et je sème l'or à pleines mains ;

9° J'ai huit cent mille livres de rentes. *Je donne des fêtes* ;

10° Tous les éditeurs s'arrachent mes manuscrits ;

sans cesse je suis assailli par les avances des cours du Nord ;

11° Je sais le "secret des cabinets" ;

12° (et dernier). Je suis religieux !!! J'exige que mes domestiques communient. »

A Ernest F<small>EYDEAU</small>, dimanche, Croisset,
21 août 1859.

Comme un sauvage fait de son cheval

Pierre Dumayet – « *Pourvu que mes manuscrits durent autant que moi, c'est tout ce que je veux. C'est dommage qu'il me faudrait un trop grand tombeau ; je les ferais enterrer avec moi comme un sauvage fait de son cheval. Ce sont ces pauvres pages-là, en effet, qui m'ont aidé à traverser la longue plaine* »... Encore le cheval !

Pierre-Marc de Biasi – C'est quand même un mystère, cet amour total de Flaubert pour le cheval. En Normandie, dès qu'il a un moment de liberté, il va galoper sur la plage ; quand il part en Orient, il est fou de joie à l'idée de rester presque deux ans en selle ; quand il s'est précipité vers le Sphinx, dans le désert, en Égypte, il a presque fait mourir son cheval sous lui... Et en même temps, ce sont ses manuscrits qui sont comme un cheval : un cheval autographe, quoi...

P.D. – Tiens, et là justement, en 54, écoute ça. Il écrit à Louise Colet : « *Je crois que me voilà renfourché sur mon dada. Fera-t-il encore des faux pas à me casser le nez ? A-t-il les reins plus solides ? Est-ce pour longtemps ? Dieu le veuille ! Mais il me semble que je suis remis. J'ai fait cette semaine trois pages et qui, à défaut d'autre mérite, ont au moins de la rapidité. Il faut que ça marche, que ça coure, que ça fulgure, ou que j'en crève ; et je n'en crèverai pas. »*

P.-M.B. – En fait, cette image du cheval, chez Flaubert, est presque toujours là, comme un principe, comme une sorte de métaphore permanente de l'écriture... Le cheval qui regimbe et qui finirait par vous faire tomber, la tête la première sur le pavé, ou le canasson qui manque de crever tant la pente qu'on lui fait monter est rude, ou celui qui caracole et qui galope : autant de façons, finalement, de parler de son travail d'écrivain... D'accord, il travaille dur, comme un vrai cheval... Mais, au fond, qu'est-ce que ça veut dire ? Et au-delà des images, il y a encore quelque chose de beaucoup plus énigmatique, c'est que Flaubert aurait aimé « être » cheval... ?

P.D. – Il dit aussi qu'il aurait aimé être femme... Ce n'est pas tout à fait incomparable, à mon avis. Être cheval, ça veut dire être autre, et puis ça veut dire aussi avoir davantage de cheveux... Le cheval a quand même davantage de cheveux que l'homme. Et puis la chevelure, c'est l'image de la corruption. Quand Justin, le petit domestique du pharmacien Homais, voit Madame Bovary défaire ses cheveux : c'est le comble de ce qui peut lui arriver de bien, non ? Donc, on peut évidemment parler de la crinière d'un homme, mais si je pense à la chevelure d'un cheval, je suis obligé de constater qu'il y a plus de rapports entre chevelure et cheval, ou cheveux et chevaux, qu'entre par exemple crinière et chignon, même si on parle aussi de chignon pour les chevaux... Non ?

Il y a autre chose qui me frappe. Il n'aimait pas beaucoup Stendhal. Je ne sais pas pourquoi, c'est dommage, mais il ne l'aimait pas beaucoup. Il devait quand même avoir des raisons sérieuses pour ça. Des raisons d'écriture. Or, dans *La Chartreuse de Parme*, Fabrice passe son temps à se faire voler son cheval. J'ai su le nombre exact de fois, j'ai oublié, mais je crois me souvenir que ça dépasse la dizaine. Eh bien ! je pense que Flaubert est quelqu'un qui ne veut pas se laisser voler son cheval. Pour rien au monde, jamais ! Pour qu'on ne le confonde, à aucun moment possible, avec Stendhal...

Et puis, quand même, dans *Madame Bovary*, pour la scène de la baisade, au fond des bois, le rôle des chevaux est important. Au moment où Emma et Rodolphe vont faire l'amour pour la première fois, les chevaux, si j'ose dire, y sont pour beaucoup. D'abord parce que c'est à cheval qu'ils sont venus tous les deux jusque-là, ensuite, parce que les chevaux se sont l'un et l'autre laissé attacher sans broncher, parce qu'ils font un peu de bruit, et que, dans leur langage, le frémissement que font entendre ces chevaux, le bruit de leurs sabots chassant les pommes de pin, déterminent la conversation entre Emma et Rodolphe. C'est une musique de cheval.

P.-M.B. – Et il y a la lettre nocturne où Flaubert raconte à Louise Colet qu'il vient de passer la journée à écrire cette baisade, et qu'il l'a réussie... Et, là, qu'est-ce qu'il lui dit ? Il lui explique qu'il a été tout à la fois, l'homme, la femme, les chevaux et la forêt... C'est la lettre du 22 décembre 1852 : « Voilà une des rares journées de ma vie que j'ai passée dans l'illusion, complètement et depuis un bout jusqu'à l'autre. (...) Aujourd'hui par exemple, homme et femme tout ensemble, amant et maîtresse à la fois, je me suis promené à cheval dans une forêt, par un après-midi d'automne, sous des feuilles jaunes, et j'étais les chevaux, les feuilles, le vent, les paroles qu'ils se disaient et le soleil rouge qui faisait s'entrefermer leurs paupières noyées d'amour... »

P.D. – Tu vois, il le dit bien : il a été homme, femme, cheval... Il l'a été. C'est vrai aussi. *Il l'a été* [1]...

---

1. D'après une conversation à bâtons rompus entre l'auteur et Pierre Dumayet, *in* Pierre-Marc de Biasi, « Flaubert », Radio libre, 2001, France Culture.

CHAPITRE 1

Dada de l'écriture

Il a raison, Pierre Dumayet : homme, femme et cheval, *il l'a été*, Gustave Flaubert. C'est ce qu'il appelait, faute de mieux, vivre dans « l'illusion » de l'écriture. Alors, peut-être que l'on pourrait raconter toute sa vie sans perdre de vue un seul instant le cheval. Même s'il a un rival très sérieux qui est l'ours – le vieil ours, l'ours blanc des glaces, l'ours brun des forêts, l'ours dans sa tanière, sans oublier l'ours de foire –, de toutes les bêtes qui prolifèrent de manière plus ou moins fantastique dans la *Correspondance*, les *Carnets* et les œuvres de Flaubert, la figure la plus fréquente, la plus familière et la plus aimée, c'est *le cheval*.

Où que l'on regarde, il y a presque toujours un cheval qui rôde dans les parages. Des chevaux dans la *Correspondance* ? On en trouve près de deux cents. Dans les romans ? Des foules de chevaux, des haras entiers, des hordes, des manades. Plus de soixante-dix dans *Madame Bovary* et toujours à des moments clés : c'est « le bruit d'un cheval » qui sort Charles de son sommeil en pleine nuit quand on vient l'avertir qu'il doit se rendre à la ferme des Berteaux, là où il va tomber amoureux de la jeune

Emma. C'est encore à cheval que la même Emma, toute fière d'avoir un amant, aura l'audace de caracoler dans les rues de Yonville, au retour de la fameuse baisade. Pour *Salammbô*, ce sont près de quatre-vingts occurrences avec, dans les meilleurs moments, des panoramiques où les destriers de combat déferlent par milliers. Quant à *L'Éducation sentimentale*, le récit met en scène près de cinquante figures équestres, depuis les chevaux chic des Champs-Élysées et du Champ-de-Mars jusqu'au cadavre de cheval gisant sous l'Arc de triomphe en février 48, en passant par les fantasmes des personnages qui se métamorphosent quelquefois eux-mêmes en chevaux dans leurs rêves, comme cet ambivalent de Frédéric Moreau, moins amoureux peut-être de Marie que de son mari Jacques Arnoux avec qui il partage les charmes de la pétulante maréchale : « il lui semblait qu'il était attelé près d'Arnoux, au timon d'un fiacre, et que la Maréchale, à califourchon sur lui, l'éventrait avec ses éperons d'or ». A quoi il faut encore ajouter les trente chevaux de *Bouvard et Pécuchet* et une quarantaine de plus pour la *Tentation* et *Trois Contes*, avec des cas sidérants comme cette vision hallucinée de Félicité dans *Un cœur simple*, quand Flaubert braque brusquement sa caméra vers le ciel : « elle se crut folle, en apercevant des chevaux dans le ciel. Au bord du quai, d'autres hennissaient, effrayés par la mer. Un palan qui les enlevait les descendait dans un bateau ».

Comment oublier, dans *Hérodias*, les pur-sang d'Hérode ? Ces chevaux sublimes à robe blanche que le Tétrarque cherche à dissimuler au Proconsul Vitellius, dans les vastes écuries secrètes de la citadelle de Machaerous. On sait que Flaubert, pour les décrire, s'était inspiré d'un bas-relief en marbre, aperçu dans les galeries assyriennes du British Museum (*Carnet 13*, f°28 v°), mais il n'est pas difficile de sentir que la tendresse d'Hérode-Antipas pour ces bêtes « merveilleuses » est d'abord celle de Flaubert lui-même, qui se fabrique par les mots une écurie à la mesure de sa passion :

> « Des chevaux blancs étaient là, une centaine peut-être, et qui mangeaient de l'orge sur une planche au niveau de leur bouche. Ils avaient tous la crinière peinte de bleu, les sabots dans des mitaines de sparterie, et les poils d'entre les oreilles bouffant sur le frontal comme une perruque. Avec leur queue très longue, ils se battaient mollement les jarrets. Le Proconsul en resta muet d'admiration.
>
> C'étaient de merveilleuses bêtes, souples comme des serpents, légères comme des oiseaux. Elles partaient avec la flèche du cavalier, renversaient les hommes en les mordant au ventre, se tiraient de l'embarras des rochers, sautaient par-dessus des abîmes, et pendant tout un jour continuaient dans les plaines leur galop frénétique ; un mot les arrêtait. Dès que Iacim entra, elles vinrent à lui, comme des moutons quand paraît le berger ; et, avançant leur encolure, elles le regardaient inquiètes avec leurs yeux d'enfant. Par habitude, il lança du fond de sa gorge un cri rauque qui les mit en gaieté ; et elles se cabraient, affamées d'espace, demandant à courir. »
>
> *Hérodias*, II.

Au total, donc, combien de chevaux dans les textes de Flaubert ? Plus de cinq mille, qui hennissent et galopent, dans près de trois cents fragments narratifs. Alors, bien sûr, les prosaïques et les désabusés vont dire : Pardi ! la belle affaire ! comment s'en étonner ? A l'époque, le cheval occupe une place essentielle dans la vie de tous les jours, et en somme, c'est comme ça depuis l'Antiquité. Pour se déplacer, le plus simple et le plus rapide, c'est de monter en selle. En dehors de la récente machine à vapeur – dont la puissance se mesure d'ailleurs en chevaux-vapeur – c'est le cheval qui tient lieu de moteur pour tout ce qui roule, de la charrue à la diligence, du tilbury à la charrette, du fiacre à l'omnibus...

Assurément mais, ici, c'est de tout autre chose qu'il est question : il s'agit d'amour, de passion. Gustave est bon cavalier depuis l'enfance. Il *adore* monter, partir à fond de train n'importe où, sauter les talus, au risque de la chute. Il va s'aguerrir jusqu'à l'excellence au fil des longues randonnées et des courses éperdues qu'il fera en Orient. S'envoler au galop, à travers les plaines ou le désert, dévorer l'espace, cheveux au vent, sous le ciel bleu... pour lui, c'est l'Olympe. Et c'est indiscutable : comment ressentir, plus intensément qu'en plein galop, l'ivresse de la vitesse, l'infini de la liberté, l'énergie vitale qui vous bat dans les veines et celle qui palpite sous la peau de votre cheval, comme si vous ne faisiez plus qu'un avec lui ? Puissance, autonomie, rapidité, mais aussi élévation.

Ce n'est pas seulement par la hauteur des étriers que l'on prend de l'altitude quand on est à cheval. Le cheval a derrière lui quatre mille ans d'histoire. Au point que l'Histoire pourrait se résumer à une hagiographie cavalière : une succession de chevauchées et de figures équestres. Supprimez le cheval, et la légende des siècles devient tout à fait impraticable. Si vous vous représentez Alexandre, comment le voyez-vous ? Sur Bucéphale, ou sur son char de guerre, les brides à la main. Et quelle est la formule de Hegel, après avoir aperçu Napoléon à Iéna ? « J'ai vu l'esprit du Monde qui passait à cheval. » Mais qui ennoblit qui ? Flaubert adorait Buffon pour le nombre insensé de ses ratures, la beauté de sa langue et l'immensité de son œuvre, mais aussi parce que le naturaliste mettait son point d'honneur à porter des manchettes de luxe et ses plus beaux vêtements d'apparat avant de s'enfermer dans son cabinet de travail. C'est donc en habit que Buffon a forgé la célèbre sentence : « le cheval est la plus noble conquête de l'homme ». Que voulait-il dire ? Que, de toutes les domestications du règne animal par l'homme, celle du cheval a été la réussite la plus brillante : une sorte d'alliance sans servitude, une véritable réciprocité. Donc que la conquête était mutuelle, aussi objective que subjective : l'homme a été *conquis* par le cheval et c'est sa propre noblesse que le cheval délègue au cavalier. Le cheval vous adoube. La plus modeste monture – comme la Rossinante de Don Quichotte – suffit à faire de vous un chevalier. C'est que le cheval change votre regard : il vous rend capable de voir de plus haut, c'est-à-dire plus largement et plus loin. Et tant mieux si quelquefois il vous fait prendre les moulins pour des géants. En termes nietzschéens, il vous extrait de la masse des bêtes à cornes : il vous arrache à la pesanteur du troupeau, il fait de vous un danseur, un seigneur. La majesté que le cavalier reçoit de sa monture est beaucoup plus qu'une satisfaction d'âme ou un plaisir, c'est une joie à la fois spirituelle et physique, une véritable jouissance.

Cette sensation de souveraineté, le cavalier Flaubert l'a ressentie plus d'une fois en Orient ; par exemple, en septembre 1850, au Liban, entre Tripoli et Marine, lorsqu'il note dans son calepin : « Je jouis du plaisir d'être seul, d'aller au galop, à cheval, en plein soleil ; l'ombre du gland de mon tarbouch saute par terre, sur l'herbe mince ; avec ma grande pelisse étalée devant moi j'ai des allures majestueuses de pacha » (*Carnet de voyage 6*, f°51).

Même expérience, en avril-mai 1858, quand Flaubert, parti pour enquêter sur les traces de la civilisation carthaginoise, passe près de deux mois, sans descendre de cheval, à sillonner la Tunisie et l'Est algérien. Sur le chemin du retour, entre Le Kef et Constantine, le 26 mai, juste avant d'atteindre Souk Ahras, il file au grand galop quand, tout à coup, il débouche dans un douar. Son arrivée est saluée à coups de fusil en l'air, avec *zagarit* et *fantasia* ; on l'accueille comme un vrai seigneur du désert et, tandis qu'il ralentit sa monture, les nomades sortent des tentes pour lui baiser les mains : « Surprise du douar. Femmes au bord des tentes sans voiles. Je galopais, ma pelisse sur mes genoux, mon takieh sous mon chapeau. Zagarit, coups de fusil, fantasia – le fils du caïd en ceinture rouge. Souk'aras ! Souk'aras ! – tout cela envolé dans le mouvement, j'ai ralenti devant les tentes – ils vont venir me baiser les mains, me prendre les pieds – *de quelle nature était l'étrange frisson de joie qui m'a pris. J'en ai rarement eu (jamais peut-être ?) une pareille.* Le fils du Caïd (son père galopent longtemps à côté et devant moi » (*Carnet de voyage 10*, ff°65 - 65 v°).

Il n'a pas tort de se poser la question, Flaubert : de quoi est faite cette jubilation ? Ne serait-ce pas quelque chose comme l'exaltation des confins ? la joie d'être reconnu comme un suzerain par des populations dont on admire la fierté, l'enchantement du légendaire associé à l'ivresse des solitudes et à une certaine fascination pour la culture arabe... ? Alors, aucun doute, c'est le syndrome de Lawrence. Excepté le goût du sang et de la guerre (qui le hante aussi, mais qu'il ne satisfait que par le rêve et la fiction), ce que Flaubert ressent, c'est la gloire des *Sept Piliers de la sagesse* : le tropisme du désert, l'exultation d'être l'étranger venu des confins que l'on aime et que l'on admire, le faste d'apparaître et de ne faire que passer, comme l'image fougueuse de l'indépendance, dans un nuage de poussière, à cheval.

Mais il y a encore autre chose. L'équitation a secrètement partie liée avec l'écriture. Ce lien mystérieux, pour Gustave, relève de l'évidence depuis l'enfance : on éprouve la même délivrance et la même joie, la même sensation de plénitude et d'évasion à se plonger dans un roman de Walter Scott, à gambader à travers la campagne sur le dos d'un cheval, et à se creuser la cervelle pour inventer un drame historique ou un conte oriental. Tenir une plume, d'ailleurs, c'est comme être en selle. Pour celui qui écrit, la plume d'oie, par exemple, est un cheval : on l'enfourche entre ses doigts comme on enfourche une monture entre ses jambes. Si le cavalier et la bête font bon équipage, si c'est un jour faste pour avancer droit devant, la plume alerte et infaillible comme un pur-sang franchira tous les obstacles : elle vous fera voler de page en page, jusqu'à la fin du chapitre, avec la facilité que l'on éprouve dans les rêves. Mais gare, si c'est un mauvais jour : le moindre accident du terrain l'arrêtera tout net, et si vous insistez, rien ne dit que la plume rétive ne finira pas par vous égarer en allant où bon lui semble, ou par désarçonner la main qui la chevauche, ou par crever sous sa monture.

Au fil des années, évidemment, cette équation phénoménologique entre écrire et galoper, va se transformer et changer de sens ; mais au lieu de disparaître, ou de s'atténuer, elle va se préciser. Quand Gustave était jeune, disons au moins jusqu'en 1845 ou 1848, l'équivalence reposait sur deux principes : le plaisir et la rapidité. S'il y a une écriture de jeunesse chez Gustave, et il y en a une, en effet, qui se distingue techniquement de tout ce qui va suivre, sa première caractéristique est la *vélocité*.

Écrire est une épreuve existentielle qui implique l'idée de performance, la prouesse presque sportive : il s'agit de rédiger au rythme même de son imagination, en filant droit devant soi, le plus vite et le plus loin possible. Ce n'est pas l'écriture automatique des Surréalistes, mais ça y ressemble, et pour cause : c'est l'écriture ultraromantique. L'analogie équestre est immédiate et sans reste :

on galope ventre à terre, en piquant des deux, comme on avale un livre en deux heures, ou comme on écrit un récit sans désemparer, à toute vitesse, en se laissant emporter par sa plume, sans se retourner sur ses phrases ni revenir sur ses pas. Spontanéité, énergie, promptitude : l'écriture est un défi, un engagement total de soi qui ne vaut qu'à l'état de premier jet à la fois initial et définitif : une rédaction ultrarapide, comme dans *La Femme du monde !* un bref récit en 27 paragraphes dont le manuscrit porte fièrement la mention : « dans la nuit du 1er au 2 juin 1836, fait en moins d'une demi-heure ». On est évidemment très loin du Flaubert champion de la rature passant trois jours à réécrire vingt fois le même paragraphe. On est même aux antipodes.

Si l'écriture est cette expérience existentielle, au fond, à quoi bon publier ? Elle se suffit à elle-même. C'est le principe de plaisir et de gratuité : « (…) je me suis condamné à écrire pour moi seul, pour ma propre distraction personnelle, comme on fume et comme on monte à cheval. Il est presque sûr que je ne ferai pas imprimer une ligne et mes neveux (…) entoureront la chandelle de leur cuisine avec les contes orientaux, drames, mystères, etc., et autres balivernes que j'aligne très sérieusement sur du beau papier blanc » (à Louise Colet, Croisset, 23 octobre 1846).

Même si l'on sait qu'il y a de mauvais jours, chevaucher sa plume devient vite une seconde nature. On y prend goût. A force d'être, comme le galop, synonyme de force vitale, de grands espaces et de rêverie éveillée, l'exercice de la littérature peut devenir une assuétude, une sorte de manie ou d'addiction, dont on ne peut pas plus se passer que de monter à cheval. Alors, la plume change de nom : elle reste cheval, mais avec une autre appellation. Après un long moment de blocage et de chevauchée impossible, quand Flaubert, encore méfiant, se remet à écrire, avec l'espoir que, cette fois, la rédaction va repartir de plus belle et ira bon train, il ne parle plus de « cheval », il dit : « Je crois que me voilà renfourché sur mon dada. Fera-t-il encore des faux pas à me casser le nez ? A-t-il les reins plus solides ? Est-ce pour longtemps ? Dieu le veuille ! (…) » (à Louise Colet, Croisset, 25 février 1854, c'est moi qui souligne). La plume est un peu plus qu'un cheval, c'est un *dada*.

A la fois monture fougueuse et idée fixe, le dada est quelque chose qui vous appartient en propre, ce que vous avez de plus secret, de plus personnel : la seule chose peut-être dont vous ayez vraiment la maîtrise. Mais en même temps, le dada vous domine, il vous assujettit à l'obligation de vous libérer de tout ce qui n'est pas lui pour devenir ce que vous rêviez : il est l'instrument de liberté dont vous êtes l'instrument, il vous arrache à votre propre inertie, à votre être-là au point de vous rendre méconnaissable à vous-même et aux autres. Méconnaissable et peut-être insupportable : désinvolte, hardi, discourtois, hautain, impertinent, intempestif. Nietzsche s'est trompé sur Flaubert en voyant en lui un homme « assis ».

Le dada de Flaubert, c'est cette façon cavalière à lui d'exister : la plume ou la bride à la main, le cul rivé à la selle ou au fauteuil, mais toujours avec devant soi, physiquement ou en esprit, l'immensité du monde et de ses rêves. Au fond, il n'y a pas trente-six façons de vivre, il n'y en a que deux, ou peut-être trois avec la chevauchée amoureuse, mais pas plus.

On peut vivre à dada sur son pur-sang, comme Attila, quand il surgit avec ses hordes déferlantes, du fin fond des steppes d'Asie centrale, sur les terres civilisées pour les ravager : « Que ne me réveillai-je à la lueur des villes incendiées ! J'aurais voulu… galoper sur des peuples courbés et les écraser des quatre fers de mon cheval, être Gengis Khan, Tamerlan, Néron... » (*Novembre*).

On peut vivre à dada sur sa plume pour donner réalité à ses chimères. La plume entre les doigts, et sauter de ligne en ligne, c'est comme être à dada sur son bidet à bascule, en se faisant aller et venir jusqu'à la transe, bien accroché à ses rêves, jusqu'à ce qu'ils deviennent visibles derrière les paupières et formulables au fond de la gorge.

Le mot « dada » est magique. C'est un talisman. Quelquefois, il suffit de l'invoquer pour guérir. Flaubert ne trouve pas de meilleure formule pour remonter le moral de son pauvre Louis Bouilhet qui vient d'essuyer un cuisant échec et qui s'avoue incapable de se remettre à écrire : « Donne-toi bien vite, pendant que tu y es, une bosse de désespoir et puis finis-en. Sors-en. Remonte sur ton *dada* et mène-le à grands coups d'éperon. (...) Je t'embrasse de toute mon amitié et de toute ma littérature ; à toi, à toi » (à Louis Bouilhet, Croisset, 30 septembre 1855, c'est moi qui souligne). Le dada de l'écriture n'est pas seulement un destin, c'est une injonction, un impératif aussi catégorique que le devoir moral. Le dernier mot de la raison pratique ? Le ciel étoilé au-dessus de ma tête et un cheval entre mes jambes, ou une plume entre mes doigts.

Si la plume est un dada, être un écrivain digne de ce nom suppose de vivre à dada sur sa plume, sans jamais désemparer. Au point de ne plus vivre que comme cela et pour cela. Mais alors, quand Flaubert dit qu'il est un *homme-plume*, que veut-il dire ? Quand Flaubert déclare « Je suis un homme-plume. Je sens par elle, à cause d'elle, par rapport à elle et beaucoup plus avec elle » (à Louise Colet, Croisset, 31 janvier 1852), ce qu'il avoue positivement, c'est qu'il est devenu lui-même complètement dada. Littéralement dada, comme Tzara ?

C'est quoi, à proprement parler, un dada ? Pour les enfants, le « dada » est un cheval ; pour les adultes, au sens figuré, c'est un sujet ou une occupation qu'on aime par-dessus tout, une tocade qui peut tourner à l'idée fixe, une façon de se faire plaisir que l'on n'a pas forcément envie de partager avec tout le monde : une sorte de manie, comme le jardin secret de Binet, par exemple dans *Madame Bovary*, quand il s'enferme dans son grenier pour fabriquer des ronds de serviette ou des sphères sculptées, en s'appliquant à ne pas se tromper avec son tour à bois. Et quel rapport entre le cheval et ce genre de marotte ?

En fait, ce n'est pas d'hier, en français, qu'on utilise l'onomatopée « dada » pour dire « cheval ». Dans le langage imitatif des enfants, le mot est attesté depuis le début du XVIe siècle, 1508 exactement. Quant au sens figuré de « dada », pour parler d'un sujet favori, ou d'un divertissement de prédilection, c'est-à-dire de ce que les Anglais appellent un *hobby,* il s'agit d'une invention beaucoup plus récente. Elle nous vient justement d'une adaptation de l'anglais. C'est Fresnais, en 1776, pour traduire l'œuvre de Laurence Sterne, *Vie et opinions de Tristram Shandy*, qui choisit de rendre *hobby-horse* par « dada ». Le mot plaît tout de suite énormément. Le premier XIXe siècle français est très anglophile et les gens chic, comme Stendhal, continuent à parler de « hobby ». Mais le mot « dada » enchante : il est plus inattendu, plus fou, il amuse beaucoup les Russes de passage à Paris, on lui fait un succès de mode. Le mot charme, mais la chose séduit aussi : avoir une manie à soi n'est plus un défaut dont il faudrait se cacher ; au contraire, c'est un signe de distinction, une grâce, un goût original, un trait de personnalité, une façon de se poser vis-à-vis des autres.

Balzac, dans *Autre étude de femme* en 1842, y voit un des concepts cardinaux de la psychologie sociale : « Un homme qui n'a pas de dada ignore tout le parti qu'on peut tirer de la vie. Un *dada* est le milieu précis entre la passion et la monomanie. » Pour Balzac, le « dada » par excellence, c'est la collection, le désir irrépressible d'acquérir des objets d'art en les dénichant chez les brocanteurs : une nouvelle pratique à laquelle il se voue lui-même jusqu'à la folie pour transformer en palais des *Mille et Une Nuits* l'hôtel particulier où il rêve de vivre avec Mme Hanska. Dans cette marotte, que Du Sommerard, Sauvageot et quelques autres sont en train de transformer en une véritable pratique de création, Balzac voit la nouveauté d'un rite social naissant, une sorte de profession inédite. Il en élabore la théorie dans *Le Cousin Pons*, en inventant de toutes pièces le système de la collection moderne, et en forgeant pour son récit deux mots qui n'existaient pas encore dans les usages en 1847 : le nom « collectionneur » et le verbe « collectionner[1] ». Avant lui, on disait « amateur », « cabinet de curiosités ». Et Balzac savait de quoi il parlait : la collection pour lui était un véritable « dada » ; il avait fini par y consacrer tous ses droits d'auteur, jusqu'au dernier sou, et au-delà.

Ce n'est pas du tout le cas de Flaubert : il apprécie le luxe, il aurait même spontanément un penchant pour l'opulence, et il déteste les produits industriels fabriqués

---

1. Pierre-Marc de Biasi, « Système et déviances de la collection à l'époque romantique (*Le Cousin Pons*) », *Romantisme* n° 27, éd. CDU et SEDES, Paris, 1980, pp. 79-93. Voir aussi « La collection Pons comme figure du problématique », dans *Balzac et les Parents pauvres*, CDU et SEDES, Paris, 1981, pp. 61-73.

en série ; mais on ne lui connaît pas de pulsion particulière pour la collection, sauf, peut-être, pour les collections d'idioties. Épingler les plus beaux spécimens d'inepties, de préjugés et de formules toutes faites : là, oui, pour ce genre de curiosités, il serait capable de tout, même de fréquenter les bas-fonds ou la Cour impériale. A le voir étiqueter, classer et ranger jalousement ses échantillons dans ses albums (*Catalogue des idées chic*, *Album de la Marquise*, *Dictionnaire des idées reçues*, *Beautés de la Religion*, etc.) on est bien obligé de lui reconnaître un petit faible pour la manie du collectionneur. Pour la collection, ou plutôt pour le musée, car, même « hénaurmes », ces raretés immatérielles, au fond, il s'empresse de les rendre à tout un chacun : il ne les garde pas jalousement pour lui-même, il en fait la matière de ses livres.

En revanche, pour ce qui est de *collectionner* au sens propre – acquérir des tableaux, des sculptures, des objets précieux –, non, il n'ose pas. Il ne se sent pas assez fortuné peut-être, ou bien ce n'est pas sa tasse de thé : il n'en ressent pas le désir. Il aime passionnément les œuvres d'art, il n'aime sans doute que peu de choses aussi intensément, mais, sauf coup de folie imprévisible, sans désirer les posséder comme objets. Il n'a pas l'âme de ce que l'on commence à appeler un « collectionneur ». Admirer les chefs-d'œuvre sur les murs des musées lui va très bien. Il lui arrive tout de même d'être fasciné par un tableau au point d'en être obsédé, au point de vouloir en faire à tout prix sa propriété, pour en disposer à loisir. C'est ce qu'il a ressenti, par exemple, en 1845, au Palais Balbi, à Gênes, devant un tableau de Pieter Bruegel, *La Tentation de saint Antoine*. Ce tableau-là, oui, il aurait presque tout donné pour l'avoir : et comment ne pas vouloir le posséder ? C'était beaucoup plus qu'un tableau : il contenait la promesse et la formule secrète d'une œuvre à écrire. On le sait par deux pages de notes griffonnées dans un carnet en Italie (*Carnet de voyage* n°1, ff°23 et 30) et par une lettre à Alfred Le Poittevin : « J'ai vu un tableau de Bruegel représentant *La Tentation de saint Antoine,* qui m'a fait penser à arranger pour le théâtre *La Tentation de saint Antoine.* Mais cela demanderait un autre gaillard que moi. Je donnerais bien toute la collection du *Moniteur* si je l'avais, et 100 mille francs avec, pour acheter ce tableau-là, que la plupart des personnages qui l'examinent regardent assurément comme mauvais » (à Alfred Le Poittevin, Milan, 13 mai 1845). Faute de l'inaccessible Bruegel, il se contentera, le moment venu, d'une gravure de Jacques Callot qu'il accroche au mur de son cabinet, pour écrire la première version de l'œuvre (à Louise Colet, Croisset, 21-22 août 1846).

Même fascination et même réflexe d'appropriation, mais pour de tout autres raisons, à Rome, en 1851, devant la *Vierge à l'enfant* de Murillo dans la galerie Corsini. Là, il vaudrait mieux parler de coup de foudre : pour Flaubert, ce portrait, ces yeux, cette Vierge irrésistible avec son sein gauche en forme de poire… c'est l'idéal même de la beauté féminine, la synthèse parfaite de toutes les brunes qu'il a aimées, à la fois Élisa, Eulalie, Élodie, Léonie, Anna, Flora, Victoria, Koutchouk et toutes les petites fiancées du voyage en Orient. Il l'avoue à Louis Bouilhet : « Je suis amoureux de la Vierge de Murillo » (Rome, 4 mai 1851) ; et il lui en reparle, cinq jours plus tard : elle « me poursuit comme une hallucination perpétuelle » (9 mai). Comment vivre sans ce tableau ? Le voler ? En faire confectionner une reproduction ? Mais quelques jours plus tard, à Saint-Paul-hors-les-Murs, voilà qu'il croise la Vierge de Murillo dans la rue, sous l'apparence d'une irrésistible passante, aussi éblouissante que la femme du tableau : « Une rage subite m'est descendue, comme la foudre, dans le ventre, j'ai eu envie de me ruer dessus comme un tigre, j'étais ébloui ! » L'expérience lui ouvre les yeux : c'était le modèle qu'il voulait posséder, pas la toile de Murillo. De ce côté-là, c'est vrai, quand il est amoureux, Flaubert n'est pas seulement possessif et prédateur : il devient aussi fétichiste comme un véritable collectionneur. Ah ! les pantoufles à plumes de colibri que portait Louise l'autre soir, et ses chaussons à duvet de cygne, et son corsage, et son petit mouchoir, etc. Ces choses qui ont le parfum de l'amour, il aime les posséder, les palper, les sentir... Quoi de plus naturel ?

Pour le reste, toujours sous l'espèce du fétiche, mais sur un mode moins érotisé, il peut se sentir comme tout le monde, attaché à des objets pour des raisons sentimentales : un médaillon, une bague, une maison, une mèche de cheveux... sans égard pour leur valeur marchande ou leur rareté. De ses voyages, il ne rapporte d'ailleurs que peu de « curiosités », si ce n'est un fouillis de modestes objets, comme un grand plateau de cuivre pour y ranger ses réserves de plumes taillées près de son bureau à Croisset, ou quelques souvenirs bizarres pour décorer son cabinet de travail : d'Égypte, par exemple, deux pieds de momie... Les frères Goncourt les avaient remarqués dès leur première visite à Croisset : « çà et là, sur la cheminée, sur les tables, sur les planchettes des bibliothèques, et accroché à des appliques ou fixé aux murs, un bric-à-brac de choses d'Orient : des amulettes recouvertes de la patine vert-de-grisée de l'Égypte ; des flèches de sauvages, des instruments de musique de peuples primitifs, des plats de cuivre, des colliers de verroterie, le petit banc de bois sur lequel les peuplades de l'Afrique mettent leur tête pour dormir, s'assoient, coupent leur viande, enfin deux pieds de momie arrachés par Flaubert aux grottes de Samoûn, étranges presse-papiers, mettant au milieu des brochures, leur bronze fauve et la vie figée de muscles humains » (Goncourt, *Journal*, 29 octobre 1863).

Pourquoi des pieds de momie ? Par fétichisme ? Sans doute. Par déférence privée à Anubis ? Ça se pourrait bien. Gustave a des raisons personnelles d'aimer les momies : depuis 1845, il porte la marque du dieu sur la main, la droite. Mais, pour ce qui est d'accumuler les objets, c'est tout. Et c'est peu. Flaubert ne s'est jamais ruiné comme ses amis, les frères Goncourt, pour acheter une toile de maître, un bronze antique ou un dessin italien du XVIe siècle.

Non, Flaubert ne s'est pas laissé séduire par l'addiction à la mode : il n'a pas le dada de la collection, ni, d'ailleurs, semble-t-il, aucune autre monomanie de ce genre... Aucune, si ce n'est une triple prédilection dont le périmètre ne laisse finalement que peu de place à d'autres ambitions : une inclination éperdue pour la littérature, pour le désir amoureux et pour le cheval. Il y a, dans la *Correspondance*, une belle citation choisie par Gustave pour dire, de la façon la moins personnelle possible, son triple dada : « "Le Paradis en ce monde se trouve sur le dos des chevaux, dans le fouillement des livres ou entre les deux seins d'une femme !" (Poésie arabe contemporaine). N'est-ce pas que c'est très joli cela ? (...) » (à Louise Colet, Paris, 17 décembre 1851).

Donc, le cheval, les livres, l'amour : dans cet ordre. C'est comme ça, du moins, qu'il présente son idée du bonheur à sa maîtresse, quelques mois après être rentré d'Orient. Provocation ? Oui, évidemment : Flaubert sait bien dans quelle disposition érotique se trouve la belle Louise, à nouveau éperdument éprise, le voulant tout à elle, trépignant de rage à le voir s'isoler avec son nouveau roman. Mais ce jour-là, justement, il peut se permettre une petite pointe : trois lignes plus haut, il vient de lui dire qu'il la retrouvera le lendemain même, 18 décembre, pour le rendez-vous amoureux que Louise lui demande depuis des semaines. Il y a d'ailleurs différentes manières de lire le proverbe arabe. L'amour vient en dernière position ? C'est donc lui, au total, qui a le dernier mot. Si la littérature n'arrive qu'en second, elle bénéficie d'une formule qui fait rêver, le « fouillement des livres », et être le second terme d'une trinité, c'est en être la médiation, le centre ou le sommet. Reste que le cheval occupe quand même la première place dans ce petit paradis oriental, et que c'est encore du cheval qu'il est question, juste à la ligne suivante, quand Flaubert dit à Louise à quel « fouillement » de livre il est en train de se livrer : « (...) Je lis en ce moment un livre de Daumas, sur les chevaux du Sahara, qui m'intéresse énormément. »

Qu'est-ce que les chevaux du Sahara viennent faire dans ces moments de décembre 1851 où, en principe, Flaubert est absorbé par les premiers chapitres de sa *Bovary* ? C'est que la poétique qu'il cherche à mettre en œuvre ressemble à une équation impossible : « j'avance péniblement dans mon livre. Je gâche un papier considérable. Que de ratures ! La phrase est bien lente à venir. Quel diable de style ai-je pris ! (...) Quand je serai en route j'aurai du plaisir » (à Louise Colet, Croisset, fin novembre 1851). Flaubert parle du plaisir d'être « en route » en pensant à de futurs galops rédactionnels, mais en attendant il piétine, les souvenirs de l'Orient ne sont pas loin, et malgré toutes ses bonnes résolutions d'homme-plume, malgré le plan d'acier qu'il s'est forgé, il serait bien tenté de tout planter là pour s'en retourner aspirer l'air des grands horizons : « Pauvre Orient, comme j'y pense ! J'ai un désir incessant et permanent de voyage. » Or, que voit-il, Gustave, les yeux fermés, quand il repense à son cher vieil Orient ? De vraies courses éperdues à cheval, évidemment.

A la différence des jeunes loups de sa génération, qui travaillent à se faire un nom, aussi vite que possible, Flaubert prend son temps. Quand son premier roman finira par sortir dans la *Revue de Paris* en décembre 1856, Flaubert aura trente-cinq ans. A cette date, son ami Maxime Du Camp, d'un an plus jeune que lui, et aussi bon cavalier, en sera à son sixième livre en librairie. Gustave, non : hormis quelques vagues fragments, il n'a rien publié. Et ce n'est pourtant pas faute d'avoir écrit, plus et depuis plus longtemps que la plupart de ses copains. Il a déjà derrière lui des milliers de pages : des liasses de notes, des carnets de voyages, des essais, romans, contes, nouvelles, pièces de théâtre, récits en tout genre... Tout cela est dans ses tiroirs, à l'état de manuscrits. Ce n'était pas pour publier qu'il écrivait, pas pour « être connu » : c'était seulement pour vivre, pour se sentir vivre. D'ailleurs, à quoi bon chercher à se faire connaître ? « Et puis l'hypothèse même du succès admise, quelle certitude en tire-t-on ? A moins d'être un crétin, on meurt toujours dans l'incertitude de sa propre valeur et de celle de ses œuvres » (à Louise Colet, Croisset, 19 septembre 1852). Au moment où Flaubert cite à Louise son proverbe arabe, en décembre 1851, il est plongé depuis six mois dans la rédaction de ce qui va devenir *Madame Bovary*. Ce livre-là ouvre pour lui une ère nouvelle, il veut en faire une chose solide, digne de paraître et de porter son nom ; mais avant de l'avoir terminé, c'est-à-dire réellement jusqu'aux derniers moments de la rédaction, Flaubert l'écrit sans la moindre certitude de le donner à un éditeur. Ça ne le dérangerait pas du tout de le conserver par-devers lui, à l'état autographe, comme tous ses autres écrits :

> « Du moment que l'on publie, on descend de son œuvre. La pensée de rester toute ma vie complètement

inconnu n'a rien qui m'attriste. Pourvu que mes manuscrits durent autant que moi, c'est tout ce que je veux. C'est dommage qu'il me faudrait un trop grand tombeau ; je les ferais enterrer avec moi comme un sauvage fait de son cheval. Ce sont ces pauvres pages-là, en effet, qui m'ont aidé à traverser la longue plaine. Elles m'ont donné des soubresauts, des fatigues aux coudes et à la tête » (à Louise Colet, Croisset, 3 avril 1852).

Si Gustave se voit comme un « sauvage », c'est qu'il se sent animal assez peu domestique, mais aussi qu'il s'est trouvé des ancêtres indiens d'Amérique (au front couvert de *plumes*, évidemment). Et si ses manuscrits sont le cheval de ce sauvage, c'est qu'écrire est sa liberté, son honneur, son obsession, son seul bien, presque son autre corps. C'est le dada de l'écriture qui l'a aidé à traverser l'interminable plaine des années noires : les plaines de la mort, entre autres, et un déluge de feu. Oui, mais que veut-il dire quand il écrit « Du moment que l'on publie, on descend de son œuvre » ? Déchoir ? Décliner ? Perdre de l'altitude ? Déroger de son œuvre ? Dans ce cas, pourquoi dire « descendre » ? Non, Flaubert pense sans doute à tout cela, mais il veut surtout dire positivement : descendre *de cheval*. Publier, c'est quitter son dada. C'est mettre pied à terre, revenir à la condition des simples piétons : quitter l'écriture pour le texte imprimé, la plume pour le livre, le manuscrit pour le tirage en nombre. C'est s'exposer à la promiscuité du troupeau. L'édition est une prostitution, c'est ce qui la rend à la fois si dangereuse et si séduisante. Il y a une chaleur du troupeau, mais il y a aussi risque d'éclaboussure. Avant de s'y risquer, il faut passer de hautes bottes : « La publication, les gens de lettres, Paris, tout cela me donne des nausées quand j'y pense. Il se pourrait bien que je ne fasse *gémir* jamais aucune presse. A quoi bon se donner tant de mal ? Et le but n'est pas là d'ailleurs. Quoi qu'il en soit, si je mets un jour les pieds dans cette fange, ce sera comme je faisais dans les rues du Caire pendant qu'il pleuvait, avec des bottes en cuir de Russie qui me monteront jusqu'au ventre » (à Louise Colet, Croisset, 19 septembre 1852).

CHAPITRE 2

Enfance (1821-1838)

Avant de désigner un célèbre écrivain prénommé Gustave, le patronyme Flaubert a été connu par la notoriété de son père, Achille-Cléophas, comme le nom d'un grand chirurgien. Achille-Cléophas Flaubert était né le 14 novembre 1784 à Maizières-la-Grande-Paroisse, dans l'Aube, de Marie-Apolline Millon et de Nicolas Flobert, vétérinaire champenois. Le grand-père Nicolas disparaît en 1814, bien avant la naissance de Gustave, mais son épouse, Marie Apolline, vit jusqu'en 1832 à Nogent-sur-Seine, entourée de son gendre François Parain (« l'oncle Parain » dans la *Correspondance*) et de son petit gendre Louis-Théodore Bonenfant : une famille nogentaise avec qui Achille-Cléophas reste étroitement lié et qui va beaucoup compter dans l'enfance de Gustave. En Champagne, où le patronyme est répandu, on pense que Flobert est de racine anglo-germanique « old ber » : un Flobert, c'est un vieil ours, un habitant sauvage du fond des bois. On écrit Flobert ou Flaubert, indifféremment ou presque. Nicolas, le grand-père, avait hérité du O, son fils Achille-Cléophas opte pour le AU. Pourquoi ?

Peut-être parce que le AU fait plus français, moins rustique, moins vieil ours mal léché, plus élégant. En quittant l'est de la France pour l'Ouest, et en abandonnant le modeste statut familial de vétérinaire pour celui plus prestigieux de chirurgien, Achille-Cléophas inaugure une nouvelle lignée ascendante où il ne devrait plus être question de vieil ours septentrional. Et c'est donc le AU qu'Achille-Cléophas lègue à ses enfants. Le gène en O s'est avéré puissamment récessif, du moins dans le cas du petit Gustave. Beaucoup plus encore qu'au cheval, c'est précisément à l'ours que Gustave se référera toujours, pour parler de lui-même, et avec une constance quasiment génétique que rien ne parviendra à démentir. Témoin, parmi cent autres cas semblables dans la *Correspondance*, l'autoportrait de 1845 adressé à l'ami Ernest Chevalier : « J'ai même envie d'acheter un bel ours (en peinture), de le faire encadrer et suspendre dans ma chambre, après avoir écrit au-dessous : Portrait de Gustave Flaubert, pour indiquer mes dispositions morales et mon humeur sociale » (à Ernest Chevalier, Croisset, 15 juin 1845).

Cette affaire de graphie en O ou en AU ne fait l'objet d'aucun commentaire dans la *Correspondance*, et l'on pourrait croire que Gustave ne s'y est jamais intéressé, ou qu'il n'avait pas même connaissance du dilemme. Ce serait se tromper. D'ailleurs comment aurait-il pu l'ignorer ? Au moment où Gustave, encore inconnu, en sera à écrire *Madame Bovary*, dans le plus grand secret à Croisset, un certain Flobert sera déjà en train de se faire connaître de toute la bonne société de l'époque : Louis Nicolas Auguste Flobert, grand fabricant des armes à feu qui portent son nom, et connu pour son ouvrage : *L'Invention des carabines et pistolets Flobert*. Les armes Flobert sont à la mode, en France, en Europe, en Amérique, et pour

Enfance (1821-1838)   43

cause : la nouvelle cartouche à percussion annulaire vient de révolutionner la technique des armes à feu[1]. En 1856, un Flobert, pour tout le monde c'est un pistolet ou une carabine.

Et alors ? Eh bien, par exemple, il y a un personnage dans *Madame Bovary* dont tout indique qu'il est un des avatars de l'écrivain, du Flaubert qui tourne ses phrases : le percepteur de Yonville, Binet, l'homme au tour, qui n'arrête pas de sculpter des ronds de serviette. Or, ce Binet, quelle était – d'ailleurs très bizarrement – sa première profession, avant de devenir percepteur ? Carabinier. On n'arrête pas de nous le rappeler dans le roman. Et dans quelles circonstances fait-il la connaissance d'Emma dans le récit ? carabine à la main, en la tenant en joue, un matin où elle rentre d'une nuit d'amour avec Rodolphe, le long de la rivière où Binet est à l'affût aux canards. Que lit-on quand on a un canon de fusil pointé sur soi ? pas un AU, mais un O, assurément. Et c'est encore à ce même *carabinier* de Binet qu'Emma rend visite juste avant de se suicider, dans un étrange moment du récit où on les voit (par les yeux de deux commères) s'entretenir avec la plus grande agitation, sans entendre aucune de leurs paroles... Il y a un mystère Binet. Pierre

---

1. C'est le 21 juillet 1849 que Louis Nicolas Auguste Flobert, jeune armurier parisien de trente ans domicilié 6, rue Racine à Paris dépose un brevet industriel couvrant un mécanisme inédit de pistolet et carabine (le chien assure le rôle de culasse à la percussion de la cartouche) ainsi qu'un nouveau modèle de cartouche métallique tirant son énergie d'une composition de fulminate, de poudre noire et d'air. Ce brevet contient le principe de la cartouche à percussion annulaire toujours en usage aujourd'hui. L'invention de Flobert consistait en un étui métallique contenant la poudre fulminante associée à de la poudre noire et à un espace vide qui permet à l'explosion d'avoir lieu à l'intérieur de la cartouche : « Les trois forces réunies produisent un effet énorme avec le moindre calibre » (L. N. A. Flobert).

Dumayet aurait tendance à penser qu'il y a du FlObert là-dessous. Là aussi, je crois bien qu'il a raison.

Revenons au père de Gustave. Fin 1806, après un brillant internat à Paris dans le service du célèbre Dupuytren qui le considère et le recommande comme son meilleur disciple, le jeune Achille-Cléophas Flaubert, âgé de vingt-six ans, est nommé, à l'hôpital de Rouen, assistant en anatomie du docteur Laumonier, en collaboration avec un autre interne de Paris, Jules Cloquet, qui deviendra un ami fidèle de la famille Flaubert et avec qui Gustave fera son premier grand voyage. A l'Hôtel-Dieu, outre leurs responsabilités de médecins dans les services de l'hôpital et diverses tâches d'enseignement, les deux assistants étaient spécialement chargés de la préparation et de l'exécution des « pièces anatomiques » dont le docteur Laumonier s'était fait une spécialité : des éléments du corps humain, reproduits en cire colorée, qui étaient expédiés à toutes les facultés de médecine et musées de France, comme spécimens à usage pédagogique. Hommage rétrospectif, c'est sur des artefacts du même type que Bouvard et Pécuchet feront leur apprentissage de l'anatomie. Achille fait ce qu'on lui demande, tout en estimant que les artefacts en cire ne valent pas de bons cadavres, d'ailleurs disponibles à foison, et bien plus instructifs sur une table de dissection que ces reproductions propres surtout à enseigner la paresse aux étudiants.

La question le concerne d'autant plus que, petit à petit, le bon docteur Laumonier se décharge sur lui, et sur le jeune Cloquet, d'un nombre croissant de cours : clinique chirurgicale, pathologie externe, obstétrique, médecine opératoire. Le programme est lourd, mais passionne le jeune homme. Plus tard, lorsqu'il sera devenu patron, entouré à son tour de brillants assistants, il donnera à cet enseignement une nouvelle extension, qui transformera l'Hôtel-Dieu en un centre de formation de premier plan. Mais au cours de ses quatre premières années à Rouen, entre 1806 et 1810, Achille-Cléophas est surtout très occupé par ses recherches doctorales et par la rédaction d'une thèse qu'il soutiendra avec succès à la Faculté de Médecine de Paris le 27 décembre 1810 : « Dissertation sur la manière de conduire les malades avant et après les opérations chirurgicales ».

Avec le recul que donnent deux siècles de progrès dans la pratique médicale, ce qui saute aux yeux, aujourd'hui, dans cette thèse, c'est la qualité presque anticipatrice de son regard sur la relation thérapeutique : un véritable respect du patient, une attention de chaque instant pour la personne du malade, sa fragilité, sa psychologie face à la souffrance physique et morale. Il y a là, de toute évidence, une nouvelle conception de la relation au malade que le jeune médecin revendique comme un devoir, contre les traditions arrogantes et inhumaines qui prévalaient dans le milieu médical de l'époque. Achille-Cléophas sera fidèle à ses principes pendant toute sa carrière, et son humanisme, sa douceur et son intelligence des autres ne seront pas pour rien dans l'immense notoriété dont il bénéficiera de son vivant et longtemps encore après sa disparition. Mais ce qui étonne tout autant, dans cette thèse, c'est que ce côté franchement novateur voisine avec un archaïsme au moins aussi prononcé pour ce qui regarde la prophylaxie et l'hygiène la plus élémentaire à l'égard des patients et dans la pratique hospitalière : pas la moindre ligne à ce sujet. Les consignes de désinfection et de salubrité n'avaient que peu de partisans à l'époque, mais là, la question n'est même pas posée : une insouciance qu'Achille-Cléophas transmettra à son fils aîné, et qui lui vaudra peut-être une disparition prématurée.

En arrivant à l'Hôtel-Dieu bardé de diplômes et de recommandations, le jeune interne Achille-Cléophas a beau avoir devant lui une carrière prometteuse, il sent bien que quelque chose d'essentiel lui manque dans la vie. Il a vingt-six ans, il est en âge de se marier, ou du moins de se fiancer, mais il n'y a pas l'ombre d'une petite amie à l'horizon. La réalité, c'est qu'en matière érotique et sentimentale, il est plus que dénué d'expérience : depuis dix ans, il s'est totalement absorbé dans ses études, sans un regard pour les demoiselles. Évidemment, à force de négliger Cupidon, on le vexe, et il se venge. A peine débarqué à Rouen en novembre 1806, Achille-Cléophas tombe éperdument amoureux d'une très jeune fille, Anne-Justine-Caroline Fleuriot, qui a exactement la moitié de son âge : treize ans.

Elle est ravissante, il a le coup de foudre. Il n'a pas eu à la chercher très loin : c'est la petite protégée de son patron, le docteur Laumonier, et elle habite chez lui, à l'Hôtel-Dieu. Impossible de l'éviter : il la croise toutes les semaines. La petite Anne-Justine-Caroline était née en pleine Terreur, le 7 septembre 1793, à Pont-l'Évêque, de Jean-Baptiste Fleuriot, officier de santé, et de Camille Cambremer de Croixmare, héritière d'une famille d'armateurs normands. Devenue orpheline, elle avait été recueillie par le docteur Laumonier dont elle était parente. Anne-Justine-Caroline n'est pas du tout insensible au charme d'Achille-Cléophas : il lui plaît même tout de suite et tellement que l'idée de se marier lui irait très bien. Mais elle a treize ans... Et de son côté, chacun s'en aperçoit, le bel Achille-Cléophas semble avoir un peu de mal à résister à la tentation. Pour éviter toute précipitation dommageable à la morale, on décide, à sa demande, d'envoyer la jeune fille en pension jusqu'au moment de leur mariage.

Promu médecin-chirurgien à l'Hôtel-Dieu de Rouen, Achille-Cléophas épouse la protégée de son patron le

10 février 1812 – elle a désormais dix-huit ans – et leur premier enfant, Achille, naît en 1813. Trois ans plus tard, à l'âge de trente-deux ans, Achille-Cléophas succède à Laumonier comme chirurgien-chef, directeur de l'hôpital, et la petite famille s'installe dans l'appartement de fonction de l'Hôtel-Dieu, 17, rue Lecat.

On n'est pas particulièrement chrétien chez les Flaubert, on serait même plutôt libre-penseur, mais un seul enfant, cela ne fait pas une véritable descendance. Seulement, à cette époque, la mortalité infantile frappe partout sévèrement, même à l'Hôtel-Dieu et, avec une chance sur deux de survivre, on peut dire que Gustave sera une sorte de rescapé. Entre 1814 et 1820, Anne-Justine-Caroline met au monde une fille qui meurt avant sa deuxième année et deux garçons qui ne vivent que quelques mois. Entouré des inquiétudes maternelles, un cinquième enfant, que l'on prénomme Gustave, naît le 12 décembre 1821, à quatre heures du matin, à l'Hôtel-Dieu ; sa santé paraît fragile, on s'attend au pire et par précaution Achille-Cléophas a même fait creuser à son intention une petite tombe dans le caveau familial ; mais Gustave survit et, trois ans plus tard, en 1824, Mme Flaubert met au monde une fille, Caroline, la petite sœur adorée de Gustave, qu'il appellera son « bon rat ».

Tandis qu'Achille, en parfait fils de médecin, se prépare à suivre, bien comme il faut, les traces du père (il prendra sa succession comme chirurgien-chef à Rouen, vingt ans plus tard), Gustave et Caroline paraissent plus fantasques. Leurs jeux enfantins se déroulent joyeusement, sur fond de mort et de délire : « La première fois que j'ai vu des fous, c'était ici, à l'hospice général, avec ce pauvre père Parain. Dans les cellules, assises et attachées par le milieu du corps, nues jusqu'à la ceinture et tout échevelées, une douzaine de femmes hurlaient et se déchiraient la figure avec leurs ongles. J'avais peut-être à cette époque six à sept ans. Ce sont de bonnes impressions à avoir jeune ; elles virilisent. Quels étranges souvenirs j'ai en ce genre ! L'amphithéâtre de l'Hôtel-Dieu donnait sur notre jardin. Que de fois, avec ma sœur, n'avons-nous pas grimpé au treillage et, suspendus entre la vigne, regardé curieusement les cadavres étalés ! Le soleil donnait dessus ; les mêmes mouches qui voltigeaient sur nous et sur les fleurs allaient s'abattre là, revenaient, bourdonnaient ! (...) Je vois encore mon père levant la tête de dessus sa dissection et nous disant de nous en aller » (à Louise Colet, Croisset, 7-8 juillet 1853).

La famille Flaubert est prospère et bien considérée : elle bénéficie évidemment de l'estime sociale et professionnelle dont jouit le père de Gustave par son poste d'autorité à l'Hôtel-Dieu, mais elle se fait aussi reconnaître par la bonne bourgeoisie locale pour ses investissements fonciers. Grâce à ses revenus, Achille-Cléophas a petit à petit fait l'acquisition de terres dans la région, et, à sa notoriété de grand médecin, s'ajoute désormais l'identité avantageuse de « propriétaire ». La famille Flaubert donne aussi l'image d'un foyer très uni. Proche de sa petite sœur Caroline, Gustave y vit une petite enfance heureuse, entre une mère qu'il adore et un père un peu monumental, qu'il craint et qu'il admire, mais qu'il aime profondément. La thèse sartrienne d'une haine viscérale entre Gustave et son père ne tient pas debout. Ce qui ne veut pas dire que leurs relations aient été transparentes et toujours sans nuages. Achille-Cléophas trouve son deuxième fils un peu bizarre. Rêveur, nonchalant, crédule, le petit Gustave développe un rapport au langage qui inquiète un peu ses familiers.

Il a l'air de croire si fort au sens et à la validité des mots qu'il est incapable de mentir ou de penser qu'on lui ment. C'est une caractéristique qui lui restera. Tous les contemporains dignes de confiance qui ont bien connu Flaubert à l'âge adulte en témoignent : il ne mentait jamais, croyait toujours à la bonne foi de ce qu'on lui disait, était souvent sujet à l'étonnement, au point qu'il pouvait assez facilement passer pour un naïf, ce qu'il admettait d'ailleurs volontiers. Dans ses *Souvenirs intimes* (Paris, 1886), Caroline, la nièce de Flaubert, raconte jusqu'où pouvait aller la crédulité du petit Gustave : « L'enfant était d'une nature tranquille, méditative et d'une naïveté dont il conserva des traces toute sa vie. Ma grand-mère m'a raconté qu'il restait de longues heures un doigt dans sa bouche, absorbé, l'air presque bête. A six ans un vieux domestique qu'on appelait Pierre, s'amusant de ses innocences, lui disait quand il l'importunait : "Va voir... à la cuisine si j'y suis." Et l'enfant s'en allait interroger la cuisinière : "Pierre m'a dit de venir voir s'il était là." Il ne comprenait pas qu'on voulût le tromper et devant les rires restait rêveur, entrevoyant un mystère. »

Sartre utilise ce témoignage pour étayer sa thèse sur l'idiotie précoce de l'écrivain, tout en soupçonnant, derrière l'amabilité convenue du propos, un mépris glacial de la mère et la mauvaise foi d'un complot familial contre Gustave. Peut-être. Mais, même si le roman familial la traverse, l'anecdote contient sûrement une part de vérité, et elle peut aussi être interprétée comme l'indice, chez Flaubert enfant, d'une relation singulière à l'idée de *croyance* dans le vrai : une relation à la véracité qui saura, le moment venu, se décliner en termes de projet et d'ambition. Se méfier permet d'échapper au risque d'être crédule, mais c'est un signe de faiblesse. Est-ce que Dieu se méfie ? Non, il n'a pas besoin de se méfier, parce qu'il sait. Donc, savoir permet à la fois de ne pas mentir et de ne pas se laisser abuser. Donc, il faut tout connaître. La pulsion encyclopédique de Flaubert n'est pas sans rapport avec sa haine de la tromperie et de la mystification. Gustave gardera toute sa vie le mensonge en horreur : mentir, prétendre à ce que l'on ne sait pas ou à ce que l'on n'est pas, c'est se payer de mots, faire injure à la langue et à la pensée.

Et pourtant tout le monde ment. Ça le révolte. Tout le monde se vante de savoir tout. Pour Flaubert, savoir sera toujours une chose presque sacrée. En 1852, quand le petit retardé de la famille en sera à écrire *Madame Bovary* après des années passées à apprendre le grec et le latin avec l'espoir (parfois déçu) de lire les Anciens dans le texte, ce sera pour lui une vraie catastrophe de découvrir que des lettrés, comme Jacques Babinet, prétendent lire le grec sans en savoir un mot, et que même son vieux Gautier est un menteur : « J'adore Babinet (…). C'est pour paraître un savant qu'il disait : "Je lis Homère comme Racine." Il n'y a pas, à Paris, vingt personnes qui en soient capables, et de ceux qui en font leur métier. Mais quand on s'adresse à des gens qui n'ont jamais étudié le susdit grec, on vous croit. Cela me rappelle ce bon Gautier me disant : "Moi, je sais le latin comme on le savait au Moyen Age", et le lendemain je trouve sur sa table une traduction de Spinoza. "Pourquoi ne le lisez-vous pas dans l'original ? — Ah ! c'est trop difficile." Comme on ment ! Comme on ment en ce bas monde ! » (à Louise Colet, Croisset, 3-4 juillet 1852).

Bref, Gustave entretient dès l'enfance un rapport radical à l'exigence d'être véridique et il n'en démordra pas. Bien sûr, il a quand même fait quelques pieux mensonges, comme tout le monde, par-ci par-là, à sa mère, à ses maîtresses et à ses éditeurs. Mais quant à être pris en flagrant délit de prétention, de contrevérité, de tromperie ou d'hypocrisie : jamais. Ce n'est pas tout à fait rien dans la vie d'un homme.

*
* *

En 1850, revenant d'Orient par Constantinople, Flaubert écrit à sa mère : « Les premières impressions ne s'effacent pas, tu le sais. Nous portons en nous notre passé ; pendant toute notre vie, nous nous sentons de la nourrice. Quand je m'analyse, je trouve en moi, encore fraîches et avec toutes leurs influences (modifiées il est vrai par les combinaisons de leur rencontre), la place du père Langlois, celle du père Mignot, celle de *don Quichotte* et de mes songeries d'enfant dans le jardin, à côté de la fenêtre de l'amphithéâtre » (à sa mère, Constantinople, 24 novembre 1850).

Dans cette petite enfance intellectuelle de Gustave, ce qui paraît le plus frappant, c'est la précocité d'un lien – paradoxal et sans doute très difficile à vivre – entre une croyance radicale dans la véracité des mots et un goût passionné, presque immodéré, pour les fictions, les légendes et les chimères qu'on lui raconte. De ce point de vue, le personnage essentiel pour Gustave entre l'âge de quatre ans et de six ans, c'est Julie, la petite bonne qui vient d'entrer au service de la famille Flaubert en 1825. Elle se prend immédiatement d'une affection sans limites pour Gustave, et elle le servira fidèlement jusqu'à ses derniers jours. C'est d'elle que la nièce de l'écrivain tient presque tout ce qu'elle sait de l'enfance de son oncle : « Je dois la plupart des faits relatifs à l'enfance de mon oncle à ce que m'en a raconté la vieille bonne qui l'a élevé, morte trois ans après lui, en 1883. Aux familiarités permises avec l'enfant avaient succédé chez elle un respect et un culte pour son maître. Elle était "pleine de lui", se rappelant ses moindres actions, ses moindres paroles. Quand elle disait : "Monsieur Gustave", elle croyait parler d'un être extraordinaire. (...)

Gustave Flaubert avait quatre ans lorsque Julie vint à Rouen en 1825 au service de mes grands-parents. Elle était du village de Fleury-sur-Andelle. (...) Ce pays charmant est fertile en vieilles histoires d'amour et de revenants. Julie les connaissait toutes ; c'était une habile conteuse que cette simple fille du peuple douée d'un esprit naturel fin et très plaisant. Ses parents de père en fils étaient postillons, assez mauvais sujets et fort buveurs. Gustave, tout petit, s'asseyait près d'elle des journées entières. Pour l'amuser, Julie joignait à toutes les légendes apprises au foyer le souvenir de ses lectures, car, retenue au lit pendant un an par un mal de genou, elle avait lu plus qu'une femme de sa classe » (*Souvenirs intimes*).

C'est vrai : ces *gens-là*, il faut qu'ils tombent malades pour arriver à lire... Caroline ne peut s'empêcher de cracher son venin sur la famille de Julie : des ivrognes. Retenons qu'ils étaient « postillons » et qu'elle a dû lui en raconter, des histoires de chevaux, la douce Julie, au petit Gustave. Sartre n'avait pas tort de trouver que Caroline avait tout d'une petite-bourgeoise prétentieuse, ignorante, sèche et sans générosité. Et il a sûrement raison en disant qu'elle n'a probablement jamais cru, pas plus d'ailleurs que sa grand-mère, au génie de son oncle : un écrivain, oui, bon, comme beaucoup d'autres... Pour une fois, Hegel est pris en défaut : « il n'y a pas de héros pour son valet de chambre », disait-il. Chez les Flaubert, c'est le contraire : il n'y a que Julie pour croire au génie de son petit Gustave. Sartre est sûrement aussi dans le vrai en soupçonnant une certaine raideur et beaucoup de mépris chez la mère de Gustave quand elle échoue à lui apprendre la lecture. Elle ne savait sûrement pas s'y prendre. Mais à relire les souvenirs de la nièce sur cet épisode, on ne discerne en revanche aucune raison vraiment convaincante pour étayer la thèse sartrienne du petit retardé à structure hystérique. En réalité, Gustave se laisse vivre, il ne va pas à l'école avant l'âge de neuf ans : pour lui, la vie, c'est d'être en vacances, de jouer et d'écouter de belles histoires. Son père n'est jamais là, sa mère ne déborde pas d'affection, c'est Julie qui s'en occupe, et ce qu'il aime par-dessus tout, c'est se laisser envahir par ce qu'on lui raconte. Les mots prononcés, la phrase, l'ascendant de la voix, agissent sur lui avec une puissance d'évocation spontanée qui le traverse complètement. Il vit dans le plaisir du rêve et de l'écoute, le paradis de l'oralité.

Voilà, en somme, le diagnostic que l'on peut tirer de cette fameuse difficulté de Gustave dans son apprentissage de la lecture. Alors, bien sûr, Gustave est différent de son grand frère Achille et de sa petite sœur Caroline : eux, ce sont des surdoués, de vrais rejetons d'Achille-Cléophas la grosse tête scientifique. C'est évident qu'ils n'ont eu aucune difficulté à apprendre à lire et pour Mme Flaubert mère, c'était presque un plaisir : ils apprenaient tout seuls. Avec Gustave, c'est autre chose. Il rêve, il est dans la lune. Sans s'en apercevoir, c'est bien ce que nous disent les *Souvenirs* de la nièce :

> « Ma grand-mère avait appris à lire à son fils aîné, elle voulut en faire autant pour le second et se mit à l'œuvre. La petite Caroline à côté de Gustave apprit de suite, lui ne pouvait y parvenir, et après s'être bien efforcé de comprendre ces signes qui ne lui disaient rien, il se mettait à pleurer de grosses larmes. Il était cependant avide de connaître et son cerveau travaillait. En face de l'Hôtel-Dieu, dans une modeste petite maison de la rue de Lecat, vivaient deux vieilles gens, le père et la mère Mignot. Ils avaient une tendresse extrême pour leur petit voisin. Sans cesse le bambin, sur un signe d'intelligence, ouvrant la grande et lourde porte de l'Hôtel-Dieu, traversait en courant la rue et venait s'asseoir sur les genoux du père Mignot. Ce n'étaient pas les friandises de la

bonne femme qui le tentaient, mais les histoires du vieux. Il en savait des quantités plus jolies les unes que les autres et avec quelle patience il les racontait ! Désormais Julie était remplacée. L'enfant n'était pas difficile, mais avait des préférences féroces ; celles qu'il aimait il fallait les lui redire bien des fois. Le père Mignot faisait aussi la lecture. Don Quichotte surtout passionnait mon oncle ; il ne s'en lassait jamais. Il a toute sa vie gardé pour Cervantès la même admiration. Dans les scènes suscitées par la difficulté d'apprendre à lire, le dernier argument, irréfutable selon lui, était : "A quoi bon apprendre, puisque papa Mignot lit ?" Mais l'âge d'entrer au collège arrivait ; il allait avoir neuf ans, il fallait à toute force savoir, le vieil ami ne pouvait le suivre. Gustave s'y mit résolument et en quelques mois rattrapa les enfants de son âge. Il entra en huitième. »

Fasciné par les histoires qu'on lui raconte, Gustave met donc quelque temps avant d'apprendre l'alphabet, c'est un fait. Mais à peine commence-t-il à déchiffrer qu'il cherche lui-même à écrire ses propres histoires en se faisant épeler les mots par Julie. A huit ans, il se prend d'affection pour Ernest Chevalier (1820-1887), le petit-fils de son vieil ami, voisin et conteur, le père Mignot. Et le rattrapage en lecture a dû aller sacrément vite, car c'est le dernier jour de l'année 1830, c'est-à-dire trois semaines après avoir fêté ses neuf ans, qu'il propose à Ernest de sceller leur amitié par une collaboration littéraire. La lettre est célèbre, entre autres parce que c'est la première que l'on connaisse de Flaubert, mais son contenu n'est pas anodin et elle mérite d'être citée intégralement :

« Cher ami,
Tu as raison de dire que le jour de l'an est bête. mon ami on vient de renvoyer le brave des braves la Fayette

aux cheveux blancs la liberté des 2 mondes. ami je t'en veirait de mes discours politique et constitutionnel libéraux. tu as raison de dire que tu me feras plaisirs en venant à Rouen sa m'en fera beaucoup. je te souhaite une bonne année de 1831, embrasse de tout ton cœur ta bonne famille pour moi. Le camarade que tu mas envoyer a l'air d'un bon garçon quoique je ne l'ai vu qu'une fois. je t'en verrait aussi de mes comédie. Si tu veux nous associers pour écrire moi, j'écrirait des comédie et toi tu écriras tes rêves et comme il y a une dame qui vient chez papa et qui nous contes toujours de bêtises je les écrirait. Je nécris pas bien parce que J'ai une casse à recevoir de Nogent. Adieu répond moi le plutôt possible.

Adieu ; bonne santé ton ami pour la vie,
Réponse le plutôt possible je t'en prie. »

A Ernest Chevalier, Rouen, 31 décembre 1830.

Certes, cette missive de 1er janvier est encore ornée d'une orthographe plus qu'hésitante, mais Gustave a tout juste neuf ans ; il n'y a pas besoin d'être grand clerc pour y voir autre chose que la prose d'un retardé mental. Toute la thématique flaubertienne de la bêtise et des stéréotypes s'y trouve, depuis cette première occurrence de la chasse aux clichés (« le jour de l'an est bête » : joli début pour une lettre de bons vœux), jusqu'au projet de mettre en récit l'ineptie : « des bêtises, je les écrirai ». On apprend que Gustave s'est essayé à des « discours politiques et constitutionnels libéraux », à des « comédies », et c'est sûrement vrai : il ne ment pas. Gustave propose à son copain Ernest une alliance, une association : ce sera le modèle de son rapport dialogique à l'autre, à l'*alter ego* avec lequel on écrit, d'Ernest Chevalier à Alfred Le Poittevin, de Maxime Du Camp à Louis Bouilhet, pour ne pas parler du couple Bouvard et Pécuchet. Bref, Sartre a beau s'échiner à nous faire croire au pire, le cas de Gustave en 1831 est loin d'être désespéré. Depuis qu'il sait à peu près écrire, il passe tout son temps à ça : au cours de l'été 1831, il dédie un résumé du *Règne de Louis XIII* « à maman pour sa fête 28 juillet 1831 ». Et sa passion pour l'écriture devient telle que, quelques mois plus tard, à moitié par plaisanterie, à moitié par admiration, l'oncle d'Ernest Chevalier, Amédée Mignot, fait calligraphier ses dernières productions : *Trois pages d'un Cahier d'Écolier ou Œuvres choisies de Gustave F****, comprenant un « Éloge de Corneille » et « La Belle explication de la fameuse constipation ».

Selon les usages, Gustave entre comme interne au Collège royal de Rouen (l'actuel lycée Corneille) en classe de huitième en février 1832. Il suit sa scolarité sans redoubler, et plutôt brillamment, contrairement à ce que prétend avec aplomb cette fielleuse de Caroline : « Il ne fut pas ce qu'on appelle un élève brillant. Manquant sans cesse à l'observation de quelque règlement, ne se gênant pas pour juger ses professeurs, les pensums abondaient, et les premiers prix lui échappaient, sauf en histoire, où il fut toujours le premier. En philosophie, il se distingua, mais il ne comprit jamais rien aux mathématiques. »

La classe de septième (octobre 1832-août 1833) lui vaut quatre accessits ; ses parents le récompensent par un premier voyage à Paris où il découvre le Jardin des Plantes, Versailles et Fontainebleau. En sixième (octobre 1833-août 1834), il fonde un petit journal *Art et Progrès*, avec la collaboration active de son cher Ernest : il y fait paraître *Les Soirées d'étude. Journal littéraire*, en 1835. Gustave n'aime pas beaucoup la vie de collège et les rudesses de l'internat qui le privent de sa petite sœur Caroline, de la toute dévouée Julie et des douceurs du cocon familial. Il faut dire que l'atmosphère des grands établissements scolaires où la bourgeoisie de l'époque envoyait ses enfants avait tout de la caserne. Herbert Lottman[1] cite à ce sujet un document édifiant : le rapport officiel d'inspection fait en 1835 au Collège de Rouen, au moment où Gustave s'y trouvait déjà depuis trois ans. C'est l'inspecteur qui parle, et il est cinq heures du matin : « Au premier roulement de tambour, les 30 ou 40 élèves qui dormaient dans le dortoir où je me trouvais alors sont sortis de leurs lits et ont commencé à s'habiller ; je ne puis comparer la précision et l'uniformité de ce mouvement qu'à la manœuvre d'un régiment sous les armes. » Les élèves se rendent ensuite à la salle d'eau pour se laver en groupe et à l'eau froide, puis reviennent au dortoir, chacun au pied de son lit au garde-à-vous : « puis à un signal, ils se sont formés en rang ; le sous-censeur a passé la revue de propreté et l'on est descendu sans autre bruit que celui des pas. » Évidemment, pour un rêveur comme Gustave, ce n'est pas l'Olympe. Là, les *Souvenirs* de Caroline ne se trompent pas : « les années de collège furent misérables ; il ne put jamais s'y habituer, ayant horreur de la discipline, de tout ce qui sentait le militarisme. L'usage d'annoncer les changements d'exercices par le roulement du tambour l'irritait, et celui de faire mettre en rang les élèves pour passer d'une classe dans une autre l'exaspérait. »

En classe, Gustave est un élève plutôt doué, mais indépendant jusqu'à l'indiscipline, et même facilement insolent, toujours prêt à monter des canulars, pensif, passionné de romantisme noir et de récits échevelés, extravagant. Bref, un *enfant du siècle* : « Je me souviens d'un brave garçon, toujours affublé d'un bonnet rouge ; un autre se promettait de vivre plus tard en mohican ; un de mes intimes voulait se faire renégat pour aller servir

---

1. Herbert Lottman, *Flaubert*, Fayard, 1989.

Abd-el-Kader. Mais on n'était pas seulement troubadour, insurrectionnel et oriental, on était avant tout artiste ; les pensums finis, la littérature commençait, et on se crevait les yeux à lire au dortoir des romans, on portait un poignard dans sa poche comme Antony ; on faisait plus ; par dégoût de l'existence, Bar*** se cassa la tête d'un coup de pistolet, And*** se pendit avec sa cravate. Nous méritions peu d'éloges, certainement ! mais quelle haine de toute platitude ! quels élans vers la grandeur ! quel respect des maîtres ! comme on admirait Victor Hugo ! » (*Préface aux dernières chansons*).

Dans la cour du collège, Gustave croise de loin en loin un certain Louis Bouilhet (1821-1869), mais sans nouer avec lui de réels liens d'amitié : en classe de rhétorique, en 1839, ils vont se trouver pris ensemble dans les mêmes démêlés avec l'administration du lycée, mais leur véritable rencontre, celle qui fera d'eux des inséparables, n'aura lieu que plus tard. Si l'existence quotidienne au collège a tout de la vie militaire – une éducation à la dure forme le caractère –, les bourgeois de Rouen ne lésinent pas sur la qualité de l'enseignement que l'on distribue à leurs héritiers : Gustave va avoir des professeurs de premier plan, pour la plupart jeunes, agrégés, normaliens, et déjà connus dans leur discipline. En 1835, par exemple, Gustave a pour professeur de dessin Eustache-Hyacinthe Langlois, un ami de son père, historien du vitrail, auteur de *La Peinture sur verre au Moyen Age* (1832), avec qui il visite la cathédrale de Rouen et les églises de la région, et qui l'initie au syncrétisme hagiographique de *La Légende dorée* de Voragine. L'histoire de saint Julien le fascine.

*
* *

En classe de lettres, Gustave profite des encouragements de son professeur principal, un autre enseignant remarquable, âgé d'une trentaine d'années : un certain Honoré Henry Gourgaud, dit Dugazon, agrégé de grammaire, que tout le monde appelait Gourgaud-Dugazon, aussi doué pour communiquer aux élèves sa passion pour la littérature et sa connaissance des grands auteurs que mal noté par ses inspecteurs pour sa « timidité » et sa répugnance à sanctionner les cas d'indiscipline. Au point que le malheureux Gourgaud, malgré le succès fréquent de ses élèves au Concours général, sera finalement mis à la retraite anticipée pour incapacité à maintenir l'ordre en classe de littérature. Pour la période des vacances, Gourgaud Dugazon prescrit à ses meilleurs élèves « des narrations à composer » et les engage à faire œuvre personnelle.

Gustave ne se le fait pas dire deux fois et rédige coup sur coup : *Matteo Falcone ou Deux cercueils pour un proscrit*, *Chevrin et le Roi de Prusse*, *Le Moine des Chartreux*, *Dernière scène de la mort de Marguerite de Bourgogne*, un *Portrait de Lord Byron*, et *San Pietro Ornano (Histoire corse)*. Et les rédactions reprennent de plus belle à la rentrée en quatrième, avec des récits historiques (*Deux mains sur une couronne*), des contes philosophiques et fantastiques (*La Fiancée et la Tombe*, *Un parfum à sentir*), des drames (*Deux amours et deux cercueils*) : ces premiers écrits sont tous fortement inspirés de Balzac, du romantisme noir et de la vogue pour l'histoire ; les thèmes morbides et diaboliques y sont dominants. Gustave aime le mélodrame et le genre *phrénétique*, ce qui n'est pas très surprenant : c'est à l'époque ce qui se fait de plus *osé* en littérature contemporaine.

En revanche, ce qui peut étonner, c'est la ténacité de Gustave, sa constance à écrire et l'abondance de ses textes : entre son arrivée en cinquième (octobre 1834) et la fin de son année de quatrième (août 1836), le jeune polygraphe rédige une quinzaine de petites œuvres et s'essaie à tous les genres en prose, en cherchant la performance d'une écriture de premier jet, ultrarapide. C'est aussi l'époque où Gustave consacre le plus clair de ses vacances à faire du théâtre, en improvisant une salle de spectacle dans le grand billard de son père : « Dès dix ans, Gustave composa des tragédies. Ces pièces, dont il était à peine capable d'écrire les rôles, étaient jouées par lui et ses camarades. Une grande salle de billard attenant au salon leur fut abandonnée. Le billard poussé au fond servit de scène ; on y montait par un escabeau de jardin. Caroline avait la surveillance des décors et des costumes. La garde-robe de la maman était dévalisée, les vieux châles faisant d'admirables péplums » (*Souvenirs intimes*). On y mettait en scène les pièces à la mode (drames romantiques, Hugo, Alexandre Dumas) ou un répertoire plus classique (Scribe, Molière, Corneille) avec, comme comédiens, Gustave, sa petite sœur Caroline, Ernest Chevalier et les enfants Le Poittevin : Laure, née en 1820 (qui deviendra plus tard Mme de Maupassant et donnera naissance à Guy) et son grand frère chéri, Alfred, de cinq ans plus âgé que Gustave et qui va bientôt exercer sur lui une influence décisive.

Pour les congés scolaires, les Flaubert se rendent dans leur maison de campagne de Déville-lès-Rouen, tout à proximité de Rouen, ou bien chez « la tante Allais » à Pont-l'Évêque, ou encore dans la famille paternelle, à Nogent-sur-Seine, chez l'oncle Parain dont la fille Olympe a épousé en 1830 un certain Bonenfant, avoué, avec qui Gustave se liera d'amitié. Mais Achille-Cléophas Flaubert, qui aime bien investir dans la terre, a aussi acquis plusieurs terrains à Deauville-Trouville et, à partir de 1836, la famille Flaubert passe les vacances d'été aux bains de mer de Trouville. Ce qui deviendra, sous le second Empire et à la Belle Époque, une station balnéaire courue du Tout-Paris, n'est encore qu'une petite bourgade de pêcheurs, avec quelques hôtels et une volée de cabines sur la plage.

C'est là que Gustave connaît sa première « grande passion ». Il a quatorze ans et demi. Sur la plage, il croise une ravissante baigneuse de vingt-cinq ans, Élisa. C'est le coup de foudre. Du moins, c'est ce qu'il dit, deux ans plus tard, dans *Mémoires d'un fou* :

> « Elle me regarda. Je baissai les yeux et rougis. Quel regard, en effet ! Comme elle était belle, cette femme ! je vois encore cette prunelle ardente sous un sourcil noir se fixer sur moi comme un soleil. Elle était grande, brune, avec de magnifiques cheveux noirs qui lui tombaient en tresses sur les épaules ; son nez était grec, ses yeux brûlants, ses sourcils hauts et admirablement arqués, – sa peau était ardente et comme veloutée avec de l'or ; elle était mince et fine, on voyait des veines d'azur serpenter sur cette gorge brune et pourprée. Joignez à cela un duvet fin qui brunissait sa lèvre supérieure et donnait à sa figure une expression mâle et énergique à faire pâlir les beautés blondes. (…) Chaque matin j'allais la voir se baigner ; je la contemplais de loin sous l'eau, j'enviais la vague molle et paisible qui battait sur ses flancs et couvrait d'écume cette poitrine haletante, je voyais le contour de ses membres sous les vêtements mouillés qui la couvraient, je voyais son cœur battre, sa poitrine se gonfler ; je contemplais machinalement son pied se poser sur le sable, et mon regard restait fixé sur la trace de ses pas, et j'aurais pleuré presque en voyant le flot les effacer lentement. Et puis, quand elle revenait et qu'elle passait près de moi, que j'entendais l'eau tomber de ses habits et le frôlement de sa marche, mon cœur battait avec violence ; je baissais les yeux, le sang me montait à la tête. – J'étouffais. Je sentais ce corps de femme à moitié nu passer près de moi avec le parfum de la vague. »

La belle irrésistible, qui se nomme Élisa Foucault de son nom de jeune fille (mais aussi Élisa Judée, car elle est mariée), est la compagne de l'éditeur de musique Maurice Schlésinger (1797-1871) qu'elle épousera en 1840. Étudiant en droit à Paris, Gustave fréquentera le couple, en 1841-1842, puis conservera des liens d'amitié avec l'un et l'autre toute sa vie. Trente ans plus tard, il transposera cette passion secrète et impossible dans *L'Éducation sentimentale* : « Ce fut comme une apparition. »

Mais en cet heureux été 1836 Gustave ne découvre pas seulement l'amour passion, il fait aussi l'expérience initiatique de la haute société. De retour de Trouville, les Flaubert sont invités pour le jour de la Saint-Michel à une fête donnée dans le château du Héron par le comte de Pomereu, une des plus grandes fortunes foncières de France. Après les fastes du bal, Gustave sort du château et, marchant au hasard à travers le parc, se retrouve sur le bord d'un vaste lac noir comme de l'encre où miroitent les lumières lointaines de la fête ; une barque avec ses avirons est amarrée à un ponton ; il dénoue les amarres, monte dans l'embarcation et rame jusqu'à se retrouver au centre du lac dans la plus extrême solitude. Il passe une nuit blanche à imaginer jusqu'au petit matin son avenir, sa place dans la société, les amours exceptionnelles et les femmes brillantes qu'il lui sera donné de connaître. Cette expérience existentielle probablement décisive va traverser toute son œuvre et hanter sa mémoire, comme une épreuve rituelle de passage qui n'en finirait pas de recommencer. Cette nuit blanche chez le marquis de Pomereu, n'est pas seulement pour Gustave un souvenir auquel il lui arrivera souvent de « repenser » : c'est une nuit spectrale qui revient sans cesse, dans sa vie et dans ses œuvres. On la retrouve successivement dans *Quidquid Volueris* (1837), dans la première *Éducation sentimentale* (Henry après le bal des Renaud), dans *Madame Bovary* (le bal de la Vaubyessard), et même dans *L'Éducation sentimentale* de 1869 (Frédéric après sa première soirée chez les Arnoux). Elle s'inscrit aussi dans les notes personnelles de Gustave, comme un véritable leitmotiv. Dans le journal intime qu'il tient en révisant son bac, on lit à la date du 2 janvier 1841 : « Cette nuit (...) m'en rappelle une autre semblable ; c'était chez le marquis de Pomereu à la Saint-Michel, c'étaient les vacances de ma 4ᵉ à ma 3ᵉ, je suis resté toute la nuit à voir danser (...). Le matin venu je me suis promené en barque. »

Bien plus, « la nuit qui revient » va le poursuivre jusqu'en Égypte. Le 7 mars 1850, à Esnèh, après avoir fait l'amour jusqu'à l'aube avec Koutchouk-Hânem, Flaubert, ivre de fatigue, renonce au sommeil pour partir chasser dans les champs de gazis, et il note dans son carnet : « J'ai pensé beaucoup à ce matin à la St Michel chez le marquis de Pomereu, au Héron, où je me suis promené tout seul dans le parc après le bal – c'était dans les vacances de ma quatrième à ma troisième. » Est-ce le souvenir même de cette nuit, qui compte pour Flaubert, ou bien ce que signifie sa résurgence spontanée, le fait qu'elle « revienne » comme l'irruption d'un signal qui traverse sa mémoire ? Cette remémoration est si cruciale pour lui qu'il en reparle encore, six jours plus tard, dans une lettre du 13 mars 1850 à Bouilhet : « J'ai été (...) chasser tout seul dans un champ de coton (...). Je marchais poussant mes pieds devant moi et songeant à des matinées analogues... à une entre autres, chez le marquis de Pomereu, au Héron après un bal. Je ne m'étais pas couché et le matin j'avais été me promener en barque sur l'étang, tout seul, dans mon habit de collège. Les cygnes me regardaient passer et les feuilles des arbustes retombaient dans l'eau. C'était peu de jours avant la rentrée ; j'avais 15 ans. » Comment définir cette sorte d'irruption sporadique du souvenir, cette image rémanente de la nuit qui revient ?

D'octobre 1836 à août 1837, c'est la classe de 3e. Gustave est passionné par son professeur d'histoire Adolphe Chéruel et par les sciences naturelles qui lui sont enseignées par Félix-Archimède Pouchet, le théoricien de la génération spontanée, qui deviendra l'adversaire de Pasteur. Il continue à beaucoup écrire : des contes et de petits récits historiques, *Un secret de Philippe le Prudent*, *La Peste à Florence*, *Bibliomanie* (publié dans la revue *Le Colibri* le 12 février 1837), *Rage et Impuissance*, « conte malsain pour les nerfs sensibles et les âmes dévotes », *La Main de fer*, *Rêve d'enfer*, *Agonies* et une « physiologie » à la Balzac, *Une leçon d'histoire naturelle. Genre commis* (qu'il réussit à faire paraître dans *Le Colibri* du 30 mars 1837), dans laquelle on peut voir une première préfiguration de *Bouvard et Pécuchet*.

Gustave va sur ses seize ans. Il n'a pas encore « écrit » son coup de foudre de Trouville, et en plus, il est toujours vierge, du moins autant que peuvent l'être les garçons. Il s'arrange pour perdre son pucelage, sans enthousiasme, avec la femme de chambre de sa mère et, pour le cœur, se laisse séduire par une amie de pension de sa sœur, Caroline-Anne Heuland, une ravissante petite Anglaise de dix-sept ans, très décidée : « Souvent, elle venait vers moi, me prenait autour de la taille. (…) Un jour, elle se coucha sur mon canapé dans une position très équivoque ; j'étais assis près d'elle sans rien dire. Certes, le moment était critique : je n'en profitai pas » (*Mémoires d'un fou*). Complètement déçue par l'inertie de Gustave, la petite Caroline-Anne épousera un artiste peintre dès l'année suivante, en janvier 1838.

En classes de seconde (oct. 1837-août 1838), de rhétorique (oct. 1838-août 1839) et de philosophie (oct. 1839-août 1840), Gustave poursuit ses recherches en écriture narrative et dramatique (*Passion et Vertu*, *Madame d'Ecouy*) tout en se consacrant à des sujets plus scolaires, mais avec un goût pour la recherche personnelle et une curiosité tous azimuts qui ressemblent déjà beaucoup à une ambition encyclopédique : histoire (*Influence des Arabes d'Espagne sur la Civilisation française au Moyen Age ; Lutte du Sacerdoce et de l'Empire 1073-1125*), littérature (*Shakespeare, Rabelais, Voltaire*), zoologie, philosophie (Vico, Hegel). Dans le billard de M. Flaubert père, les séances d'improvisation théâtrale deviennent plus bruyantes et s'enrichissent d'un personnage imaginaire, *le Garçon*, incarnation grotesque et « hénaurme » de la bêtise bourgeoise. Les frères Goncourt rapportent une confidence de Flaubert qui reste la description la plus précise de la fameuse créature :

> « Flaubert (…) nous entretient d'une création qui a fort occupé sa jeunesse, aussi bien que quelques-uns de ses amis, et surtout son intime, Poittevin, un camarade de collège qu'il nous peint comme un métaphysicien très fort, une nature un peu sèche, mais d'une élévation d'idées extraordinaire. Donc ils avaient inventé un personnage imaginaire, dans la peau et les manches duquel ils passaient, tour à tour, et les bras et leur esprit de blague. Ce personnage assez difficile à faire comprendre, s'appelait de ce nom collectif et générique : *le Garçon*. Il représentait la démolition bête du romantisme, du matérialisme et de tout au monde. On lui avait attribué une personnalité complète, avec toutes les manies d'un caractère réel, compliqué de toutes sortes de bêtises bourgeoises. Ça avait été la fabrication d'une plaisanterie lourde, entêtée, patiente, continue. (…) *Le Garçon* avait des gestes particuliers qui étaient des gestes d'automate,

un rire saccadé et strident à la façon d'un rire de personnage fantastique, une force corporelle énorme. Rien ne donnera mieux l'idée de cette création étrange qui possédait véritablement les amis de Flaubert, les affolait même, que la charge consacrée, chaque fois qu'on passait devant la cathédrale de Rouen. L'un disant : "C'est beau, cette architecture gothique, ça élève l'âme !" Et aussitôt celui qui faisait le *Garçon* s'écriait tout haut, au milieu des passants : "Oui, c'est beau et la Saint-Barthélemy aussi, et les Dragonnades et l'Édit de Nantes, c'est beau aussi !..." L'éloquence du *Garçon* éclatait surtout dans une parodie des Causes célèbres qui avait lieu dans le grand billard du père Flaubert, à l'Hôtel-Dieu, à Rouen. On y prononçait les plus cocasses défenses d'accusés, des oraisons funèbres de personnes vivantes, des plaidoiries grasses qui duraient trois heures. Le *Garçon* avait toute une histoire, à laquelle chacun apportait sa page. Il fabriquait des poésies, etc., etc., et finissait par tenir un HÔTEL DE LA FARCE, où il y avait la Fête de la Vidange... »

Goncourt, *Journal* – 10 avril 1860.

*
* *

C'est l'époque où Gustave se rapproche beaucoup d'Alfred Le Poittevin, qui le guide dans ses lectures : Rabelais, Montaigne, Spinoza, Rousseau, Sade, Byron, Quinet... L'aîné Alfred et le cadet Gustave passent des jours et des nuits d'enthousiasme à refaire le monde en discutant jusqu'au petit matin littérature et philosophie – le style, le bien, le mal, le plaisir, la beauté, les perversions, Dieu, le Marquis de Sade : une harmonie de vues parfaite, une amitié d'une rare intensité, idéale, passionnée, une complicité amoureuse. Ils se jurent de ne jamais se quitter. Ils font des projets de voyages en Orient, parlent de partir vivre l'aventure ensemble au bout du monde. Cette « influence » d'Alfred sur Gustave inquiète un peu les parents. Les deux garçons s'aiment sans aucun doute. Ont-ils été amants ? Les lettres d'Alfred contiennent des formules qui pourraient le laisser penser : « Je viendrai te voir lundi sans faute, vers les 1 heure. Bandes-tu ? » « Adieu, vieux pédéraste ! » « Je t'embrasse le Priape. » « Adieu, cher vieux, je t'embrasse en te socratisant. » Mais on trouvera les mêmes clauses de style dans les courriers de Maxime Du Camp et de Louis Bouilhet : au fond, ce n'est peut-être que l'idiome de la tribu. Bien que Gustave ait avoué avoir eu (à tort, précise-t-il) cette réputation, Sartre estime que finalement, non, la relation physique entre l'aîné et le cadet est restée allusive : « Il paraît donc vraisemblable que le cadet a plus ou moins explicitement désiré compléter leur amitié par une union charnelle dans laquelle Alfred eût joué le rôle du mâle. Et que, si on l'a "réputé pédéraste" à l'époque, c'est en raison de son attitude envers son ami. Disons-le tout de suite : selon toute apparence, son attente passive et troublée a été déçue. Certes, il était beau, à l'époque, il avait le charme ambigu de l'adolescence ; Alfred était à l'âge où les désirs sont encore incertains : rien ne dit qu'il n'a pas été *aussi* séduit – comme Deslauriers par Frédéric – par le charme féminin qui se dégageait de ce jeune corps. Mais s'il y a eu des attouchements, des contacts sexuels, quelques séances de masturbation réciproque – ce dont je doute –, tout a cessé très vite. La raison en est qu'Alfred a trop de virilité pour s'intéresser longtemps aux garçons et trop de passivité féminine pour se plaire à jouer les homosexuels actifs » (Jean-Paul Sartre, *L'Idiot de la famille*, I, p. 1048).

Quoi qu'il en soit, c'est bien à Alfred que Gustave dédie *Agonies, pensées sceptiques*, écrit en avril 1838, et surtout, le 4 janvier 1839, *Mémoires d'un fou*, sa première œuvre autobiographique, dans laquelle il donne forme lyrique et narrative à sa passion pour Élisa (Maria) et à son *flirt* avec la petite Heuland. Commencés en 1837, les *Mémoires d'un fou* sont composés au second semestre 1838, juste après *Louis XI*, un drame écrit en mars, *La Danse des morts* (en mai) et *Ivre et Mort* (en juin). Cette fois, le rythme est pris, et Gustave n'envisage pas de consacrer son année 1839 à autre chose qu'écrire : après un petit essai en janvier intitulé *Les Arts et le Commerce*, il se plonge en mars-avril dans la rédaction d'un « vieux mystère », *Smarh*, qui est une reprise de *Rêve d'enfer* mais que l'on peut aussi considérer comme une sorte de préfiguration ou de première esquisse de la *La Tentation de saint Antoine*. En août, il rédige coup sur coup *Les Funérailles du docteur Mathurin* et *Rome et les Césars*.

CHAPITRE 3

La nature du feu (1839-1844)

Quand arrive la rentrée 1839, Gustave va avoir dix-huit ans : c'est l'année du bac, mais il ne se sent vraiment plus le goût ni la patience d'user ses fonds de culotte sur les bancs d'une classe. Depuis l'année précédente, il a quitté l'internat, c'est déjà ça et il s'en félicite sans ambiguïté : « il est vrai que je suis maintenant externe libre, ce qui est on ne peut mieux – en attendant que je sois tout à fait parti de cette sacrée nom de Dieu de pétaudière de merde de collège » (à E. Chevalier, Rouen, 11 octobre 1838). Mais, même sous le régime allégé de l'externat, l'atmosphère militaire du lycée lui est devenue insupportable et – c'est plus fort que lui – il ne peut s'empêcher de le faire sentir : à l'administration, aux surveillants, à ses professeurs, à tout le monde. Ses résultats sont toujours excellents, il est même premier en philosophie mais, question discipline, ça empire de jour en jour. Début novembre, quelques meneurs, dont Gustave, organisent un énorme chahut en classe de Philosophie. La sanction tombe : comme pensum, ce sera « mille vers » à composer pour toute la classe. Le censeur est inflexible : pas de quartier, chaque élève doit s'y coller, sans exception.

Gustave et ses complices, une douzaine d'autres élèves (dont Ernest Le Marié et Louis Bouilhet, qui deviendront des amis très proches, ainsi qu'Émile Hamard, le futur mari de Caroline), répliquent par le refus irrévocable de se soumettre au pensum. C'est Gustave qui écrit la lettre au proviseur, et elle est cosignée par les douze réfractaires, mais son contenu, tout en restant d'une parfaite politesse administrative, ne parvient pas à éviter la provocation : « Si l'on peut bien donner mille vers à toute la classe de Philosophie, on peut bien aussi renvoyer toute la classe de philosophie. » En décembre, la chose est faite : Gustave et les douze signataires sont définitivement exclus de l'établissement pour indiscipline notoire.

Tout en potassant le programme du bac qu'il doit donc préparer tout seul, entre janvier et août 1840, Gustave tient un journal qu'il intitule *Souvenirs, notes et pensées intimes* (les deux premiers cahiers sont de janvier-février, le troisième de mai-juin) : une façon d'écrire un peu chaque jour, malgré le temps qui lui manque, et un bon moyen aussi pour extérioriser sa rage contre ces abrutis de bourgeois rouennais qui l'ont mis à la porte du lycée. En juin, de retour d'un spectacle à l'Opéra, il ne peut quand même pas s'empêcher de rédiger *Mlle Rachel*, un article enthousiaste sur la comédienne qu'il vient de voir jouer à Rouen. En août, c'est le bac : pas trop sûr de lui, Gustave s'y présente en candidat libre, et passe les épreuves avec succès. La même année, son frère Achille, vingt-sept ans, le clone de papa, devient docteur en médecine et se marie avec Julie Lormier qui lui donnera une fille, Juliette.

Pour sa réussite au baccalauréat, Gustave, à force de gémir, obtient de ses parents une grande année « sabbatique », tout entière consacrée à faire ce qu'il veut jusqu'en septembre 1841, et assortie, pour commencer, entre le 22 août et la fin octobre 1840, d'un voyage de deux mois dans le Midi en compagnie du docteur Cloquet, qui avait été assistant du chirurgien Laumonier en même temps qu'Achille-Cléophas, et qui est devenu un ami fidèle de la famille. Gustave découvre le sud-ouest de la France, le Pays basque, un peu d'Espagne, les Pyrénées, le Languedoc, le cirque de Gavarnie, Nîmes, Arles, les ruines romaines, la côte méditerranéenne, et enfin la Corse. Les paysages inondés de lumière, la mer d'un bleu extrême, la puissance du soleil, le parfum du maquis et, bien sûr, le bonheur de chevaucher dans un pays inconnu sont pour lui une révélation. Sur la plage d'Aléria, il fait pour la première fois l'expérience d'une sensation d'harmonie totale avec la nature, une sorte d'exultation physique et d'extase panthéiste dont il gardera le souvenir toute sa vie.

Mais Gustave n'est pas au bout de ses surprises : une autre expérience jubilatoire, dont la mémoire traversera également son existence, l'attend sur le chemin du retour. En débarquant à l'hôtel Richelieu, rue de la Darse, à Marseille, il se laisse séduire par une brûlante jeune femme de trente-cinq ans, Eulalie Foucaud de Langlade, qui l'attire dans sa chambre pour compléter son éducation érotique. Le récit de cette rencontre, qui a eu lieu le 17 ou 18 octobre 1840, est rapporté par les frères Goncourt, vingt ans plus tard :

> « Au coin de son feu, Flaubert nous raconte son premier amour. Il allait en Corse. Il avait simplement perdu son pucelage avec la femme de chambre de sa mère. Il tombe dans un petit hôtel de Marseille, où des femmes, qui revenaient de Lima, étaient revenues avec un mobilier du XVIe siècle, d'ébène incrusté de nacre, qui faisait l'émerveillement des passants. Trois femmes en peignoir de soie filant du dos au talon ; et un négrillon, vêtu de

nankin et de babouches. Pour ce jeune Normand, qui n'avait été que de Normandie en Champagne et de Champagne en Normandie, c'était d'un exotisme bien tentant. Puis un patio, plein de fleurs exotiques, où chantait, au milieu, un jet d'eau.

Un jour qu'il revenait d'un bain dans la Méditerranée, emportant la vie de cette fontaine de Jouvence, attiré par la femme dans la chambre, une femme de trente-cinq ans, magnifique. Il lui jette un baiser où l'on jette son âme. La femme vient le soir dans sa chambre et commence par le sucer. Ce furent une fouterie de délices, puis des larmes, puis des lettres, puis plus rien.

Plusieurs fois, revint à Marseille. On ne sut jamais lui dire ce qu'étaient devenues ces femmes. La dernière fois qu'il y passa, pour aller à Tunis pour son roman de Carthage – car chaque fois, il allait revoir la maison –, il ne retrouvait plus cette maison. Il regarde, il cherche, il s'aperçoit que c'est devenu un bazar de jouets. Au premier, un perruquier : il y monte, se fait raser et reconnaît le papier de la chambre. »

Goncourt, *Journal* – 20 février 1860.

Les Goncourt parlent de lettres. On ne possède pas celles que Gustave a pu adresser à Eulalie. Mais on sait qu'Eulalie a dû quitter la France assez vite pour l'Amérique du Sud et l'on connaît le contenu des lettres qu'elle lui a adressées au cours des mois suivants. En voici quelques extraits. 16 janvier 1841 : « Ô Gustave, depuis que tes baisers de feu ont répondu aux miens (...) vivre sans cet amour qui fait tout mon bonheur serait au-dessus de mes forces. Adieu, reçois de toute mon âme, tout mon amour, toutes mes pensées, et tous mes désirs. Ton Eulalie. » 16 février 1841 : « Gustave, Ô mon Gustave bien-aimé, tu m'as enivrée d'un feu dévorant, nos cœurs se sont compris, j'ai repris une nouvelle existence, mais pour regretter et souffrir. Je te baise partout, tu sais, de ces baisers enivrants que tu aimais tant et qui te faisaient à la fois tant de mal et tant de bien. » 6 mai 1841 : « Tu me plais tant... Ô Gustave... que de voluptés nous pourrions éprouver encore... et l'immensité qui nous sépare ! Chaque soir dans ma couche solitaire, je sens encore les douces étreintes de ton corps jeune et voluptueux, de ton cœur qui me brûle et qui me fait mourir d'amour. »

Ces lettres ont été vendues en 1931 après la mort de la nièce de l'écrivain. Elles se trouvaient encore dans une grande enveloppe à l'intérieur de laquelle était écrit, de la main de Flaubert : « Rouvert et parcouru du 20 au 21 mars 1846, où j'ai relu les lettres de Marseille, avec une singulière impression de regret – pauvre femme, est-ce qu'elle m'aurait aimé vraiment ? » Ça ne fait guère de doute. Il faut dire qu'avec ses dix-huit ans et demi, ses grands yeux verts, sa carrure d'athlète et sa haute stature de 1,82 m, Gustave, en 1840, était sûrement d'un charme irrésistible.

*
* *

De retour à Rouen le 1er novembre 1840, Gustave met en forme ses notes de voyage sous le titre *Pyrénées-Corse*, puis s'enfonce dans ses livres et commence *Novembre*, seconde œuvre autobiographique, dans laquelle, évidemment, Eulalie n'est pas oubliée : « C'est quand elle se fut couchée près de moi qu'elle m'étala, avec un orgueil de courtisane, toutes les splendeurs de sa chair. Je vis à nu sa gorge dure et toujours gonflée comme d'un murmure orageux, son ventre de nacre, au nombril creusé, son ventre élastique et convulsif, doux pour s'y plonger la tête comme sur un oreiller de satin chaud ; elle avait des hanches superbes, de ces vraies hanches de femme, dont les lignes, dégradantes sur une cuisse ronde, rappellent toujours, de profil, je ne sais quelle forme souple et corrompue de serpent et de démon ; la sueur qui mouillait sa peau la lui rendait fraîche et collante, dans la nuit ses yeux brillaient d'une manière terrible, et le bracelet d'ambre qu'elle portait au bras droit sonnait quand elle s'attrapait au lambris de l'alcôve. »

En octobre 1841, les grandes vacances de cette interminable année sabbatique sont terminées. Gustave n'en a pas vraiment profité : il s'est rongé en se demandant ce qui allait lui arriver l'année suivante, et s'est réfugié dans la boulimie. Il a bien essayé timidement d'expliquer à sa famille son projet de devenir écrivain, mais de toute évidence, sans succès : son père ne l'entend pas de cette oreille et on a d'autres projets pour lui. L'honneur médical de la famille est sauf puisque Achille est maintenant docteur en médecine. Si Gustave ne semble pas avoir trop de disposition pour suivre son exemple, ce sera le Droit. Magistrat, non : ce qu'il dit de son copain Ernest prouve qu'il n'a vraiment pas la fibre. Reste le notariat ou le barreau. Il a donc été décidé que Gustave serait avocat. Résigné, le jeune homme prend son inscription en première année de Droit à Paris en novembre 1841 et, faute d'interlocuteur, c'est à son ancien professeur de lettres, Gourgaud-Dugazon, qu'il confie son désarroi : « Je me ferai recevoir avocat, mais j'ai peine à croire que je plaide jamais pour un mur mitoyen ou pour quelque malheureux père de famille frustré par un riche ambitieux. Quand on me parle du barreau en me disant : ce gaillard plaidera bien, parce que j'ai les épaules larges et la voix vibrante, je vous avoue que je me révolte intérieurement et que je ne me sens pas fait pour toute cette vie matérielle et triviale. Chaque jour au contraire j'admire de plus en plus les poètes, je découvre en eux mille choses que je n'avais pas aperçues autrefois. J'y saisis des rapports et des antithèses dont la précision m'étonne, etc. » (à Gourgaud-Dugazon, Rouen, 22 janvier 1842).

Exempté de service militaire par tirage au sort, Gustave peut se consacrer tout de suite à ses études. On l'installe à Paris. Chichement. Ses parents estiment qu'un étudiant doit vivre un peu à la dure : ils ne lui donnent qu'une toute petite pension et lui louent une chambre minuscule au 29, rue Sainte-Hyacinthe (actuelle rue Paillet), près de la Sorbonne. Débarqué de sa province normande, Gustave ne connaît pas grand monde à Paris et se sent très isolé. Il se fait inviter chez les Schlésinger, pour se rapprocher d'Élisa, son « grand amour impossible », mais en appréciant aussi la compagnie de monsieur. En 1842, il étudie sans conviction, et même si peu qu'il préfère ne pas se présenter aux épreuves du mois d'août, reportant l'échéance des épreuves à la session d'hiver. A Rouen, la nouvelle préceptrice de Caroline, Miss Jane Fargues, est bien jolie. Elle succombe sans tarder aux charmes de Gustave.

Il était dit que les amours de 1842 seraient britanniques. Pour les vacances d'été, il accompagne sa famille à Trouville, où il fait la connaissance des jeunes sœurs Collier, Gertrude et surtout Henriette, gracieuses petites Anglaises en villégiature sur la côte normande avec leurs parents. Elles tombent vite amoureuses, Gustave aussi, au point de songer à se marier, pour la première et la dernière fois de sa vie. De retour dans la capitale, il multiplie les visites, rond-point des Champs-Élysées, au domicile parisien de la famille Collier. Le 25 octobre 1842, Gustave achève *Novembre, fragments de style quelconque*. Puis il potasse son examen de première année de droit, qui l'angoisse mais qu'il passe finalement avec succès en décembre.

En réalité, les études de droit le dégoûtent jusqu'à la nausée et le rendent comme fou. Sa vie étriquée l'exaspère. Il s'en plaint amèrement dans les lettres qu'il expédie à sa petite sœur Caroline : « Avec ça je n'avance pas, je recule, j'ai tout à apprendre. Je ne sais où donner de la tête. J'ai envie d'envoyer faire foutre l'École de Droit une bonne fois et de ne plus y remettre les pieds. Quelquefois il m'en prend des sueurs froides à crever. Nom de Dieu comme je m'amuse à Paris, et l'agréable vie de jeune homme que j'y mène ! Je ne vois personne, je ne vais nulle part.

« (...) je descends la rue de La Harpe et je vais dîner pour 30 sous avec du bœuf coriace, du vin aigre et de l'eau chauffée dans les carafes par le soleil. Après quoi je vais à ma répétition de droit et rentre dans mon éternelle chambre, pour recommencer de plus belle. Il me semble que je vis comme ça depuis vingt ans, que ça n'a pas eu de commencement et que ça n'aura jamais de fin. Je ne fume plus, à peine une pipe par jour. (...). Ma seule distraction, c'est de temps à autre de me lever de ma chaise et d'aller regarder et ranger mes bottes dans mon armoire. Que ne suis-je né cheval ! cheval de course, j'entends ; au moins il a un groom pour le soigner et de la paille jusqu'au ventre.

« Adieu, bon rat, je t'embrasse de toute la fureur dont je me mange le sang » (à sa sœur, Paris, fin novembre 1842). *Être* cheval !

Et c'est bien la vérité. Depuis les premiers mois de son installation à Paris, Gustave n'a qu'une idée en tête : se consacrer exclusivement à son fameux dada. Mais qui pourrait le comprendre ? Comprendre que c'est pour lui une affaire de destin, incommensurable à ces histoires d'études qu'on lui impose ? Personne, si ce n'est, toujours, son vieux maître de littérature : « Je fais donc mon Droit, c'est-à-dire que j'ai acheté des livres de Droit et pris des inscriptions. Je m'y mettrai dans quelque temps et compte passer mon examen au mois de juillet. (...) Mais ce qui revient chez moi à chaque minute, ce qui m'ôte la plume des mains si je prends des notes, ce qui me dérobe le livre si je lis, *c'est mon vieil amour, c'est la même idée fixe* : *écrire !* Voilà pourquoi je ne fais pas grand-chose, quoique je me lève fort matin et sorte moins que jamais.

« Je suis arrivé à un moment décisif : il faut reculer ou avancer, tout est là pour moi. *C'est une question de vie et de mort.* Quand j'aurai pris mon parti, rien ne m'arrêtera, dussé-je être sifflé et conspué par tout le monde. Vous connaissez assez mon entêtement et mon stoïcisme pour en être convaincu. (...) Voici donc ce que j'ai résolu. J'ai dans la tête trois romans, trois contes de genres tout différents et demandant une manière toute particulière d'être écrits. C'est assez pour pouvoir me prouver à moi-même si j'ai du talent, oui ou non » (à Gourgaud-Dugazon, Rouen, 22 janvier 1842, c'est moi qui souligne). Quand Gustave parle de « question de vie et de mort », faut-il le prendre au sérieux ? Les événements, deux ans plus tard, vont prouver que oui. En attendant, les études juridiques le font tourner en bourrique, et même pire, lui font l'effet d'une castration chimique. De cheval de race qu'il voudrait être, le voilà qu'il déchoit dans la pyramide de l'espèce chevaline jusqu'à se sentir « mulet » : « Et moi, je suis un fameux mulet, mulet à grelots, mulet à housse et à pompons, mulet à longues oreilles, mulet ferré et portant un poids qui ne me rend pas si fier que si c'était l'argent de la gabelle.

« C'est l'École de Droit que j'ai sur les épaules. Tu trouveras peut-être la métaphore ambitieuse ; il est vrai que si je la portais sur mes épaules, je me roulerais bien vite par terre pour briser mon fardeau » (à Ernest Chevalier, Paris, 10 février 1843).

En réalité, le mulet est bel et bien resté cheval : au moment même où il écrit ce mot à l'ami Ernest, Gustave est tout à fait décidé à n'en faire qu'à sa tête : au lieu de s'enfoncer dans ses manuels, il va commencer un nouveau récit, *L'Éducation sentimentale* (première version). Il gémit auprès de ses parents pour obtenir des subsides, prétend qu'il n'a plus un sou pour ses livres de droit et sa subsistance. En fait, s'il vit effectivement dans un état de ruine endémique, c'est qu'il jette positivement l'argent par les fenêtres au cours de ses escapades nocturnes et qu'il dépense tout le reste de son petit pécule pour *s'habiller* : il se fait un devoir de ne sortir dans la rue qu'en habit noir et ganté de blanc, comme un véritable dandy, à toute heure du jour ou de la nuit, et même à huit heures du matin quand il s'agit de se rendre aux cours.

En mars, par l'intermédiaire d'Ernest Le Marié, son condisciple au collège de Rouen, il fait la rencontre de Maxime Du Camp (1822-1894), parisien et comme lui fils de chirurgien. Riche, ambitieux, pragmatique, curieux de tout, passionné de voyage et de techniques modernes, énergique, optimiste, décidé coûte que coûte à se faire un nom dans le monde des lettres, c'est tout le contraire de Gustave. Entre eux se noue rapidement une solide amitié, et même plus que cela : une affection passionnée, promise à bien des vicissitudes, mais qui durera toute leur vie. Maxime aide son nouvel ami à réviser son droit, lui fait réciter les articles du code civil. Sans grands résultats. Gustave ne retient rien, confond tout et, fatalement, échoue à l'examen de seconde année en août 1843. Il racontera comment, dans *L'Éducation sentimentale* de 1869, avec Deslauriers dans le rôle de Maxime : « A la première question sur la différence entre une convention et un contrat, il définit l'une pour l'autre ; et le professeur, un brave homme, lui dit : "Ne vous troublez pas, monsieur, remettez-vous !" puis, ayant fait deux demandes faciles, suivies de réponses obscures, il passa enfin au quatrième. Frédéric fut démoralisé par ce piètre commencement. Deslauriers, en face, dans le public, lui faisait signe que tout n'était pas encore perdu ; et à la deuxième interrogation sur le droit criminel, il se montra passable. Mais, après la troisième, relative au testament mystique, l'examinateur étant resté impassible tout le temps, son angoisse redoubla (…). » L'échec n'est pas définitif – au fond, il lui suffit de se réinscrire en seconde année de Droit –, mais Gustave le ressent comme une catastrophe, parce que ce revers dans ses études tombe à un moment crucial où il s'interroge sur sa vie.

En secret, depuis 1841, sous l'influence de son complice Alfred Le Poittevin, qui ne lui cache rien de ses propres frasques érotiques, il mène à Paris une vie sexuelle totalement débridée, passant de fille en fille – Élodie, Léonie, Anna, Flora, Victoria, La Guérin, la Lebrun, la mère Arnoult (*sic*), la mère Leriche, etc., sans parler des petites amoureuses plus sentimentales, et plus *comme il faut* : Jane, les petites Collier, Élisa. Faute, peut-être, d'avoir trouvé en Alfred le partenaire amoureux dont il rêvait secrètement, Gustave joue la surenchère lubrique. Leur complicité devient une sorte de compétition. En mars 1843, Alfred adresse à Gustave une lettre qui permet de s'en faire une idée : « As-tu revu Élodie et, dans la motte de cette garce lascive, humé les brouillards de son clitoris ? L'heureux homme que tu fais ! Tu me fais songer à ce polycrate que la fortune avait si bien favorisé qu'il jeta, comme pour l'apaiser, son anneau dans la mer d'Ionie. Et toi aussi, comme pour payer tribut au sort, tu promènes ton heureux phallus parmi le con des putains parisiennes, comme pour y puiser la vérole : mais c'est en vain ; les cons les plus maculés te le rejettent intact, comme le poisson à Polycrate, son anneau ! Euh ! euh ! euh !... quelle comparaison ! quelles périodes ! quel modèle d'éloquence ! Lis cela au nègre et au troupier et proclame-moi *virum dicendi peritum* » (d'Alfred Le Poittevin à Gustave Flaubert, mars 1843). Désormais, dans la compétition en luxure que se livrent Gustave et Alfred, c'est le cadet qui l'emporte. C'est à lui que l'aîné vient demander « les adresses exactes de la Guérin, de la Lebrun, de la mère Arnoult et de la mère Leriche. (...) Donne-moi aussi le nom de l'ancienne maîtresse de Champlâtreux, qui est chez la Lebrun, où tu la fous » (à Gustave Flaubert).

Malgré ses dénégations, est-ce à cette époque que Gustave contracte la syphilis ? Est-ce pour cette raison qu'il entre brusquement dans une période de doute radical sur sa façon de vivre ? A-t-il imaginé que son échec à l'examen de droit résultait de ses excessives dépenses séminales ? Toujours est-il qu'en août 1843, du jour au lendemain, il décide de s'astreindre à une abstinence sexuelle complète : plus de femmes, plus de sexe, rien que l'écriture. Il aimerait bien aussi s'abstenir du Droit. Mais là, Gustave ne voit vraiment pas comment expliquer à son père que sa seule ambition est de devenir écrivain. Ce n'était déjà pas si facile de lui annoncer qu'il était collé à son examen. Alors, la littérature... Il sait bien ce qu'il en pense, le bon docteur Achille-Cléophas, de la littérature : un passe-temps comme un autre pour les gens qui n'ont pas grand-chose à faire.

Les choses vont en rester là pendant trois mois, de septembre à la fin décembre, et le peu que l'on sache de cette période semble indiquer que Gustave a fini assez vite par se résoudre aux « bonnes résolutions » : prendre ses inscriptions pour redoubler la seconde année de Droit et s'y remettre tout de suite, ne plus aller voir les filles, oublier ses excentricités et ses habitudes de dandy, bref, faire le bon garçon, rentrer dans le rang. En surface, du moins. Au fond de lui-même, il se sent piégé derrière des grilles et tourne en rond comme un tigre mangeur d'hommes. La famille Flaubert passe les vacances d'été à Nogent. Pour s'évader de ses angoisses, Gustave se plonge dans Ronsard, et se baigne dans la Seine, mais en maudissant le genre humain et sa patrie normande : « je l'exècre, je la hais, j'attire sur elle toutes les imprécations du ciel parce qu'elle m'a vu naître. Malheur aux murs qui m'ont abrité ! aux bourgeois qui m'ont connu moutard et aux pavés où j'ai commencé à me durcir les talons ! Ô Attila ! quand reviendras-tu, aimable humanitaire, avec quatre cent mille cavaliers, pour incendier cette belle France, pays des dessous de pieds et des bretelles ? Et commence je te prie par Paris d'abord, et par Rouen en même temps » (à Ernest Chevalier, Nogent-sur-Seine, 2 septembre 1843).

De retour à Paris, Gustave bûche son droit sans broncher avec, pour tout divertissement, quelques visites de son frère Achille, et tout de même aussi les jolies surprises que lui réserve son petit cercle de relations : les Collier, les Schlésinger (où Madame l'invite pour la Saint-Sylvestre à venir réveillonner dans leur maison de Vernon !) et surtout le célébrissime et très sélect atelier du sculpteur James Pradier, chez qui Gustave se trouve introduit par le docteur Jules Cloquet, et où il rencontre rien moins que le Crocodile – Victor Hugo en personne ! Gustave se fait un peu prier par le rat (sa sœur Caroline, qui brûle d'impatience) pour lui raconter la chose : « Bonjour, vieux rat. (...) Tu t'attends à des détails sur Victor Hugo. Que veux-tu que je t'en dise ? C'est un homme qui a l'air comme un autre, d'une figure assez laide et d'un extérieur assez commun. Il a de magnifiques dents, un front superbe, pas de cils ni de sourcils. Il parle peu, a l'air de s'observer et de ne vouloir rien lâcher ; il est très poli et un peu guindé. J'aime beaucoup le son de sa voix. J'ai pris plaisir à le contempler de près ; je l'ai regardé avec étonnement, comme une cassette dans laquelle il y aurait des millions et des diamants royaux, réfléchissant à tout ce qui était parti de cet homme-là assis alors à côté de moi sur une petite chaise, et fixant mes yeux sur sa main droite qui a écrit tant de belles choses. C'était là pourtant l'homme qui m'a le plus fait battre le cœur depuis que je suis né, et celui peut-être que j'aimais le mieux de tous ceux que je ne connais pas. On a parlé de supplices, de vengeances, de voleurs, etc. C'est moi et le grand homme qui avons le plus causé ; je ne me souviens plus si j'ai dit des choses bonnes ou bêtes, mais j'en ai dit d'assez nombreuses. Comme tu vois, je vais assez souvent chez les Pradier ; c'est une maison que j'aime beaucoup, où l'on n'est pas gêné et qui est tout à fait *dans mon genre* » (à sa sœur Caroline, Paris, 3 décembre 1843). D'ailleurs, il n'y a pas que le Crocodile, chez Pradier. Il y a le Tout-Paris artiste et intellectuel, les femmes les plus désirables du moment, et surtout la voluptueuse et volage épouse du sculpteur : Louise Pradier, Ludovica. Gustave s'est bien rendu compte qu'elle l'avait remarqué... Mais, décidément, non : il n'est plus candidat. Il ira, comme convenu, fêter la Nouvelle Année à Vernon chez les Schlésinger : c'est tellement reposant, un amour impossible...

D'ailleurs Élisa c'est Trouville, et Trouville, justement, c'est l'endroit où il est question, depuis peu, de faire construire une maison de vacances familiale : un « Chalet » sur les terrains acquis à Deauville-Trouville par Achille-Cléophas. Le chalet est la grande affaire du moment chez les Flaubert : on étudie le site, l'orientation, la vue, on fait faire des plans, on délibère. Gustave, plongé dans son Droit à Paris, ne suit le projet que de loin, mais il y pense : et comment sera sa chambre ? y sera-t-il bien pour écrire ? Sa petite sœur Caroline le supplie de venir donner son avis. Début janvier 1844, il décide de faire un saut de deux ou trois jours. C'est ici que se situe la plus grande fracture de la vie de Flaubert.

*
* *

Arrivé à Rouen, Gustave se rend en voiture sur les lieux prévus pour le fameux chalet en fin d'après-midi avec son frère Achille. Ils visitent le terrain, discutent l'emplacement de la maison, les propositions des architectes, mais le temps passe vite. Il est déjà près de huit heures et demie, la nuit est tombée : on n'y voit plus rien, il est grand temps d'aller souper. Pour rentrer à Rouen, les deux frères regagnent la route de Pont-l'Évêque à Honfleur, avec le projet de prendre le bac jusqu'à Rouen, ce qui est la formule la plus agréable en hiver. Ils circulent en cabriolet, et c'est Gustave – bien sûr – qui tient les rênes. La conversation sur les travaux commence à s'effilocher et les deux passagers se laissent aller à rêvasser quand tout à coup, dans la côte qui monte en direction de Tourville-en-Auge, à la sortie de Pont-l'Évêque, tandis qu'une grosse voiture de marchandise attelée de quatre chevaux est en train de les doubler à toute vitesse en faisant un bruit d'enfer, Gustave pousse brusquement un cri terrible et s'effondre sur la banquette. Achille rattrape les rênes et fait stopper le cheval sur le bas-côté de la route. Gustave inerte est comme mort. Il vient d'être terrassé par une crise foudroyante, avec perte de connaissance et coma.

Achille appelle à l'aide. Tandis que l'on transporte Gustave dans une maison avoisinante, il commence à redonner signe de vie. En médecin avisé, Achille fait ce qu'on fait quand on est face à un cas d'urgence : il lui administre une sérieuse saignée. Et, comme Gustave a tout à fait repris ses esprits, on rentre à Rouen. A la maison, le bon docteur Achille-Cléophas examine Gustave. Diagnostic : c'est un accident nerveux, apparemment sérieux, mais tout est en ordre ; quelques jours de repos, et il n'y paraîtra plus. Gustave sera renvoyé sans aucune précaution à Paris pour reprendre ses études de droit le jour de la rentrée.

Voilà donc les circonstances dans lesquelles Gustave a connu sa première grande crise nerveuse. Le témoignage le plus précis que nous possédions sur l'événement lui-même se trouve dans une lettre de Flaubert, écrite dix ans plus tard, un soir où l'écrivain venait de faire exactement le même trajet[1] :

« Hier, nous sommes partis de Pont-l'Évêque à 8 h et demie du soir, par un temps si noir qu'on ne voyait pas les oreilles du cheval. La dernière fois que j'étais passé

---

1. L'endroit précis de l'accident sera, beaucoup plus tard, dans *Un cœur simple*, celui que choisira Flaubert pour infliger à son héroïne Félicité une expérience douloureuse qui contient – outre le rôle des chevaux – plusieurs similitudes frappantes avec les circonstances de sa propre crise : « Elle traversa la forêt, dépassa le Haut-Chêne, atteignit Saint-Gatien. Derrière elle, dans un nuage de poussière et emportée par la descente, une malle-poste au grand galop se précipitait comme une trombe. En voyant cette femme qui ne se dérangeait pas, le conducteur se dressa par-dessus la capote, et le postillon criait aussi pendant que ses quatre chevaux, qu'il ne pouvait retenir, accéléraient leur train ; les deux premiers la frôlaient ; d'une secousse de ses guides il les jeta dans le débord, mais furieux releva le bras, et à pleine volée, avec son grand fouet, lui cingla du ventre au chignon un tel coup qu'elle tomba sur le dos » (*Un cœur simple*, IV). Qu'il s'agisse du cryptage de sa propre expérience traumatique, ça ne fait aucun doute. Faut-il en déduire – puisque Félicité « tombe » – que Flaubert a voulu ici avouer qu'il souffrait du mal caduc ? On peut en douter.

par là, c'était avec mon frère, en janvier 44, quand je suis tombé, comme frappé d'apoplexie, au fond du cabriolet que je conduisais et qu'il m'a cru mort pendant 10 minutes. C'était une nuit à peu près pareille. J'ai reconnu la maison où il m'a saigné, les arbres en face (et, merveilleuse harmonie des choses et des idées) à ce moment-là même, un roulier a passé aussi à ma droite, comme lorsqu'il y a dix ans bientôt, à 9 heures du soir, je me suis senti emporté tout à coup dans un torrent de flammes... »

A Louise Colet, Croisset, 2 septembre 1853.

Que s'est-il véritablement passé ? On voit bien pour les circonstances, mais qu'est-ce que Gustave a ressenti ? Et d'ailleurs comment savoir ce qu'il a éprouvé ? La lettre parle de feu, d'un « torrent de flammes ». En fait, on peut sans doute s'en faire une idée assez précise en croisant plusieurs textes de l'écrivain. Flaubert avait déjà fait allusion à cette vision flamboyante dans une lettre à Louise où il évoquait ses sensations de façon plus précise :

« J'ai senti, dans la période d'une seconde, un million de pensées, d'images, de combinaisons de toute sorte qui jetaient à la fois dans ma cervelle comme toutes les fusées allumées d'un feu d'artifice. »

A Louise Colet, 5-6 juillet 1852.

Ces deux mentions de la crise, en 1852 et 1853, datent, dans la *Correspondance*, de la période où Flaubert écrit *Madame Bovary*. Ce n'est pas un hasard : il y repense parce qu'il a l'intention de s'en servir pour son roman. Il l'a prévu dans les scénarios sous les simples dénominations « mouvement de folie » et « hallucination » : c'est cette crise nerveuse qui va conduire Emma tout droit au suicide. Flaubert ne rédigera ce passage que bien plus tard, entre décembre 1855 et janvier 1856, mais il y réfléchit depuis le début. Que dit le texte final du roman ? Juste avant de se précipiter dans le capharnaüm d'Homais pour y absorber l'arsenic qui lui sera fatal, Emma quitte le château de Rodolphe en proie à une sensation de vertige :

> « Elle sortit. Les murs tremblaient, le plafond l'écrasait (…). Elle resta perdue de stupeur, et n'ayant plus conscience d'elle-même que par le battement de ses artères, qu'elle croyait entendre s'échapper comme une assourdissante musique qui emplissait la campagne. (…) Tout ce qu'il y avait dans sa tête de réminiscences, d'idées, s'échappait à la fois d'un seul bond, comme les mille pièces d'un feu d'artifice. (…) La folie la prenait, elle eut peur (…). Elle ne souffrait que de son amour, et sentait son âme l'abandonner par ce souvenir, comme les blessés, en agonisant, sentent l'existence qui s'en va par leur plaie qui saigne. (…) Il lui sembla tout à coup que des globules couleur de feu éclataient dans l'air comme des balles fulminantes en s'aplatissant, et tournaient (…). »

Madame Bovary, III, 8.

De la lettre de 1852 au texte du roman, ce qui revient, c'est l'expression « comme les mille pièces d'un feu d'artifice ». On retrouvera la même formulation dix ans plus tard, lorsque Flaubert répondra à l'enquête de Taine sur l'hallucination :

> « Voici ce que j'éprouvais, quand j'ai eu des hallucinations : 1° D'abord une angoisse indéterminée, un malaise vague, un sentiment d'attente avec douleur (…) 2° Puis tout à coup, comme la foudre, envahissement ou plutôt irruption instantanée *de la mémoire*, car l'hallucination proprement dite n'est pas autre chose – pour moi,

du moins. C'est une maladie de la mémoire, un relâchement de ce qu'elle recèle. On sent les images s'échapper de vous comme des flots de sang. Il vous semble que tout ce qu'on a dans la tête éclate à la fois comme les mille pièces d'un feu d'artifice et on n'a pas le temps de regarder ces images internes qui défilent avec furie. En d'autres circonstances, ça commence par une seule image qui grandit, se développe et finit par couvrir la réalité objective, comme par exemple une étincelle qui voltige et devient un grand feu flambant. »

A H. Taine, Croisset, 1er décembre 1866.

Pour être complet, il faut encore citer la lettre précédente à Taine où Flaubert répondait à la question des relations entre hallucination et imagination littéraire :

« (...) n'assimilez pas la vision intérieure de l'artiste à celle de l'homme vraiment halluciné. Je connais parfaitement les deux états ; il y a un abîme entre eux. Dans l'hallucination proprement dite, il y a toujours terreur, on sent que votre personnalité vous échappe, on croit qu'on va mourir. Dans la vision poétique au contraire, il y a joie. C'est quelque chose qui entre en vous. – Il n'en est pas moins vrai qu'on ne sait plus où l'on est. »

A H. Taine, Croisset, 20 novembre 1866.

Voilà donc ce que Gustave a dû ressentir au cours de cette crise de début janvier 1844 : étincelles, terreur, flamboiement, déluge de feu, éclatements d'images, impression de mourir, coma. Nul doute qu'il ait expliqué tout cela à son frère en retrouvant ses esprits, juste après la saignée, dans le cabriolet, et à son père quand il l'a examiné une heure plus tard à Rouen. Mais non, les deux médecins sont formels : tout va bien. Gustave repart à Paris et reprend ses cours. Pendant trois semaines, tout semble leur donner raison, jusqu'à ce que Gustave revienne passer quelques jours de vacances fin janvier à Rouen. C'est là que, sous les yeux même de la famille, Gustave fait une seconde crise, beaucoup plus violente encore que la première, avec coma prolongé.

Comme les répliques d'un tremblement de terre, d'autres attaques se succèdent dans les jours qui suivent, au point que l'on craint maintenant pour sa vie. Gustave est convaincu d'avoir frôlé la mort : « Mon vieil Ernest, tu as manqué, sans t'en douter, faire le deuil de l'honnête homme qui t'écrit ces lignes. (…) Sache donc, cher ami, que j'ai eu une congestion au cerveau, qui est à dire comme une attaque d'apoplexie en miniature, avec accompagnement de maux de nerfs que je garde encore parce que c'est bon genre. J'ai manqué péter dans les mains de ma famille (où j'étais venu passer deux ou trois jours (…). On m'a fait trois saignées en même temps et enfin j'ai rouvert l'œil. Mon père veut me garder ici longtemps et me soigner avec attention (…), à la moindre sensation, tous mes nerfs tressaillent comme des cordes à violon, mes genoux, mes épaules et mon ventre tremblent comme la feuille » (à Ernest Chevalier, Rouen, 1er février 1844).

Cloîtré dans sa chambre, le jeune malade est astreint à un régime sévère (plus de café, d'alcool ni de tabac) et à plusieurs mois de convalescence agrémentée de saignées régulières et d'un cruel « séton » au cou pour drainer le sang. Mais l'essentiel est acquis : ses parents renoncent à lui imposer la poursuite de ses études de droit. Comme dirait Sartre : cette maladie tombe à pic, personne désormais ne pourra lui interdire de se consacrer à ses chimères. Dès qu'il ira mieux, Gustave se formulera d'ailleurs explicitement la situation de cette manière : « Ma maladie aura toujours eu l'avantage qu'on me laisse m'occuper comme je l'entends, ce qui est un grand point dans la vie ; je ne vois pas qu'il y ait au monde rien de préférable pour moi à une bonne chambre bien chauffée, avec les livres qu'on aime et tout le loisir désiré » (à Emmanuel Vasse, janvier 1845). Gustave a fini par s'en tirer et peut maintenant en parler avec le sourire, mais il est passé à deux doigts de la mort : il sait parfaitement que désormais plus rien dans sa vie ne sera jamais comme auparavant.

Naturellement, la grande question est : de quelle nature – médicalement parlant – est le mal dont souffre Gustave ? C'est l'ami Maxime, deux ans après la mort de l'écrivain, en 1882, dans ses *Souvenirs littéraires*, qui a le premier porté le problème sur la scène publique en y apportant la réponse. C'est l'épilepsie : « Le mal sacré, la grande névrose, celle que Paracelse a appelée le tremblement de terre de l'homme, avait frappé Gustave et l'avait terrassé. » L'épilepsie était considérée comme une maladie taboue – elle l'est encore – et la révélation de Du Camp n'est évidemment pas innocente. On en reparlera plus tard. A-t-il dit vrai ? Gustave était-il atteint du même mal que Dostoïevski ? C'est ce que pensent la plupart des médecins qui se sont penchés sur la question : une affection de la région temporale gauche, due soit à un traumatisme crânien, soit à une atrophie néonatale, ou à une malformation vasculaire occipitale congénitale, ou à une lésion d'origine génétique. Le problème, c'est que, dans l'hypothèse où Gustave aurait été porteur du mal depuis sa naissance, on peut s'étonner qu'il ait passé toute sa jeunesse sans en subir le moindre effet : une première crise à l'âge de vingt-trois ans, c'est vraiment très tardif. Et même sans crises caractérisées jusqu'à cet âge avancé – ce qui est rarissime – il n'est pas sérieusement imaginable que son comportement psychique n'ait présenté aucun symptôme pendant toute son enfance. Or, personne n'a connaissance de tels symptômes dans sa vie avant 1844.

Reste l'hypothèse traumatique. Là, évidemment, on est tout de suite tenté de penser à une chute de cheval, par exemple à l'adolescence. L'idée serait même parfaite pour parachever le scénario mental de notre « dada de l'écriture » et, au passage, elle expliquerait aussi pourquoi, à plusieurs reprises dans les *Carnets* et la *Correspondance*, Flaubert exprime une sorte de hantise à l'idée de tomber de sa monture. Mais, c'est un peu comme précédemment : on ne trouve aucune trace dans les archives ou les témoignages d'un grave accident – à cheval, ou dans d'autres circonstances – qui serait advenu à Gustave dans les dix ou quinze années qui ont précédé la première crise. Bien sûr, il est possible qu'un tel accident ait néanmoins eu lieu, en l'absence de tout témoin : Gustave peut très bien avoir fait une chute sévère et ne pas s'en être vanté sur le moment. Qu'il ait choisi d'en garder le secret toute sa vie est beaucoup plus douteux.

Devant toutes ces incertitudes, Sartre penche plutôt pour l'hystérie, peut-être avec raison, mais sans qu'il soit possible de le suivre dans toutes les conséquences qu'il en déduit sur le nihilisme de Gustave et le sens de son œuvre. Au total, la question reste assez opaque, et la thèse de l'épilepsie, quoique généralement admise, ne fait toujours pas l'objet d'un véritable consensus[1]. Plus intéressant que de chercher à trancher pour ou contre, peut-être

---

1. Une chercheuse autrichienne très motivée par la question (Gertrud Festetics) a consacré récemment un ouvrage entier à démentir point par point la thèse de l'épilepsie et les innombrables publications qui depuis la mort de Flaubert ont cherché à en établir la certitude : *Der Fall Flaubert. Wissenschaftshistorische Analyse einer Verleumdung*. Dissertationen der Universität Wien, WUV Universitätsverlag, 2003.

faut-il remarquer que Flaubert a fait lui-même la théorie de son propre mal, l'a étudié et l'a en partie guéri. Dans son témoignage, Du Camp précise que Flaubert ne désignait jamais sa propre pathologie par le terme d'épilepsie : « Cette maladie a brisé sa vie ; elle l'a rendu solitaire et sauvage ; il n'en parlait pas volontiers, mais cependant il en parlait sans réserve lorsqu'il se trouvait en confiance. Jamais je ne lui ai entendu prononcer le vrai nom de son mal ; il disait : "mes attaques de nerfs" et c'était tout. »

En réalité, il parlait aussi de « congestion », d'« apoplexie », le plus souvent d'« hallucinations » ou de « folie », quelquefois d'« hystérie », mais jamais en effet d'épilepsie[1]. Un autre terme vient à deux reprises sous sa plume, beaucoup plus tard, en octobre 1858, quand il traverse à nouveau une série de crises : le terme « maladie noire ». Il apparaît dans une lettre à Feydeau :

> « Tu es bien gentil de songer à moi, et si je ne t'écris point, c'est pour ne point t'ennuyer de mes plaintes. J'ai été tous ces temps-ci assez malade, physiquement ; il me prend des douleurs d'estomac atroces. Je suis obligé de me coucher et j'éprouve en même temps des courbatures dans tous les membres, avec des pincements au cervelet. C'est le résultat des agréables pensées qui embellissent mon existence.
>
> A quoi bon t'embêter avec tout cela ? Ayons la pudeur des animaux blessés. Ils se foutent dans un coin et se

---

1. L'épithète *épileptique* n'apparaît dans cette période qu'une seule fois à ma connaissance : Gustave l'emploie pour dire à Louise Colet ce qu'il pense de la dernière lettre, furibonde, qu'elle vient de lui adresser : « Il m'est impossible de continuer plus longtemps une correspondance qui devient épileptique. Changez-en, de grâce ! Qu'est-ce que je vous ai fait ? » (à Louise Colet, Rouen [fin décembre 1846 ?], *Corr.*, I, 422).

taisent. Le monde est plein de gens qui gueulent contre la Providence ; il faut (ne serait-ce que par bonne manière) ne pas faire comme eux. Bref, j'ai *la maladie noire*. Je l'ai déjà eue, au plus fort de ma jeunesse, pendant dix-huit mois, et j'ai manqué en crever ; elle s'est passée, elle se passera, espérons-le. »

A Ernest Feydeau,
Croisset, seconde quinzaine d'octobre 1858.

Aucun doute, Flaubert fait bien référence à ses crises de 1844-1845, et le terme de « maladie noire » revient, dans une lettre de la même période à Mlle Leroyer de Chantepie, où il attribue la cause de son mal aux difficultés d'exécution de son roman :

« Vous devez me croire mort, chère Demoiselle. J'ai été, il est vrai, si souffrant tous ces temps-ci, que je remettais de jour en jour à vous écrire. *La maladie noire* m'avait repris ; j'éprouvais des maux d'estomac atroces qui m'ôtaient toute énergie ; c'est ce maudit *Carthage* qui en était cause. »

A Mlle Leroyer de Chantepie, 31 octobre 1858.

Il n'est pas très facile de préciser ce que Flaubert entend par « maladie noire », mais l'expression est employée au milieu du XIXe siècle pour parler d'une forme de mélancolie ou de dépression hystérique accompagnée de douleurs à l'estomac et de désordres digestifs qui peuvent entraîner vomissements et hémorragies, selon la description d'Hippocrate qui est reprise dans l'*Encyclopédie* de Diderot et d'Alembert et dans la plupart des traités de pathologie interne de l'époque[1]. Les symptômes dont

---

1. Voir par exemple, le *Traité* de J. Frank, tome 3, Bruxelles, 1842 : le melena ou maladie noire, pp. 533 et suiv.

parle ici Flaubert peuvent y faire penser, mais il n'évoque plus les visions de feu ni les sensations d'évanouissement. En revanche, les « plumes-poignards » qui s'enfoncent dans son cœur ressemblent beaucoup à une autre image, que l'on trouve dans une lettre de 1853 où il évoque sa crise de 1844 : celle du hérisson bourreau de lui-même « qui se ferait mal avec ses propres pointes ». On y reviendra.

Autre détail troublant, et difficile à interpréter : le fait, en 1847, que la mère de Flaubert semble présenter les mêmes symptômes que son fils. Dans la grande maison où elle vit désormais entre Gustave et la petite Caroline, Mme veuve Flaubert inflige à son fils un quotidien spectral, saturé par l'évocation des morts et entrecoupé de crises de nerfs en tout point semblables à celles qui avaient frappé Gustave en 1844-1845. Flaubert en parle à Louise Colet pour lui faire comprendre que sa vie à Croisset n'est pas si rose qu'elle a l'air de le croire :

> « Si tu savais, après tout, quelle est ma vie ! Quand je descends le soir après une journée de huit heures de travail, la tête remplie de ce que j'ai lu ou écrit, préoccupé, agacé souvent, je m'assois, pour manger, en face de ma mère qui soupire en pensant aux places vides, et l'enfant se met à crier ou à pleurer ! Souvent, maintenant, elle a, dans ses indispositions, des attaques de nerfs, mêlées d'hallucinations comme j'en avais ; et c'est moi qui suis là, méthode peu curative pour mon propre compte ; et pour finir c'est mille autres choses encore. »

A Louise Colet, La Bouille, 29 août 1847.

On peut raisonnablement le croire : Flaubert était convaincu que son mal n'était pas l'épilepsie. Le caractère tabou du mot suffit-il à expliquer que Flaubert se soit résolu à dissimuler la vérité et à se mentir, y compris dans ses notes les plus personnelles ? Difficile de l'imaginer.

Gustave met plus d'un an à se remettre complètement de ses crises de 1844, avec deux récidives pendant le voyage en Italie[1] en 1845 ; puis quelques répliques surviennent, de loin en loin au cours des années suivantes, mais de plus en plus espacées et sporadiques. Malgré quelques brèves attaques, toujours motivées, semble-t-il, par un excès de joie ou de tristesse (il en connaîtra à nouveau une en Orient en 1850, plusieurs en 1858, en écrivant *Salammbô*, une autre encore en 1870 au moment de la Défaite), on peut considérer que dans la maturité Flaubert a pour l'essentiel surmonté sa maladie. Comment ? Il s'en explique dans une lettre assez impressionnante, écrite peu après la publication de *Madame Bovary* : « Vous me demandez comment je me suis guéri des hallucinations nerveuses que je subissais autrefois ? Par deux moyens : 1° en les étudiant scientifiquement, c'est-à-dire en tâchant de m'en rendre compte, et, 2° par *la force de la volonté*. J'ai souvent senti la folie me venir. C'était dans ma pauvre cervelle un tourbillon d'idées et d'images où il me semblait que ma conscience, que mon *moi* sombrait comme un vaisseau sous la tempête. Mais je me cramponnais à ma raison. Elle dominait tout, quoique assiégée et battue. En d'autres fois, je tâchais, par l'imagination, de me donner facticement ces horribles souffrances. J'ai joué avec la démence et le fantastique

---

1. « J'ai eu dans notre voyage encore deux crises nerveuses. Si je guéris, je ne guéris guère vite. Ce qui est aussi peu neuf pour moi que peu consolant. Après tout, merde, voilà. Avec ce grand mot on se console de toutes les misères humaines ; aussi je me plais à le répéter : merde, merde » (à E. Chevalier, Croisset, 15 juin 1845).

comme Mithridate avec les poisons. Un grand orgueil me soutenait et j'ai vaincu le mal à force de l'étreindre corps à corps » (à Mademoiselle Leroyer de Chantepie, Croisset, 18 mai 1857). Si Flaubert ne croit pas être atteint de l'épilepsie, ce n'est pas parce qu'il craint le mot. C'est parce que, pour lui, la pathologie nerveuse dont il a souffert est aussi un point de départ, une sorte de nouvelle naissance. La crise a été le symptôme d'un mal qui a sans doute mis sa vie en danger, mais elle lui a ouvert les yeux sur le destin qu'il s'était choisi et sur le trajet à accomplir : c'est de l'intérieur de la maladie qu'est née l'exigence du style. Que l'art soit, au sens propre, une affaire de vie ou de mort, voilà ce qu'il a appris.

Car au fond, tout est là : le plus fascinant dans la lecture que Flaubert fait de sa propre maladie et de sa guérison, c'est qu'il en intègre le processus dans une réflexion plus vaste sur les moyens de l'art et son propre destin de créateur. Il y a une lettre de 1852, particulièrement révélatrice à ce sujet, où Flaubert revient sur ses incapacités à suivre des études juridiques en 1843, et sur l'étrange « déviation » nerveuse que lui a infligée son hypersensibilité émotive et sensorielle. Il ne ment pas en disant qu'il a toujours souffert ou bénéficié – tout dépend de la situation – d'une faculté auditive exacerbée. Rappelez-vous les gouttes d'eau qu'il *entend* tomber sur le sable, à Trouville, quand Maria-Élisa, sortant de l'eau, passe à plusieurs mètres de lui sur la plage : « S'il suffisait d'avoir les nerfs sensibles pour être poète, je vaudrais mieux que Shakespeare et qu'Homère, lequel je me figure avoir été un homme peu nerveux. Cette confusion est impie. J'en peux dire quelque chose, moi qui ai entendu, à travers des portes fermées, parler à voix basse des gens à trente pas de moi ; moi dont on voyait, à travers la peau du ventre, bondir tous les viscères et qui parfois ai senti, dans la période d'une seconde, un million de pensées, d'images, de combinaisons de toute sorte qui pétaient à la fois dans ma cervelle comme toutes les fusées allumées d'un feu d'artifice » (à Louise Colet, Croisset, 2 heures, 6 juillet 1852).

Cette hypersensibilité où il reconnaît une réelle pathologie (faut-il y voir l'effet d'une lésion précoce dans la région temporale gauche ?) est aussi, il le reconnaît, ce qui l'a rendu incapable de supporter ses études de droit : « Cette faculté de sentir outre mesure est une faiblesse. Je m'explique. Si j'avais eu le cerveau plus solide, je n'aurais point été malade de faire mon Droit et de m'ennuyer. J'en aurais tiré parti, au lieu d'en tirer du mal. Le chagrin, au lieu de me rester sur le crâne, a coulé dans mes membres et les crispait en convulsions. C'était une *déviation* » (*ibid.*). Mais le plus grave pour lui, c'est que cette déviation se traduit aussi par un risque majeur pour l'écriture. L'hyperesthésie est un handicap majeur pour la création, et Flaubert utilise ici pour se faire comprendre l'exemple de la musique : « Il se trouve souvent des enfants auxquels la musique fait mal ; ils ont de grandes dispositions, retiennent des airs à la première audition, s'exaltent en jouant du piano, le cœur leur bat, ils maigrissent, pâlissent, tombent malades, et leurs pauvres nerfs, comme ceux des chiens, se tordent de souffrance au son des notes. Ce ne sont point là les Mozarts de l'avenir. La *vocation* a été déplacée ; l'idée a passé dans la chair où elle reste stérile, et la chair périt ; il n'en résulte ni génie, ni santé. Même chose dans l'art » (*ibid.*).

Et c'est ainsi que, à bien suivre le raisonnement pas à pas, on doit comprendre que la théorie de l'impersonnalité pourrait avoir trouvé son origine – physiologique et nerveuse – dans cette hypersensibilité contre laquelle l'artiste doit se protéger par l'écart d'une distance intérieure : « Même chose dans l'art. La passion ne fait pas les vers, et plus vous serez personnel, plus vous serez faible. J'ai toujours péché par là, moi ; c'est que je me suis toujours mis dans tout ce que j'ai fait. A la place de saint Antoine, par exemple, c'est moi qui y suis ; la *Tentation* a été pour moi et non pour le lecteur. *Moins on sent une chose, plus on est apte à l'exprimer comme elle est* (comme elle est *toujours* en elle-même, dans sa généralité, et dégagée de tous ses contingents éphémères). Mais il faut avoir la faculté de *se la faire sentir*. Cette faculté n'est autre que le génie. Voir. – Avoir le modèle devant soi, qui pose – » (*ibid.*, pp. 127-128).

Comment renverser la fragilité en puissance ? Flaubert retrouve à son propre usage une sorte d'équivalent du « paradoxe du comédien » : se détacher au maximum du ressenti et du fusionnel – du dionysiaque – pour libérer la distance d'un regard apollinien qui « voit » et qui délivre de la sensation. C'est le retrait qui permet de donner toute sa vérité à l'expression, de transformer en « motif » l'objet de représentation. Celui qui, pour toute posture de création, ne disposerait que de cet écart serait évidemment menacé d'une expression sans substance, sans empathie, désincarnée. Flaubert sait bien qu'il ne court guère ce risque : même bridée, sa faculté de sentir, surabondante, ne lui fera jamais défaut. C'est l'autre dimension, celle de l'impassibilité réflexive qu'il s'agit de développer, à la fois pour pouvoir vivre sans souffrir, et pour pouvoir créer une œuvre au sens plein du terme, c'est-à-dire, paradoxalement, une œuvre non saturée : comportant assez de vide pour accueillir l'autre, tout simplement.

C'est donc d'un seul mouvement que Flaubert cherche à surmonter son mal et parvient à convertir sa pathologie en une opportunité de renouvellement esthétique. Ce travail sur soi lui fait découvrir beaucoup plus qu'un simple arrangement personnel avec ses démons : l'autoanalyse par laquelle Flaubert entend l'emporter sur sa « maladie de nerfs » devient indissociable d'une remise en cause fondamentale de son propre rapport à l'écriture.

Dans l'image que Gustave se fait de cette période 1841-1844, le lien entre débauche sexuelle, abstinence et crises nerveuses semble clair. Avec le recul, il considère son trajet comme celui d'un apprentissage. Les figures de son itinéraire (Sade, le fou, le mort-vivant, le martyr) se terminent par celle du hérisson *héautontimorouménos* qui se crucifie avec ses propres piquants. De l'obscurité de « tout cela » et de la lumière qui finit par en jaillir à force de courage et de volonté, seul le poète peut avoir une idée (« Je te frapperai sans colère/Et sans haine, comme un boucher… », Baudelaire). Quant aux autres, que peuvent-ils y comprendre ? L'arrogante clique médicale et les prétendues sciences de l'esprit donnent des noms aux symptômes – épilepsie, hallucination, bouffée délirante – sans deviner un mot du véritable drame qui s'est joué à l'arrière-scène de la psyché :

> « La folie et la luxure sont deux choses que j'ai tellement sondées, où j'ai si bien navigué par ma volonté, que je ne serai jamais (je l'espère) ni un aliéné ni un de Sade. Mais il m'en a cuit, par exemple. Ma maladie de nerfs a été l'écume de ces petites facéties intellectuelles. Chaque attaque était comme une sorte d'hémorragie de l'innervation. C'était des pertes séminales de la faculté pittoresque du cerveau, cent mille images sautant à la fois, en feux d'artifice. Il y avait un arrachement de l'âme d'avec le corps, atroce (j'ai la conviction d'être mort plusieurs fois). Mais ce qui constitue la personnalité, l'être-raison, allait jusqu'au bout ; sans cela la souffrance eût été nulle, car j'aurais été purement passif et j'avais toujours *conscience*, même quand je ne pouvais plus parler. Alors l'âme était repliée tout entière sur elle-même,

comme un hérisson qui se ferait mal avec ses propres pointes. Personne n'a étudié tout cela et les médecins sont des imbéciles d'une espèce, comme les philosophes le sont d'une autre. »

A Louise Colet, Croisset, 7 juillet 1853.

Une dernière pièce – un simple détail, apparemment secondaire, peu commenté, mais certainement décisif d'un point de vue symbolique – manque au puzzle pour que l'image de cette fracture de 1844 soit tout à fait complète. On pourrait intituler ce point du scénario « la main de la momie ».

La critique l'a peu aperçu, mais lorsque Maxime Du Camp, dans ses *Souvenirs*, aborde la question de la « maladie » de Flaubert, il ne commence pas du tout son récit par la crise nerveuse de janvier 1844 : il dit que Gustave souffrait d'une blessure « à la main ». Écoutons son témoignage : « Au mois de janvier 1844, Gustave cessa tout à coup de m'écrire. Je ne savais que conclure de son silence, lorsque je reçus une lettre de Mme Flaubert qui me disait que son fils était blessé à la main et que je lui ferais plaisir en venant le voir. Je passai près de lui le mois de février. Il habitait alors rue Lecat, avec sa famille, un pavillon avec jardin, dépendant de l'Hôtel-Dieu de Rouen. Le logement était triste, mal distribué : on y était les uns sur les autres. Je trouvai Gustave fort dolent, le bras en écharpe par suite d'une brûlure grave à la main droite, dont il garda la cicatrice toute sa vie. Autour de lui on était assombri, sur le qui-vive, et on le laissait seul le moins possible » (*Souvenirs littéraires*).

De quoi s'agit-il ? Dans la *Correspondance*, cette affaire de main brûlée n'est mentionnée par Gustave que de manière incidente, et comme un sujet de plaisanterie, dans une lettre à son frère, d'avril 1844 : « Quant à moi, mon vieux, je vais bien ; je me suis ce matin fait la barbe avec ma main droite, quoique, le séton me tiraillant et la main ne pouvant se plier, j'aie eu quelque mal. Cependant je me torche encore le cul avec la main gauche » (à son frère Achille, Tréport, 26 avril 1844). On trouve une autre allusion, cette fois à l'accident lui-même, dans une lettre beaucoup plus tardive que l'on peut dater[1] du 15-20 janvier 1845 : « j'ai failli avoir la main droite emportée par une brûlure et j'en conserve encore une large cicatrice rouge » (à Emmanuel Vasse, Rouen, 1845).

Du Camp, quant à lui, parle de février 1844, après la crise. Il s'égare souvent dans la chronologie, surtout quand ça l'arrange, mais là, il était sur place, il n'a rien à gagner dans cette affaire de datation, et l'on ne voit pas pourquoi il aurait menti. S'il ne se trompe pas, il faut donc croire que Gustave a subi une brûlure à la main droite en février 1844 et qu'il présente encore « une large cicatrice rouge » en janvier 1845 : un an de cicatrisation. Que s'est-il donc passé ?

L'accident n'a pas eu lieu pendant la grande attaque de la fin janvier, celle au cours de laquelle son père, probablement affolé, lui administre une triple saignée, ni au cours d'une des répliques sévères dans les jours qui ont suivi, car Gustave n'y fait aucune allusion dans la lettre du 1er février à Ernest Chevalier. Non, l'accident a dû se produire hors de toute situation d'urgence, au début du mois de février 1844[2], au cours d'une de ces séances

---

1. La lettre à Emmanuel Vasse de Saint-Ouen a été datée par Jean Bruneau de « janvier 1845 ». On peut être plus précis : Flaubert fait allusion, comme d'une chose récente, à une lettre datée du 8 janvier qu'il vient de recevoir de Maxime Du Camp alors en séjour à d'Alger. On peut donc estimer que la lettre de Gustave à Emmanuel Vasse a été écrite dans la seconde quinzaine de janvier 1845.

2. Dans la première lettre qui fait mention de la brûlure – celle à son frère Achille datée du 26 avril –, Gustave dit avoir réussi pour la

de traitement que le bon chirurgien réservait à son fils à titre préventif. Et c'est ce qui rend l'événement particulièrement troublant. On peut reconstituer le scénario d'après ce que nous en dit Du Camp. Pour soigner le mal nerveux de son fils, Achille-Cléophas lui administre des saignées[1] régulièrement. Un jour, s'apprêtant à pratiquer l'opération, le docteur commence par réchauffer un litre d'eau : elle doit servir, le cas échéant, à stimuler la circulation du sang. Il incise au bras droit. Le sang s'épanche lentement, le résultat lui semble insuffisant. Pour activer le processus, il saisit la casserole d'eau et la verse vivement sur la main de Gustave, en s'apercevant trop tard que l'eau était bouillante. Résultat : brûlure au troisième degré, ou lésions profondes de deuxième degré au minimum. La douleur est atroce, tout le derme est détruit, la chair est à vif, certains tendons sont menacés, les réseaux nerveux superficiels sont gravement endommagés, la sensibilité nerveuse est définitivement compromise.

Manquer de « perdre » la main droite, ce n'est pas tout à fait rien pour un écrivain qui n'est pas gaucher. La main – ce cavalier digital qui chevauche la plume – est la métonymie active de l'écrivain lui-même : c'est, en

---

première fois à se faire la barbe avec sa « main droite » mais rester incapable de la plier : la blessure doit en effet dater de six à huit semaines.

1. Il y aurait beaucoup à dire sur la « saignée », et l'association que Flaubert n'a pas manqué de faire entre sa maladie, la sensation de mort et les bienfaits discutables de ce remède : « Je suis sûr que je sais ce que c'est que mourir. J'ai souvent senti nettement mon âme qui m'échappait, comme on sent le sang qui coule par l'ouverture d'une saignée » (à Louise Colet, Croisset, 27 décembre 52). La même association se retrouve, rappelons-le, dans la bouffée délirante d'Emma : « elle (…) sentait son âme l'abandonner par ce souvenir, comme les blessés, en agonisant, sentent l'existence qui s'en va par leur plaie qui saigne ».

réduction, son corps propre, sa sensibilité, sa personnalité tout entière. Les lettres de la période de jeunesse, et bien au-delà, abondent en formules qui le prouvent[1] : prendre, avoir, tenir, garder... la plume « à la main » est synonyme d'écrire, et même jusqu'au cliché. Le 26 juin 1852, Flaubert précise à Louise Colet : « je ne peux penser le style que la plume à la main ». On se souvient de ce qu'il dit, à sa petite sœur Caroline, de Victor Hugo, en décembre 1843, quelques jours après avoir eu la chance de le rencontrer chez Pradier : « J'ai pris plaisir à le contempler de près ; je l'ai regardé avec étonnement, (...) réfléchissant à tout ce qui était sorti de cet homme assis alors à côté de moi sur une petite chaise, et *fixant mes yeux sur sa main droite* qui a écrit tant de belles choses » (à sa sœur Caroline, Paris, 3 décembre 1843, c'est moi qui souligne)[2]. Au-delà de la souffrance physique infligée – assez proche de la torture – c'est donc sa personnalité même d'écrivain à naître que son père, en février 1844, a failli détruire par inattention. Un meurtre symbolique

---

[1]. « Je vais répondre à ta lettre et, comme disent certains farceurs, je mets la main à la plume pour vous écrire » (à Ernest Chevalier, Rouen, 28 septembre 1834). « Il y a longtemps que je n'ai pris une plume, aussi la main me tremble-t-elle. J'ai les articulations des doigts raides » (à Ernest Chevalier, Trouville, 6 septembre 1842) ; ou plus tard : « il faut pardonner un peu de paresse à un pauvre homme qui garde la plume à la main toute la journée » (à Mme Leroyer de Chantepie, Rouen, 8 octobre 1859).

[2]. La figure de « la main » revient dans les lettres que Flaubert adressera, plus tard, au poète exilé : « Cependant, puisque vous me tendez votre main par-dessus l'Océan, je la saisis et je la serre. Je la serre avec orgueil, cette main qui a écrit *Notre-Dame* et *Napoléon le Petit*, cette main qui a taillé des colosses et ciselé pour les traîtres des coupes amères, qui a cueilli dans les hauteurs intellectuelles les plus splendides délectations et qui, maintenant, comme celle de l'Hercule biblique, reste seule levée parmi les doubles ruines de l'Art et de la Liberté ! » (à Victor Hugo, Croisset, 15 juillet 1853).

par inadvertance ? La simple maladresse paraît quand même étrange de la part d'un des plus grands chirurgiens de l'époque. Sans aller jusqu'à soupçonner un probable acte manqué, le fils blessé aurait pu concevoir à son égard un minimum de méfiance ou de réprobation, par simple réflexe d'autodéfense. Eh bien non : rien. On ne connaît aucune lettre ni aucun témoignage sur cet accident indiquant que Gustave ait jamais songé à en faire le reproche à son père ou à lui en vouloir, ni sur le moment, ni plus tard. Pas même la moindre plainte. Gustave en est incapable : son père, quoi qu'il fasse, il l'adore. Dans la lettre du 24 avril, la première qu'il ait pu écrire, deux mois après l'accident, que lit-on avant la petite plaisanterie sur sa main droite difficile à plier ? Ceci : « Papa souffre de temps en temps des dents, cependant il va bien... » Et, au fond, il a bien raison de l'adorer, malgré tout, ce père si bizarrement maladroit : neuf mois plus tard, Achille-Cléophas ne sera plus de ce monde.

Au fur et à mesure que les années passent, Flaubert s'habitue à penser que sa main droite – celle qui écrit, donc : celle de son destin – appartient au royaume des morts. Elle est définitivement flétrie, parcheminée, en partie insensible, comme il souhaitait le devenir lui-même tout entier pour mieux se consacrer à son œuvre. C'est une main de momie : elle porte pour toujours la marque d'Anubis. A Louise Colet qui se plaignait de son « insensibilité », Gustave répond en lui montrant cette main passée par le feu. Elle la connaît bien. C'est de cette main que Louise a reçu les caresses les plus intimes : « Tu me demandes par quoi j'ai passé pour en être arrivé où je suis. Tu ne [le] sauras pas, ni toi ni les autres, parce que c'est indisable. La main que j'ai brûlée, et dont la peau est plissée comme celle d'une momie, est plus insensible que l'autre au froid et au chaud. Mon âme est de même ; elle a passé par le feu : quelle merveille qu'elle ne se réchauffe pas au soleil ! Considère cela chez moi comme une infirmité, comme une maladie honteuse de l'intérieur, que j'ai gagnée pour avoir fréquenté des choses malsaines ; mais ne t'en désole pas, car il n'y a rien à faire. Ne me plains pas, car ce n'en vaut pas la peine. Ne t'indigne pas, ce serait inintelligent » (à Louise Colet, Rouen, 20 mars 1847).

Cinq ans plus tard, alors qu'il est en pleine rédaction de *Madame Bovary*, la lecture d'un livre de Balzac – *Louis Lambert* – précipite Flaubert dans le souvenir terrifié de ces années de fracture. Il vient de passer la nuit à dévorer le roman – il y voit la préface de sa propre idée de récit métaphysique, *La Spirale* – et à cinq heures du matin, alors que le jour n'est pas encore levé, il écrit à Louise une lettre traversée par l'effroi. Le livre miroir refermé, comme un enfant saisi d'épouvante, Gustave s'est retrouvé face à face avec la mémoire de ses démons : tentation d'émasculation, familiarité avec la folie, délire de chasteté, attaque de nerfs, explosion d'images, sensation de se vider de son sang, spectre d'Alfred, crise d'hyperesthésie. C'est de l'extrême souffrance de la crise que cette lettre parle, en citant dans le désordre tous ses composants. Mais paradoxalement, si vibrante d'inquiétude que soit cette confidence à la femme aimée, elle est celle d'un homme guéri, capable de trouver les mots pour exorciser sa malédiction :

> « Je suis, dans ce moment, comme tout épouvanté, et si je t'écris c'est peut-être pour ne pas rester seul avec moi, comme on allume sa lampe la nuit quand on a peur. Je ne sais si tu vas me comprendre, mais c'est bien drôle.

As-tu lu un livre de Balzac qui s'appelle *Louis Lambert* ?
Je viens de l'achever il y a cinq minutes ; il me foudroie.
C'est l'histoire d'un homme qui devient fou à force de
penser aux choses intangibles. (...) A la fin le héros veut
se châtrer, par une espèce de manie mystique. J'ai eu, au
milieu de mes ennuis de Paris, à dix-neuf ans, cette envie
(je te montrerai dans la rue Vivienne une boutique devant
laquelle je me suis arrêté un soir, pris par cette idée avec
une intensité impérieuse), alors que je suis resté deux ans
entiers sans voir de femme. (...) Ajoute à cela mes
attaques de nerfs, lesquelles ne sont que des déclivités
involontaires d'idées, d'images. L'élément psychique
alors saute par-dessus moi, et la conscience disparaît avec
le sentiment de la vie. Je suis sûr que je sais ce que c'est
que mourir. J'ai souvent senti nettement mon âme qui
m'échappait, comme on sent le sang qui coule par
l'ouverture d'une saignée. Ce diable de livre m'a fait
rêver Alfred toute la nuit. (...) Oh ! comme on se sent
près de la folie quelquefois, moi surtout ! Tu sais mon
influence sur les fous et comme ils m'aiment ! Je t'assure
que j'ai peur maintenant. Pourtant, en me mettant à ma
table pour t'écrire, la vue du papier blanc m'a calmé.
Depuis un mois, du reste, depuis le jour du débarquement,
je suis dans un singulier état d'exaltation ou plutôt de
vibration. A la moindre idée qui va me venir, j'éprouve
quelque chose de cet effet singulier que l'on ressent aux
ongles en passant auprès d'une harpe. Quel sacré livre !
Il me fait mal ; comme je le sens ! »

A Louise Colet, Croisset, 27 décembre 1852.

A cette date, l'épileptique a vaincu sa maladie, ou
plutôt, à force de volonté, il est parvenu à en renverser
les signes. La main de momie qui chevauche sa plume
ressemble peut-être à un cheval d'Apocalypse, et c'est
tant mieux. Désormais Flaubert se sent de la même race
que l'auteur de *Louis Lambert*. Il est passé par la four-

naise. Il est entré dans le néant, et il sait ce qu'il y a dedans : « Avec ma main brûlée, j'ai le droit maintenant d'écrire des phrases sur la nature du feu » (à Louise Colet, Croisset, 2 heures, 6 juillet 1852).

CHAPITRE 4

La mort, l'amour, l'ailleurs (1845-1851)

Sur ces entrefaites, la famille Flaubert a dû renoncer au projet de faire construire le fameux « Chalet » sur les terrains de Deauville-Trouville. Pour compenser la déception, une résidence secondaire a été achetée : il s'agit d'une jolie demeure du XVIIIe siècle, d'un étage, à Croisset, sur la pente d'un vaste jardin planté qui descend jusqu'au rivage de la Seine, avec un grand tulipier qui diffuse des senteurs de citronnelle. Les Flaubert s'y installent en juin, pour la saison d'été. Gustave s'y sent revivre. Il y transporte ses livres, bien décidé à profiter de ce nouvel environnement pour se consacrer tout entier à ses chères études et à la sacro-sainte littérature. Le 7 janvier 1846, il achève *L'Éducation sentimentale* (première version) commencée en 1843.

Le 3 mars 1845, au grand dépit de Gustave qui est affreusement jaloux, sa sœur Caroline épouse Émile Hamard, un ancien camarade de collège pour lequel il ne déborde pas d'estime. Pour fêter le mariage, il est décidé que toute la famille Flaubert accompagnera Caroline et son époux dans leur « voyage de noces en Italie ». Un peu honteux de cette équipée on ne peut plus cliché, mais tout de même tenté par l'Italie, Gustave suit le mouvement. On visite la Provence, Gênes, Milan, Genève, Ferney, Besançon. A Gênes, au palais Balbi, le jeune écrivain remarque un tableau de Bruegel, *La Tentation de saint Antoine*. Quelques jours plus tard, il le décrit de mémoire dans son carnet de voyage et confie le 13 mai dans une lettre à Alfred Le Poittevin son ambition d'écrire un jour une pièce sur ce thème. De retour à Croisset, il se replonge dans Shakespeare. Toujours convalescent, Gustave petit à petit reprend des forces, mais à l'automne, c'est la santé de son père qui devient préoccupante.

Peu après avoir été opéré par son fils Achille en octobre pour un phlegmon à la jambe qui le faisait souffrir, le docteur Achille-Cléophas Flaubert doit s'aliter fin novembre. L'infection se généralise et, le 15 janvier 1846, il meurt de septicémie. Un mois plus tard, le 21 février, la jeune sœur de Gustave, Caroline Hamard, enceinte depuis le voyage en Italie, met au monde une fille, Désirée-Caroline. C'est son frère Achille qui procède à l'accouchement. Venait-il d'opérer ou d'examiner un patient infecté ? La semaine suivante, elle tombe malade d'une fièvre puerpérale contre laquelle tous les traitements restent vains. Caroline meurt entre les bras de Gustave le 23 mars, à l'âge de vingt et un ans. La famille Flaubert est décimée. En souvenir de la jeune défunte, le bébé est appelé Caroline. Son père, Émile Hamard, très troublé, ne peut s'en occuper et l'enfant est confiée à sa grand-mère maternelle, Mme veuve Flaubert. Au fond, de quoi sa petite sœur adorée est-elle morte ? De s'être mariée et d'avoir voulu procréer : qu'il s'agisse toujours de « gages donnés au malheur », Gustave le soupçonnait depuis longtemps. Mais là, c'est devenu une évidence : épouser, enfanter, cela tue. A vingt-cinq ans, broyé par le chagrin, Gustave se retrouve à Croisset, seul avec sa mère, sa nièce Caroline âgée de quelques mois et Julie, la fidèle servante de la famille.

Pour comble d'infortune, il apprend que son cher Alfred Le Poittevin, à son tour, va se marier, le 6 juillet, avec une certaine Louise de Maupassant. Gustave Flaubert se sent trahi comme un fiancé éconduit. Son amie Laure, la sœur d'Alfred, est dans le même état d'esprit, mais trouve vite la réplique. Faute d'avoir pu garder son frère, le 9 novembre de la même année, elle se résoudra, par substitution symétrique, à épouser le frère de sa nouvelle belle-sœur Louise, un certain Gustave de Maupassant : le futur père d'un petit Guy dont elle voudra, beaucoup plus tard, en mémoire d'Alfred, qu'il devienne le fils spirituel de l'autre Gustave. En attendant, Flaubert se sent abandonné. La mort de son père et de sa sœur l'obsède. Il songe à écrire l'histoire de saint Julien le parricide. En mai, pour le consoler, Maxime vient lui rendre visite et, depuis février, un ancien condisciple du collège commence à devenir de plus en plus présent : Louis Bouilhet. Un peu provincial, d'un milieu social modeste, Bouilhet est chaleureux et passionné de poésie. Flaubert va bientôt trouver en lui un véritable alter ego. Maxime et Louis se coalisent pour divertir Gustave : ils écrivent à trois une tragédie burlesque : *La Découverte de la vaccine*. Mais l'atmosphère de Croisset est irrespirable. Gustave ressent le besoin impérieux de prendre l'air et de mettre fin au vœu de chasteté qu'il respecte depuis août 1843, c'est-à-dire trois ans.

A Rouen, la disparition brutale du docteur Flaubert laisse l'Hôtel-Dieu sans directeur. Son fils Achille lui succède, et la municipalité vote le budget d'un monument à sa mémoire. La commande en est confiée au célèbre sculpteur parisien James Pradier, marié, on s'en souvient, avec la ravissante Louise d'Arcet, dite Ludovica, aussi charmante que dépensière et volage et dont il devra rapidement se séparer. Gustave, chargé de suivre le travail du sculpteur, se réjouit de retourner à son atelier, où il avait croisé Hugo en 1843. L'atelier capharnaüm de Pradier, rue de Breda, près de Pigalle, est toujours un haut lieu de la vie artiste, presque un lieu de rendez-vous : on y croise les modèles les plus en vue de l'époque, des filles moins connues mais aussi peu habillées, toutes sortes de célébrités. C'est chez Pradier que Victor Hugo avait rencontré Juliette Drouet. C'est là que Flaubert fait la connaissance de Louise Colet qui pose pour le sculpteur.

Louise Révoil, mariée au flûtiste Hippolyte Colet, s'est fait une petite réputation de poétesse. Comme Élisa Schlésinger, elle a trente-six ans (elles sont nées toutes les deux en septembre 1810, avec tout juste une semaine de différence !) et passe pour l'une des plus jolies femmes de Paris. Son goût pour les aventures n'est un secret pour personne. Pradier lui présente Flaubert le mardi 28 juillet et le samedi 1er août, elle devient sa maîtresse. Attirance réciproque, érotisme et harmonie : cet amour presque parfait ne dure que quelques jours. Ils ne sont libres ni l'un ni l'autre. Louise Colet est mariée, mère d'une petite fille et déjà dotée d'un amant officiel, assez voyant : le très sérieux Victor Cousin, grand maître des Universités. Quant à Gustave, il n'est ni père ni marié, mais c'est presque pire : il se sent une responsabilité paternelle envers sa nièce Caroline, qui vient de naître, et il est persuadé que sa mère mourra s'il n'est pas constamment à ses côtés. Le 4 août, trois jours après leur première nuit d'amour, il fait ses adieux à Louise et rentre en Normandie. Le soir même il lui écrit :

> « Hier à cette heure-ci, je te tenais dans mes bras... t'en souviens-tu ? (...) Quel souvenir ! et quel désir ! Ah ! nos deux bonnes promenades en calèche ! Qu'elles

étaient belles, la seconde surtout avec ses éclairs ! Je me rappelle la couleur des arbres éclairés par les lanternes, et le balancement des ressorts ; nous étions seuls, heureux. Je contemplais ta tête dans la nuit ; je la voyais malgré les ténèbres ; tes yeux t'éclairaient toute la figure. (…) en regardant tes petites pantoufles brunes, je songe aux mouvements de ton pied quand il les emplissait et qu'elles en étaient chaudes… le mouchoir est dedans, je vois ton sang. – je voudrais qu'il en fût tout rouge. Ma mère m'attendait au chemin de fer ; elle a pleuré en me voyant revenir. Toi, tu as pleuré en me voyant partir. Notre misère est donc telle que nous ne pouvons nous déplacer d'un lieu sans qu'il en coûte des larmes des deux côtés ! »

A Louise Colet, Croisset, 5 août 1846.

Il n'y a pas que les pleurs de maman. Il y a aussi que cet amour fou, après trois ans d'abstinence, représente un véritable cataclysme pour Gustave : une sorte de « première fois », un bouleversement de tout son être. Et il l'explique à Louise dès la lettre suivante, le lendemain : « Tu es bien la seule femme que j'aie aimée et que j'aie eue. Jusqu'alors j'allais calmer sur d'autres les désirs donnés par d'autres. Tu m'as fait mentir à mon système, à mon cœur, à ma nature peut-être, qui, incomplète d'elle-même, cherche toujours l'incomplet. J'en ai aimé une depuis quatorze ans jusqu'à vingt sans le lui dire, sans la toucher ; et j'ai été près de trois ans ensuite sans sentir mon sexe. » Mais la lettre ne commence pas par cet aveu : elle débute par l'idée de séisme, par des formules de rejet et de dénégation plus qu'étranges de la part d'un amoureux éperdu. Gustave a cette singularité de toujours dire la vérité mais, là, on reste stupéfait par la rudesse des formules… Voici les premières lignes : « Je suis brisé, étourdi, comme après une longue orgie ; je m'ennuie à mourir. J'ai un vide inouï dans le cœur. Moi si calme naguère, si fier de ma sérénité, et qui travaillais du matin au soir avec une âpreté soutenue, je ne puis ni lire, ni penser, ni écrire ; ton amour m'a rendu triste. Je vois que tu souffres, je prévois que je te ferai souffrir. Je voudrais ne jamais t'avoir connue, pour toi, pour moi ensuite, et cependant ta pensée m'attire sans relâche. J'y trouve une douceur exquise. Ah ! qu'il eût mieux valu en rester à notre première promenade ! Je me doutais de tout cela ! » (à Louise Colet, Croisset, 6 août 1846).

A l'exception de quelques rares rendez-vous clandestins, à Mantes ou dans la capitale, les deux parfaits amants vont ainsi vivre leur amour par lettres interposées dans une constante séparation : lui à Croisset, et elle à Paris, étrangeté qui nous vaut l'une des plus belles correspondances amoureuses de la littérature française. A chaque rencontre, la « Muse » se plaint d'être délaissée, Gustave s'excuse, temporise, mais ne change rien à ses habitudes, les scènes orageuses se multiplient. En mars 1848, la rupture est consommée avec Louise qui, lasse d'être abandonnée, s'est fait faire un enfant par un nouvel amant.

Depuis son escapade de 1840, Gustave rêve de revoir la Corse, sans trop y croire. Mme Flaubert mère, qui craint la solitude et qui s'inquiète de la santé de son fils dont les crises nerveuses reviennent tous les quatre mois, y est fermement opposée. Diplomate, Du Camp parvient tout de même à la convaincre de laisser Gustave s'échapper quelques semaines en sa compagnie, au printemps 1847, pour une grande virée en Bretagne. En aparté, il ajoute à l'oreille de son ami que cette randonnée pourrait être une sorte de préparatif à un autre voyage, beaucoup plus sérieux, qu'il s'agit de préparer pour l'avenir. Les deux complices quittent Paris par le train le 1er mai pour une expédition de deux mois sur les routes de Touraine, d'Anjou et de Bretagne. Leur entente est parfaite ; c'est un des plus beaux moments de leur amitié. A leur retour, en septembre, ils reprennent leur journal de route et rédigent *Par les champs et par les grèves* : Du Camp écrit les chapitres pairs, Flaubert les chapitres impairs ; chacun prend son travail de rédaction très au sérieux, et tout spécialement Gustave qui s'y consacre huit heures par jour pour « arrondir » ses phrases ; mais, finalement, d'un commun accord, ils renoncent à chercher un éditeur : « C'est une œuvre, quoique d'une fidélité fort exacte sous le rapport des descriptions, de pure fantaisie et de digressions. (...) Quant à la publier, ce serait impossible. Nous n'aurions, je crois pour lecteur que le procureur du roi, à cause de certaines réflexions qui pourraient bien ne pas lui convenir » (à Louise Colet, octobre 1847). A l'exception d'un fragment sur « les Alignements de Carnac » qui sera publié le 18 avril 1858 dans *L'Artiste*, le texte restera inédit. Rentré à Croisset, Flaubert se replonge dans ses chères études – religions orientales, grec et latin – en projetant l'idée de se mettre pour de bon à la rédaction d'un *Saint Antoine* l'année suivante, et tout en imaginant différents scénarios possibles pour son « Conte oriental ». Sa santé reste vacillante : fin septembre, il subit une nouvelle crise nerveuse. A Paris, pour oublier les reproches de l'envahissante Mme Colet, Flaubert se laisse séduire par une autre Louise : l'ex-épouse de James Pradier, Louise Darcet, aussi peu farouche que divertissante.

A l'annonce des manifestations du 22 février 1848, Flaubert et Bouilhet se précipitent à Paris pour rejoindre Du Camp. Dans la nuit du 23 au 24, les trois amis, tout émerveillés d'assister à ce qui devient sous leurs yeux un événement historique, participent, en touristes, à la révolution de Février. Calepin en main, ils se faufilent entre les balles, observent les combats de rue, contournent les barricades, suivent la foule au palais des Tuileries et, le soir, entendent la proclamation du Gouvernement provisoire à l'Hôtel de Ville. Gustave s'en souviendra en rédigeant *L'Éducation sentimentale*, vingt ans plus tard. Mais les convulsions de l'Histoire ne l'occupent qu'un moment : rentré à Croisset, Flaubert apprend que son meilleur ami, Alfred Le Poittevin, dont le mariage, en 1846, l'avait tant fait souffrir, est atteint d'une maladie fatale. Il court au chevet d'Alfred qui meurt à l'âge de trente-deux ans « dans d'affreuses douleurs », le 3 avril 1848 à minuit. Cette disparition, deux ans après celle de son père et de sa sœur, est pour Flaubert une épreuve existentielle d'une extrême intensité, proche de l'hallucination. Il serait difficile d'en cerner les ambivalences et les complexités mieux qu'il ne le fait lui-même dans la lettre, assez stupéfiante, qu'il écrit immédiatement à son ami Maxime Du Camp :

> « Alfred est mort lundi soir, à minuit. Je l'ai enterré hier et je suis revenu. Je l'ai gardé pendant deux nuits (la dernière nuit, entière). Je l'ai enseveli dans son drap, je lui ai donné le baiser d'adieu et j'ai vu souder son cercueil. J'ai passé là deux jours... larges. En le gardant, je lisais *Les Religions de l'Antiquité* de Creuzer. La fenêtre était ouverte, la nuit était superbe, on entendait les chants du coq et un papillon de nuit voltigeait autour des flambeaux. Jamais je n'oublierai tout cela, ni l'air de sa figure ni, le premier soir, à minuit, le son éloigné d'un cor de chasse qui m'est arrivé à travers les bois. (...) La dernière nuit, j'ai lu les *Feuilles d'automne*. (...) Quand le jour a paru, vers 4 heures, moi et la garde nous nous sommes mis à la besogne. Je l'ai soulevé, retourné et enveloppé. L'impression de ses membres froids et raidis m'est restée toute la journée au bout des doigts. Il était horriblement putréfié, les draps étaient traversés. Nous lui avons mis deux linceuls. Quand il a été ainsi arrangé, il ressemblait à une momie égyptienne serrée dans ses linges et j'ai

La mort, l'amour, l'ailleurs (1845-1851) 115

éprouvé je ne puis dire quel sentiment énorme de joie et de liberté pour lui. Le brouillard était blanc, les bois commençaient à se détacher dedans. Les deux flambeaux brillaient dans cette blancheur naissante, deux ou trois oiseaux ont chanté et je me suis dit cette phrase de son Bélial : "Il ira, joyeux oiseau, saluer dans les pins le soleil levant...", ou plutôt j'entendais sa voix qui me la disait et tout le jour j'en ai été délicieusement obsédé. On l'a encoffré dans le vestibule. Les portes étaient décrochées et le grand air du matin venait avec la fraîcheur de la pluie qui s'était mise à tomber. – On l'a porté à bras au cimetière. La course a duré près d'une heure. Placé derrière je voyais le cercueil osciller avec un mouvement de barque qui remue au roulis. – L'office a été atroce de longueur. Au cimetière, la terre était grasse. – Je me suis approché sur le bord et j'ai regardé une à une toutes les pelletées tomber. – Il m'a semblé qu'il en tombait cent mille. (...) Pour revenir à Rouen, je suis monté sur le siège avec Bouilhet. La pluie tombait raide. Les chevaux allaient au grand galop, je criais pour les animer. (...) L'air m'a fait grand bien. J'ai dormi toute cette nuit et je puis dire tout aujourd'hui et j'ai fait un rêve étrange que j'ai écrit de peur de le perdre. Voilà, pauvre vieux, ce que j'ai vécu depuis mardi soir. J'ai eu des aperceptions inouïes et des éblouissements d'idées intraduisibles. Un tas de choses me sont revenues, avec des chœurs de musique et des bouffées de parfums. Jusqu'au moment où il lui a été impossible de rien faire, il lisait Spinoza jusqu'à une heure du matin, tous les soirs, dans son lit. Un de ces derniers jours, comme la fenêtre était ouverte et que le soleil entrait dans sa chambre, il a dit : fermez-la, c'est trop beau ! c'est trop beau ! Il y a des moments, cher Maxime, où j'ai singulièrement pensé à toi et où j'ai fait de tristes rapprochements d'images. (...) Adieu, je t'embrasse et j'ai une rude envie de [te] voir, car j'ai besoin de dire des choses incompréhensibles. »

A Maxime Du Camp, Croisset, 7 avril 1848.

En veillant le cadavre de son ami, Gustave lit *Les Religions de l'Antiquité* de Frédéric Creuzer. Revoit-il en esprit le tableau de Bruegel dont il avait parlé à Alfred en 1845 pendant son voyage en Italie ? En tout cas, ce qui n'était qu'un projet parmi d'autres, six mois plus tôt, est devenu une nécessité intérieure : après un bref passage dans un Paris en pleine effervescence, Gustave s'enferme à Croisset, relit toutes ses notes et, solennellement, commence à rédiger son *Saint Antoine*, « le mercredi 21 mai 1848 à 3 heures un quart ». L'œuvre sera dédiée à Alfred. A partir de cet instant, et pour les seize mois qui vont suivre, il s'absorbe intégralement dans une rédaction furieuse qu'il mène dans le plus grand secret. Il ne lève le nez que lorsqu'il entend parler d'Orient. C'est que l'ami Du Camp a entrepris un véritable travail de sape auprès de Mme Flaubert mère ; il persuade les docteurs Cloquet et Achille Flaubert, le grand frère, de lui expliquer que les pays chauds seraient du meilleur effet thérapeutique sur la santé nerveuse de son fils. Pressée de toutes parts, elle finit par céder. Gustave exulte, mais chaque chose en son temps : pas question de bouger avant d'avoir achevé *La Tentation*. Entre-temps, dans la capitale, la révolution se transforme en bain de sang. Ce sont « les journées de Juin ». En donnant l'assaut contre une barricade, le garde national Du Camp est atteint par une balle qui lui fracasse le péroné. En août, il vient achever sa convalescence à Croisset mais finit par rentrer à Paris sans avoir obtenu la moindre information sur l'œuvre en cours. Enfin, le 12 septembre 1849, le manuscrit est terminé. Maxime accourt à Croisset où il retrouve Bouilhet, venu comme lui écouter l'œuvre que Gustave, en pleine exaltation, tient à leur lire *in extenso* avant de connaître leur avis. Les deux compères se calent dans des fauteuils et, d'une voix retentissante qui fait vibrer les murs du cabinet de travail, Flaubert récite : « Du côté de la Libye, j'ai vu le Sphinx qui fuyait : il galopait comme un chacal. Les crocodiles ont laissé tomber au fond des lacs les pendants d'oreilles qu'ils portaient à la gueule. Les dieux à tête d'épervier ont les épaules blanchies par la fiente des oiseaux, et le ciel bleu passe tout seul sous la porte peinte des temples vides (...). » D'un lyrisme échevelé et littéralement inclassable, cette suite syncopée de visions délirantes et de théories hallucinées où Flaubert avait mis tout son savoir et beaucoup de lui-même avait de quoi déconcerter aussi bien par la forme que par l'inspiration sadienne, et presque décadentiste avant l'heure, qui traverse le texte : « Ce seront des crimes nouveaux avec des voluptés d'un autre monde. Alors le rêve du mal s'épanouira comme une fleur de ténèbres, plus large que le soleil... » Gustave se doutait bien que son œuvre allait les surprendre. Ce fut pire que cela. La scène est racontée, pour une fois probablement avec exactitude, par Maxime dans les *Souvenirs littéraires* : « La lecture dura trente-deux heures, et pendant quatre jours il lut, sans désemparer de midi à quatre heures, de huit heures à minuit. Lorsque Flaubert, ayant disposé son manuscrit sur la table, fut sur le point de commencer, il agita les feuillets au-dessus de sa tête et s'écria : "Si vous ne poussez pas des hurlements d'enthousiasme, c'est que rien n'est capable de vous émouvoir !"... après la dernière lecture, vers minuit, Flaubert, frappant sur la table nous dit : "A nous trois maintenant, dites franchement ce que vous pensez." Bouilhet était timide, mais nul ne se montrait plus ferme que lui dans l'expression de sa pensée, lorsqu'il était décidé à la faire connaître ; il répondit : "Nous pensons qu'il faut jeter cela au feu et n'en jamais reparler." Flaubert fit un bond et poussa un cri d'horreur. » Pour Gustave, c'est « un coup affreux », mais sur lequel il n'a guère le loisir de se morfondre car malgré les recommandations incessantes de Maxime, Flaubert ne s'est occupé que de son *Saint Antoine* : quant au voyage, rien n'est prêt et il ne lui reste plus que quelques semaines avant le grand départ pour l'Orient fixé à la fin octobre.

*
* *

Malles bouclées, luxueusement équipé de selles, de bottes neuves et d'une formidable quantité de matériel en tout genre pour un voyage qui va durer plus d'un an et demi, Flaubert rejoint Du Camp à Paris le 22 octobre 1849. Le 28, c'est le dîner d'adieu au restaurant des Trois-Frères-Provençaux : Maxime y a convié son vieil ami Le Cormenin, Gustave, son cher Bouilhet, et l'invité d'honneur est Théophile Gautier que le jeune Flaubert rencontre pour la première fois. Le 29 octobre, ils quittent la capitale, mettent cinq jours pour atteindre Marseille et le 4 novembre embarquent à bord du *Nil*, à destination d'Alexandrie. La traversée est mouvementée : après une escale à Malte, le paquebot essuie une tempête si violente qu'il doit regagner l'île et y rester à l'abri trois jours.

Arrivés à Alexandrie le 15 novembre, ils visitent Rosette, la côte puis traversent le Delta en bateau et gagnent Le Caire le 28 novembre. Ils y séjournent deux bons mois, jusqu'au 5 février, en alternant cours de langue et de civilisation arabes, visites de la capitale, aventures érotiques et excursions dans les environs. Les premiers contacts avec l'Égypte pharaonique sont pour les jeunes voyageurs un choc émotionnel violent, notamment devant les Pyramides, le Sphinx et Memphis (7-12 décembre). Mais la véritable aventure commence le 6 février 1850, lorsque Maxime et Gustave embarquent sur un voilier (la cange) qu'ils ont loué avec son équipage pour un voyage sur le Nil qui va durer quatre mois et demi. Le principe consiste à remonter le fleuve le plus haut possible en

La mort, l'amour, l'ailleurs (1845-1851) 119

Nubie jusqu'à la seconde Cataracte, puis à le redescendre tranquillement en visitant les sites. Ils naviguent à la voile de Boulaq à Louqsor (6 février-4 mars), puis d'Esneh à Assouan (6-11 mars), traversent la Haute-Égypte et la Nubie, et arrivent le 22 mars à Wadi Halfa, point extrême du voyage vers le sud : au-delà, le Nil n'est plus navigable. Doté d'une mission de l'Académie des Inscriptions et Belles-Lettres, Du Camp, en véritable pionnier de la photographie, a bricolé un appareil daguerréotype transportable. Il prend des clichés (entre 2 et 15 minutes de pose) avec la ferme intention de faire un « scoop » en rentrant. De son côté Flaubert, que la photo énerve (« ce n'est jamais cela que l'on a vu »), se contente de notes sur ses calepins de route. Il y consigne jour après jour l'extraordinaire succession d'expériences et de visions qui sont en train de transformer son regard et son imaginaire : la beauté monumentale, presque « inhumaine » des temples et des nécropoles antiques, l'étrangeté des coutumes, la splendeur des paysages, l'éblouissement des lumières et des ciels tropicaux, le charme et les saveurs de la femme orientale, ce mythe qui devient réalité à chaque halte sous la forme des séduisantes et très accessibles petites danseuses du bord du Nil.

A partir du 26 mars, ils redescendent le fleuve en s'arrêtant à Ipsamboul, Dikkèh, Philae, passent la Première Cataracte, et arrivent à Assouan le 17 avril. Le 26 avril, ils refont halte à Esneh, la ville de Koutchouk-Hânem, et trois jours plus tard arrivent sur le site de Thèbes ; ils visitent les deux rives jusqu'au 13 mai, puis redescendent le Nil jusqu'à Keneh, d'où ils partent sur des chameaux, le 18 mai, à destination de la mer Rouge par le désert de Qosséïr. La traversée aller-retour du désert leur prend dix jours : caravanes, khamsin (tempête de sable), mirages, fournaise, délire de la soif, c'est vraiment l'aventure. Le 28 mai, ils réembarquent sur la cange à Keneh. Après un mois de navigation, et de multiples haltes sur les bords du Nil, ils rejoignent Boulaq et Le Caire le 25 juin, où ils séjournent jusqu'au 1er juillet, occupés par des mondanités et des dîners d'adieu. Arrivés à Alexandrie le 3 juillet, ils s'y installent pour quinze jours, se reposent, font quelques visites et, le 17 juillet, ils embarquent sur le paquebot l'*Alexandra* à destination du Liban.

Arrivés en rade de Beyrouth le 18 juillet 1851, les deux voyageurs visitent Tyr, Sidon, Saint-Jean-d'Acre, Jaffa, sans négliger de rendre hommage aux jeunes beautés qui se présentent. A Beyrouth, Flaubert passe la nuit avec deux merveilleuses créatures, plus entreprenantes l'une que l'autre, et attrape une maladie vénérienne – probablement un herpès – sans savoir laquelle lui en a fait cadeau : « Est-ce la Turque ou la Chrétienne, qui des deux ? Problème ! Voilà un des côtés de la question d'Orient que ne soupçonne pas *La Revue des Deux Mondes*. » Après deux semaines de séjour à Jérusalem (8-23 août), ils poussent jusqu'aux rivages de la mer Morte qui impressionnent beaucoup Flaubert, puis visitent Nazareth et Cana, et remontent jusqu'à Damas (1er-10 septembre) et Baalbeck (14 septembre). L'insécurité qui règne dans la région de Bagdad et les moyens financiers qui s'amenuisent obligent Flaubert et Du Camp à renoncer à la Perse et à opter pour la Turquie. Ils reviennent à Beyrouth et s'embarquent, *via* Rhodes (où ils subissent la quarantaine) et Smyrne (26 octobre), à destination de la sublime cité de Constantinople où ils séjournent un mois (13 novembre-15 décembre). De là, ils se rendent en Grèce. Arrivés à Athènes le 18 décembre, ils visitent Éleusis, Marathon, puis en janvier Delphes, et à nouveau Athènes. Ils sillonnent le Péloponnèse à cheval, avant de s'embarquer à Patras le 10 février pour traverser l'Adriatique vers Brindisi : ils atteignent Naples par voie de terre.

La mort, l'amour, l'ailleurs (1845-1851) 121

Flaubert et Du Camp séjournent assez longuement à Naples. Le jour, ils explorent la ville, les monuments et les musées, le soir les tavernes, les mauvais lieux et les Napolitaines. Ils sillonnent la région, visitent Pompéi et Herculanum, avant de gagner Rome (28 mars) où Flaubert est rejoint par sa mère qui tient absolument à l'accompagner pour la fin de son voyage. Du Camp prétexte des obligations à Paris pour prendre le large, et Gustave finit de visiter Rome en état de liberté surveillée. Il n'aime pas Saint-Pierre ni la Rome de Sixte Quint qui écrase les vestiges de la ville de Néron, mais il raffole de la Rome du XVIe siècle et passe des journées entières dans les musées, au milieu des Antiques, devant *L'Enlèvement d'Europe* de Véronèse qui « l'excite énormément », ou devant la fameuse *Vierge à l'enfant* de Murillo. Le 10 mai, Flaubert et sa mère prennent le chemin du retour, par Florence et Venise (25-30 mai) où le jeune écrivain resterait bien définitivement, puis ils remontent par la Suisse, passent quelques jours à Paris et, le 16 juin, Flaubert défait ses malles dans le cabinet de travail de Croisset où rien n'a bougé depuis son départ.

*
* *

L'expérience de l'Orient, de novembre 1849 à mai 1851, a tout changé dans la vie de Flaubert. A son retour, quoi qu'il en dise, Gustave n'est plus le même homme, et rien ne sera plus jamais comme avant. Il revient de voyage avec un projet irrévocable : faire de la littérature non seulement l'unique occupation de sa vie, mais une sorte de métier ou de sacerdoce. Ce projet contient une ambition qui est aussi une injonction immédiate : écrire le grand roman dont il rêve depuis longtemps, le publier et connaître le succès. Et pour y parvenir, il s'est inventé un défi esthétique : mettre en œuvre une poétique romanesque inédite qui parviendrait à faire du roman une œuvre d'art à part entière, comme la poésie.

Toutes ces décisions, il a fallu l'écart de deux années d'absence pour les concevoir et les arrêter, loin de Paris et de la maison familiale, en prenant définitivement ses distances avec les années noires, en respirant à pleins poumons l'oxygène des grands espaces ; mais il a surtout fallu des milliers d'heures de bilan, de retour sur le passé, d'hypothèses, de doute et de réflexion pour en construire le programme et les principes. Et comment a-t-il fait, Gustave, pour penser à tout cela au milieu des tracas et des péripéties du voyage ? En *rêvassant*. Dans la méthode que s'est fabriquée Flaubert, *rêvasser* est un acte clé pour les œuvres de l'entendement et de l'imagination ; on aura l'occasion d'en reparler. Or, justement, pour bien rêvasser, il n'y a pas mieux que les longues journées passées sur le dos de son cheval à traverser du pays : « A cheval, votre esprit trottine d'un pas égal par tous les sentiers de la pensée ; il va remontant dans les souvenirs, s'arrêtant aux carrefours et aux embranchements, foulant les feuilles mortes, passant le nez par-dessus les clôtures » (à sa mère, Athènes, 26 janvier 1851).

Question rêvasserie, le seul concurrent sérieux du cheval, c'est le bateau : par exemple en remontant et en descendant le Nil, au rythme alangui de la cange. Là, oui, on rêvasse presque aussi bien qu'à cheval. Évidemment, bercé par le clapotis des vagues, sous l'ombre des voiles et les caresses d'un vent léger, personne ne résiste bien longtemps aux séductions de la sieste, ou aux ailes noires de l'ennui, si ça dure trop longtemps. A cheval, c'est tout différent. On ne s'ennuie jamais. En revanche, on peut somnoler au petit trot. Mais toujours avec assez de neurones en éveil pour rester en selle et poursuivre tranquillement sa petite méditation intérieure. Il vaut d'ailleurs mieux méditer, parce que, si l'on s'endort pour de bon, c'est la chute assurée. Et là, outre le ridicule, et la blessure d'amour-propre, il y a aussi le risque tout à fait sérieux de l'accident. Donc, l'essentiel est de rester bien raide en selle comme un cuirassier. Flaubert s'en fait la remarque, dans un carnet, pendant la longue traversée de la Syrie, qu'il parcourt d'un bout à l'autre à cheval en 1850 : « C'était d'un charme qui me tenait tout entier, ma seule inquiétude était de tomber de cheval, là pour moi était le danger ; mais j'étais de bronze, je le serrais, je l'enlevais, je le portais au bout du poing ; quelquefois je rattrapais mes guides, qui avaient glissé dans ma main, avec mes dents, tout en jouissant intérieurement de ce chic cuirassier-empire » (*Carnet de voyage 6*, f°6, 17). Toujours cette inquiétude de la chute : à se demander si la mémoire d'un traumatisme ancien ne se cache pas, comme on le supposait, dans cette hantise.

Combien de temps Flaubert et Maxime ont-ils passé au total sur le dos de leurs montures de 1849 à 1851, entre l'Égypte, la Palestine, le Liban, la Syrie, la Turquie, la Grèce et l'Italie ? Au bas mot deux mille heures, peut-être trois. Cela en fait du temps, pour rêvasser. C'est donc assurément à cheval que se sont bâtis le plan et les méthodes de « l'homme-plume ». Plus le calendrier le rapproche de la fin du voyage, et plus Flaubert s'interroge sur le sujet de ce fameux roman par lequel va commencer sa nouvelle vie. Sera-ce *Une nuit de Don Juan*, ou l'histoire d'*Anubis*, la femme qui veut « se faire baiser » (à Bouilhet, 14 novembre 1850) par le Dieu, ou le roman flamand de la jeune fille qui meurt vierge et mystique entre son père et sa mère, ou encore autre chose ? En traversant le Péloponnèse, c'est au *Don Juan* qu'il réfléchit le plus, non sans inquiétudes, avec circonspection, mais toujours *à cheval* : « Que vais-je écrire à mon retour ? Voilà ce que je me demande sans cesse. J'ai beaucoup songé à ma *Nuit de Don Juan*, à cheval, ces jours-ci. Mais ça me semble bien commun et bien rabâché ; c'est retomber dans l'éternelle histoire de la religieuse. Pour soutenir le sujet il faudrait un style démesurément fort, sans faiblir d'une ligne » (à Louis Bouilhet, Patras, 10 février 1851).

Il y a peu de moments essentiels, pendant le voyage en Orient, que Flaubert ait vécus autrement qu'à cheval. Et pas seulement en rêvassant littérature : en piquant des deux et en se précipitant vers l'objet de son désir au triple galop. Au pas, au trot, au galop, à fond de train : ce qui est fascinant, à cheval, c'est qu'on peut aller vers le réel au rythme de ses enthousiasmes. En Égypte, par exemple, le vendredi 7 décembre 1849, Gustave et son ami Maxime, partis du Caire vers midi, arrivent en vue des Pyramides en milieu d'après-midi : « Vers 3 heures et demie nous touchons presque au désert où les trois pyramides se dressent. – Je n'y tiens plus et lance mon cheval qui part au galop pataugeant dans le marais. Maxime, deux minutes après, m'imite – course furieuse – je pousse des cris malgré moi – nous gravissons dans un tourbillon jusqu'au Sphinx. (…) – Il grandissait, grandissait et sortait de terre comme un chien qui se lève. *Abou el-Houl* (le père de la terreur) – le sable, les pyramides, le Sphinx, tout est gris et noyé dans un grand ton rose – le ciel est tout bleu – les aigles tournent en planant lentement autour du faîte des pyramides – nous nous arrêtons devant Sphinx – il nous regarde d'une façon terrifiante. Maxime est tout pâle. J'ai peur que la tête ne me tourne, et je tâche de dominer mon émotion. Nous repartons à fond de train, fous, emportés au milieu des pierres » (*Voyage en Égypte*, p. 208). Dans une lettre à Ernest Chevalier, Flaubert, un peu plus tard, résumera la scène en deux lignes : « La vue du Sphinx a été une des voluptés les plus vertigineuses de ma vie, et si je ne me suis pas tué là, c'est que mon cheval ou Dieu ne l'ont pas positivement voulu » (à Ernest Chevalier, Rome, 9 avril 1851). C'est à cheval que Gustave fait l'expérience de l'immensité presque géologique des pyramides : « Le second jour, comme nous revenions au soleil couchant d'une course à cheval que nous avions faite derrière, dans le désert, en passant près de la seconde pyramide, elle m'a semblé tout à pic, et j'ai baissé les épaules comme si elle allait me tomber dessus et m'écraser » (à Louis Bouilhet, Le Caire, 15 janvier 1850).

Le cheval est une monture. Il vaut beaucoup mieux être dessus que dessous, cela va sans dire. Mais justement, en Égypte, Gustave fait l'expérience étrange d'assister à la cérémonie du « Dauseh » : une fête religieuse qui inverse les habitudes :

> « (…) le mot *Dauseh* veut dire fête du piétinement, et jamais nom ne fut mieux donné. Il s'agit d'un homme qui passe à cheval sur plusieurs autres couchés par terre comme des chiens. A certaines époques de l'année cette fête se renouvelle, au Caire seulement, en mémoire et pour répéter le miracle d'un certain saint musulman qui est entré ainsi jadis dans Le Caire, en marchant avec son cheval sur des vases de verre, sans les briser. Le scheik qui renouvelle cette cérémonie ne doit pas plus blesser les hommes que le saint n'a brisé les verres. Si les hommes en crèvent, c'est à cause de leurs péchés. (…) Quand le scheik (le prêtre) à cheval a paru, mes gaillards se sont couchés par terre en tête-bêche ; on les a alignés comme des harengs et tassés les uns près des autres, pour qu'il n'y eût aucun interstice entre les corps. Un homme a marché dessus pour voir si ce plancher de corps était bien adhérent (…), le scheik s'est avancé, son cheval tenu par deux saïs et lui-même soutenu par deux autres ; le bonhomme en avait besoin. Les mains commençaient

à lui trembler, une attaque de nerfs le gagnait et, à la fin de sa promenade, il était presque complètement évanoui. Son cheval a passé au petit pas sur le corps de plus de deux cents hommes couchés à plat sur le ventre. Quant à ceux qui en sont morts, c'est impossible à savoir ; la foule se rue tellement derrière le scheik, une fois qu'il est passé, qu'il n'est pas plus facile à savoir ce que sont devenus ces malheureux que de distinguer le sort d'une épingle jetée dans un torrent. »

A sa mère, Le Caire, 3 février 1850.

Mais ce cheval de douleur n'a rien à voir avec un véritable dada : c'est un artefact du fanatisme. Tout à l'inverse, pour Flaubert comme pour Maxime, qui trottent de concert, la réalité quotidienne du cheval en Orient, c'est la gloire et l'aventure. En Grèce, sur la route de Sparte, c'est sur le dos de leurs montures qu'ils traversent les rivières et les torrents : « quelquefois, le fleuve n'ayant plus de gué, notre cheval y nageait et nous avions de l'eau jusqu'au haut des cuisses » (à sa mère, Patras, 9 février 1851). En Turquie, c'est comme deux seigneurs qu'ils abordent Istamboul : « Nous sommes sortis à cheval et nous avons fait le tour des murailles de Constantinople. Les trois enceintes se voient encore. Les murs sont couverts de lierre » (à Louis Bouilhet, Athènes, au lazaret du Pirée, 19 décembre 1850). Et en Égypte, dans la vallée de Biban El-Molouk, Gustave note : « Le lendemain, jeudi 2 mai, parti à 6 heures du matin à cheval – on m'a donné une selle anglaise – j'ai mes grandes bottes et mon large pantalon de toile à la nizam – je jouis d'être à cheval. »

La jouissance d'être à cheval peut prendre mille formes, mais il y en a deux qui enchantent particulièrement Gustave : se promener au galop, sur un rivage, pour faire gicler le sable et l'écume des vagues, ou avancer au pas, tout doucement, pour chercher des yeux la trouvaille d'un caillou luisant ou d'un beau coquillage. Et puis, passer d'un rythme à l'autre : brusquement s'envoler, ou stopper net sans autre raison que de sentir l'intelligence de la bête qui comprend votre humeur, aussi intempestive soit-elle. La bête qui comprend et qui pense. Jouir d'être à cheval, sur les routes périlleuses, à flanc de montagne, sur les petits sentiers escarpés, c'est aussi remettre sa vie au génie de sa monture, lui faire confiance : « Aux bords de la mer Morte, sur un petit îlot de pierres entassées qu'il y a là, j'ai ramassé, tout brûlant de soleil, un gros caillou noir pour toi, pauvre vieux, et dans l'eau bleue et tiède j'en ai pris encore trois ou quatre autres petits.

« Nous sommes maintenant presque toujours cul sur selle, bottés, éperonnés, armés jusqu'aux dents. Nous allons au pas, puis tout à coup nous lançons nos chevaux à fond de train. Ces bêtes ont des pieds merveilleux. Quand on descend une pente rapide, avant de poser leur sabot quelque part, elles tâtonnent lentement tout à l'entour avec ce mouvement doux et intelligent d'une main d'aveugle qui va saisir un objet. Puis elles le posent franchement et on part » (à Louis Bouilhet, Jérusalem, 20 août 1850).

Sur la route qui le ramène vers l'Occident, en décembre 1850, Gustave cherche à expliquer à sa mère ce qu'il adviendra de sa vie quand il sera de retour. Elle s'inquiète de son avenir. A demi-mot, ce qu'il lui annonce, en lui parlant de son âme, c'est qu'il est maintenant parvenu à la fin de son propre dressage. Son roman d'apprentissage a été rude, mais il est désormais terminé. De jeune cheval fou et écumant qu'il a été, au point de risquer sa vie à chaque saut d'obstacle, il est devenu un cheval de race mûr et aguerri, couvert de cicatrices sans doute, mais totalement maître de lui, et prêt au combat : « Quand on a vécu comme moi d'une vie tout interne, pleine d'analyses turbulentes et de fougues contenues, quand on s'est tant excité soi-même et calmé tour à tour, et qu'on a employé toute sa jeunesse à se faire manœuvrer l'âme, comme un cavalier fait de son cheval qu'il force à galoper à travers champs, à coups d'éperon, à marcher à petits pas, à sauter les fossés, à courir au trot et à l'amble, le tout rien que pour s'amuser et en savoir plus ; eh bien, veux-je dire, si on ne s'est pas cassé le cou dès le début, il y a de grandes chances pour qu'on ne se le casse pas plus tard. Moi aussi, je suis *établi*, en ce sens que j'ai trouvé mon assiette comme centre de gravité. Je ne présume pas qu'aucune secousse intérieure puisse me faire changer de place et tomber par terre » (à sa mère, Constantinople, 15 décembre 1850). Gustave ne tombera plus ni de cheval, ni dans la fournaise ardente. Sa main, la droite, marquée au signe du feu, ressemble peut-être à celle d'une momie, ou à un bronze cuit dans l'ancienne Égypte, mais elle porte sa plaie guérie.

CHAPITRE 5

Éros et l'autre

Si le premier dada paradisiaque du proverbe arabe consiste à se trouver positivement « sur le dos d'un cheval » et le second « dans le fouillement des livres », comment se passer un seul jour du troisième, « entre les deux seins d'une femme », surtout quand on se trouve en Orient ? Gustave et Maxime ne l'oublient ni l'un ni l'autre tout au long de leur voyage : ils y pensent et le pratiquent plus que de raison, c'est-à-dire comme il convient.

Dans la vulgate flaubertienne, la femme orientale est symbolisée par la figure légendaire de Koutchouk-Hânem, la seule « almée » dont le souvenir, grâce à la *Correspondance*, soit parvenu à vaincre la conspiration du silence. Mais la danseuse d'Esneh fut loin d'être la seule passion orientale de Flaubert. Le harem mental que l'écrivain s'est amusé à redessiner de mémoire dans le *Voyage en Égypte* ressemblerait plutôt au *Bain turc* d'Ingres, et la figure de Koutchouk, au premier plan, ne se détache en fait que sur le fond troublant d'une multiplicité de corps qui, chacun avec ses charmes singuliers, forment l'image d'une sorte de sérail. La femme orientale n'est pas la somme de ces différences, mais l'unité d'une inépuisable analogie qui traverse la diversité de ces *Mille e tre* filles à la peau mate, noire ou blanche.

Après des années de vie recluse à Croisset, la perspective d'un voyage à l'autre bout du monde fait à Flaubert l'impression de plonger dans la grande Aventure. Et l'Aventure, bien entendu, commence par les aventures. D'ailleurs, à peine arrivé à Paris, Gustave prend quelques mesures d'avance sur cette partie du programme, une semaine avant le départ, alors qu'il est encore accompagné par sa mère. Sous prétexte de quelque visite amicale, Gustave, le soir même, se précipite chez la mère Guérin[1] pour profiter des charmes tout acquis de la petite Antonia et de la brûlante Victorine. Des deux, qui vont d'ailleurs très bien ensemble, c'est Antonia qu'il préfère. Il retourne la voir plusieurs fois, et le soir du 28, veille du grand départ, après un dernier moment de plaisir, Gustave tout attendri fixe à Antonia un véritable rendez-vous d'amoureux pour son retour, le 1er mai 1851, dix-sept mois plus tard, devant le Café de Paris, entre 17 et 18 heures :

« Elle devait l'écrire pour ne pas l'oublier – J'ai manqué au rendez-vous – j'étais encore à Rome. – Mais je voudrais bien savoir si elle y est venue. Dans le cas affirmatif (ce qui m'étonnerait) cela me donnerait une grande idée des femmes. »

Malgré ses dénégations, il est clair que Flaubert aurait bien aimé apprendre que la petite Antonia s'était effectivement rendue à leur rendez-vous. Cette anecdote est

---

1. La mère Guérin était une des mères maquerelles qui, depuis 1842-1843 (époque des études de droit à Paris), pourvoyaient Flaubert et ses amis en jeunes créatures. La « mère Guérin » était installée rue des Moulins, dans le quartier du Palais-Royal. Les tenancières préférées de Gustave s'appelaient Léonie, La Boisgontier, la Delille, Mme Alphonse, la Lebrun, la mère Arnoult (*sic*), la mère Leriche, etc.

significative d'une certaine ambiguïté dans les relations de Flaubert et de la prostitution. Il prétend, avec un cynisme affiché, n'aimer la prostitution que pour elle-même, pour l'absence de sentiments et les performances physiques, et il se laisse émouvoir comme un adolescent par la première jolie fille venue, au point de vouloir susciter chez elle une véritable fidélité de cœur.

On observe le même phénomène, pendant le voyage, auprès de Koutchouk-Hânem qui n'avait pourtant rien d'une jeune fille amoureuse et qui pratiquait depuis longtemps le commerce de ses charmes avec une conscience très professionnelle. Elle fascine Gustave : il la voit comme à travers un rêve, et secrètement voudrait compter pour elle plus que tous les autres. Cette tendance sentimentale n'est pas systématique, mais quelquefois, sans qu'il y puisse rien, les sentiments s'insinuent dans la jouissance. Ainsi, chez Koutchouk, à Esnèh, Flaubert fait-il l'intéressante expérience de cette dualité. La soirée, d'abord consacrée à un spectacle privé de danses, est entrecoupée d'entractes libertins où Gustave peut apprécier les qualités comparées de l'almée et de la jeune Saphia :

« Je descends avec Saphia Zougairah – très corrompue, remuant, jouissant, petite tigresse. Je macule le divan. Second coup avec Koutchouk – je sentais en l'embrassant à l'épaule son collier rond sous mes dents – son con me polluait comme avec des bourrelets de velours – je me suis senti féroce. » Après plusieurs intermèdes de ce style, le jeune homme, décidément en pleine forme, décide de passer avec Koutchouk toute seule une longue nuit d'amour. Le récit de leurs ébats est double, et contient la même ambiguïté que la courte aventure parisienne avec Antonia : d'une phrase à l'autre, Flaubert passe sans transition d'images brutalement physiques à des évocations nettement empreintes de sentimentalisme amoureux :

« Après une gamahuchade des plus violentes, coup – elle s'endort la main dans la mienne, les doigts entrecroisés. (...) Je sentais sur mes fesses son ventre (j'étais accroupi sur le lit) sa motte plus chaude que son ventre me chauffait comme avec un fer – une autre fois je me suis assoupi le doigt passé dans son collier, comme pour la retenir si elle s'éveillait. J'ai songé à Judith et à Holopherne – quelle douceur ce serait pour l'orgueil si en partant on était sûr de laisser un souvenir – et qu'elle pensera à vous plus qu'aux autres, que vous resterez en son cœur. A 2 heures trois quarts, elle se réveille – recoup plein de tendresse – nous nous serrions les mains – nous nous sommes aimés, je le crois du moins – tout en dormant elle avait des pressions de main... »

On se souvient que ces lignes sont immédiatement suivies, dans le manuscrit, par le retour inattendu d'une autre nuit : celle de la grande épreuve initiatique, chez le comte de Pomereu, en 1836. Pour Gustave, les heures qu'il vient de passer avec Koutchouk sont des moments comme on en vit peu dans une existence : une nuit d'éternité, telle qu'il avait rêvé d'en connaître lorsqu'il essayait d'entrevoir les fulgurances de sa vie future, seul sur le lac, au château du Héron.

Sensible peut-être à cette prévalence symbolique, la critique flaubertienne a voulu reconnaître en Koutchouk-Hânem l'unique modèle vivant des grandes héroïnes orientales de Flaubert – Salammbô, la reine de Saba, Salomé. Ce n'est pas entièrement faux, mais c'est tout de même très injuste pour les autres petites fiancées des bords du Nil qui ont certainement joué un rôle littéraire aussi important que l'« almée d'Esneh ». En revanche, il semble bien que le souvenir de Koutchouk soit indirectement présent, dans l'œuvre de Flaubert, là où on l'attendait le moins : dans *L'Éducation sentimentale*. Pour s'en faire une idée, il faut revenir à la toute première apparition de la danseuse, le matin du 6 mars 1850, lorsque Flaubert et Du Camp, à peine débarqués à Esneh, sont conduits par la petite Bambeh jusqu'à la maison de Koutchouk. Flaubert se souvient :

> « Sur l'escalier, en face de nous, la lumière l'entourant et se détachant sur le fond bleu du ciel, une femme debout, en pantalons roses, n'ayant autour du torse qu'une gaze d'un violet foncé. Elle venait de sortir du bain – sa gorge dure sentait frais, quelque chose comme une odeur de térébenthine sucrée... »

Dans *Le Nil*, Du Camp raconte la même scène dans un paragraphe qui contient une petite phrase « flaubertienne » fort célèbre : « Ce fut comme une apparition. » Flaubert, vingt ans plus tard, en écrivant *L'Éducation*, s'est souvenu du texte de l'ami Maxime. Voici le passage du *Nil* :

> « (...) Je me rendis chez Koutchouk-Hânem. (...) j'entrai dans une petite cour sur laquelle descendait un étroit escalier extérieur. En haut des degrés, Koutchouk-Hânem m'attendait. Je la vis en levant la tête ; *ce fut comme une apparition*. Debout, sous les derniers rayons de soleil qui l'enveloppaient de lumière, vêtue d'une simple petite chemise en gaze (...), elle était superbe. »

Notons au passage qu'à la place du « nous » (Maxime et moi) que l'on trouvait chez Flaubert, ici, Maxime se présente en héros solitaire, comme si Gustave n'avait jamais existé. Ça n'a pas dû lui plaire. Est-ce cette muflerie qui l'a incité à lui piquer le « Ce fut comme une apparition » pour se venger, ou – par clin d'œil – pour se moquer ?

Quoi qu'il en soit, Flaubert recycle la *robe de mousseline* de Maria-Élisa dans les *Mémoires d'un fou*, reprend la fameuse formule de Maxime, y ajoute le « *se détachant sur le fond bleu du ciel* » de sa propre version des faits dans ses notes d'Égypte, et cela donne :

> « *Ce fut comme une apparition*. Elle était assise, au milieu du banc, toute seule. (…) *Sa robe de mousseline claire*, (…) toute sa personne *se découpait sur le fond de l'air bleu…* »

On peut même se demander si le châle « à bandes *violettes* » – pourquoi violettes ? –, que Marie Arnoux laisse glisser et que Frédéric ramasse quelques instants plus tard, n'emprunte pas ses couleurs à cette « gaze d'un violet foncé » dont Koutchouk voile ses seins, et qu'elle va bientôt laisser glisser pour s'offrir aux deux voyageurs.

Ici, le lecteur érudit sera saisi d'un doute en se souvenant que, dans les scénarios du roman, c'est Élisa Schlésinger, la Maria des *Mémoires d'un fou*, et non Koutchouk, qui est nommément désignée comme le modèle réel de Marie Arnoux… C'est exact, et la pure Marie Arnoux, en principe, n'a pas grand-chose à voir avec la torride danseuse de Haute-Égypte. Mais dans les scénarios primitifs du roman, comme on le verra, Flaubert avait aussi imaginé que sa chaste héroïne pourrait être secrètement dévorée par le désir de se conduire comme une fille publique. Et pour Flaubert, ce désir de prostitution, loin d'être étranger au sentiment amoureux, en constitue la clé secrète : c'est l'ambiguïté native du vertige passionnel. D'ailleurs, dans les brouillons du roman (I, chap. 5), Flaubert avait imaginé que la pudique Marie Arnoux, quelques années plus tôt, s'était laissé peindre seins nus (sans le moindre voile à bandes violettes) par le célèbre portraitiste Anthéor Braive.

Éros et l'autre

Au fond pourquoi l'image d'Élisa serait-elle incompatible avec celle de l'almée égyptienne ? Dans la vie réelle, la vertueuse Élisa aussi avait un passé. Quand le jeune Gustave fait sa connaissance en 1836, à Trouville, elle vit maritalement avec Maurice Schlésinger, mais elle est mariée avec un autre homme. Avant de rencontrer Maurice, Élisa, née Foucault, avait épousé à dix-neuf ans, en sortant du couvent, un certain Émile-Jacques Judée, sous-lieutenant en garnison à Vernon, qui peu après les noces se trouve contraint de partir rejoindre son bataillon en Afrique. Abandonnée à sa solitude, la belle Élisa se console assez vite en rencontrant Maurice Schlésinger, de passage dans un château de la région, ou peut-être à Paris, on ne sait pas très bien : elle tombe amoureuse et se fait faire une petite fille par l'élégant Maurice qui reconnaît la paternité. L'enfant est déclaré « de mère non dénommée » et « fille de Maurice Schlésinger » car Élisa n'est toujours pas divorcée de son mari É.-J. Judée, lequel aurait donc été automatiquement considéré comme le père légal de la petite fille, si Élisa l'avait personnellement reconnue. Sur ces entrefaites, le lieutenant Judée rentre en France. Cherche-t-il à retrouver son épouse et à faire valoir ses droits ? S'indigne-t-il de la voir mère d'un enfant qui n'est pas de lui ? Pas du tout. Il laisse Élisa vivre en toute quiétude sa nouvelle vie avec Maurice et leur enfant. Pourquoi ?

C'est là que les choses se corsent et nous obligent à remonter les chemins tortueux de la « petite histoire » pour en revenir, un soir de l'année 1830, à ce fameux mariage d'Élisa avec le capitaine Judée. Selon H. Lottmann[1], qui a enquêté auprès des érudits locaux, le docteur Germain Galérant (connu pour ses recherches biogra-

---

1. *Op. cit.*, pp. 57-58.

phiques sur Flaubert) tient d'Émile Gérard-Gailly (spécialiste d'Élisa Schlésinger) les péripéties suivantes : outre ses témoins, le sous-lieutenant Judée avait invité plusieurs officiers de sa garnison à participer à ses noces avec Élisa, célébrées à 23 h 30 (c'était très tendance en 1830 à Vernon). Vers 3 heures du matin, donc, après le banquet, le jeune marié, passablement ivre, aurait proposé à ses compagnons, qui le plaisantaient sur sa nuit de noces, d'assister à sa performance. Mais le malheureux Judée assommé par l'alcool ne serait pas parvenu à ses fins et, perdant son pari, aurait offert à ses camarades de le remplacer auprès de la jeune mariée. Bref, au petit matin, Élisa se serait enfuie pour se réfugier chez sa sœur à Paris où, comme il arrive toujours aux jeunes provinciales, elle serait devenue prostituée. Et c'est là, en réalité, que le bon Maurice Schlésinger l'aurait recueillie pour en faire sa compagne, puis son épouse.

Personne n'est forcé de croire cette histoire de « tournante » nuptiale à Vernon qui pourrait bien n'avoir d'autre origine que l'imagination enfiévrée de nos deux flaubertistes normands. D'ailleurs, même si, par extraordinaire, l'aventure s'avérait authentique, en quoi concerne-t-elle Flaubert ? On ne voit pas très bien comment il aurait pu en être informé. A moins, bien sûr, que Maurice, avec qui il était très intimement lié, ne lui en ait fait un soir la confidence. L'histoire, à coup sûr, l'aurait enchanté, mais si c'est le cas, comment imaginer qu'il n'en ait jamais lui-même soufflé mot à qui que ce soit ?

L'ambiguïté érotico-sentimentale qui nimbe l'aventure de Gustave avec Koutchouk-Hânem ne se retrouve pas dans toutes les rencontres féminines du *Voyage en Égypte*, bien au contraire. La longue liste des fiancées éphémères de Gustave est surtout pleine de petites Saphia, corrompues et vénales, qui ne laissent chez le jeune homme aucun autre souvenir que ceux de la satisfaction physique, avec, quelquefois, en prime, des impressions d'atmosphères sordides ou l'amusement d'une situation burlesque. C'est le cas, par exemple, du face-à-face libertin avec la petite Hadély, au Caire :

> « Avant de nous livrer à la copulation, ces dames ont été faire des ablutions préalables. J'ai pris Hadély (la seconde), elle a passé devant moi portant un flambeau à la main. (...) les piastres d'or de sa chevelure, en ligne au bout de fils de soie, bruissaient – c'était un bruit clair et lent – le clair de lune passait par la fenêtre – je voyais le palmier, un coin de ciel avec du bleu et des nuages. (...) la femme musulmane est barricadée – les pantalons noués et sans ouverture empêchent tout badinage de main – elle n'a pas défait sa veste (betche) verte à broderies d'or (...) mais tout le reste a été vite dénudé – sa veste serrée lui faisait se réunir les deux seins. Nous nous sommes donc couchés ensemble sur la natte – chairs dures et fraîches – des fesses de bronze – les grandes lèvres coupées, le poil rasé (...) elle m'a aidé à me r'habiller avec une prévenance enfantine, prenant mes affaires et me les tendant – elle m'adressait de temps en temps des questions de trois ou quatre mots en arabe, et elle attendait la réponse – étrange chose – les yeux entrent les uns dans les autres, l'intensité du regard est doublée ! – et la mine de Joseph au milieu de tout cela ! – faire l'amour par interprète ! »

Et l'on apprend ainsi, *in extremis*, que pour se faire aider dans sa conversation en arabe avec la jeune Hadély, Flaubert avait demandé à son domestique Joseph de tenir la chandelle...

Les danseuses, au Caire, ne pouvaient exercer leur art que dans la clandestinité, au risque de se faire exiler en Haute-Égypte ou en Nubie, régions qui, par voie de conséquence, s'étaient transformées en terres d'élection pour la grande prostitution chorégraphique. C'est là que Flaubert, toujours accompagné par son ami Maxime Du Camp, connut les expériences les plus intéressantes. Ainsi la soirée avec Azizeh, non loin de l'île Éléphantine :

> « Cette grande fille s'appelle Azizeh – sa danse est plus savante que celle de Kuchiuk. Pour danser elle quitte son vêtement large et passe une robe d'indienne à corsage européen. Elle s'y met – son col glisse sur les vertèbres d'arrière en avant, et plus souvent de côté, de manière à croire que la tête va tomber – cela fait un effet de décapitement effrayant. (…) – ce n'est plus de l'Égypte, c'est du nègre, de l'africain, du sauvage. C'est aussi emporté que l'autre est calme. Autre pas : mettre le pied gauche à la place du droit, et le droit à la place du gauche, alternativement, très vite. La couverture qui servait de tapis dans sa cahute faisait des plis – elle s'arrêtait de temps en temps pour la retirer. Elle s'est mise nue, elle avait sur le ventre une ceinture de perles de couleurs et son grand collier de piastres d'or lui descend jusqu'au dessous du vagin – elle le passe par le bout dans sa ceinture de perles – sensation fraîche de sa ceinture sous votre ventre. (…) C'était sous une hutte en terre, à peine assez haute pour qu'une femme s'y tînt – dans un quartier hors de la ville, tout en ruines. »

Cette jeune Azizeh, dont la danse est « plus savante que celle de Koutchouk » pourrait bien avoir inspiré certains moments de la danse de Salomé dans *Hérodias*, notamment ce détail singulier du mouvement de la tête (« cela fait un effet de décapitement effrayant ») qui, replacé dans le contexte immédiat du récit, semble mimer l'enjeu même du spectacle, la tête coupée de Jean-Baptiste :

« Elle dansa comme les prêtresses des Indes, comme les Nubiennes des cataractes. (...) Ensuite elle tourna autour de la table d'Antipas, frénétiquement, comme le rhombe des sorcières ; et d'une voix que des sanglots de volupté entrecoupaient, il lui disait – "Viens ! viens !" – Elle tournait toujours ; les tympanons sonnaient à éclater, la foule hurlait. Mais le Tétrarque criait plus fort "Viens ! viens ! Tu auras Capharnaüm ! la plaine de Tibérias ! mes citadelles ! la moitié de mon royaume !"

Elle se jeta sur les mains, les talons en l'air, parcourut ainsi l'estrade comme un grand scarabée ; et s'arrêta brusquement. Sa nuque et ses vertèbres faisaient un angle droit. Les fourreaux de couleur qui enveloppaient ses jambes, lui passant par-dessus l'épaule, comme des arcs-en-ciel, accompagnaient sa figure, à une coudée du sol. Ses lèvres étaient peintes, ses sourcils très noirs, ses yeux presque terribles, et des gouttelettes à son front semblaient une vapeur sur du marbre blanc.

Elle ne parlait pas. Ils se regardaient.

Un claquement de doigts se fit dans la tribune. Elle y monta, reparut ; et, en zézayant un peu, prononça ces mots, d'un air enfantin.

"Je veux que tu me donnes dans un plat... la tête..." Elle avait oublié le nom, mais reprit en souriant : "La tête de Iaokanann !" »

Toutes les petites fiancées des bords du Nil sont des prostituées, plus ou moins professionnelles. Flaubert était-il résolu à éviter le coup de foudre ? Les emportements récents de Louise Colet lui avaient laissé la sensation qu'une femme passionnée pouvait devenir aussi redoutable qu'un boa constrictor. Pourtant, au début du voyage, en arrivant à Marseille, il se précipite, sans succès, à l'ancienne adresse d'Eulalie Foucault de Langlade, rêvant de retrouver sa passion brève et flamboyante de 1840. Deux jours plus tôt, sur le bateau de la Saône, il avait passé des heures à contempler une passagère, accoudée au bastingage, « une jeune et svelte créature » :

> « Sous son caraco de soie elle avait une petite redingote d'homme à collet de velours avec des poches sur les côtés dans lesquelles elle mettait ses mains. Boutonnée sur la poitrine par deux rangs de boutons, cela lui serrait au corps, en lui dessinant les hanches et de là s'en allaient ensuite les plis nombreux de sa robe qui remuaient contre ses genoux quand soufflait le vent. Elle était gantée de gants noirs très justes et se tenait la plupart du temps appuyée sur le bastingage à regarder les rives. (…) J'ai cette manie de bâtir de suite des livres sur les figures que je rencontre. (…) Je voudrais connaître (…) son pays, son nom, ce qui l'occupe à cette heure (…) amours oubliés, rêves d'à présent. (…) Comme on voudrait tout de suite la voir nue, avouez-le, – et nue jusqu'au cœur. Comme on cherche à connaître d'où elle vient, où elle va, pourquoi elle se trouve ici et pas ailleurs ! Tout en promenant vos yeux sur elle, vous lui faites des aventures, vous lui supposez des sentiments. On pense à la chambre qu'elle doit avoir, à mille choses encore et, que sais-je ?… aux pantoufles rabattues dans lesquelles elle passe son pied en descendant du lit. »
>
> *Voyage en Égypte*, *op. cit.*, pp. 143-145.

Le regard fétichiste que Gustave porte ici sur la jeune inconnue, regard de surface, mais qui déshabille méthodiquement (mains, poitrine, corps, hanches, genoux, la voir nue), mériterait une minutieuse étude. Mais, en dehors même de toute analyse, comment ne pas penser, devant ce scénario brut, à l'une des scènes les plus célèbres de *L'Éducation sentimentale* ? Rappelez-vous, juste après le coup de foudre et ce célèbre « Ce fut comme une apparition », lorsque le jeune Frédéric Moreau, à bord du bateau qui le ramène à Nogent, dévore des yeux Marie

Arnoux : « ... Quels étaient son nom, sa demeure, sa vie, son passé ? Il souhaitait connaître les meubles de sa chambre, toutes les robes qu'elle avait portées, les gens qu'elle fréquentait ; et le désir de la possession physique même disparaissait sous une envie plus profonde, dans une curiosité douloureuse qui n'avait pas de limite. »

En 1853, Flaubert prête, un peu par inadvertance, un peu par sadisme, le manuscrit du *Voyage en Égypte* à sa maîtresse Louise Colet avec qui il a renoué dès son retour. Toutes ces histoires érotiques la rendent évidemment folle de rage, d'autant plus qu'il n'est pas une seule fois question d'elle dans le manuscrit. Elle lui écrit aussitôt un mot vibrant de reproches et d'amertume. Le 27 mars, Gustave lui répond par une longue lettre où il cherche à minimiser l'importance de ses aventures égyptiennes. Le ton désabusé qu'il emploie s'explique évidemment par la situation et par la volonté de calmer la rage bien compréhensible de Louise... Mais comment ne pas sentir, aussi, une sorte de volonté d'oubli dans ces déclarations pleines de désillusion ? Les filles d'Égypte sont loin, et la nostalgie est un poison. Leur souvenir restera intact dans le récit du *Voyage*, le meilleur « s'absorbera dans l'œuvre », et pour le reste, il faut ne plus y penser :

> « L'impression que te font mes Notes de Voyage m'a fait faire d'étranges réflexions, chère Muse, sur le cœur des hommes et sur celui des femmes. Décidément ce n'est pas le même, on a beau dire. De notre côté est la franchise, sinon la délicatesse ; et nous avons tort pourtant, car cette franchise est une dureté. Si j'avais omis d'écrire mes impressions féminines, rien ne t'eût blessée ! Les femmes gardent tout dans leur sac, elles. On n'en tire jamais une confidence entière. Le plus qu'elles font, c'est de laisser deviner et, quand elles vous racontent les

choses, c'est avec une telle sauce que la viande en disparaît. Mais nous, pour deux ou trois méchants coups tirés et où le cœur même n'était pas, voilà le leur qui gémit ! Étrange ! Étrange ! (...) Pour Kuchiouk-Hânem, ah ! rassure-toi et rectifie en même temps tes idées orientales. Sois convaincue qu'elle n'a rien éprouvé du tout ; au moral, j'en réponds, et au physique même j'en doute fort. (...) La femme orientale est une machine, et rien de plus ; elle ne fait aucune différence entre un homme et un autre homme. Fumer, aller au bain, se peindre les paupières et boire du café, tel est le cercle d'occupations où tourne son existence. Quant à la jouissance physique, elle-même doit être fort légère puisqu'on leur coupe de bonne heure ce fameux bouton, siège d'icelle. Et c'est là ce qui la rend, cette femme, si poétique, à un certain point de vue, c'est qu'elle rentre absolument dans la nature. »

*
* *

Et l'amour des garçons ? La plupart de ces aventures égyptiennes ont été partagées – successivement ou simultanément – par Gustave et Maxime, à commencer, on l'a vu, par la rencontre avec Koutchouk. C'est également en compagnie de Maxime que Gustave fait, à Damas, l'expérience, finalement assez peu concluante, des bains et des bardaches. Gustave en parle avec le sourire visible de la provocation la plus juvénile : « Ici c'est très porté. On avoue sa sodomie et on en parle à table d'hôte. Quelquefois, on nie un petit peu, tout le monde alors vous engueule et cela finit par s'avouer. Voyageant pour notre instruction et chargés d'une mission par le gouvernement, nous avons regardé comme notre devoir de nous livrer à ce mode d'éjaculation. L'occasion ne s'est pas encore présentée, nous la cherchons pourtant » (à Louis Bouilhet, 15 janvier 1850). En fait Maxime est beaucoup plus « avancé » que lui sur la question. Dans son précédent voyage, en 1844, il lui avait écrit de Smyrne, le 8 juin : « Tu penses bien qu'une des premières choses que j'ai faites ici a été d'aller prendre un bain turc. Je crois que cet usage des bains continuellement répété a donné aux Orientaux ce goût qu'ils ont pour la pédérastie. » C'est donc en aîné averti que le cadet des deux, Maxime, encourage Gustave à faire l'expérience. Il la tente au Caire et, à son tour, malgré le fiasco, fait le savant auprès de Bouilhet : « C'est aux bains que cela se pratique. On retient le bain pour soi (5 francs, y compris les masseurs, la pipe, le café, le linge) et on enfile son gamin dans l'une des salles. – Tu sauras du reste que tous les garçons de bain sont bardaches. Les derniers masseurs, ceux qui viennent vous frotter quand tout est fini, sont ordinairement de jeunes garçons assez gentils. Nous en avisâmes un dans un établissement tout proche de chez nous. Je fis retenir le baing *pour moi* seul. J'y allai. Le drôle était absent ce jour-là ! » (à Louis Bouilhet, 15 janvier 1850). Quatre mois plus tard, ce sera chose faite. Dans les dernières lignes d'une lettre de juin 1850 au même Louis Bouilhet qui lui en demandait des nouvelles, Gustave déclare, avec une certaine fierté : « A propos tu me demandes si j'ai consommé l'œuvre des bains. Oui, et sur un jeune gaillard gravé de la petite vérole et qui avait un énorme turban blanc. Ça m'a fait rire, voilà tout. Mais je recommencerai. Pour qu'une expérience soit bien faite, il faut qu'elle soit réitérée » (à Louis Bouilhet, entre Girgeh et Siout, 2 juin 1850).

Ça l'a fait rire... rien de plus : autant dire qu'il n'en a pas le goût – au moins avec le garçon au gros turban – et c'est probablement la vérité (il ne ment jamais, ne l'oublions pas). Gustave finit quand même en disant qu'il prend ça comme un devoir et qu'il recommencera. On ne sait pas si ce fut le cas, mais une lettre de Syrie, datée, pour cette section, du 10 septembre, laisse entendre que Gustave s'est peut-être pris au jeu, mentalement : « Rien n'est beau comme l'adolescent de Damas. Il y a des jeunes gens de 18 à 20 ans qui sont magnifiques ! Si j'étais femme, je ferais un voyage d'agrément en Syrie. – Du reste nous y vivons plus chastement que partout ailleurs » (à Louis Bouilhet, Damas, 4 septembre 1850). Gustave n'est-il pas en voyage d'agrément ? et n'est-il pas un peu féminin ? Oui, et il est accompagné. Il écrit « nous » pour parler du couple de voyageurs qu'il forme avec Maxime : mais de quel « nous » s'agit-il, et quel sera son destin ?

Ce voyage des deux amis est la conclusion d'une sorte d'attachement passionné qui dure déjà depuis près de huit ans : une amitié joyeuse et jalouse faite d'incompréhensions et d'espiègleries, autant que de connivences intellectuelles et d'attirance réciproque. De quoi était réellement faite leur relation ? Il y a presque un regard amoureux dans la manière dont Du Camp se souvient de sa première vision de Gustave, de sa beauté physique qui l'avait troublé : « Il était d'une beauté héroïque... Avec sa peau blanche légèrement rosée sur les joues, ses longs cheveux fins et flottants, sa haute stature large des épaules, sa barbe abondante et d'un blond doré, ses yeux énormes, couleur vert de mer, abrités sous des sourcils noirs, avec sa voix retentissante comme un son de trompette, ses gestes excessifs et son rire éclatant, il ressemblait aux jeunes chefs gaulois qui luttèrent contre les armées romaines » (*Souvenirs littéraires*).

Dans les mêmes *Souvenirs*, il serait difficile de tenir pour un détail, cet autre aveu de Maxime : « Je portais à cette époque une bague de la Renaissance, qui était un camée représentant un satyre. Je la donnai à Gustave, qui me donna une chevalière avec mon chiffre et une devise. Nous échangions nos anneaux ; c'était en quelque sorte des fiançailles… » Il y a dans le *Voyage en Égypte* un moment assez curieux qui peut retenir l'attention. C'est lorsque les deux amis passent leur première nuit sur la cange, en remontant le Nil. Pour fêter l'événement, ils décident de s'installer sur le pont. Le lendemain matin, Gustave se réveille le premier. Il est à quelques pas de Maxime qui dort encore et qui commence tout juste à sortir du sommeil. Gustave note dans son carnet : « Première nuit sur le Nil – état de satisfaction et de lyrisme, je fais des mouvements, je récite des vers de Bouilhet. (…) je m'endors sur mon lit de campement que j'ai fait dresser sur le pont – et avec quelle joie ! Je suis réveillé avant Maxime – en se réveillant il étend son bras gauche pour me chercher… » (*Voyage en Égypte*, f°20, p. 185). Ils dormaient donc ensemble…

Il y a beaucoup de choses de leur vie que nous ne connaîtrons jamais, et pour cause : ils ont voulu que nous n'en sachions rien. Pour quelle autre raison auraient-ils décidé, un beau jour, après en avoir longuement discuté et débattu, de détruire toute leur correspondance ? Encore faut-il rappeler que parmi les lettres qui ont échappé à l'autodafé, on en trouve quelques-unes dont la formulation peut laisser rêveur : « C'est peut-être la vérole dans 8 jours – Comment va la tienne ? (…) Donc te voilà rassuré et satisfait sur le sort de ce phallus que tu aimes et qui te le rend bien. Donc, maintenant qu'en historien fidèle, j'ai mis ton esprit en repos sur le sort du *vieil ami*, parlons de son propriétaire… » (à Gustave Flaubert, Rome, 2 octobre 1844).

Pourtant, au cours de ce même voyage en Orient, quelque chose a commencé à se défaire entre Maxime et

Gustave. C'est l'inertie de son compagnon que Maxime a parfois du mal à supporter. Le retour ne va pas simplifier les choses. En quittant Gustave en Italie, pour éviter d'avoir à subir Mme veuve Flaubert, qui rejoint son fils pour les dernières semaines du voyage, Maxime explique à son complice qu'il part en avant-coureur leur préparer un retour triomphal. Et Maxime tient sa promesse. Deux mois plus tard, quand Gustave est de retour, tout est prêt. Il n'a plus qu'à venir se servir : le monde des lettres l'attend. Mais là, que croyez-vous qu'il arrivât ? En juin 1851, au lieu de se précipiter à Paris, de dire merci et de monter au créneau, Gustave fait la fine bouche et se retranche dans sa tanière de Croisset en expliquant qu'il va se mettre au travail en prenant tout son temps, sans aucun égard pour ces prétendues urgences dont il se bat le flanc. Que le récit dans lequel il s'engage va sans doute l'obliger à la solitude la plus complète, et qu'il ne peut rien dire avant longtemps des conséquences que son projet pourrait avoir sur son calendrier. D'ailleurs, comment écrire dans l'agitation permanente de la capitale ? Et puis, à quoi bon se précipiter ? etc. Il faut que Maxime comprenne...

Maxime ne comprend pas. C'est même le genre de raisonnement qui a le don de l'énerver. Avec tout le mal qu'il s'est donné ! Depuis son retour anticipé de Rome, en avril, Maxime a mis les bouchées doubles pour se faire une place dans la société : il fait un malheur avec ses photos d'Égypte, est en train de se propulser à la direction de la *Revue de Paris*, publie livres et articles à profusion, est de toutes les mondanités et, pour faire jusqu'au bout le Rastignac, s'affiche avec Valentine Delessert, épouse de l'ancien préfet de police et ex-maîtresse de Mérimée, à qui il vient de la dérober. Tout lui réussit. Il aimerait bien entraîner Gustave dans la danse : il le secoue, lui fait honte de son inertie et d'être si lent à écrire : alors que c'est le moment, que les colonnes de la *Revue de Paris* lui sont ouvertes !

L'autre, enfoncé dans son nouveau projet et ses milliers de ratures, fait des réponses évasives. Persuadé que c'est pour son bien, Du Camp repart à l'assaut, lui redit qu'il n'y a plus à attendre, que sa place risque de lui être prise... il insiste, trépigne, admoneste et malmène Flaubert tant et si bien, tout une année, qu'à la fin l'autre se fâche et lui administre une réponse cinglante, définitive et sans appel : une des pires lettres que Flaubert ait adressées à Maxime, du moins parmi celles qui nous sont restées, mais l'une des plus remarquables aussi par la vigueur du propos et l'actualité toujours cruciale de l'argumentation :

« Mon cher ami,

Tu me parais avoir à mon endroit *un tic* ou vice rédhibitoire. Il *ne m'embête* pas, n'aie aucune crainte. Mon parti là-dessus est pris depuis longtemps.

Je te dirai seulement que tous ces mots : *se dépêcher, c'est le moment, il est temps, place prise, se poser, hors la loi*, sont pour moi un vocabulaire vide de sens. C'est comme si tu parlais à un Algonquin. – Comprends pas.

Arriver ? – à quoi ? A la position de MM. Murger, Feuillet, Monselet, etc., etc., etc., Arsène Houssaye, Taxile Delord, Hippolyte Lucas et soixante-douze autres avec ? Merci.

Être connu n'est pas ma principale affaire, cela ne satisfait entièrement que les très médiocres vanités. D'ailleurs, sur ce chapitre même, sait-on jamais à quoi s'en tenir ? La célébrité la plus complète ne vous assouvit point et l'on meurt presque toujours dans l'incertitude de son propre nom, à moins d'être un sot. Donc l'illustration ne vous classe pas plus à vos yeux que l'obscurité.

Je vise à mieux, à me plaire.

Le succès me paraît être un résultat et non pas le but. Or j'y marche, vers ce but, et depuis longtemps il me semble, sans broncher d'une semelle, ni m'arrêter au bord de la route pour faire la cour aux dames, ou dormir sur l'herbette. – Fantôme pour fantôme, après tout, j'aime mieux celui qui a la stature plus haute.

Périssent les États-Unis plutôt qu'un principe ! Que je crève comme un chien, plutôt que de hâter d'une seconde ma phrase qui n'est pas mûre.

J'ai en tête une manière d'écrire et gentillesse de langage à quoi je veux atteindre. Quand je croirai avoir cueilli l'abricot, je ne refuse pas de le vendre, ni qu'on batte des mains s'il est bon. – D'ici là, je ne veux pas flouer le public. Voilà tout.

Que si, dans ce temps-là, il n'est plus temps et que la soif en soit passée à tout le monde, tant pis. Je me souhaite, sois-en sûr, beaucoup plus de facilité, beaucoup moins de travail et plus de profits. Mais je n'y vois aucun remède.

Il se peut faire qu'il y ait des occasions propices en matières commerciales, des veines d'achat pour telle ou telle denrée, un goût passager des chalands qui fasse hausser le caoutchouc ou renchérir les indiennes. Que ceux qui souhaitent devenir fabricants de ces choses se dépêchent donc d'établir leurs usines, je le comprends. Mais si votre œuvre d'art est bonne, si elle est *vraie*, elle aura son écho, sa place, dans six mois, six ans, ou après vous. Qu'importe ! (...) »

A Maxime Du Camp, Croisset, 26 juin 1852.

Ce que Flaubert formule ici sans ménagement à l'intention de l'ami Max qui n'y verra que paresse et prétention, c'est le refus pur et simple de se plier à la logique du marché. Cette lettre n'est pas une simple fin de non-recevoir ; elle est l'affirmation positive d'une nouvelle conception de l'art face à la société industrielle, à sa productivité et à ses cycles courts : une autonomie radicale de la création artistique. L'idée n'a évidemment aucun sens pour Maxime. Dès le mois de décembre de la même année, six mois plus tard, donc, Du Camp profite du *Livre posthume* pour se venger. Le détail n'échappe pas à Flaubert : « Il y a dedans une petite phrase à mon intention et faite exprès pour moi : "La solitude qui porte à ses deux sinistres mamelles l'égoïsme et la vanité." Je t'assure que ça m'a bien fait rire. Égoïsme, soit ; mais vanité, non. L'orgueil est une bête féroce qui vit dans les cavernes et dans les déserts. La vanité au contraire, comme un perroquet, saute de branche en branche et bavarde en pleine lumière » (à Louise Colet, Croisset, 9 décembre 1852). Un siècle et demi après ces événements, les attaques du *Livre posthume* paraissent bien peu de chose au regard des ambiguïtés impitoyables qui vont traverser les *Souvenirs littéraires*.

A moins de posséder l'édition originale Hachette de 1882, ou la réédition de 1892, la seule solution, pendant très longtemps, pour lire les *Souvenirs littéraires* de Maxime Du Camp dans leur version intégrale, consistait à prendre son tour à la Bibliothèque nationale, et plusieurs jours de suite, car le texte dépasse le million et demi de caractères. Le texte intégral, à peu près introuvable pendant un siècle, est reparu chez Aubier en 1994, à l'instigation d'un des meilleurs spécialistes de Maxime Du Camp, le regretté Daniel Oster, qui a aussi ressuscité la figure de l'écrivain voyageur par son édition du *Nil*[1] et celle de Du Camp ethnologue et visionnaire dans *Paris, ses organes, ses fonctions et sa vie,* cet énorme ouvrage en 6 volumes parus entre 1869 et 1875, dont on attend

---

1. *Un voyage en Égypte vers 1850. Le Nil de Maxime Du Camp*, Sand-Conti, 1987, préfaces de Michel Dewachter et de Daniel Oster.

toujours la réédition[1]. Photographe dès les années 1840, journaliste, reporter, aventurier, académicien, prophète de l'espace urbain : avec sa curiosité insatiable pour les nouvelles technologies, son flair instinctif qui lui fait comprendre avant tout le monde ce qui est en train de se jouer dans la presse à grand tirage et la publicité, Du Camp est certainement une des figures les plus « modernes » de son siècle : un « intellectuel » avant la lettre. Sa volonté farouche d'être « là où ça se passe » coûte que coûte, son obsession d'« être connu » à tout prix, son énergie à se pousser en toutes circonstances au premier rang, sont des travers que Flaubert trouvait plutôt touchants aussi longtemps que Maxime n'avait pas cherché à l'enrôler de force dans ses plans de carrière accélérés. Partager Koutchouk avec Maxime, passe encore, mais partager sa frénésie de réussite, non, là franchement Gustave préfère jeter l'éponge. Après la brouille de 1852, les deux amis mettent plusieurs années à se retrouver, puis finalement leur réconciliation est totale en 1856 lorsque Gustave offre à Maxime de publier son premier roman, *Madame Bovary*, en pré-originale, dans la *Revue de Paris*. C'est un vrai cadeau : réellement, en 1856, qu'est-ce que Gustave pouvait lui offrir de plus précieux que son manuscrit, le résultat de cinq années de travail ? Mais rien ne se passe comme prévu : la *Revue* pratique des coupes sauvages dans le texte, Flaubert s'indigne, la justice s'en mêle, et le bonheur des retrouvailles tourne court. Cette

---

1. Une version abrégée (762 p.) est parue chez G. Rondeau en 1993. Les années 1990 ont vu également la réédition du roman que Du Camp avait publié au moment où Flaubert écrivait *Madame Bovary* : *Le Livre posthume. Mémoires d'un suicidé, recueillis et publiés par Maxime Du Camp*, Victor Lecou, 1853, réédité sous le titre *Mémoires d'un suicidé*, préface et notes de Rodolphe Fouano, Éditions de Septembre, 1991.

nouvelle brouille, beaucoup plus grave que la précédente, n'empêchera pas Gustave et Maxime de se retrouver encore, de se requereller puis à nouveau de se rapprocher, et leur amitié, aussi imparfaite qu'indestructible, ne parviendra jamais ni à se renouer ni à se dénouer tout à fait, jusqu'à la mort de Flaubert. Quand ça n'allait pas trop bien entre eux, Flaubert disait « l'ami Maxime », en pensant à l'adage : « Dieu me garde de mes amis ! quant à mes ennemis, je m'en occupe. » Gustave n'a jamais cessé d'aimer son vieux Maxime mais, après le coup « infâme » de 1856, sans lui conserver cette confiance totale qu'il lui accordait, les yeux fermés, quand ils avaient vingt-cinq ans.

Et côté Maxime, que reste-t-il de cette belle amitié, dans les six cents pages des *Souvenirs littéraires* qui constituent une sorte de biographie de Flaubert vu par l'un de ses familiers les plus proches ? Que trouve-t-on donc dans ces fameux témoignages de *l'ami Maxime* ? On y trouve un énorme problème psychologique : l'ombre gigantesque de Flaubert plane sur ce texte, comme elle a plané, sans doute trop lourdement, sur toute l'existence de Du Camp. Car, la grande affaire de la vie de Du Camp a bel et bien été son amitié avec Flaubert, et tout l'édifice des *Souvenirs* ne semble avoir été bâti par Du Camp que pour résoudre ou évacuer cette embarrassante question qui n'a cessé de l'obnubiler pendant près de cinquante ans. Les dates sont éloquentes. Flaubert meurt en 1880. En 1882, Du Camp, qui n'a pas chômé, fait paraître ses deux volumes de *Souvenirs*, dont près de la moitié est consacré à Flaubert. Ils contiennent, comme on l'a vu, un « scoop » sur « la maladie » de Flaubert : il était épileptique. C'est cette *révélation* qui, en faisant le succès du livre, vaudra immédiatement à Du Camp les répliques cinglantes de Maupassant dans la presse et, depuis un siècle, le mépris durable de la critique flaubertienne : Du Camp faux frère, Du Camp le traître, Du Camp l'arriviste jaloux.

Daniel Oster, dans sa préface, déploie des trésors d'intelligence pour nous aider à faire la part des choses et à nuancer notre jugement. Sa plaidoirie, lucide, bien informée, est d'autant plus convaincante qu'elle est sans complaisance. Sur le sens même du projet, d'abord : « C'est la mort de Flaubert qui rend possible l'interrogation sur soi. Flaubert eût-il vécu dix ans encore, ces *Souvenirs* n'auraient pas eu lieu. (...) Il lui faut la mort de Flaubert pour prendre enfin la mesure d'un destin dont le sens peut s'héroïser. » On veut bien le croire. Malgré tout son attachement, même Maupassant, le fils symbolique, s'était senti libéré après la disparition de son « vieux » adoré. Daniel Oster nous invite, dans la foulée, à faire aussi un sort à l'image-cliché d'un Du Camp « arriviste ». Je crois qu'il a raison. Pourquoi ?

A bien y réfléchir, ce n'est pas Maxime qui était particulièrement ambitieux, ou carriériste ou intrigant. Oui, il l'était : autant qu'il convenait de l'être. Comme homme de lettres, son idéal et son trajet ont plutôt été conformes à l'idéal général de ses contemporains. Se faire un nom, parier sur le journalisme, devenir directeur de revue, beaucoup publier, finir académicien : c'était un itinéraire logique, un parcours sans faute sur une voie toute tracée, rien de plus. En fait, c'est Flaubert qui, à un certain moment de sa vie, s'est mis à changer de cap, à prendre la tangente. C'est lui qui a faussé les règles du jeu en inventant la théorie du retrait absolu, cette attitude d'autonomie radicale qui est devenue après lui une nouvelle image de l'écrivain : une sorte de valeur ou de norme qu'il a peut-être contribué à créer mais qui n'avait pas encore la moindre validité de son vivant. Que Du Camp soit resté aveugle à cette nouvelle conception du « métier d'écrire » est un autre problème qui n'a rien à voir avec l'arrivisme. Sans doute en va-t-il de même d'un autre stéréotype : Du Camp le vaniteux, Maxime le prétentieux. Même si quelques textes de jeunesse peuvent suggérer qu'il se faisait une assez haute idée de lui-même, il est difficile de savoir ce qu'il en a été au juste pour lui à l'âge de la maturité. Mais dans l'image qu'il a voulu laisser à la postérité avec les *Souvenirs*, Du Camp semble au contraire trouver un malin plaisir à s'humilier à chaque page : tous ou presque ont mieux valu que lui ; il n'arrive pas à la cheville d'un tel ; tel autre écrivain obscur avait mille qualités qui lui ont toujours fait défaut, etc. Lorsque les *Souvenirs* citent, sans ironie, les propos d'Ausone de Chancel, cela donne, au sujet des performances de Du Camp écrivain : « non seulement tu n'as pas de génie, mais tu n'as même pas de talent (...) sais-tu lire ? A la façon dont tu écris, on en pourrait douter ». Le sourire et une certaine complaisance ne sont pas loin, mais enfin, il est difficile de parler de prétention.

Reste l'accusation majeure, celle qui explique pourquoi les *Souvenirs* ont gardé une si détestable réputation : la « faute » qui a consisté, quelques mois seulement après le décès de Flaubert, à révéler publiquement son épilepsie. Daniel Oster calme le débat en rappelant que, tout compte fait, Flaubert ne faisait lui-même pas grand mystère de ses crises nerveuses, dans la correspondance par exemple. Et c'est vrai, même s'il y a une certaine différence entre un aveu épistolaire fait à un ami, et la diffusion d'un livre écrit par un tiers qui expose ce fait privé « pour servir au jugement de la postérité », tout en cherchant, au passage, à faire un succès commercial. Sans oublier que Flaubert n'a jamais parlé d'épilepsie, et pensait probablement être atteint d'un autre mal, ce que Maxime ne pouvait ignorer. Mais, au fond, le problème n'est même pas là. Épilepsie ou pas, ce que cette intraitable postérité a reproché à Du Camp, c'est moins son indiscrétion que la perfidie de cette révélation.

Car Maxime ne s'est pas contenté de dire « mon pauvre vieux Flaubert était épileptique » ; il s'est empressé aussitôt d'ajouter : c'est à cause de sa maladie qu'il écrivait des livres aussi bizarres que ce *Bouvard et Pécuchet* qui vient de sortir en édition posthume et auquel personne n'entend rien. Et c'est bien ce qui ressort du passage où Du Camp évoque les conséquences de la crise de 1844 dans un portrait charge de Flaubert qui ressemble à une véritable exécution : l'exécution d'un ami qui vient de mourir. Il s'agit si l'on veut de liquider l'image de Flaubert auprès des contemporains, et si possible auprès de tout lecteur à venir. Pour en effacer toute trace dans la mémoire des hommes, Pharaon faisait effacer à coups de burin les noms gravés et les effigies sculptées de ses ennemis. La Camorra mitraille les visages et extermine les descendants. Même technique chez Maxime, qui, faute de pouvoir faire disparaître l'œuvre, choisit de défigurer l'auteur. Chaque détail de son réquisitoire empathique est un joyau de médisance meurtrière :

> « J'ai dit que, dès l'âge de vingt ans, Flaubert avait un développement d'intelligence exceptionnel. (...) Lorsque son système nerveux manquant d'équilibre lui infligea le supplice que l'on sait, Flaubert s'arrêta ; on eût dit que son écheveau intellectuel s'était embrouillé subitement : il resta stationnaire. On peut dire de lui ce que les nourrices disent de certains enfants interrompus au milieu de leur croissance : il a été noué. Sa mémoire, si précise, si fidèle eut des défaillances ; il devint indolent aux grandes curiosités qui le sollicitaient pendant les jours de son adolescence ; de plus en plus il restreignit son champ d'action et se concentra dans sa rêverie du moment ; il restait parfois des mois entiers sans ouvrir un journal, se désintéressant du monde extérieur et ne tolérant même

pas qu'on lui parlât de ce qui ne l'occupait pas directement. Les notions de la vie réelle lui échappaient et il semblait flotter dans un songe permanent dont il ne sortait qu'avec effort (…). C'est de ce moment que date l'inconcevable difficulté qu'il éprouvait à travailler, difficulté qu'il sembla s'étudier à accroître et dont il avait fini par tirer vanité. Il aimait à montrer ces pages couvertes de ratures, où parfois il avait grand-peine à se reconnaître. Cela tient à ce que ses conceptions étaient confuses et qu'il n'arrivait à les clarifier que par l'exécution, pareil à ces peintres si nombreux qui, sachant imparfaitement le dessin, ne parviennent à la forme qu'à force de "patocher" la couleur. (…) Ma conviction est inébranlable : Gustave Flaubert a été un écrivain d'un talent rare ; sans le mal nerveux dont il fut saisi, il eût été un homme de génie. »

Maxime Du Camp, *Souvenirs littéraires*, chap. 6.

Au total, que nous dit ce texte ? Quand Maxime a connu Gustave, en 1840, c'était un jeune homme brillant ; « dès l'âge de vingt ans » il s'est trouvé en plein développement d'intelligence ; mais, le pauvre, avec sa crise, tout s'est fossilisé, et « il a été noué ». Quand ? En 1844, à vingt-trois ans : ce qui fait trois années d'intelligence – évidemment, c'est mince – pour subvenir aux besoins de toute une vie d'écriture. Parce que après la crise, ce pauvre Gustave n'était plus que l'ombre de lui-même : trous de mémoire, étroitesse intellectuelle, absence de curiosité, esprit monomaniaque centré sur lui-même, perte du sens de la réalité. Et Maxime en veut pour preuve – c'est la seule qu'il avance, mais elle est imparable – qu'il arrivait à Gustave de rester « parfois des mois entiers sans lire le journal ». Vous vous imaginez : un mois sans télévision ? Mais le plus beau est peut-être ce que Maxime rapporte sur « l'inconcevable difficulté qu'il éprouvait à travailler » et dont ce malheureux Flaubert – c'est un comble – « avait fini par tirer vanité ». Inconcevable à coup sûr pour l'ami Maxime qui, quant à lui, n'a jamais connu la moindre peine à écrire. Pourquoi Gustave avait tant de mal à aligner les mots, selon Maxime ? Parce que « ses conceptions étaient confuses » : au fond il ne savait pas ce qu'il voulait dire. Il lui fallait l'écrire pour le savoir, et encore, avec le plus grand embarras. Mais pourquoi Flaubert était-il si laborieux ? Parce qu'en fait il *ne savait pas* écrire, il n'avait jamais réussi à apprendre comment on rédige avec aisance. Faute de savoir écrire comme il faut, Flaubert s'est donné un mal fou toute sa vie : il a passé son temps à se battre avec sa plume comme un ignorant qui travaille à l'aveuglette ; et là Maxime se sert d'une comparaison qui lui permet de faire passer l'idée sans l'exprimer explicitement : « pareil à ces peintres si nombreux qui, sachant imparfaitement le dessin, ne parviennent à la forme qu'à force de "patocher" la couleur ». Au fait, quels peintres, dans les années 1880, avaient cette réputation de ne pas savoir dessiner et de cacher leur ignorance en noyant leurs images dans la couleur ? Et à quoi Maxime fait-il allusion quand il parle de ces misérables « pages couvertes de ratures » que ce pauvre malade de Flaubert « aimait à montrer » comme s'il y avait de quoi se vanter de faire des ratures ? Maxime veut parler de ces 30 000 pages de brouillons, notes et autres carnets de travail qui sont aujourd'hui à l'abri des grandes bibliothèques patrimoniales, à côté des manuscrits de Victor Hugo et de Proust, et qui ont largement contribué à fonder une nouvelle approche de l'écriture littéraire, la critique génétique, une des tendances les plus fécondes de la critique contemporaine.

Mais le plus extraordinaire dans toute cette affaire, c'est que Daniel Oster a probablement raison lorsqu'il défend la thèse d'un Du Camp peu lucide, embarrassé de contradictions mais qui se croit réellement loyal en amitié. Le passage que l'on vient de citer se situe vers la fin du chapitre 6 ; or, quelques lignes plus loin, contre toute attente, Maxime choisit de conclure par le symbole et l'affirmation renouvelée d'une indestructible fidélité à son vieil ami : la fameuse scène des *fiançailles* qui avait eu lieu en avril 1844 lorsque Maxime, prêt au départ pour son premier voyage en Orient, était passé à Rouen pour faire ses adieux à un Flaubert très affaibli : « Je portais à cette époque une bague de la Renaissance, qui était un camée représentant un satyre. Je la donnai à Gustave, qui me donna une chevalière avec mon chiffre et une devise. Nous échangions nos anneaux ; c'étaient en quelque sorte des fiançailles intellectuelles qui n'ont jamais été frappées de divorce (…) jamais la pensée ne m'est venue de me hausser jusqu'à me comparer à Flaubert et jamais je ne me suis permis de discuter sa supériorité. (…) J'ai admiré Flaubert passionnément ; j'aimais sa gloire ; elle suffisait à mon ambition. »

Un tel aveu d'allégeance et une telle hyperbole dans l'admiration peuvent étonner comme conclusions à l'avalanche de dénigrements qui a précédé... Sauf s'il s'agit d'amour, d'amour blessé. Maxime admire-t-il sincèrement Gustave le raté, Flaubert le surdoué qui a eu l'esprit noué ? Oui, Du Camp croit pouvoir l'affirmer sans se déjuger en se présentant lui-même comme le surnoué, mille fois plus nul que ce nul de Gustave. On y croit, ou on n'y croit pas, mais il est clair que la question n'est plus une affaire de bonne ou de mauvaise foi. Maxime se débat dans les contradictions de ses affects. Il n'a littéralement *rien* compris à l'expérience existentielle et au projet artistique de son ami : quand il le plaint, c'est *sincèrement*.

Du Camp a interprété comme une fatalité pathologique, comme un handicap subi, ce qui était chez Flaubert un choix délibéré, une nouvelle conception de l'écriture et du métier d'écrivain vis-à-vis de laquelle sa « névrose » a plutôt joué le rôle d'un formidable révélateur. Et c'est pourquoi Du Camp peut tout à la fois clamer sa loyauté et regretter que l'œuvre de Gustave n'ait pas atteint les sommets sublimes qu'il imaginait avec les critères moyens qui étaient les siens. Ce que l'on conserve de la correspondance (pour l'essentiel détruite) entre les deux amis montre très clairement qu'à partir de 1851 ils ne parlent plus du tout le même langage : Du Camp, de bonne foi, essaie obstinément d'entraîner son ami sur le chemin du succès et de la notoriété tels qu'il les conçoit ; l'autre, déjà très loin devant, et tout à son travail, réplique par une théorie intransigeante de « l'homme-plume » : écriture impersonnelle, style non conclusif, idéal de la prose, mépris des honneurs. Au fil des années, Maxime se fait à l'idée que son compagnon est décidément perdu : la maladie est sur Flaubert et le grand rêve de gloire qu'il avait conçu pour lui ne pourra jamais vraiment se réaliser. Fidèle à ses convictions erronées, Du Camp ne dit finalement rien d'autre. Les *Souvenirs littéraires* racontent à leur insu la genèse d'un insoutenable malentendu qui en dit long sur l'histoire d'une idée – le métier d'écrivain – et sur ses métamorphoses conflictuelles dans le champ littéraire.

CHAPITRE 6

Entrer en littérature (1851-1857)

En retrouvant sa table de travail de Croisset, le 16 juin 1851, Flaubert est résolu à devenir pour de bon ce qu'il rêvait d'être depuis toujours : un écrivain. Il n'a cessé d'y penser en Orient. Projet, méthode, objectifs : tout est prêt, il n'y a plus qu'à s'y mettre. Mais la première urgence est de reprendre les notes télégraphiques de ses calepins de route pendant que ses souvenirs sont encore frais : enregistrer ces impressions vives dans des phrases qui garderont intact leur coefficient d'émotion et d'imaginaire, pour les œuvres à venir. Neutraliser peut-être aussi tout ce que ces images qui reviennent à son esprit peuvent avoir de perturbant. Il faut *cesser* de penser à l'Orient.

Il y travaille jusqu'à la fin juillet et, une fois rédigé, son récit de voyage, de l'Égypte jusqu'à l'Italie, totalise plusieurs centaines de pages. Le genre est très en vogue, et Flaubert sait bien qu'il pourrait en profiter, comme Maxime, pour conquérir la devanture des librairies. Mais non. D'abord, pour faire paraître son *Voyage*, il faudrait qu'il se censure sur une multitude de détails, notamment érotiques, qui font partie de ses meilleurs souvenirs ; et puis surtout, ce n'est pas avec ce type d'ouvrage à la mode qu'il veut se faire un nom. Donc le *Voyage* restera dans ses tiroirs, comme tout ce qu'il a écrit jusque-là. Car il est bien décidé à publier, oui, mais une « œuvre », au sens plein du terme : « un roman moderne ».

En août, le travail commence. Tant pis s'il faut y consacrer un an, ou cinq, ou même dix : l'essentiel, c'est de le réussir, ce premier livre ; le temps se venge toujours de ce que l'on a fait sans lui. Mais, dans les premières semaines, Flaubert est convaincu qu'une fois lancée, la rédaction ira vite : dans dix-huit mois, tout au plus, l'affaire sera réglée. Il se trompe, et il lui faudra presque deux ans pour se rendre à l'évidence : avec le nouveau système d'écriture qu'il s'est fixé, impossible de forcer la cadence. Qui veut voyager loin... Le pur-sang impétueux des œuvres de jeunesse s'est métamorphosé en dada robuste et méditatif fait pour les expéditions au long cours.

Et l'autre dada, l'amour ? Et la belle Mme Colet ? Délaissée par le député Bancel, puis par chacun de ses nouveaux amants, veuve depuis peu, Louise découvre que Gustave a été son seul véritable amour. A peine est-il revenu de son voyage qu'elle le supplie de lui accorder un rendez-vous. D'abord très méfiant, Flaubert finit par se laisser attendrir et ils se retrouvent fin juillet 1851. De cette date jusqu'en 1854, Gustave et Louise reprennent leurs rendez-vous épisodiques à Mantes et à Paris, où Louise tient salon. Flaubert, bien sûr, est flatté par l'attachement de Louise : elle est toujours très désirable, elle lui dit qu'elle le désire ; beaucoup d'hommes, bien plus en vue que lui, seraient éblouis d'avoir sa chance. Mais, d'un autre côté, le système de vie qu'il s'est inventé pour son nouveau projet exige équilibre, concentration et continuité : est-ce vraiment compatible avec une nouvelle romance passionnelle ? Surtout avec Louise, intempestive, exigeante, inassouvissable comme il la connaît.

Quitte à faire pâlir son image personnelle aux yeux de sa maîtresse, Flaubert préfère être clair : il n'est plus le même homme, ou plutôt – l'image lui vient naturellement sous la plume – il n'est plus le même cheval. Du jeune étalon fougueux, et déjà un peu rétif, qu'elle a connu, il est devenu un vieux canasson, tout aussi insoumis, rebelle et solitaire, mais qu'il ne faut plus brusquer : « J'aime votre société quand elle n'est pas *orageuse*. Les tempêtes qui plaisent si fort dans la jeunesse ennuient dans l'âge mûr. C'est comme l'équitation : il fut un temps où j'aimais à aller au grand galop ; maintenant je vais au pas et la bride sur le cou. Je deviens très vieux ; toute secousse me gêne, et je n'aime pas plus à sentir qu'à agir » (à Louise Colet, Croisset, 26 juillet 1851). Donc, tout est bien clair. Et pour que ce soit encore plus clair, c'est précisément dans ces circonstances que Flaubert envoie son fameux « proverbe arabe » à Louise, le 17 décembre 1851. Des trois paradis terrestres, ou des trois « dadas » dont parle le proverbe (« Le paradis en ce monde se trouve sur le dos des chevaux, dans le fouillement des livres ou entre les deux seins d'une femme ! »), le dada érotique n'est ni le seul, ni sans doute le premier. Habituée aux intermittences d'humeur de son Gustave, Louise fait mine de comprendre ; et, de son côté, Flaubert n'est pas fâché de savoir qu'il lui suffit d'un mot pour retrouver sa Louise dès qu'il le désire : un corps de rêve dans des draps de satin et les lumières d'un salon parisien où l'on parle encore littérature.

C'est d'ailleurs chez elle, à la même période, en décembre 1851, qu'il rencontre « la Sylphide », Edma Roger des Genettes, dont Louis Bouilhet fait un moment sa maîtresse. Avec Edma, Flaubert gardera des rapports d'amitié, chaleureux et durables : plus tard, retirée à

Villenauxe, elle deviendra l'une de ses plus fidèles correspondantes. Mais, pour l'heure, c'est la « Muse » qui bénéficie de toute son attention épistolaire : Louise lui donne à corriger ses vers et sa prose, parle de ses lectures, essaie de se faire désirer, et, dans ses réponses, Flaubert lui raconte semaine après semaine la difficile genèse de son roman : près de deux cents lettres qui forment un témoignage irremplaçable sur le travail de l'écrivain.

A peine les notes d'Orient terminées, Flaubert se plonge dans son projet de « roman moderne ». L'élaboration du scénario lui prend six semaines. La rédaction commence le 19 septembre, mais s'interrompt dès le 25 pour une virée de quinze jours à Londres avec sa mère. Il y revoit la douce Henriette Collier qui s'en est allée vivre en Angleterre. Le vrai travail commence à son retour à Croisset, mi-octobre (« Je gâche un papier considérable. Que de ratures ! » [à Louise Colet, 3 novembre 1851]) et jusqu'à fin novembre, après quoi Flaubert décide de partir travailler à Paris, mais... L'écrivain arrive dans la capitale au moment où l'Histoire bascule ; le soir du coup d'État du 2 décembre, il se trouve aux premières loges : « J'ai manqué d'être assommé plusieurs fois (...) sabré, fusillé ou canonné, car il y en avait pour tous les goûts » (à l'oncle Parain, 15 janvier 1852). Il s'en souviendra pour les derniers chapitres de *L'Éducation sentimentale*, seize ans plus tard. La dictature militaire, ennemie de toutes les libertés, et spécialement de celle de penser, fait horreur à Flaubert et le renforce dans son parti pris d'isolement. Dès le 15 janvier, il court s'enfermer à Croisset. Par provocation contre l'ordre établi et par admiration pour le grand proscrit de Guernesey, qu'il appelle « le crocodile » en langage codé, Flaubert accepte de servir de « boîte aux lettres » à Victor Hugo : pour déjouer la censure, le poète combattant envoie son courrier à Londres chez une certaine Mrs Farmer, laquelle le réexpédie à Flaubert qui, à son tour, transmet les lettres à Louise Colet, laquelle les poste à Paris comme si de rien n'était. L'honorable Mrs Farmer n'est autre que Miss Jane Fargues, qui avait été la préceptrice anglaise de Caroline, entre 1841 et 1844, et accessoirement la maîtresse de Gustave en 1842. Flaubert a le sentiment qu'un désert se fait autour de lui : Pradier meurt le 5 juin 1852 ; son vieil ami Ernest Chevalier, « substitut, marié, élyséen, homme d'ordre », est perdu pour l'art, quant à Maxime, ils sont complètement brouillés.

A partir de janvier 1851 et jusqu'à ce que la rédaction touche à son achèvement, vers l'automne 1855, Flaubert limite ses séjours à Paris au strict minimum. C'est Croisset qu'il lui faut. Pas un bruit dans la maison. Il écrit jusqu'à une heure avancée de la nuit, se lève tard le matin, travaille tout l'après-midi en hurlant ses phrases au gueuloir jusqu'à se fatiguer les poumons, « pique un chien » (une sieste) vers cinq heures, puis se remet au travail après le dîner, souvent jusqu'à deux ou trois heures du matin, écrit encore quelques lettres, puis se laisse sombrer dans le sommeil juste avant le lever du jour. Bouilhet vient le voir régulièrement. Ils passent des nuits à discuter littérature, comme autrefois avec Alfred, en corrigeant mutuellement leurs manuscrits. Depuis le retour d'Orient, Flaubert a changé : toujours géant, mais avec des kilos en plus et des cheveux en moins, sa belle prestance d'adolescent attardé s'est envolée. Bouilhet suit la même pente. Ils vont finir par se ressembler comme de vrais jumeaux, à s'y méprendre.

La solitude de Croisset devient pour Flaubert un système et un symbole, le principe d'autonomie de « l'homme-plume » : « Je n'ai par-devant moi aucun autre horizon que celui qui m'entoure immédiatement. Je me considère comme ayant quarante ans, comme ayant cinquante ans, comme ayant soixante ans. (...) mon organisation est un système ; le tout sans parti pris de soi-même, par la pente des choses qui fait que l'ours blanc habite les glaces et que le chameau marche sur le sable. *Je suis un homme-plume* » (à Louise Colet, 31 janvier 1852, c'est moi qui souligne). Cela dit, un homme-plume reste un homme, et depuis le départ de Jane Farmer, la nouvelle préceptrice anglaise de la petite Caroline, une certaine Isabel Hutton, a tout ce qu'il faut pour séduire l'ours blanc : un corps de rêve, un penchant visible pour le libertinage, et un charme réel malgré un visage un peu marqué par la petite vérole. Le seul problème, c'est qu'elle a mauvais caractère. Le 16 avril 1852, Maxime Du Camp met en garde Flaubert : « Surtout ne fais pas d'enfant à cette jeune institutrice dont *l'amour* paraît te flatter beaucoup. »

Dans ces conditions, évidemment, l'ours blanc n'est pas incité à quitter trop souvent sa tanière, et la « Muse » se sent vite délaissée. Isabel préside aux parenthèses réservées à Éros, et, pour le reste, tout absorbé par sa rédaction, Flaubert, moins encore qu'en 1846, ne se sent disposé à sacrifier son temps aux orageux caprices de Louise, la « femme boa » qui pourrait bien finir par l'étouffer. Le problème, c'est que, de son côté, malgré une vie sexuelle tout à fait débridée avec une multitude d'amants occasionnels, Louise se croit sincèrement amoureuse. Elle a jeté son dévolu sur Gustave et n'est pas prête à en démordre. Son but secret (c'est le perfide Bouilhet, par jalousie, qui finit par le révéler à Flaubert) est de se faire *épouser*. Là, l'écrivain se fâche. Il s'inquiète aussi. Et si Louise pour le piéger s'arrangeait pour se faire faire un enfant ? Lorsqu'elle lui propose une date de rendez-vous, par exemple : comment savoir si ce n'est pas le bon, c'est-à-dire le mauvais jour ? Flaubert décommande et reprend date. Et Louise, à chaque fois éconduite, se navre et se lasse. Elle se console en sortant avec des personnalités bien en vue, Musset, Vigny, au point de se laisser surprendre par les gendarmes, toute nue, en pleine nature, à Meudon, avec Champfleury, lui-même assez déshabillé...

A partir du printemps 1854, les lettres se font plus rares et, le 6 mars 1855, dans une dernière missive cinglante et sans appel, Flaubert lui ferme définitivement sa porte. Elle se vengera avec deux méchants romans à clé, *Une histoire de soldat* (1856) et *Lui* (1859), où l'écrivain n'est pas difficile à reconnaître sous les traits de l'ignoble Léonce, personnage insensible et parfaitement odieux. De son côté, depuis juillet 1854, Flaubert fait de nouvelles expériences, mélangeant amours et amitiés. Il bénéficie de toutes les faveurs d'une exquise petite actrice de vingt-six ans, Béatrix Person, une amie très intime de la comédienne Marie Durey, qui est elle-même devenue la maîtresse de Louis Bouilhet en avril : Gustave, Béatrix, Marie et Louis... et à partir de 1855, le tableau se complète, à Croisset même, par l'arrivée d'une nouvelle beauté britannique de vingt-six ans : Miss Juliet Herbert, chargée de l'éducation de la petite Caroline, la nièce de l'écrivain.

Louis Bouilhet, qui l'a aperçue, est sous le charme ; quant à Flaubert, qui la croise dans la maison à chaque instant, c'est bien pire : « Depuis que je t'ai vu excité par (et pour) l'institutrice, je le suis (excité). A table, mes yeux suivent volontiers la pente douce de sa gorge. Je crois qu'elle s'en aperçoit, car elle pique des coups de soleil, cinq ou six fois par repas. Quelle jolie comparaison on ferait avec cette pente de gorge comparée aux glacis d'une forteresse. Les amours dégringolent là-dessus en montant à l'assaut. – (en sheik) : je sais bien, moi, quelle pièce d'artillerie j'y traînerais » (à Louis Bouilhet, 9 mai

1855). Une intense liaison amoureuse ne tardera pas à se nouer entre Gustave et Juliet, au grand dépit de la jeune Caroline, neuf ans, qui n'admettra jamais que son oncle ait pu avoir des relations sexuelles avec sa préceptrice. Et d'autant moins que cette liaison, commencée comme une simple passade, va se transformer en une véritable histoire d'amour qui ne prendra fin qu'avec la mort de l'écrivain. Lorsqu'elle sera devenue, trente ans plus tard, légataire universelle de Flaubert, Caroline se fera un point d'honneur de faire disparaître systématiquement toute trace de cette aventure et toute mention un peu compromettante du nom de Juliet Herbert dans la correspondance et les papiers de l'écrivain. Pourquoi la lettre du 9 mai 1855 a-t-elle échappé à sa vigilance ? Peut-être parce que le nom de Juliet n'y est pas inscrit, ou bien parce qu'il ne s'agit pas encore de cette véritable passion que Caroline a détestée.

C'est probablement Caroline qui a détruit toutes les lettres d'amour que Juliet et Gustave se sont échangées au cours des vingt-cinq ans qu'a duré leur liaison : un nettoyage par le vide qui a donné d'excellents résultats puisque nous ne savons finalement que peu de choses de cette relation amoureuse, sans doute essentielle dans la vie de Flaubert. C'est grâce à une érudite anglaise, Hermia Oliver (*Flaubert and an English Governess : The Quest for Juliet Herbert*, Oxford, Clarendon Press, 1980), que l'on a pu, un siècle après la mort de l'écrivain, se faire une idée un tout petit peu plus précise de la personnalité de Juliet, et de l'amour que Flaubert lui a porté jusqu'à ses derniers jours. Caroline a donc en partie échoué. En partie seulement, car sur bien des points le mystère reste presque complet. Mais à tout prendre, Flaubert avait-il, plus que sa nièce, le désir de rendre publique cette liaison ? Assurément pas : ses escapades à Londres ou ses rendez-vous à Paris avec Juliet sont toujours préparés dans le plus grand secret, il n'en parle à aucun de ses amis, il invente des contretemps ou des obligations pour que personne ne sache où il est, ni ce qu'il fait. Et quand il la retrouve, sa Juliet adorée, il s'enferme avec elle pendant une semaine, en tirant les volets et pratiquement sans mettre le nez dehors. De toutes les passions que Flaubert a vécues, son histoire d'amour avec Juliet est probablement celle qu'il a le plus farouchement protégée. Et si cette peste de Caroline, finalement, sans le savoir, n'avait fait qu'obéir à un ordre implicite de son oncle ?

Mais Juliet ne fait irruption dans la vie de Flaubert qu'en 1855, et à cette date la véritable aventure du moment, l'interminable rédaction de son premier roman, est en train de se dénouer. Il est temps de faire un nouveau salto arrière dans la chronologie pour revenir, en Orient, à l'origine de toute cette entreprise qui constitue, évidemment, l'histoire la plus intime de l'homme-plume.

Après avoir longtemps et amèrement ruminé l'échec de *Saint Antoine*, Flaubert, toujours perplexe devant l'incompréhension de ses amis, passe la seconde moitié de son voyage à se demander, de manière intermittente, à quel projet il pourrait bien se consacrer après son retour en France. Le 22 avril 1850, il écrit d'Égypte à sa mère qu'il est totalement à court d'idées : « Je voudrais bien imaginer quelque chose, mais je ne sais quoi. Il me semble que je deviens bête comme un pot. » Cette impression de vide reste inchangée, deux mois plus tard, dans une lettre à Bouilhet où il avoue : « Je suis sans plan, sans idée, sans projet. »

Le ton change en novembre 1850 dans une lettre écrite de Constantinople : « A propos de sujets, j'en ai trois (…)

1° *Une Nuit de Don Juan* (...) 2° L'histoire d'*Anubis*, (...) 3° Mon roman flamand » (à Bouilhet, 14 novembre 1850). En réalité, des trois idées, c'est celle du *Don Juan* qui retient Flaubert au cours des derniers mois de son voyage, mais non sans hésitations : « J'ai peur de tout en fait de style. Que vais-je écrire à mon retour ? Voilà ce que je me demande sans cesse. J'ai beaucoup songé à ma Nuit de Don Juan, à cheval, ces jours-ci » (à Louis Bouilhet, Patras, 10 février 1851). Malgré tout, l'idée fait son chemin, et dans une lettre écrite à Bouilhet, de Rome le 9 avril 1851, c'est-à-dire deux mois environ avant son retour à Croisset, Flaubert parle même de quelques amorces de rédaction : « Le Don Juan avance piano ; de temps à autre, je "couche par écrit" quelques mouvements. »

L'idée du *Don Juan* semble s'être maintenue assez tard, y compris après le retour de Flaubert à Croisset le 16 juin, puisqu'il en est encore question dans la lettre que Du Camp lui adresse le 23 juillet 1851 : « Que décides-tu ? Que travailles-tu ? Qu'écris-tu ? As-tu pris un parti ? est-ce toujours Don Juan ? est-ce l'histoire de Mme Delamarre qui est bien belle ? » Mais à cette date, donc, un nouveau projet a fait son apparition – l'affaire Delamare (avec un seul « r ») – pour lequel l'ami Maxime a visiblement une nette préférence. Apparemment, rien n'est encore décidé. Flaubert a peut-être déjà fait son choix, mais, si c'est le cas, depuis peu car entre le 18 juin et le 19 juillet, il s'est trouvé totalement absorbé par tout autre chose : la mise au net de ses notes de voyage en Orient, ce fameux manuscrit établi d'après ses carnets et ses lettres. Quoi qu'il en soit tout s'est certainement joué fin juillet car, quinze jours après cette lettre du 23 juillet, la décision est prise et le titre du roman définitivement fixé. C'est ce que démontre une autre lettre de Du Camp, datée du 2 août 1851, dans laquelle Maxime, qui est en train de traverser une terrible crise sentimentale, propose à Flaubert de lui mettre de côté, à toutes fins utiles, des notes circonstanciées sur ses souffrances intimes : « Je dois prendre cela comme un sujet de *notes* : je te donnerai pour ta *Bovary* tout ce que j'ai eu dans le corps, (...) ça pourra peut-être te servir. » L'idée du *Don Juan* est donc abandonnée au profit de « l'histoire de Mme Delamare », un sujet plat et moderne, aussi éloigné que possible des délires antiques et orientaux de *La Tentation*. De quoi s'agit-il exactement ? D'un canevas événementiel qui s'est trouvé fourni à Flaubert par la vie d'un ancien élève de son père, un certain Eugène Delamare. Ramenée à sa réalité factuelle, la trame de l'affaire Delamare tient en peu de mots : officier de santé établi en Normandie dans la petite bourgade de Ry, ville natale de Louis Bouilhet, Delamare se marie jeune avec une femme de cinq ans plus âgée que lui, laquelle meurt assez vite. Il épouse en secondes noces une certaine Delphine Couturier, âgée de dix-sept ans, qui met au monde une fille, et meurt prématurément à l'âge de vingt-six ans en 1848. L'année suivante Delamare disparaît à son tour. Le canevas est très mince, mais ce sera bien celui du roman.

C'est l'ami Maxime, toujours dans ses diaboliques *Souvenirs littéraires*, en 1882, qui révèle la source Delamare. Il l'enrichit au passage de plusieurs composantes empruntées à *Madame Bovary* (les adultères, la saisie, le suicide) tout à faits absents de l'histoire réelle que Flaubert avait pu utiliser comme point de départ. Cette astuce lui permettait d'étoffer son propos et d'enjoliver l'anecdote avec la conséquence désastreuse de lancer durablement l'investigation critique sur de fausses pistes. Selon lui, c'est Bouilhet qui aurait suggéré cette idée de fait divers à Flaubert, en septembre 1849, après la désastreuse lecture de *La Tentation* : plutôt que de continuer dans le genre impubliable et échevelé du *Saint Antoine*, pourquoi ne pas faire plutôt un bon roman bien carré à la Balzac sur la pitoyable destinée des Delamare ? Flaubert aurait aussitôt bondi sur l'idée avec la plus extrême reconnaissance, puis se serait employé à y réfléchir tout au long du voyage en Orient. Tant et si bien que, toujours selon Du Camp, l'épiphanie aurait eu lieu en sa présence, précisément en mars 1850, devant les cataractes, à la frontière de la Nubie. C'est là que Flaubert, dans une illumination, aurait trouvé le nom de son héroïne : « (…) pendant que nous regardions le Nil se battre contre les épis de rochers en granit noir, il jeta un cri : J'ai trouvé ! *Eurêka* ! *Eurêka* ! je l'appellerai Emma Bovary ! » Les dates, naturellement, ne concordent pas et contredisent Maxime point par point : Bouilhet ne peut pas avoir suggéré le sujet en septembre 1849 puisque l'affaire Delamare n'est devenue publique qu'en décembre 1849, bien après le départ de Gustave pour l'Orient ; personne ne lui a fait par courrier le compte rendu détaillé de l'affaire Delamare pendant qu'il était occupé sur sa cange à remonter le Nil, et, en mars 1850, devant les cataractes, Flaubert, comme on l'a vu, n'avait pas la moindre idée de ce qu'il écrirait l'année suivante. En outre, ce n'est pas non plus dans l'affaire Delamare que Flaubert pouvait avoir trouvé son inspiration pour l'empoisonnement d'Emma, ses adultères et la saisie, toutes choses qui restent radicalement absentes de la source réelle. Quant au nom d'Emma *Bovary*, les manuscrits prouvent que Flaubert l'a mis au point vers la fin de juillet 1851, quelques semaines seulement avant de passer à la rédaction. D'après ce qu'en dit l'auteur lui-même, *Bovary* viendrait de la déformation de *Bouvaret*, nom d'un des directeurs de l'Hôtel du Nil où il avait séjourné au Caire en juin 1850, juste avant de quitter l'Égypte : on ne voit pas pourquoi Flaubert aurait menti, et cette source « Bouvaret » semble confirmée par les scénarios où l'on trouve la forme intermédiaire *Bouvary*.

En fait, si l'on oublie les élucubrations de Du Camp, il n'est pas très difficile d'imaginer comment les choses se sont passées. Flaubert n'entend parler de l'affaire Delamare qu'en revenant d'Orient, quand sa mère le rejoint en Italie : ce qu'elle pouvait avoir d'intéressant à raconter à Gustave n'était probablement pas illimité, elle connaissait personnellement Delphine Delamare, et elle ne s'est pas privée de lui en faire le récit circonstancié, sans omettre le moindre détail. Séduit par le sujet, Flaubert, de retour en France, ne manque pas d'en dire un mot à ses amis Du Camp et Bouilhet, en évoquant l'idée qu'il y aurait peut-être là un canevas possible pour un récit. Les deux copains, plutôt inquiets de l'autre projet, celui du *Don Juan* qui risquait d'entraîner Gustave sur des voies aussi bizarres que le *Saint Antoine*, font tout pour le persuader que c'est une idée fumante, et dans la dernière semaine de juillet, la décision est prise avec la bénédiction de Louis et de Maxime : la bonne hypothèse pourrait être de bâtir quelque chose autour de l'histoire des Delamare. L'anecdote a donc certainement servi d'origine au projet, mais Flaubert n'y a trouvé en tout et pour tout que la trame d'une vie : un officier de santé, son mariage avec une épouse plus âgée qui meurt, son second mariage avec une jeune fille qui disparaît à son tour, sa mort l'année suivante. Il y a loin de la fameuse source à l'esquisse du roman. Normal. Si le fleuve d'un roman trouve forcément son origine quelque part, bien malin celui qui saura dire, comme pour le Nil, laquelle de ses mille sources et résurgences doit être considérée comme son véritable commencement.

A commencer justement par le nom de l'héroïne : Bovary... Car tout porte à penser que dans la fameuse déformation *Bouvaret – Bouvary – Bovary*, le passage de

Bouvary à Bovary se soit opéré sous l'attraction d'un autre patronyme : celui de *Bovery*, nom d'une demoiselle mêlée à l'affaire Loursel qui avait défrayé la chronique normande en 1844[1]. Aucun doute que Flaubert y ait puisé plusieurs éléments utiles à son scénario. En avril 1844, dans la petite ville normande de Buchy, l'épouse d'un pharmacien du nom de Loursel mourait empoisonnée, bientôt suivie par la petite servante du ménage, Amandine Ponthieu, âgée de quinze ans. L'autopsie révéla dans le corps des deux victimes la présence d'une grande quantité d'arsenic. Le pharmacien fut emprisonné ; l'enquête prouva qu'il avait fait un mariage d'intérêt et entretenait une liaison passionnée avec une certaine Mlle de Bovery, fille d'un aristocrate local, jeune femme exaltée et passablement névrosée. L'affaire fit un certain bruit dans la région et, qui plus est, l'avocat de la défense avait plaidé en faveur de Mlle de Bovery l'influence funeste « de cette littérature moderne où le mauvais goût le dispute à l'immoralité ».

Or, comment s'appelait l'avocat qui défendait Mlle de Bovery ? Sénard ! Le même Sénard qui, en 1857, défendra devant les tribunaux la moralité et la valeur littéraire de *Madame Bovary* quand Flaubert se retrouvera poursuivi pour atteinte aux bonnes mœurs... Il est vrai qu'au cours du fameux procès de 1857 l'avocat tirera précisément argument du fait qu'Emma dans le roman est elle-même la victime de ses lectures, que son client, Gustave Flaubert, voulait justement montrer l'effet désastreux des mauvais livres sur une psychologie fragile. Jolie coïncidence, non ? Revenons à l'affaire Loursel. Si l'on s'en

---

1. Anatole Le Braz, « Sur l'origine du nom de Bovary » (*Mélanges Lanson*, Hachette, 1922), et Jean Pommier, « L'affaire Loursel, drame de l'amour et des poisons, ou une source mal connue de *Madame Bovary* » (*Les Lettres françaises*, 11 avril 1947).

tient aux seuls contenus de l'enquête judiciaire, en dehors du fameux nom de Bovery, il est clair qu'on est assez loin du scénario de *Madame Bovary*. Mais, si l'on oublie l'intrigue criminelle en ne considérant en vrac que les éléments bruts du dossier, que découvre-t-on ? Un pharmacien chez qui se trouve une réserve d'arsenic, un empoisonnement, une jeune femme nommée Bovery, amoureuse, insatisfaite, névrosée et grande consommatrice de romans, le tout dans le cadre de la région de Buchy, localité où Flaubert semble avoir situé l'imaginaire Yonville. D'ailleurs, quand *Madame Bovary* paraîtra dans *Le Nouvelliste de Rouen*, ce sera sous le titre *Madame de Bovery*, prétendument par erreur, en réalité par stratégie publicitaire : l'affaire judiciaire avait marqué les esprits : en raviver le souvenir ne pouvait qu'attiser la curiosité du public et se traduire par de bonnes performances commerciales. C'est plus qu'assez pour soupçonner qu'en marge de l'histoire Delamare, cette affaire Loursel ait bien joué un rôle non négligeable dans l'élaboration du roman.

Ce n'est pas la seule : il faut aussi citer l'affaire Lafarge, autre cas célèbre d'empoisonnement, qui est mentionnée par Flaubert lui-même dans une lettre à Louise Colet de mars 1852 : « Je suis presque fâché que tu m'aies conseillé de lire les mémoires de Mme Lafarge, car je vais probablement suivre ton avis, et j'ai peur d'être entraîné plus loin que je ne veux. » L'auteur ne retient de la célèbre empoisonneuse Marie Capelle qu'une figure de jeune femme romanesque et déséquilibrée, comme elle apparaît dans les *Mémoires* qu'elle avait rédigés en prison pour défendre la thèse de son innocence : quelques-uns de ses traits ont pu servir à compléter le portrait psychologique d'Emma, mais longtemps après la mise au point des scénarios, en cours de rédaction, et sans y ajouter rien de bien essentiel. En revanche, beaucoup plus importante sans doute que les dossiers Lafarge ou Loursel, une troisième histoire d'empoisonnement a certainement joué un rôle aussi central que le cas Delamare dans la naissance du roman : une obscure affaire judiciaire dont le récit était paru en 1837 dans le *Journal de Rouen* sous le titre *La Moderne Brinvilliers*, et que Gustave avait lu, quatorze ans plus tôt, quand il était adolescent.

En fait, dans ce cas particulier, il ne s'agit plus vraiment d'une source extérieure : ce récit d'amour et de poison, Flaubert l'avait déjà réécrit, en 1837, sous le titre *Passion et Vertu*. *Madame Bovary* contient l'écho lointain de cette œuvre de jeunesse, mais beaucoup plus comme la mémoire d'une fiction personnelle que sous la forme d'un document. De toutes ces résurgences aux influences très inégales, c'est sûrement l'affaire Delamare qui a joué le rôle le plus constant dans la conception du roman, y compris jusqu'au terme de la rédaction, comme le prouve cette lettre à Louis Bouilhet du 10 mai 1855, la seule où Flaubert laisse apparaître nettement l'existence d'un lien solide entre la fiction et un modèle réel : « J'ai peur que la fin (qui dans la réalité a été la plus remplie) ne soit, dans mon livre, étriquée, comme dimension matérielle du moins, ce qui est beaucoup. » En réalité si Flaubert s'est intéressé à l'histoire de Delphine et Eugène Delamare, c'est surtout parce que le scénario réel lui offrait une trame propice à la liaison de deux thèmes qui le tentaient : la vie en province et la femme mal mariée.

On se souvient qu'à Constantinople, en novembre 1850, Flaubert envisageait trois projets, parmi lesquels, en dernière position et comme une idée déjà ancienne, le « roman flamand de la jeune fille qui meurt vierge et mystique, entre son père et sa mère, dans une petite ville de province, au fond d'un jardin planté de choux ». En 1857, une fois le roman achevé et publié, Flaubert s'est expliqué sur l'évolution de son projet primitif. Voici ce qu'il dit de son héroïne : « l'idée première que j'avais eue était d'en faire une vierge, vivant au milieu de la province, vieillissant dans le chagrin et arrivant ainsi aux derniers états du mysticisme et de la passion *rêvée*. J'ai gardé de ce premier plan tout l'entourage (paysages et personnages assez noirs), la couleur enfin. Seulement, pour rendre l'histoire plus compréhensible et plus amusante, au bon sens du mot, j'ai inventé une héroïne plus humaine, une femme comme on en voit davantage » (à Mlle Leroyer de Chantepie, 30 mars 1857). Vous me direz, Emma perd assez vite sa virginité dans le récit, et même si le nombre de ses aventures reste mesuré, elle n'est pas du genre à se contenter d'amour platonique et de passion rêvée. C'est vrai, mais, d'un autre côté, dans ses accès de sentiments religieux comme dans son exaltation érotique, elle devient aussi capable d'une véritable pulsion mystique. Et c'est cette dimension précisément qui donne une intensité peu commune à son personnage.

Province et mysticisme resteront donc associés dans un projet qui va d'autre part intégrer le thème du mariage raté et de l'adultère, que Flaubert choisit délibérément pour sa banalité : « la donnée la plus usée, la plus prostituée, l'orgue de Barbarie la plus éreintée », dit Baudelaire. Le premier scénario du roman prouve que la structure générale du récit a été conçue immédiatement, entre août et septembre 1851. L'héroïne ne se prénomme pas encore Emma, mais Marie. C'est normal : toutes les héroïnes de Flaubert s'appellent d'abord Marie. Marie est l'anagramme d'aimer. Le moment venu, il suffira d'y substituer un homophone du verbe au passé simple : « aima ». En revanche, le titre *Madame Bovary* est tout de suite trouvé et le schéma global est en place : une jeune femme mal mariée vit en province et se consume en rêves d'amour et de luxe : accablée par l'étroitesse de son milieu et de son existence, elle imagine la vie brillante qu'elle mènerait si elle vivait à Paris ; assoiffée d'aventure et de bonheur, elle se jette successivement dans les bras de deux amants, accumule les dettes, et finit par se donner la mort quand l'argent et l'amour viennent à lui manquer. C'est sur ce canevas initial, très abstrait, superposé à la trame de l'histoire Delamare, que Flaubert fait évoluer son projet de rédaction en complexifiant la psychologie de son héroïne, le profil du mari et des deux amants, puis en intégrant au récit toute une série de personnages secondaires, d'événements, et de faits pour lesquels il utilise ses souvenirs personnels et les documents les plus divers.

Dès les premiers scénarios, Flaubert associe plus ou moins directement les motivations amoureuses et financières du suicide d'Emma, d'abord accessoirement, puis de manière de plus en plus déterminante. Ce thème des difficultés d'argent, de l'endettement, de la saisie était évidemment très balzacien en lui-même. L'originalité de Flaubert est de l'avoir entièrement intégré à la logique sentimentale et érotique du destin d'Emma, tout en utilisant, pour sa rédaction, une source documentaire non littéraire et de première main : les *Mémoires de Madame Ludovica*. On a retrouvé, dans les papiers de l'auteur, un manuscrit ainsi intitulé qui raconte la vie de Louise Darcet (Ludovica), célèbre à Paris pour l'extrême légèreté de ses mœurs, le nombre considérable de ses amants, et pour ses inconséquences financières qui avaient conduit son mari James Pradier à demander la séparation de biens. Ce document[1], rédigé quelques années plus tôt, à la

---

1. Ce texte de 40 feuillets a été découvert par Gabrielle Leleu dans un des volumes des *Documents recueillis pour Bouvard et Pécuchet*, où Flaubert avait reversé plusieurs anciens dossiers documentaires. Il est conservé à la bibliothèque municipale de Rouen : Ms g 226 (4).

demande de Flaubert, par une des confidentes de Louise, fourmille de détails qui se retrouveront dans le récit. Certains passages sont marqués d'un trait de crayon par Flaubert. On y trouve par exemple un amant « capitaine » : dans le premier scénario du roman, Rodolphe était ainsi désigné, et dans le texte définitif Emma s'invente un ancien soupirant « capitaine de vaisseau » pour impressionner Léon ; on remarque aussi parmi les nombreux amants de Louise un « clerc de notaire » amateur d'opéra comme Léon, et, ailleurs, un certain Roger, ténor italien titulaire du rôle d'Edgar dans *Lucie de Lammermoor* au Théâtre-Italien, modèle probable du ténor Lagardy qui émeut tant Emma à l'Opéra de Rouen.

Enfin et surtout, on note toutes sortes de précisions sur les difficultés d'argent qui passeront, presque directement, du document dans le roman. Louise s'endette : « en trois mois de temps, il y eut en circulation autant de billets de la maison, que dans une forte maison de commerce ». Elle dépense comme Emma des sommes exorbitantes pour couvrir ses amants de cadeaux, emprunte encore à un commerçant faisant « métier d'escompteur » comme Lheureux, vole l'argent que son mari tenait en dépôt dans un tiroir, etc. Au moment où la saisie menace, Louise implore l'aide des hommes importants « dont elle avait satisfait le caprice », mais « pas un de ces hommes ne mit même de politesse dans le refus qu'ils faisaient » (détail souligné par Flaubert). Enfin, la saisie et la vente judiciaires ont lieu dans les conditions qui seront celles du roman. Le matin de la vente, Louise disparaît, comme Emma ; on prévient son mari qui, comme Charles, décou-

---

Douglas Siler en a publié une transcription complète dans le n° 145 des *Archives des lettres modernes* (Minard, 1973) sous le titre : *Flaubert et Louise Pradier : le texte intégral des Mémoires de Madame Ludovica*.

vre la situation avec le plus complet ahurissement : « Il était presque fou, il voyait, il ne comprenait pas. » Aucun doute : ces *Mémoires* ont joué un rôle important dans la rédaction, notamment pour la fin du roman. Mais le caractère d'Emma n'est nullement calqué sur celui de Ludovica que Flaubert d'ailleurs connaissait intimement : les *Mémoires* insistent sur l'incapacité de Louise à résister aux avances des hommes, ce qui serait trop dire pour l'héroïne de Flaubert qui, à tout prendre, ne succombe que deux fois, et qui résiste aux avances de Maître Guillaumet dans des circonstances où Louise, quant à elle, n'aurait certainement pas refusé d'échanger ses charmes contre une remise de dettes.

En fait, contrairement à ce qui arrivera dans l'œuvre de Flaubert à partir de *Salammbô* et pour tout le reste de sa carrière littéraire, *Madame Bovary* est un roman qui n'a exigé qu'une part très modeste de recherche : pour les passages médicaux du récit, Flaubert a bien dû se livrer à quelques lectures techniques sur la législation pharmaceutique et sur la question du pied-bot, puis, la matière étant récalcitrante, consacrer encore une après-midi de discussion au même sujet avec son frère Achille ; on a retrouvé la trace éparse de quelques autres enquêtes, ponctuelles ou générales, mais rien dans tout cela qui ressemble à un véritable dossier, et, fait significatif, il ne semble pas exister de *carnet de travail*[1] de *Madame Bovary*. En réalité, même les éléments documentaires dont on vient de parler ont ceci de particulier qu'ils appartiennent presque tous, de près ou de loin, à l'environnement biographique de l'auteur : avec les *Mémoires de*

---

1. On n'a retrouvé aucun carnet contemporain de *Madame Bovary* : ce type d'instrument rédactionnel semble apparaître avec les recherches pour *Salammbô*. Seul un carnet de jeunesse (1845-1849) contient quelques notes qui peuvent être rapprochées du projet de 1851.

Madame Ludovica Flaubert dispose d'informations privées sur la vie d'une femme qu'il connaît puisqu'il en a été l'amant ; dans l'affaire Delamare, il manipule l'histoire de personnes liées à sa famille puisque son père avait été le professeur de l'officier de santé Eugène Delamare, et qu'on a retrouvé une reconnaissance de dette de Mme Delamare à Mme Flaubert mère ; quant aux sources contenues dans *Passion et Vertu*, la vérité, c'est que Flaubert y voit surtout la chance d'un retour autobiographique sur sa propre écriture d'adolescence.

CHAPITRE 7

Madame Bovary, c'est qui ?

Colloque universitaire, essai critique, ou simple discussion amicale, s'il est question du premier roman de Flaubert, inutile de chercher à éviter l'immanquable formule « Madame Bovary, c'est moi ». Quel que soit le sujet abordé, quelqu'un va la placer, c'est sûr, en prenant l'air entendu, avec la sensation d'avoir tapé dans le mille et soldé les débats. La chose sera amenée plus ou moins habilement, avec une dose variable de médiations et de paradoxes, mais elle adviendra, c'est automatique. Comment appelle-t-on ces expressions aussi prévisibles que la succession du jour et de la nuit ? Depuis Flaubert, justement, qui voulait en faire un dictionnaire, on appelle ça des « idées reçues », des clichés ou des stéréotypes. D'où vient ce succès qui s'est transformé en réflexe conditionné ? Et tout d'abord, d'où sort-elle, elle-même, cette fameuse formule ?

Flaubert n'a jamais écrit « Madame Bovary, c'est moi », ni dans la *Correspondance*, ni dans le moindre carnet. Il s'agit d'un « ouï-dire ». Quelqu'un a prétendu, trente ans après la mort de l'auteur, avoir entendu dire qu'une amie de Flaubert aurait dit à une personne digne de foi que Flaubert le lui avait dit : bref, c'est l'histoire de l'homme qui a vu l'homme qui a vu l'homme qui a vu l'ours... Le problème, c'est que la révélation n'est pas rendue publique par n'importe qui : elle vient de René Descharmes, l'un des premiers spécialistes de l'œuvre. Il lance son *scoop* dans *Flaubert, sa vie, son caractère et ses idées en 1857* (Paris, Ferroud, 1909) : « Une personne qui a connu très intimement Mlle Amélie Bosquet, la correspondante de Flaubert, me racontait dernièrement que Mlle Bosquet ayant demandé au romancier d'où il avait tiré le personnage de Mme Bovary, il aurait répondu très nettement, et plusieurs fois répété : "Mme Bovary, c'est moi !" – D'après moi. »

Ce qui est assez curieux, c'est qu'Amélie Bosquet, qui était elle-même écrivain et journaliste, n'en ait jamais fait état nulle part de son vivant et ait réservé la révélation à une amie anonyme avant de disparaître. Il est assez vraisemblable que Descharmes ait créé de toutes pièces un faux, un vrai faux qui lui paraissait dire si vrai sur l'œuvre que le plus simple lui a semblé de donner la formule pour authentique et auctoriale. Ce ne serait pas la première fois dans l'histoire des formules célèbres. Descharmes, comme ceux qui, après lui, feront le succès de l'expression, y trouvait un avantage non négligeable : celui de reconstituer la légitimité d'une approche biographiste que les déclarations intempestives de l'auteur (« Rien dans ce livre n'est tiré de moi... ») avaient dangereusement mise à mal.

Malgré le conditionnel de Descharmes, l'anecdote fait vite un tabac chez les critiques. En 1935, Thibaudet se déclare « certain » de son authenticité et, au passage, élimine le « D'après moi » final, trop relativiste, en simplifiant l'expression pour la réduire à la forme lapidaire que l'on connaît, désormais frappante et hypnotique comme un message publicitaire : « Il faut se méfier en général des on-dit, mais je suis bien certain que celui-ci n'est pas de l'invention d'une vieille demoiselle. (...) Il ne se trompait pas et il ne trompait pas celle à qui il parlait quand il disait : Madame Bovary, c'est moi. » Dès l'année suivante, en 1936, une autre figure majeure du flaubertisme, René Dumesnil, fait état du caractère indiscutable de la formule que Flaubert aurait lui-même cherché à populariser : « Flaubert, quand on le questionnait sur ses personnages, sur leur origine et sur la part de réalité qu'il avait mise dans ses œuvres, aimait à répéter : "Madame Bovary, c'est moi" ! »

La même année, J. Nathan n'hésite pas à lester la formule du poids de l'épistolaire : « *Madame B, c'est moi !* écrit-il dans sa correspondance, et ce n'est pas une plaisanterie. » Désormais, la tradition est donc solidement étayée. En 1961, R. Girard parle du « fameux cri de Flaubert : "Madame Bovary, c'est moi" ». En 1976, H. Juin cherche le sens caché de la formule : « C'est alors lorsqu'il s'exclame : "Mme Bovary, c'est moi !" que Gustave Flaubert commence à brouiller les pistes. Il est essentiel de le prendre au mot (...) » et, en 1977, A. Maurois, confirme : « *Mme Bovary, c'est moi.* Que veut dire au juste ce mot célèbre ? Exactement ce qu'il dit. »

Il n'y a guère que Gérard Genette, dans *Bardadrac*, qui ait eu le mauvais esprit d'émettre des doutes, d'ailleurs assez approximatifs et peu circonstanciés, sur l'authenticité du fameux slogan : « Que Flaubert ait dit ou écrit : "Madame Bovary, c'est moi", on ne le sait que trop, assez du moins pour mettre cette identification à toutes les sauces. Ce qu'on sait moins, c'est à *qui* il l'a dit, ou écrit, et pour cause : car ce qu'on ne sait pas du tout, c'est qu'il ne l'a peut-être *jamais* dit ni écrit. Je serai évidemment bien en peine de le prouver, mais j'attends depuis longtemps qu'on me prouve le contraire. » Il n'y a évidemment rien de plus difficile que de prouver qu'une parole n'a jamais été dite, mais ici le secret des origines aurait fait sourire Polichinelle. On ne connaît pas (et pour cause) l'identité du « corbeau » qui a lâché le morceau, mais on sait parfaitement de qui ce corbeau conjectural tenait le fromage (A. Bosquet) et surtout quel renard l'a soi-disant récupéré pour s'en régaler (R. Descharmes).

Quant au succès faramineux de la formule, on voit bien les raisons qui l'expliquent et à qui elle profite : de Thibaudet à Girard, à tous ceux qui préfèrent ne voir dans l'écriture de Flaubert qu'une forme sophistiquée d'autobiographie, loin de cette poétique radicale du « je impersonnel » que l'écrivain invente en faisant du style « une manière absolue de voir les choses ». Avec « Madame Bovary, c'est moi », que l'on appliquera selon les besoins à l'héroïne ou au roman, on peut en revenir à ce « pot de chambre romantique » dont les manuscrits et la *Correspondance* dénoncent la sottise et la platitude. Que tout romancier, y compris Flaubert, Joyce ou Kafka, emprunte des éléments à sa propre vie pour écrire, personne ne songerait à le discuter. La véritable question est de savoir ce que l'écriture fait de ces emprunts. « Madame Bovary, c'est moi » sert à ne pas se la poser.

*
* *

D'ailleurs, ces fameux emprunts sont peut-être moins autobiographiques que littéraires : plutôt que de « sources », il faudrait parler ici de « résurgences » d'écriture. Car ce qui semble le plus clair, c'est que Flaubert ait très vite vu dans le scénario de *Madame Bovary* une occasion de revenir sur ses écrits de jeunesse, et notamment de rendre vie au récit de *Passion et Vertu* qui sur plusieurs points peut être considéré comme une esquisse primitive du roman.

Les deux histoires à première vue n'ont pas grand-chose à voir : *Passion et Vertu* raconte la vie tragique d'une jeune femme romanesque et mal mariée, Mazza Willers, qui cherche à rejoindre en Amérique un amant volage, et qui, pour se rendre libre, assassine son mari et ses enfants. Le crime commis, elle se prépare à quitter la France lorsqu'elle reçoit une lettre de rupture qui ne lui laisse plus aucun espoir, et elle se suicide. Flaubert, on l'a vu, s'était directement inspiré d'une affaire judiciaire et avait construit tout le récit autour du meurtre, mais, comme le signale R. Herval, abstraction faite « de la partie criminelle », l'histoire contient en fait « à l'état rudimentaire, tout le drame d'Emma[1] ». Dans le détail, de nombreuses ressemblances confirment le bien-fondé du rapprochement. Le personnage du séducteur cynique Vaumont, par exemple, préfigure clairement celui de Rodolphe : intéressé par les charmes physiques de Mazza, qu'il juge par ailleurs d'une sentimentalité grotesque, il se fait le serment : « C'est une sotte, je l'aurai », dans des termes qui évoquent de très près la manière dont Rodolphe à son tour se promet de séduire Emma : « Oh ! je l'aurai ! s'écria-t-il en écrasant, d'un coup de bâton, une motte de terre devant lui. »

Bien que le récit de *Passion et Vertu* se déroule dans un milieu social nettement plus élevé que celui de *Madame Bovary*, Mazza déteste et méprise son mari avec un dégoût grandissant qui se retrouvera à l'identique chez Emma, et elle s'éprend de son amant avec « une frénésie, une rage » qui finit par inquiéter son partenaire autant que la passion dévoratrice d'Emma pourra effrayer Léon. Toutes deux, enfin, écrasées par l'échec, terminent leur carrière par un suicide à l'arsenic. Indiscutablement, Flaubert avec *Madame Bovary* fait une plongée dans son

---

[1]. R. Herval, *Les Véritables Origines de* Madame Bovary, Paris, Nizet, 1957.

propre passé littéraire, et cet effet de mémoire ne se limite pas au seul récit de *Passion et Vertu*. La relation amoureuse d'Emma et Léon d'abord passionnée, inventive, puis exacerbée, destructrice, et qui tourne finalement à la lassitude et à la nausée, reprend visiblement le schéma des amours d'Émilie et d'Henry dans *L'Éducation sentimentale* de 1845. Dans le détail, *Madame Bovary* entretient même de très nombreuses relations d'écho avec le roman de 1845, autant sinon plus qu'avec le petit récit de 1837 : le portrait du père d'Henry, véritable prince des idées reçues, est une sorte d'esquisse anticipée du pharmacien Homais ; quant à la psychologie de Jules, toujours déçu par le réel, elle annonce de très près l'insatisfaction constitutionnelle d'Emma, dont J. de Gautier, en 1892, fera la théorie en créant la notion de *bovarysme* : « il souffrait toujours de quelque chose qui lui manquait, il attendait sans cesse je ne sais quoi qui n'arriverait jamais ».

En reliant ce culte instinctif de l'illusion (ces « grandes dispositions pour chercher le parfum de l'oranger sous des pommiers », disait Flaubert) aux effets de la culture romantique des années 1820-1840, *Madame Bovary* se situe aussi dans le prolongement des *Mémoires d'un fou* (1838) et de *Novembre* (1843) : Flaubert y décrit les conséquences du « mal du siècle » sur une génération gavée de rêveries idéalisantes, qui s'est empli le cerveau de stéréotypes moyenâgeux ou exotiques, et de clichés romanesques sur l'amour absolu ou la beauté de l'ailleurs. Les enthousiasmes d'Emma pour Walter Scott, qui ont été ceux de toute une génération, ressemblent beaucoup aux passions littéraires du jeune Flaubert[1], et, après *L'Éducation sentimentale* de 1845 qui contient des adieux

---

1. Dans le récit autobiographique des *Mémoires d'un fou*, le héros expliquait : « Je me rappelle avec quelle volupté je dévorais alors les

on ne peut plus explicites au romantisme, *Madame Bovary* offre à l'auteur une nouvelle occasion de régler ses comptes avec son propre passé. A commencer, on l'a vu, par le « coup de folie » d'Emma, avant le suicide : cette hallucination où Flaubert inscrit méticuleusement tous les symptômes de sa crise nerveuse de 1844.

Mais l'inscription du moi intime ne se limite nullement dans le récit à ce transfert de mémoire qui injecte mortellement dans le personnage d'Emma ce qui avait failli coûter la vie à l'écrivain dix ans plus tôt ; il faudrait pouvoir évaluer par exemple ce que les analyses psychologiques, l'étude des passions et l'élaboration narrative de la vie érotique d'Emma doivent aux expériences personnelles de l'auteur et aux observations qu'il avait pratiquées sur lui-même et sur son entourage direct. Ici comme ailleurs le romancier use cyniquement de ses souvenirs les plus intimes et les plus précieux pour construire ou enrichir ses personnages : la cause de l'art est supérieure à toute forme d'interdit moral, de discrétion ou de pudeur. Les *Mémoires de Madame Ludovica* prouvent que Flaubert était capable d'utiliser sans le moindre remords la vie privée d'une de ses maîtresses pour nourrir son récit. De la même manière, pendant la rédaction du roman, Flaubert se rend à l'enterrement de Mme Pouchet, une vieille amie de la famille, avec l'intention avouée d'y observer « des choses pour [sa] Bovary ». La vie privée de l'écrivain, face aux exigences de l'œuvre, se transforme en une sorte de document, au même titre que l'existence des autres : famille, amis, maîtresses ou simples

---

pages de Byron et de Werther ; avec quels transports je lus Hamlet, Roméo, et les ouvrages les plus brûlants de notre époque, toutes ces œuvres enfin qui fondent l'âme en délices, qui la brûlent d'enthousiasme. »

relations mondaines, personne n'y échappe, tout devient de droit matière à *voir* pour *écrire*.

Même, et peut-être surtout, les souvenirs les plus inviolables. Ce mouvement chaloupé du cercueil d'Emma avançant « par saccades continues, comme une chaloupe qui tangue à chaque flot », Flaubert ne l'a pas inventé : c'est celui de la bière d'Alfred Le Poittevin, en avril 1848. Rappelez-vous ce qu'il disait, écrasé de chagrin, dans sa lettre à Du Camp en revenant de l'enterrement : « Placé derrière, je voyais le cercueil osciller avec un mouvement de barque qui remue au roulis. » Il n'y avait pourtant pas pour Flaubert de souvenirs plus cruels ni plus sacrés que cet enterrement. Impudeur ? Ou sanctification du souvenir par l'art ? L'idée sous-jacente est que l'œuvre durera plus longtemps que l'homme, mortel, porteur d'une mémoire éphémère. L'écriture inscrit le souvenir dans le texte aussi durablement que dans une pierre, pour toujours. Qui se souviendrait de la mort d'Alfred Le Poittevin, sans Flaubert ? Et puis, c'est une affaire de morale supérieure. Au regard du roman qui s'écrit, que signifie cette misérable idée de pudeur ? Pour Flaubert, comme pour ses amis écrivains les plus proches – Bouilhet, Du Camp –, la seule justification de la douleur intime, la sienne ou celle des autres, c'est, dans le meilleur des cas, de pouvoir se métamorphoser en une belle phrase. Et c'est si vrai qu'au moment des scénarios, comme on l'a vu, Du Camp proposa lui-même à Flaubert de noter en temps réel les symptômes de son propre désespoir amoureux pour lui fournir quelques détails originaux qui pourraient éventuellement prendre place dans le récit.

Inutile de préciser que cette logique ultra-autobiographique n'est pas absente non plus des évocations heureuses et des moments où c'est le désir, le plaisir, la jouissance qui deviennent sujets de la narration. L'érotisme de *Madame Bovary*, très atténué, il est vrai, des brouillons au texte définitif, paraît profondément inspiré par les expériences amoureuses (réelles et fantasmatiques, difficile de distinguer en ce domaine) de l'homme Gustave Flaubert. Les œuvres de jeunesse, les récits de voyages et la correspondance donnent quelques moyens de pressentir le rôle qu'ont pu jouer dans la rédaction les souvenirs lointains, récents et immédiats : du modèle idéal d'une certaine beauté féminine qui hante Flaubert depuis l'adolescence, jusqu'aux singularités physiques et morales des femmes que l'auteur a connues, exception faite toutefois des almées, danseuses et autres petites fiancées orientales dont le souvenir, tout récent, est tenu en réserve pour d'autres projets, et qui reprendront vie dans *Salammbô*, *La Tentation*, *Hérodias*, et même, de manière transposée, à plusieurs endroits de *L'Éducation sentimentale*.

Dans *Madame Bovary*, les créatures de rêve qui ont servi à imaginer l'héroïne sont plutôt parisiennes : Louise Colet, Edma Roger des Genettes, Louise Pradier, etc. Il est assez probable par exemple que la fameuse scène de la « baisade » en fiacre ait été inspirée à l'auteur par sa première rencontre avec Louise Colet, et leurs flirts en calèche au bois de Boulogne ; que les voyages érotiques d'Emma à Rouen aient quelque chose à voir avec ces interminables trajets que Louise (qui habitait Paris) et Flaubert (qui vivait à Croisset) devaient faire pour passer ensemble une nuit d'amour, à Mantes, ou à Paris. Quant aux détails des scènes érotiques, d'ailleurs modestes, entre Emma et ses amants, il serait bien hasardeux de leur chercher une origine vécue : même si c'est vraisemblablement le cas, les informations manquent le plus souvent, et pour cause.

Plus intéressant et plus éclairant sur ce point semble être le problème des relations que l'auteur entretenait avec son propre travail de fictionnalisation érotique. Les manuscrits font apparaître un langage cru et sans détour, le ton tranquille et entendu d'un homme d'expérience. Pour poser le principe de la première rencontre entre Emma et Léon à Rouen, Flaubert écrit dans l'un des premiers scénarios : « Sur le port. chaleur. tentes de coutil. – coup sain – pas de description du coup mais s'étendre sur avant et après. différence d'avec Rodolphe – Léon plus ému qu'elle. elle rentre à Yonville dans un bon état physique de foutrerie normale » (f°29r°). Plus loin, pour évoquer les relations complexes entre Emma et son époux, à l'époque de la liaison avec Léon, l'auteur note : « à propos des excitations de cul qu'elle prenait au coït journalier de Charles son besoin d'aimer était comme un papillon qui tourne autour de la flamme (…) » (f°31r°). Les manuscrits fourmillent ainsi d'esquisses et notes de régie mettant à plat la vie sexuelle d'Emma de la manière la plus directe, et de détails développant l'arrière-plan érotique du roman en récits annexes qui finiront presque tous par disparaître du texte définitif.

Léon dans la première phase – celle des amours platoniques – dérobe quelques objets-fétiches d'Emma, un gant notamment ; Flaubert note : « faire comprendre qu'il se branle avec ce gant. le passe à sa main et dort la tête posée dessus, sur son oreiller » (f°19). Mais ce qui frappe surtout dans l'élaboration de cette dimension amoureuse du récit, ce sont les moments où Flaubert semble d'abord plus ou moins délibérément perdre le contrôle de son écriture. En esquissant le schéma primitif de la première « baisade » avec Rodolphe, l'écrivain, tout en laissant se développer imaginairement la vision, paraît d'abord maîtriser la scène : « courses dans les bois (…) au galop – elle est essoufflée – on met pied à terre (…) – mots coupés. roucoulements et soupirs entremêlés dans le dialogue… "hein ?… voulez-vous… quoi ?…" (voile noir oblique sur sa figure, comme des ondes) montrer nettement le geste de Rodolphe qui lui prend le cul d'une main et la taille de l'autre... et elle s'abandonna – renature ». Mais au moment de la rédaction, tout change : au lieu de s'en tenir, comme dans le scénario, à un point de vue qui serait celui de Rodolphe, Flaubert abandonne la maîtrise phallique pour y substituer la magie d'un point de vue mobile qui se fait tour à tour celui d'Emma, de son amant, des arbres qui les entourent, des chevaux, du vent, de la lumière même : ce que Flaubert appelle joliment « l'illusion de l'écriture », une sorte de fusion subjective avec tous les éléments de la représentation.

Cette sensation de fusion, Flaubert ne la ressent que rarement vis-à-vis de ses personnages masculins qu'il aurait plutôt tendance à mépriser, et qu'il tient à distance, surtout dans le cas de Léon : « Couillonnisme profond de Léon » (f°19), note-t-il dans un scénario, et, le 10 mai 1855, il avoue à Bouilhet en rédigeant : « J'ai bien peur en ce moment de friser le genre crapuleux. Il se pourrait aussi que mon jeune homme ne tarde pas à devenir odieux au lecteur, à force de lâcheté. La limite à observer dans ce caractère couillon n'est point facile, je t'assure. » En revanche, les manuscrits indiquent de fréquents phénomènes de fusion avec le personnage d'Emma. C'est particulièrement visible dans l'analyse des relations entre Emma et Léon, où progressivement les rôles sexuels se renversent : Léon se féminise et finit par devenir « la maîtresse d'Emma » qui, dans le même temps, acquiert une sorte d'ascendant masculin sur son amant ; or, étrangement, Flaubert semble s'être tellement investi lui-même dans cet échange des rôles que sa plume à plusieurs reprises dérape dans les scénarios : en parlant de Léon face à Emma, il écrit « elle », ou bien il accorde Emma au masculin : au point qu'il faut reconnaître une sorte d'ambivalence sexuelle ou d'hésitation radicale et réciproque sur les genres masculin/féminin.

Emma, avec qui Flaubert se trouve en relation de fusion si profonde à certains moments de l'écriture, ne serait-elle pas la projection, l'essai de réalisation fantasmatique de cette part féminine que Flaubert sent en lui-même : ce qu'il appelle sa nature de femme hystérique ? Et réciproquement, cette dimension masculine d'Emma comme personnage érotique n'est-elle pas pour Flaubert une façon de désigner en elle sa virilité, la présence de sa propre identité sexuelle ? C'est à peu de chose près ce que Baudelaire, sans parler directement de l'auteur, semble avoir pressenti en faisant l'éloge de cette héroïne « androgyne », dont les caractéristiques viriles s'accordent mystérieusement à une inquiétante féminité. Plusieurs confidences de la correspondance semblent confirmer que pour décrire Emma dans ses dimensions les plus secrètes, Flaubert a surtout eu recours à une autoanalyse passablement douloureuse : « Quant à l'amour, ç'a été le grand sujet de réflexion de toute ma vie (…) et le cœur que j'étudiais, c'était le mien. Que de fois j'ai senti à mes meilleurs moments le froid du scalpel qui m'entrait dans la chair ! »

Nul doute, en tout cas, que Flaubert soit intimement présent dans plusieurs passages des manuscrits – évidemment éliminés du texte définitif – où se développait une image exacerbée d'Emma devenue « experte en voluptés ». Certaines additions marginales, à ce titre, laissent songeur : « départs de Rouen noyée de foutre, de larmes de cheveux et de champagne (…). Manière féroce dont elle se déshabillait jetant tout à bas (…) sang au doigt de Léon qu'elle suce – amour si violent qu'il tourne au sadisme – plaisir du supplice ». Emma en femme-vampire ? Emma en héroïne du divin Marquis ? Dans quelques brouillons, visiblement, Flaubert s'était amusé à en esquisser assez clairement le principe, juste pour le plaisir sans doute, et en sachant que ces pages ne franchiraient pas la limite de l'écriture privée. Reste dans le texte publié un système plus ou moins crypté d'allusions, et une certaine tendance du récit amoureux à approfondir, chez Emma, la part des ténèbres : « Il y avait sur ce front couvert de gouttes froides, sur ces lèvres balbutiantes, dans ces prunelles égarées, dans l'étreinte de ces bras, quelque chose d'extrême, de vague et de lugubre… » Par brefs flashes syncopés, Emma prend quelquefois le profil d'une héroïne de G. Bataille.

Certains détails – un peu bizarres – de la narration pourraient même faire penser que Flaubert a été tenté de crypter dans le personnage d'Emma quelques-uns de ses souvenirs amoureux les plus exotiques. Juste un exemple, que l'on doit encore à la malice de Pierre Dumayet. On se souvient que, dans le récit, Madame Bovary fait la connaissance du carabinier Binet (un des avatars de l'auteur) dans des circonstances très singulières : au petit matin, caché dans un tonneau le long de la rivière, tandis qu'elle rentre le plus discrètement possible d'une nuit d'amour avec Rodolphe. Emma tombe nez à nez avec Binet qui est à l'affût aux canards sauvages et qui la tient un instant en joue avec sa carabine *Flobert*… Bref, Binet chasse à l'aube, comme Gustave, le 7 mars 1850, après sa nuit avec Koutchouk lorsqu'il repense au château du Héron. Emma s'esquive en craignant le pire si Binet se met à ébruiter leur rencontre matinale, mais par une fatalité qui redouble ses inquiétudes, voilà qu'elle se retrouve à nouveau en sa présence le soir même dans la boutique du pharmacien Homais, alors qu'elle est accompagnée de Charles. Contrairement à ses craintes, Binet ne souffle pas le moindre mot de leur aventure du matin pour la bonne raison qu'il était lui-même dans la plus stricte illégalité, l'affût aux canards étant réglementé. Tandis qu'Emma tressaille à chaque mot du carabinier, le lecteur assiste à la « commande » de Binet qui est venu acheter des produits pour entretenir ses effets de chasse et sa fameuse carabine. Or, parmi plusieurs autres substances, qu'est-ce que Binet achète à Homais ? De l'acide de sucre et de la térébenthine. Sucre et térébenthine, ça ne vous rappelle rien ? C'est l'odeur même de l'amour : le parfum qui s'exhale des seins nus de Koutchouk, au moment précis où Gustave la voit pour la première fois, au pied de ses escaliers, à Esneh : « Sur l'escalier, en face de nous, la lumière l'entourant et se détachant sur le fond bleu du ciel, une femme debout, en pantalons roses, n'ayant autour du torse qu'une gaze d'un violet foncé. Elle venait de sortir du bain – sa gorge dure sentait frais, quelque chose comme une odeur de térébenthine sucrée... » (6 mars 1850 – *Voyage en Égypte*, *op. cit.*, pp. 280-281).

*
* *

Si Emma, dans les excès presque mystiques de son inassouvissable désir, ressemble d'assez près à son créateur et à ses plus chers souvenirs, il serait périlleux de vouloir pousser l'identification plus loin. Car, en dehors de sa personnalité amoureuse, complexe et violente, seule dimension épique qui lui assure une véritable stature d'héroïne, Emma porte en elle, comme chacun des autres personnages du récit, une part substantielle de ce que Flaubert déteste le plus au monde. Dans son cas, il s'agit surtout de défauts psychologiques : une certaine fausseté d'âme, une incurable sottise, une forte dose de prétention, une absence visible de générosité, une épaisse ignorance, etc. Ce n'est pas un hasard si l'héroïne du récit est si maltraitée par son auteur. Il y a là une autre forme de signature personnelle : une sorte de présence en creux où l'écrivain s'affirme par antiphrase. Plus encore que dans la résurgence des œuvres de jeunesse, le cryptage du moi et des souvenirs intimes, ou les singularités de son érotisme, le roman semble indissociable de Flaubert par la violence contenue de ses haines. Malgré quelques puissants accords symphoniques qui enlèvent l'âme, la composition singulière de *Madame Bovary* contient, musicalement, une tonalité grinçante et acide qui, derrière la succession harmonieuse des thèmes, vibrant d'émotions et ruisselant de couleurs, donne en sourdine au roman cette ligne mélodique sarcastique et bouffonne qui ne laisse presque aucun répit à une oreille attentive.

Car, à y regarder de près, on trouve dans ce roman la collection quasiment complète de tout ce qui pouvait révolter Flaubert, l'indigner, le dégoûter, aussi bien d'un point de vue physique que moral ou intellectuel. On sait qu'il a prêté à son héros Charles Bovary toutes sortes de caractéristiques qui, dans la vie courante, lui étaient absolument insupportables : la « barbe en collier » qu'il juge imbécile et de la dernière vulgarité, la manie de couper les bouchons dont l'idée seule suffisait à lui faire grincer les dents, l'habitude de faire des traits sur la nappe avec sa fourchette, qui lui soulevait le cœur d'indignation, le geste de se curer les dents avec la pointe de son couteau qui horrifiait Flaubert jusqu'à la nausée, sans parler des détails alimentaires, vestimentaires, hygiéniques, des goûts artistiques (entre autres, le daguerréotype !), etc.

La liste serait considérable pour le seul malheureux Charles, mais tout aussi longue assurément pour Homais, Bournisien, Léon, Rodolphe, Binet, Lheureux… Chacun a reçu en partage une contrée de l'abjection selon une justice distributive qui, sans être arithmétiquement équitable, ne semble avoir épargné à peu près personne. C'était le sujet qui voulait cela : faire de l'art en peignant des bourgeois et des petits-bourgeois d'aujourd'hui, le pari impliquait de supporter un constant écœurement dont la *Correspondance* porte le témoignage quotidien tout au long de la rédaction. Régulièrement, Flaubert explose de rage, en redisant tout haut dans ses lettres ce qu'il se tue à écrire en sourdine dans son roman : « *gueulons* donc contre les gants de bourre de soie, contre les fauteuils de bureau, contre le mackin-tosh, contre les caléfacteurs économiques, contre les fausses étoffes, contre le faux luxe, contre le faux orgueil ! L'industrialisme a développé le Laid dans des proportions gigantesques » (à Louise Colet, 29 janvier 1854). Quelques-unes de ces haines se trouvent textuellement dans le roman, les autres referont surface, plus tard, dans *L'Éducation*, avant de devenir le sujet même de *Bouvard et Pécuchet*.

En se livrant corps et âme pour la première fois de sa vie à un sujet qui le dégoûte, Flaubert s'imagine payer le prix d'une future liberté d'écriture. Le 12 décembre 1856, une fois son texte imprimé, il explique à Louis Bonenfant : « Je ne suis pas près de recommencer une pareille besogne. Les milieux communs me répugnent et c'est parce qu'ils me répugnent que j'ai pris celui-là, lequel était archi-commun et antiplastique. Ce travail aura servi à m'assouplir la patte ; à d'autres exercices maintenant. » Parlant de ses « autres exercices », Flaubert, bien sûr, pense déjà plus ou moins confusément à ce qui va devenir *Salammbô*. Et il n'avait d'ailleurs pas attendu la fin de la rédaction pour y rêver puisque dès 1853 il avouait à Louise Colet : « Que j'ai hâte donc d'avoir fini tout cela pour me lancer à corps perdu dans un sujet vaste et propre. J'ai des prurits d'épopée. Je voudrais de grandes histoires à pic, et peintes du haut en bas. » Archi-commun et antiplastique, étriqué, sale et dégoûtant, ainsi Flaubert juge-t-il le sujet de *Madame Bovary* lorsqu'il le compare à son projet de récit antique et oriental. Ce qu'il croit entrevoir, c'est, après le pensum, la merveille d'un retour à l'écriture somptueuse de *La Tentation*, son véritable espace littéraire, pense-t-il. Ce qu'il ignore, c'est qu'il vient de créer un système de tension qui va structurer la totalité de son œuvre à venir sous la forme d'un va-et-vient systématique entre ces deux univers : le sale (celui d'ici, maintenant, en France au XIXe siècle), et le propre (celui de l'ailleurs, il y a très longtemps, en Orient, dans l'Antiquité). Après *Madame Bovary*, ce sera bien *Salammbô*, mais après *Salammbô*, il y aura *L'Éducation sentimentale*, puis *La Tentation* qui sera suivie par *Bouvard et Pécuchet*, sans parler de *Trois Contes* où l'alternance se construit à l'échelle même de l'œuvre. Loin d'avoir exorcisé la part maudite de l'écriture, *Madame Bovary* a initié une dialectique, et, au passage, a rendu la vie à un vieux projet riche d'avenir.

*
* *

Un an avant de se lancer dans la rédaction de son roman, alors qu'il se promenait encore en Syrie et réfléchissait mollement à son avenir littéraire, Flaubert, qui cherchait un projet mais n'avait encore pas le moindre projet précis en tête, saisit au vol une suggestion de son ami Bouilhet qui venait, dans une lettre, de lui rappeler une vieille idée : « Tu fais bien de songer au *Dictionnaire des idées reçues*. Ce livre *complètement* fait et précédé d'une bonne préface où l'on indiquerait comme quoi l'ouvrage a été fait dans le but de rattacher le public à la tradition, à l'ordre, à la convention générale, et arrangée de telle manière que le lecteur ne sache pas si on se fout de lui, oui ou non, ce serait peut-être une œuvre étrange et capable de réussir, car elle serait toute d'actualité » (à Louis Bouilhet, Damas, 4 septembre 1850). Est-ce un hasard si, deux ans plus tard, en pleine rédaction de

Madame Bovary, Flaubert repensait encore à son projet d'une somme encyclopédique de la bêtise humaine, comme le prouvent plusieurs lettres, de 1852 et 1853 : « (...) une vieille idée m'est revenue, à savoir celle de mon *Dictionnaire des idées reçues*. (...) aucune loi ne pourrait me mordre quoique j'y attaquerais tout. Ce serait la glorification historique de tout ce qu'on approuve. (...) Il faudrait (...) qu'une fois qu'on l'aurait lu on n'osât plus parler de peur de dire naturellement une des phrases qui s'y trouvent » (à Louise Colet, 16 décembre 1852).

Certes, il faudra encore une vingtaine d'années pour que cette « vieille idée » commence à prendre forme dans *Bouvard et Pécuchet*, interrompu par la mort au moment où Flaubert allait se lancer dans la mise au point définitive du second volume, celui qui devait justement contenir la partie lexicographique[1]. Mais à comparer les manuscrits préparatoires de ce fameux *Dictionnaire* inachevé au texte de *Madame Bovary*, on s'aperçoit que Flaubert disposait, dès les années 1850, d'un nombre déjà considérable d'articles prêts à l'usage, et qu'il a conçu son premier roman comme un véritable banc d'essai pour ce projet d'épopée de l'ineptie : dans plus de cinquante cas, « l'idée reçue » (sous une forme très proche des définitions prévues pour le *Dictionnaire*) est directement injectée dans la matière même du récit et des dialogues. Mais l'idée reçue prolifère de plusieurs autres manières : par un usage très particulier de l'italique, qui minéralise de loin en loin certains mots ou certaines expressions, les

---

1. Les manuscrits de *Bouvard et Pécuchet* (roman et dossier, 1er et 2e volumes) se trouvent comme ceux de *Madame Bovary* à la bibliothèque municipale de Rouen. Le manuscrit du *Dictionnaire des idées reçues* est conservé sous les cotes ms. g 227 et 228. Voir A. Herschberg Pierrot, « *Le Dictionnaire des idées reçues* » *de Gustave Flaubert*, Presses universitaires de Lille, coll. « Problématiques », Lille, 1988.

transformant en tournures entendues, impersonnelles, inassignables, comme de véritables pièges sémantiques. D'autres fois, c'est dans la syntaxe même de la phrase, sournoisement, que l'idée reçue vient se loger, dans la vulgarité admise d'un mot, ou d'une locution à peine perceptible. Certains personnages sont plus richement dotés que d'autres. Les discours d'Homais par exemple constituent sur presque tous les sujets une sorte de flux d'idées reçues à jet continu. On peut même établir qu'Homais comme personnage n'a pas d'autre épaisseur originaire que ce principe d'être dans le récit une sorte de centre magnétique de l'ineptie convenue. Selon la définition qu'en donne Flaubert lui-même, ce personnage a valeur universelle, « Homais vient de Homo = l'homme ». Mais si Homais vient de « homo », sa racine est la même qu'un autre mot, très en vogue dans les zones pestilentielles de l'idée reçue : un pronom qui est une forme dégradée et anonyme du « nous » : on.

Les conversations amoureuses d'Emma avec Rodolphe ou Léon ne valent pas beaucoup mieux que les sentences creuses du pharmacien. A cette seule différence que la situation est ici dissymétrique : Rodolphe, « homme d'expérience » cynique, manipule l'idée reçue comme une arme de séduction en sachant ce qu'il fait (il parle à Emma le langage illusoire qu'elle attend, mais quant à lui sans illusion, pour la faire céder), tandis qu'Emma et Léon pratiquent les clichés du romantisme le plus éculé, à leur insu, en se croyant dans le vrai et en y trouvant une jouissance. Flaubert est parfaitement explicite à ce sujet dans la lettre qu'il écrit à Louise Colet le 9 septembre 1852, au moment où il entame la rédaction du chapitre II de la seconde partie, passage des premières conversations amoureuses entre Emma et Léon : « Je suis à faire une conversation d'un jeune homme et d'une jeune dame sur la littérature, la mer, les montagnes, la musique, tous les sujets poétiques enfin. – On pourrait la prendre au sérieux et elle est d'une grande intention de grotesque. Ce sera, je crois, la première fois que l'on verra un livre se moquer de sa jeune première et de son jeune premier. L'ironie n'enlève rien au pathétique ; elle l'outre au contraire. – Dans ma troisième partie, qui sera pleine de choses farces, je veux qu'on pleure. »

Flaubert manipule la dérision en sachant parfaitement qu'elle porte tout aussi bien sur lui-même qui, dans ses écrits et ses amours de jeunesse, était allé très loin dans le culte des stéréotypes. On risque donc un certain contresens à parler sans précaution de l'ironie dans *Madame Bovary*. Car, en principe, l'ironie suppose un système de valeurs stables et connues qui restent à l'abri du ridicule et à partir desquelles on peut juger, au moins implicitement, qu'une parole, un comportement ou une personne est dérisoire. Or, l'ironie que Flaubert pratique dans ce roman a ceci de particulier qu'elle n'épargne à peu près rien ni personne : la dérision, diffuse, parfois visible, d'autres fois indécidable, est si généralisée qu'il devient très difficile de savoir où résident les véritables valeurs : Homais est incontestablement le prince de l'idée reçue, pourtant plusieurs de ses opinions, prises isolément, peuvent paraître justes, et même indiscutables, progressistes, et, dans certains cas, reflètent d'ailleurs exactement les convictions de Flaubert. Faut-il parler d'autodérision, ou admettre que certaines zones chez Homais échappent à la sottise, ou, pire encore, comprendre que le lecteur lui-même est pris dans l'œil du cyclone ?

L'ironie dans *Madame Bovary* ne se limite pas à la dissémination de clichés verbaux dans les conversations. Les stéréotypes sont logés par l'auteur dans la narration, les descriptions, les analyses psychologiques, le lexique même, etc., de telle manière que, par fragments, ce sont les fondements mêmes de l'idéologie (la science, la religion, la propriété, la morale, l'amour, etc.) qui s'autodétruisent selon le principe qui triomphera dans *Bouvard et Pécuchet* : par couples antithétiques qui s'annulent réciproquement et s'égalisent dans une équivalente ineptie. La fausse science d'Homais ne vaut pas mieux que la religion bornée de Bournisien, la poésie de l'adultère ne s'oppose aux platitudes du mariage que pour laisser finalement apparaître leur triste égalité et l'érotisme passif et efféminé de Léon n'a pas plus de profondeur que la brutale séduction machiste de Rodolphe, les aristocrates ne sont pas plus brillants que les petits-bourgeois. Bien plus, le même motif du récit – l'amitié inébranlable de Charles pour Léon, par exemple – peut être évalué de manière totalement contradictoire avec autant de validité : générosité sublime ou « couillonnisme » lamentable, les deux interprétations se tiennent. Mais l'une et l'autre en disent certainement beaucoup plus long sur le lecteur que sur le sens du récit lui-même : à aucun moment vous n'êtes à l'abri de l'ironie qui circule dans ce roman. Cette « dérision universelle » et cette « ironie dépassionnée » qui commencent à s'esquisser dans *Madame Bovary* deviendront bientôt déterminantes dans le travail du romancier : Flaubert en fera les armes d'une relecture décapante de la politique dans *L'Éducation sentimentale*, de la religion dans *La Tentation de saint Antoine* et de la science dans *Bouvard et Pécuchet*. N'épargnant personne, pas même son auteur, l'ironie dépassionnée est-elle la marque d'une personnalité rebelle ou ne serait-elle pas plutôt l'effet généralisé d'un style ?

CHAPITRE 8

Le procès du style

Madame Bovary doit beaucoup, ce n'est pas un mystère, à l'héritage balzacien[1]. Le sous-titre même *Mœurs de province* est visiblement pour Flaubert une façon d'afficher la filiation, c'est-à-dire de l'avouer tout en la dénonçant : Balzac est désigné à la fois comme le modèle et le contre-modèle. Les rapprochements sont nombreux avec *La Muse du département* (l'un des romans intitulés justement par Balzac : « Scènes de la vie de province ») pour tout ce qui, dans le récit, touche à l'évocation de la vie provinciale : la monotonie, l'ennui, l'étroitesse des vies, l'horizon borné des destins. L'intérêt de Flaubert pour ce sujet venait sans doute, pour une part de ce qu'il était lui-même un homme de la province, mais beaucoup plus certainement de ses lectures balzaciennes. Quant au second grand thème du roman de Flaubert – la femme mal mariée –, il renvoie tout aussi directement à une autre œuvre de Balzac : *La Physiologie du mariage* où le

---

1. Jean Pommier, « *La Muse du département* et le thème de la femme mal mariée chez Balzac, Mérimée et Flaubert », *L'Année balzacienne*, 1961.

romancier avait analysé, comme va le faire Flaubert, les étapes d'une décomposition progressive du couple marié. L'étude comparée des deux textes a été faite : les concordances sont éloquentes[1].

Cette présence de Balzac dans la conception du roman de Flaubert n'a rien d'étonnant. En 1851, un an tout juste après la disparition du géant, pour un jeune romancier plein d'ambition artistique comme Flaubert, Balzac, c'est à la fois la référence obligée et le problème, le défi : il sait bien que s'il veut introduire quelque chose de neuf dans le genre romanesque, ce ne peut être qu'en modifiant de l'intérieur la forme et la signification de ce qui est l'état le plus achevé de l'écriture romanesque. Le pari de Flaubert est de parvenir à conserver la *force* du récit balzacien tout en prenant le contre-pied de Balzac pour faire du roman « une œuvre d'art » : une narration écrite dans une prose aussi belle que la meilleure poésie, et qui ne tiendrait sa nécessité et son sens que de soi, sans intervention de l'auteur, sans thèse et sans explication, par les seules ressources du style. Une œuvre qui serait capable de substituer la liberté du rêve et de la pensée au diktat de la matière et de l'idée reçue, et dans laquelle tout ce qu'il pourrait y avoir d'hétérogène ou d'extérieur par les sources utilisées deviendrait l'objet d'une refonte intégrale et d'une fusion par le style. Tel est le pari, mais, à vouloir transfigurer poétiquement le système de Balzac, le risque est grand, évidemment, de perdre sa puissance d'évocation pour ne créer qu'une œuvre hybride et sans envergure. Flaubert s'en aperçoit immédiatement : « J'ai commencé hier au soir mon roman. J'entrevois des difficultés de style qui m'épouvantent. J'ai peur de (…) faire

---

1. C. Gothot-Mersch, *La Genèse de Madame Bovary*, « Souvenirs de Balzac », *op. cit.*, pp. 50-54.

du Balzac chateaubrianisé » (à Louise Colet, 20 septembre 1851).

Loin de s'aplanir, les difficultés ne firent que croître au fur et à mesure de la rédaction. Il faudra à Flaubert cinquante-six mois de travail acharné pour aboutir au texte définitif en avril 1856, après avoir couvert de ratures près de deux mille grandes pages de brouillons et de mises au net.

L'image générale de cette longue période de rédaction est celle d'un combat, d'une sorte de corps-à-corps permanent entre l'écrivain et son projet où Flaubert, jouant le tout pour le tout, fait l'expérience d'une remise en cause permanente de lui-même : en février 1854, c'est-à-dire après deux ans et demi de rédaction, il en est encore à se dire :« Il faut que je change de manière d'écrire si je veux continuer à vivre, et de façon de style si je veux rendre ce livre lisible. » Ses lenteurs l'exaspèrent, il lui faut en moyenne cinq à six pages saturées de ratures pour une page de texte définitif, certaines phrases particulièrement rétives le tiennent occupé pendant des dizaines d'heures, et le tout froidement, sans se monter la tête, avec une exigence d'économie narrative et de contrôle strict qu'il ressent comme absolument contraire à son instinct, mais indispensable à sa nouvelle poétique « insciente » du récit : « (…) Je vais bien lentement. Je me donne un mal de chien. Il m'arrive de supprimer, au bout de cinq ou six pages, des phrases qui m'ont demandé des journées entières. Il m'est impossible de voir l'effet d'aucune avant qu'elle ne soit finie, parachevée, limée. C'est une manière de travailler inepte ! mais comment faire ? J'ai la conviction que les meilleures choses en soi sont celles que je biffe. On n'arrive à faire de l'effet que par la négation de l'exubérance. Et c'est là ce qui me charme, l'exubérance. » Pourtant petit à petit, à travers le travail quotidien, quelque chose comme une véritable théorie de l'écriture se fait jour progressivement, et si l'on suit d'assez près l'effort d'élucidation que l'écrivain a tenté lui-même en marge de sa rédaction, il devient possible de cerner avec une certaine précision les quatre ou cinq grandes innovations par lesquelles Flaubert invente les règles du roman moderne.

*
* *

La première de ces règles pourrait être intitulée *l'axiome de Goethe* ou encore *le fil du collier*. Son effet est surtout sensible dans l'intense travail préparatoire des scénarios, et c'est chez Goethe que Flaubert en a trouvé la formulation. Il s'agit de l'exigence absolue d'une logique globale antérieure à la rédaction elle-même : « *Tout dépend de la conception*. Cet axiome du grand Goethe est le plus simple et le plus merveilleux résumé et précepte de toutes les œuvres d'art possibles » (à Louise Colet, 13 septembre 1852). Cette exigence essentielle, Flaubert en a pris conscience en réfléchissant sur les défauts de ce fameux *Saint Antoine* de 1849, que ses amis n'avaient pas compris. Il s'en explique, le 1er février 1852, six mois après avoir commencé *Madame Bovary*, dans une réponse à Louise Colet qui vient de lire le manuscrit de *La Tentation* et qui lui a fait les plus vifs compliments sur ce texte : « Ce bon *saint Antoine* t'intéresse donc ? (...) C'est une œuvre manquée. Tu parles de perles. Mais les perles ne font pas le collier ; c'est le fil. (...) De ce que j'avais beaucoup travaillé les éléments matériels du livre, la partie historique je veux dire, je me suis imaginé que le scénario était fait et je m'y suis mis. *Tout dépend du plan. Saint Antoine* en manque ; la déduction des idées sévèrement suivie n'a point son parallélisme dans l'enchaînement des faits. » Ce que Flaubert découvre avec la règle d'or de la conception initiale, c'est à la fois une méthode implacable pour éviter les écueils de l'écriture subjective, la voie royale pour construire une œuvre organique où chaque élément fait sens par rapport au tout, et le moyen le plus sûr pour se créer des difficultés d'écriture presque insurmontables : « (…) quand j'écris quelque chose de mes *entrailles*, ça va vite. Cependant voilà le péril. Lorsqu'on écrit quelque chose de *soi*, la phrase peut être bonne par *jets* (et les esprits lyriques arrivent à l'effet facilement et en suivant leur pente naturelle), mais *l'ensemble manque*, les répétitions abondent, les redites, les lieux communs, les locutions banales. Quand on écrit au contraire une chose *imaginée*, comme tout doit alors découler de la conception et que la moindre virgule dépend du plan général, l'attention se bifurque. Il faut à la fois ne pas perdre l'horizon de vue et regarder à ses pieds. Le détail est atroce, surtout lorsqu'on aime le détail comme moi. Les perles composent le collier, mais c'est le fil qui fait le collier. Or, enfiler les perles sans en perdre une seule et toujours tenir son fil de l'autre main, voilà la malice » (à Louise Colet, 26 août 1853).

L'exigence de conception a pour premier avantage d'offrir un dispositif de protection très élaboré contre les risques de la subjectivité, mais la relation est réciproque : pour respecter le principe de conception globale, il faut se prémunir contre le retour intempestif du subjectif. Et il y a loin entre les principes et leur application : on ne se débarrasse pas si facilement de soi-même. En fait, la rédaction de *Madame Bovary* s'est accompagnée, chez Flaubert, d'un véritable travail d'autoanalyse qui ne s'est pas accompli en un jour. Il lui a fallu des années d'efforts pour mener à bien cette éradication progressive du moi dans l'écriture : faire disparaître le sujet biographique exige une attention de tous les instants, une vigilance stylistique qui dépasse évidemment de très loin le simple procédé. Il s'agit pour l'écrivain de faire résolument dépérir la relation expressive, d'amener à une mort sans résurrection toutes les spontanéités égotistes de la plume. Une telle rupture de la solidarité native entre le moi et le sujet qui écrit – ce que Flaubert nomme *l'impersonnalité* – est indissociable d'une véritable éthique du style où l'œuvre, délivrée de l'individu, prend le sens presque bouddhique du « grand tout ». Voici la lettre où, après plusieurs semaines d'inactivité passées à y réfléchir, Flaubert célèbre son irrévocable décision de rompre avec sa propre subjectivité : « Oui, je commence à être débarrassé de moi et de mes souvenirs. (...) Je me suis ici beaucoup *résumé* et voilà la conclusion de ces quatre semaines fainéantes : adieu, c'est-à-dire adieu et pour toujours au *personnel*, à l'intime, au relatif. Le vieux projet que j'avais d'écrire plus tard mes mémoires m'a quitté. Rien de ce qui est de ma personne ne me tente. Les attachements de la jeunesse (si beaux que puisse les faire la perspective du souvenir, et entrevus même d'avance sous les feux de Bengale du style) ne me semblent plus beaux. Que tout cela soit mort et que rien n'en ressuscite ! A quoi bon ? Un homme n'est pas plus qu'une puce. Nos joies, comme nos douleurs, doivent s'absorber dans notre œuvre. On ne reconnaît pas dans les nuages les gouttes d'eau de la rosée que le soleil y a fait monter ! Évaporez-vous, pluie terrestre, larmes des jours anciens, et formez dans les cieux de gigantesques volutes, toutes pénétrées de soleil » (à Louise Colet, 26 août 1853).

Dans le nouveau système que cherche à mettre en place Flaubert, la première exigence est celle de la non-intervention de l'auteur. A la différence de Balzac qui n'hésite pas dans ses romans à prendre la parole pour attester la réalité de ses sources, ou pour aider le lecteur à comprendre le sens de son récit, Flaubert pose comme principe l'évacuation systématique de toute présence visible de l'écrivain. Les modèles invoqués sont Homère, Rabelais, Shakespeare, Cervantès. La beauté du texte, selon Flaubert, ne s'obtient qu'à ce prix, et aux dépens de toute vérité référentielle ou autobiographique qui n'a aucun sens en littérature. Cela ne signifie nullement que l'expérience intime, les faits de mémoire privée, les émotions ou les sentiments de l'auteur ne puissent pas trouver leur place dans la rédaction. Simplement, cette place ne peut être désignée comme telle dans le récit, ni bénéficier d'aucun statut privilégié dans la narration, d'aucune visibilité qui lui serait propre. Le point de vue de Flaubert à cet égard est qu'il ne doit y avoir, littérairement parlant, aucune différence de nature entre un détail tiré des souvenirs personnels de l'auteur, une information documentaire trouvée dans un livre, un détail inventé de toutes pièces pour les besoins de l'intrigue, ou n'importe quel élément narratif qui serait purement et simplement déduit de la logique même du récit. Autobiographiques ou fictionnels, les matériaux narratifs sont passibles du même traitement : leurs différences initiales iront s'amenuisant dans la rédaction par un impitoyable travail d'intégration narrative, symbolique et stylistique qui donnera une valeur générale au souvenir personnel le plus singulier, et l'authenticité de la chose vécue au fait imaginé pour les nécessités du roman. En trouvant progressivement sa place « littéraire » dans le récit, l'élément autobiographique ne perd peut-être rien de sa charge émotionnelle pour l'auteur (ce qui n'est d'ailleurs pas certain : l'écriture ainsi conçue exorcise le passé), mais il se dépouille des signes visibles de son appartenance biographique : c'est encore lui, mais ce n'est plus tout à fait lui. Sous la pression des diverses contraintes du récit, l'événement vécu, métamorphosé par l'écriture, se sépare progressivement du cadre circonstanciel qui lui donnait son intensité et son identité, perd ses couleurs originales, son contexte, ses causes et ses effets jusqu'à ne plus tenir sa vraisemblance que du monde romanesque auquel il finit par appartenir exclusivement. Son véritable espace est la mémoire du récit, et c'est à ce prix seulement qu'il pourra se transposer ultérieurement dans une autre mémoire et agir comme événement dans une autre biographie, en devenant souvenir « littéraire » pour l'esprit du lecteur qui se sera approprié la fiction. Et c'est pourquoi, en dépit du « Nous » initial du récit et de mille autres traces sensibles de sa présence dans la narration, Flaubert peut déclarer : « *Madame Bovary* n'a rien de vrai. C'est une histoire *totalement inventée* ; je n'y ai rien mis ni de mes sentiments, ni de mon existence. L'illusion (s'il y en a une) vient au contraire de l'*impersonnalité* de l'œuvre. C'est un de mes principes, qu'il ne faut pas *s'écrire*. L'artiste doit être dans son œuvre comme Dieu dans la création, invisible et tout-puissant : qu'on le sente partout, mais qu'on ne le voie pas » (à Mlle Leroyer de Chantepie, 18 mars 1857).

Comme le suggère la comparaison divine, ce postulat d'impersonnalité est tout sauf un précepte d'humilité. Il faudrait plutôt y voir l'affirmation d'un point de vue philosophique offrant à la fois la règle d'un rapport éthique au monde – un rapport de force, visiblement – et un instrument d'investigation assez proche sans doute de cette « connaissance du troisième genre » que l'on trouve chez Spinoza, l'un des quelques philosophes auxquels Flaubert revenait le plus souvent. C'est en tout cas ce qui semble ressortir des conseils littéraires que l'écrivain adresse sur ce sujet à Louise Colet : « (…) rien de plus faible que de mettre en art ses sentiments personnels. Suis cet axiome pas à pas, ligne par ligne. Qu'il soit toujours inébranlable en ta conviction, en disséquant chaque fibre humaine et en cherchant chaque synonyme de mot, et tu verras ! tu verras comme ton horizon s'agrandira, comme ton instrument ronflera et quelle sérénité t'emplira ! Refoulé à l'horizon, ton cœur t'éclairera du fond au lieu de t'éblouir sur le premier plan. Toi disséminée en tous, tes personnages vivront et au lieu d'une éternelle personnalité déclamatoire, qui ne peut même pas se constituer nettement, faute des détails précis qui lui manquent toujours à cause des travestissements qui la déguisent, on verra dans tes œuvres des foules humaines » (à Louise Colet, 27 mars 1852).

Mais bien avant d'être un principe philosophique de vie et de pensée, l'impersonnalité est, plus modestement, dans l'esprit de Flaubert, un moyen précieux pour voir et représenter le monde tel qu'il est, froidement, sans illusion ni sentimentalité, c'est-à-dire pour échapper à ce qu'il appelle le « pot de chambre ». Il y va de l'avenir même de l'œuvre car, selon lui, toute cette littérature nauséabonde du bon sentiment, à force de fausseté, est condamnée à mourir prématurément : « Je ne veux pas considérer l'art comme un déversoir à passion, comme un pot de chambre un peu plus propre qu'une simple causerie, qu'une confidence. Non ! non ! la Poésie ne doit pas être l'écume du cœur. Cela n'est ni sérieux, ni *bien*. (…) La *personnalité sentimentale* sera ce qui plus tard fera passer pour puérile et un peu niaise une bonne partie de la littérature contemporaine. Que de sentiment, que de sentiment, que de tendresse, que de larmes ! Il n'y aura jamais eu de si braves gens » (à Louise Colet, 22 avril 1854).

L'impersonnalité a pour corollaire l'immatérialité de l'œuvre. Il n'y a en littérature ni bon ni mauvais sujet : « Yvetot donc vaut Constantinople. (…) on peut écrire n'importe quoi aussi bien que quoi que ce soit. *L'artiste doit tout élever* » (à Louise Colet, 26 juin 1853). Autrement dit, l'essentiel réside dans la conception scénarique et le traitement artistique ou stylistique, et les sujets les plus pauvres en contenu (une banale histoire d'adultère, par exemple) peuvent devenir les plus riches littérairement. Flaubert annonce une conception minimaliste et conceptuelle de la littérature : « Ce qui me semble beau, ce que je voudrais faire, c'est un livre sur rien, un livre sans attache extérieure, qui se tiendrait de lui-même par la force interne de son style, comme la terre sans être soutenue se tient en l'air, un livre qui n'aurait presque pas de sujet ou du moins où le sujet serait presque invisible, si cela se peut. Les œuvres les plus belles sont celles où il y a le moins de matière ; plus l'expression se rapproche de la pensée, plus le mot colle dessus et disparaît, plus c'est beau » (à Louise Colet, 16 janvier 1852).

Le centre de gravité du texte n'est pas la matière, mais la pensée, la faculté pour l'auteur puis pour le lecteur de pénétrer l'idée, de la faire sienne et d'y développer sa propre rêverie. « Un livre sur rien » ne signifie pas pour Flaubert un livre dénué de contenu, qui ne renvoie à rien, et qui se résumerait à l'artifice d'un style, ou à un pur jeu sur la langue, sans référent, comme l'ont cru les défenseurs du Nouveau Roman, dans les années 1960, en redécouvrant la « modernité de Flaubert ». Le « livre sur rien » est l'œuvre qui n'a pas besoin de *support* concret pour faire sens : il ne dérive originairement ni ne dépend d'aucune réalité matérielle précise, et ne s'étaie que sur ses propres logiques (narratives, psychologiques, symboliques, stylistiques), pour développer le réseau de ses significations et de ses relations mimétiques au réel. La métaphore implicite du « livre sur rien » est en fait celle de la gravité universelle : l'attraction qui équilibre la course des entités stellaires. Il y a pour Flaubert une « attraction » propre au monde de l'art qui ressemble à la loi cosmique qui règle les masses lancées dans le vide de l'univers ; un chef-d'œuvre possède son centre de gravité en lui-même, il accomplit sa révolution sur un axe qui lui appartient. Cette idée est très ancienne chez Flaubert, on en trouve la mention explicite bien avant la rédaction de *Madame Bovary*, en 1846 : l'Art, dit Flaubert, contient le « principe complet de lui-même » et « n'a pas plus besoin d'appui qu'une étoile » (à Louise Colet, Croisset, 12 août 1846) ; si le chef-d'œuvre subit une force d'attraction externe, ce n'est qu'à distance, de la part des autres chefs-d'œuvre qui gravitent dans son voisinage. Et c'est cette même puissance autonome qui explique la force d'attraction magnétique que le chef-d'œuvre peut exercer sur les esprits sensibles à l'art. Le livre est un autre du monde : à la fois son miroir et son double. Flaubert renvoie ainsi dos à dos les réalistes et les partisans de l'art pour l'art.

Si l'impersonnalité et l'immatérialité ne se résument pas à des procédés techniques et posent tout au contraire la question du sens même de l'œuvre, il est clair qu'au moment de la rédaction, leur mise en œuvre se traduit tout de même par quelques contraintes immédiates et tout à fait pratiques : élimination des traces explicites et implicites du « je », chasse aux métaphores, recherche obsessionnelle du mot exact, suppression des assonances et des répétitions. Mais, contrairement aux apparences, ces contraintes elles-mêmes ne se résument nullement à des artifices formels. A ceux qui en doutent, il répond : « Ce souci de la beauté extérieure que vous me reprochez est pour moi une *méthode*. Quand je découvre une mauvaise assonance ou une répétition dans une de mes phrases, je suis sûr que je patauge dans le faux. » C'est que, pour Flaubert, une bonne phrase est celle qui annule l'opposition du fond et de la forme, c'est-à-dire qui réfracte en elle, à son échelle microscopique, une logique de beaucoup plus grande amplitude : toute phrase du roman, comme tout vers dans un poème, doit être capable d'interagir et d'entrer en résonance avec l'ensemble de son environnement textuel, en aval et en amont. Il s'agit d'une structure que l'on pourrait quasiment qualifier de « fractale ». Phrases, paragraphes, pages, mouvements, chapitres, parties : du plus modeste élément au plus large ensemble, toutes les composantes du récit sont liées secrètement et enchâssées les unes dans les autres par une identité de structure cristalline. Changez un seul mot, et c'est toute une partie du puzzle qui est à recomposer. C'est ce qui explique l'extrême précision des corrections successives de Flaubert, ses formidables lenteurs, et la masse invraisemblable des brouillons nécessaires à la mise au point définitive du texte : « Quand mon roman sera fini (...) je t'apporterai mon *ms.* complet par curiosité. Tu verras par quelle mécanique compliquée j'arrive à faire une phrase » (à Louise Colet, Croisset, 15 avril 1852).

La difficulté, le but ultime, le pari de Flaubert, c'est donc de donner au roman la langue qui lui manque encore, une prose poétique qui serait purement prose : « J'en conçois pourtant un, moi, un style : un style qui serait beau, que quelqu'un fera à quelque jour, dans dix ans ou dans dix siècles, et qui serait rythmé comme le vers, précis comme le langage des sciences, et avec des ondulations, des ronflements de violoncelle, des aigrettes de feux ; un style qui vous entrerait dans l'idée comme un coup de stylet, et où votre pensée enfin voguerait sur des surfaces lisses, comme lorsqu'on file dans un canot avec bon vent arrière. La prose est née d'hier ; voilà ce qu'il faut se dire. Le vers est la forme par excellence des littératures anciennes. Toutes les combinaisons prosodiques ont été faites ; mais celles de la prose, tant s'en faut » (à Louise Colet, 24 avril 1852). De façon très curieuse, mais parfaitement cohérente avec la philosophie de l'auteur, cette théorie ultrasophistiquée de la prose ne s'articule nullement sur une codification abstraite des qualités de la « bonne phrase ». Tout au contraire, l'obsession flaubertienne d'éviter l'assonance, sa chasse aux répétitions, sa vigilance extrême à la fluidité de la structure grammaticale se justifie de la manière la plus pragmatique qui soit par l'impact physique des mots sur celui qui les reçoit. Pour Flaubert, la phrase typographique est une sorte de partition musicale dont le lecteur sera l'interprète à la fois comme herméneute et comme soliste. Lire, même à voix « basse », sollicite virtuellement les mêmes dispositifs nerveux (les mêmes praxies, dirait-on aujourd'hui) que l'articulation orale des syllabes : c'est dans la gorge que s'éprouve le texte déchiffré visuellement, avant de se déployer psychiquement en images. Mais cette expérience se joue dans un scénario infinitésimal où la moindre distorsion peut devenir fatale : le simple retour non justifié d'une même sonorité, l'achoppement d'un hiatus, l'anomalie d'un tour syntaxique maladroit, peuvent suffire à rompre le charme.

C'est pourquoi le style est d'abord une affaire de bienséance esthétique au sens premier du terme : une question de confort sensoriel et de civilité auditive. Même et surtout lorsque la phrase doit être violente, émouvante, terrible, intempestive, il faut que son style soit impeccable : dissonant peut-être mais sans aspérité, « lisse comme un marbre et furieux comme un tigre ». Paradoxalement cette théorie flaubertienne du style se situe au carrefour d'une conception classique de l'énonciation et d'une représentation biologique, organique, presque neurologique du sens esthétique. Si l'oreille est blessée, c'est que l'idée est fausse, et l'esprit ne suit plus : « Nous ne vivons que par l'extérieur des choses ; il le faut donc soigner. Je déclare quant à moi que le physique l'emporte sur le moral. Il n'y a pas de désillusion qui fasse souffrir comme une dent gâtée, ni de propos inepte qui m'agace autant qu'une porte grinçante, et c'est pour cela que la phrase de la meilleure intention rate son effet, dès qu'il s'y trouve une assonance ou un pli grammatical » (à Louise Colet, Croisset, 18 février 1854). Flaubert disposait, pour en juger, d'un instrument : le gueuloir.

Ce travail presque musical de composition qui conçoit la phrase comme un matériau sonore n'est pas dissociable d'une réflexion sur les structures narratives. Tout se tient. L'analyse psychologique elle-même doit être repensée dans son rythme, ne plus consister en une simple pause réflexive, mais se doter d'une véritable puissance dramatique : « Une bonne phrase de prose doit être comme un bon vers, *inchangeable*, aussi rythmée, aussi sonore. Voilà du moins mon ambition (...). Il ne me paraît pas non plus impossible de donner à l'analyse psychologique la rapidité, la netteté, l'emportement d'une narration purement dramatique. Cela n'a jamais été tenté et serait beau. Y ai-je réussi un peu ? Je n'en sais rien » (à Louise Colet, Croisset, 22 juillet 1852). Le problème de la prose romanesque et celui de l'analyse psychologique sont pour Flaubert intimement liés : ce qu'il pressent c'est qu'au fond, dans le roman, toute phrase pourrait devenir porteuse d'un sens psychologique subliminal indépendant de ce qu'elle semble dire. La prose, estime-t-il, « a besoin d'être bourrée de choses et *sans qu'on les aperçoive* ». Les exigences de qualité poétique, d'impersonnalité et d'immatérialité valent aussi bien pour la psychologie que pour n'importe quel autre élément du récit, et la notation psychologique, comme les figures de style, est passible de la même réduction minimaliste : « Je persécute les métaphores et bannis à outrance les analyses morales » (à Louis Bouilhet, Croisset, 9 mai 1855). *Madame Bovary* est pour une large part un roman psychologique, mais qui perturbe profondément les règles traditionnelles du genre : la psychologie y fait l'objet d'un déplacement, sous la forme d'une sorte d'intériorisation symbolique ou au contraire d'extériorisation littérale qu'il faudrait qualifier de « critique ».

Plutôt que de proposer, de l'extérieur, et sous la responsabilité du narrateur, comme c'est le cas dans le roman classique, une série d'analyses qui, de loin en loin, aide le lecteur à comprendre l'évolution morale des héros, c'est à l'échelle du choix des mots, de la structure de la phrase, du rythme narratif, et de l'économie générale des images que Flaubert a voulu situer le système des signes perceptibles qui permet au lecteur de déchiffrer intuitivement la transformation intérieure des personnages et des situations. L'impact de l'environnement sur la psyché des personnages, leur perméabilité aux contingences atmosphériques, le simple regard qu'Emma porte sur les choses, sa maison, le temps qu'il fait, les figures utilisées pour décrire l'objet de ce regard, le rythme de la phrase, parfois la simple anomalie d'un terme jouant le rôle de signal, suffisent à suggérer un état d'âme, une émotion, un dégoût, la montée du désir, la nostalgie, etc., par le mouvement même de la narration. Certes, le système n'est pas encore totalement verrouillé, on trouve encore dans *Madame Bovary* plusieurs cas d'analyses psychologiques classiques où il faut bien admettre l'existence d'une instance narrative omnisciente, et *L'Éducation sentimentale* ira beaucoup plus loin en ce domaine, notamment par l'usage presque systématique du style indirect libre. Mais quelque chose a déjà irréversiblement changé dans les relations entre forme narrative et psychologie, et les confidences de Flaubert dans la *Correspondance* prouvent que la question l'a préoccupé pendant toute la rédaction de *Madame Bovary* : « Je tourne beaucoup à la critique. Le roman que j'écris m'aiguise cette faculté. – Car c'est une œuvre surtout de critique, ou plutôt d'anatomie. Le lecteur ne s'apercevra pas (je l'espère) de tout le travail psychologique caché sous la Forme, mais il en ressentira l'effet » (à Louise Colet, Croisset, 2 janvier 1854).

L'idéal de la prose, tel que le conçoit Flaubert, combine donc à la fois toutes les exigences de sa nouvelle conception du roman : rapport organique constant du détail à l'ensemble, impersonnalité, immatérialité, psychologie subliminale, densité poétique, musicalité. Le gigantesque effort qu'implique la mise en œuvre de ce système doit aboutir, selon Flaubert, à un effet de pertinence qui dépasse de très loin la simple réussite formelle. La véritable finalité du dispositif, c'est, ni plus ni moins, *l'invention du vrai* : « Tout ce qu'on invente est vrai, sois-en sûre. La poésie est une chose aussi précise que la géométrie. L'induction vaut la déduction, et puis, arrivé à un certain point, on ne se trompe plus quant à tout ce qui est de l'âme. Ma pauvre *Bovary*, sans doute, souffre et pleure dans vingt villages de France à la fois, à cette heure même » (à Louise Colet, 14 août 1853). A cet égard, le succès du roman finira presque par dépasser les espérances de l'auteur : le public sera si bien pris au piège de ce réel inventé qu'une bonne partie des lecteurs y verra une « histoire vraie » mise en récit, un roman à clé mettant en scène, sous des noms d'emprunt, des personnes, des événements et des lieux parfaitement réels. Plus modestement, au cours même de la rédaction, Flaubert, cherche de loin en loin à mesurer « l'effet de réel » de son écriture, quelquefois avec la jolie surprise de vérifier sur un cas précis l'exactitude clinique de ses prévisions et l'efficacité globale de son système : « (...) J'ai eu, aujourd'hui, un grand succès. Tu sais que *nous* avons eu hier le bonheur d'avoir monsieur Saint-Arnaud. Eh bien, j'ai trouvé ce matin, dans le *Journal de Rouen*, une phrase du maire lui faisant un discours, laquelle phrase j'avais, la veille, écrite textuellement dans ma *Bovary* (dans un discours de préfet, à des Comices agricoles). Non seulement c'était la même idée, les mêmes mots, mais les mêmes *assonances* de style. Je ne cache pas que ce sont de ces choses qui me font plaisir. Quand la littérature arrive à la précision de résultat d'une science exacte, c'est roide » (à Louise Colet, Croisset, 22 juillet 1853).

*
* *

En terminant de rédiger *Madame Bovary*, Flaubert a la conviction intime d'avoir gagné son pari. Il pressent aussi qu'il ne sera guère compris, et ne se fait que peu d'illusions sur le succès public du roman. Il ne se trompe qu'à moitié. Son livre, pour des raisons tout à fait circonstancielles, va devenir immédiatement l'un des plus célèbres de son temps, mais sur un tel malentendu que la nouveauté de l'œuvre passera à peu près inaperçue : les lecteurs contemporains, alléchés par le scandale du procès, se précipiteront sur les passages les plus sulfureux du récit, en restant le plus souvent aveugles à ce qui faisait la véritable transgression de l'œuvre. Il faudra attendre le XXe siècle, et notamment la redécouverte qu'en feront les écrivains, pour que le roman révèle ce qu'il avait de réellement scandaleux : sa nouvelle manière de voir les choses. Comme le montrera Proust, l'œuvre de Flaubert marque une si forte rupture dans l'histoire du genre romanesque qu'il faut le considérer non seulement comme le premier roman de notre modernité, mais, au-delà même de cette valeur fondatrice, comme une révolution du regard que nous portons sur la réalité, sur notre relation au monde : au total, une sorte de révolution copernicienne. A sa manière, dit Proust, Flaubert « a renouvelé presque autant notre vision des choses que Kant, avec ses Catégories, les théories de la Connaissance et de la Réalité du monde extérieur ».

Sans soupçonner la place qu'il occuperait dans l'histoire de la pensée, Flaubert, en écrivant et en réfléchissant sur son travail, avait parfaitement conscience des enjeux de son projet, ce qui n'était, d'ailleurs, pas fait pour le rassurer : « Quand je pense à ce que ça peut être, j'en ai des éblouissements. Mais lorsque je songe ensuite que tant de beauté m'est confiée, à moi, j'ai des coliques d'épouvante, à fuir me cacher n'importe où. (...) Oh ! si je fais jamais une bonne œuvre, je l'aurai bien gagné » (à Louise Colet, Croisset, 21 mars 1852).

On peut rester très circonspect dans l'évaluation des prétendues « souffrances » que l'auteur se serait infligées avec la rédaction de ce roman. Flaubert a beau hurler de dégoût contre la platitude de son sujet, l'abomination des bourgeois et cette « chienne de prose », l'expérience de ses cinq années de travail ne s'est pas résumée à l'épouvantable scénario masochiste qu'il a lui-même accrédité. En cinq années de rédaction, inévitablement, l'auteur a traversé quelques moments difficiles : migraines et incertitudes, exaspérations et crampes du poignet, découragements et nausées. Mais, même s'il est plus discret sur ce chapitre, il a aussi connu, c'est absolument clair, des heures de parfaite sérénité, de joie intense et pour tout dire, de *bonheur*, au sens spinoziste du mot, c'est-à-dire de puissance de l'être qui persévère dans son être et se dilate dans un rapport d'harmonie fusionnelle à l'univers, sensation intérieure d'ailleurs parfaitement conforme à l'idéal du style que Flaubert est en train d'inventer : « Quelles bonnes journées j'ai passées jeudi et vendredi !

Jeudi soir, à deux heures du matin, je me suis couché si animé de mon travail qu'à trois heures je me suis relevé et j'ai travaillé jusqu'à midi. Le soir je me suis couché à une heure, et encore par raison. J'avais une rage de style au ventre à me faire aller ainsi le double de temps encore. Le vendredi matin, quand le jour a paru, j'ai été faire un tour de jardin. Il avait plu, les oiseaux commençaient à chanter et de grands nuages ardoise couraient dans le ciel. J'ai joui là de quelques instants de force et de sérénité immense dont on garde le souvenir et qui font passer par-dessus bien des misères. J'éprouve encore l'arrière-goût de ces trente-six heures olympiennes et j'en suis resté gai, comme d'un bonheur » (à Louise Colet, Croisset, 18 juillet 1852).

De cette jouissance d'écrire, Flaubert a fait une expérience particulière en rédigeant la fameuse scène de la « baisade », dont on parlait, en commençant, avec Pierre Dumayet. On se souvient que dans la fiction, les montures, les vrais chevaux du roman, y prennent une part non négligeable. Quant au dada érotique, il va sans dire qu'il exulte. Et du côté du troisième dada, celui du style, de l'écriture ? Voici ce que Flaubert dit de ce fameux passage, au moment où il envisage de passer à sa rédaction dans un délai rapproché :

« Une fois ce pas-là franchi, j'arriverai vite à ma baisade dans les bois par un temps d'automne (avec leurs chevaux à côté qui broutent les feuilles), et alors je crois que j'y verrai clair (...). Quand je serai revenu de Paris, j'irai à Trouville. (...) Je m'étendrai avec plaisir sur le sable, comme jadis. Depuis sept ans je n'ai été dans ce pays. J'en ai des souvenirs profonds : quelles mélancolies et quelles rêveries, et quels verres de rhum ! Je n'emporterai pas la *Bovary*, mais j'y penserai ; je ruminerai ces deux longs passages, dont je te parle, sans écrire. Je ne perdrai pas mon temps. Je monterai à cheval sur la plage ; j'en ai si souvent envie ! » (à Louise Colet, Croisset, 15 juillet 1853). L'idée d'aller galoper sur la plage à Trouville n'était pas mauvaise : c'est le lieu idéal pour « ruminer » la baisade ne serait-ce qu'en hommage à Élisa. Mais l'aventure est hasardeuse car à peine commence-t-il à se les imaginer, ces courses folles sur le sable, que Flaubert sent déjà sa plume qui se rétracte. C'est si capricieux, ces bêtes-là : « Je sais ce que les dérangements me coûtent, mon impuissance maintenant me vient de Trouville. Quinze jours avant de m'absenter, ça me trouble. Il faut à toute force que je me réchauffe et que ça marche ! – ou que j'en crève. Je suis humilié, nom de Dieu, et humilié par-devers moi de la rétivité de ma plume. Il faut la gouverner comme les mauvais chevaux qui refusent. On les serre de toute sa force, à les étouffer, et ils cèdent » (*ibid.*).

Finalement, comme il fallait s'y attendre, elle ne sera pas facile ni rapide à écrire cette fameuse scène de la baisade – la rédaction n'en sera vraiment aboutie que fin décembre –, mais au prix de quels délicieux retards ! Flaubert parle de « jouissances subies ». Il parle aussi de prière. Il faut dire que rien ne manque à un bonheur complet : la sensation d'être homme, femme, cheval, nature, tout à la fois. Avec, de surcroît, cette prime de plaisir sans limites qu'offre le style, le soupçon que cette métamorphose, ce bonheur de devenir *autre*, le lecteur pourra peut-être à son tour en connaître la jouissance par les seuls charmes de la prose : « Voilà une des rares journées de ma vie que j'ai passée dans l'Illusion, complètement et depuis un bout jusqu'à l'autre. (…) Aujourd'hui par exemple, homme et femme tout ensemble, amant et maîtresse à la fois, je me suis promené à cheval dans une forêt, par un après-midi d'automne, sous des feuilles jaunes, et j'étais les chevaux, les feuilles, le vent, les paroles qu'ils se disaient et le soleil rouge qui faisait s'entrefermer leurs paupières noyées d'amour. Est-ce orgueil ou piété, est-ce le débordement niais d'une satisfaction de soi-même exagérée ? ou bien un vague et noble instinct de Religion ? Mais quand je rumine, après les avoir subies, ces jouissances-là, je serais tenté de faire une prière de remerciement au bon Dieu, si je savais qu'il pût m'entendre » (à Louise Colet, Croisset, nuit de vendredi, 2 heures, 23 décembre 1853).

*
* *

Le roman paraît pour la première fois, en publication pré-originale, sous la responsabilité éditoriale de Maxime Du Camp, en six livraisons dans la *Revue de Paris* entre le 1er octobre et le 15 décembre 1856. Avant même d'envoyer la copie de son manuscrit à Maxime, Flaubert l'avait, sur son conseil, revue entièrement pour y pratiquer quelques coupes substantielles, comme il l'explique à Bouilhet le 1er juin 1856 : « J'ai enfin expédié à Du Camp le manuscrit de la *Bovary*, allégé de trente pages environ, sans compter par-ci par-là beaucoup de lignes enlevées. J'ai supprimé trois grandes tartines d'Homais, un paysage en entier, les conversations des bourgeois dans un bal, un article d'Homais, etc. etc. etc. Tu vois, vieux, si j'ai été héroïque. Le livre y a-t-il gagné ? Ce qu'il y a de sûr, c'est que l'ensemble maintenant a plus de mouvement. » Mais Du Camp juge le travail de suppression insuffisant : le roman, à son avis, est encore plein de « longueurs » qui nuisent au rythme du récit qui mériterait une nouvelle campagne de nettoyage par le vide. Comme Flaubert, passablement étonné, répond qu'il ne voit plus ce qu'il pourrait enlever sans dénaturer son œuvre, Du Camp, le 14 juillet, lui suggère de faire réviser le texte par un correcteur professionnel qui pourra l'élaguer utilement et sans états d'âme... il se déclare d'ailleurs prêt à lui trouver la personne compétente pour ce travail, les frais du « rewriting » venant évidemment en déduction des droits d'auteur. Flaubert note sur le verso de cette lettre : « Gigantesque ! », et refuse toute nouvelle modification. En réalité, ce n'est pas du tout pour des raisons esthétiques mais bien politiques que Du Camp cherche à convaincre Flaubert de laisser un employé de la *Revue* débarrasser le texte de ce qui pourrait choquer. Toujours effrayés par ce qu'ils considèrent comme un réalisme trop agressif du récit, les responsables de la revue s'obstinent et renvoient à l'auteur la copie du manuscrit couvert de corrections : soixante-neuf suppressions de mots, de phrases ou de passages entiers, avec diverses recommandations pour de nouveaux élagages sévères. Ils se sont coalisés : Du Camp demande la suppression de toute la noce, Laurent-Pichat une réfection des comices en beaucoup plus court, et l'ensemble de la rédaction considère l'épisode du pied-bot comme beaucoup trop long, inutile.

Flaubert, indigné, fait la sourde oreille et annule presque toutes les corrections, puis renvoie le manuscrit qui, bizarrement, est accepté tel quel par la *Revue*. Le roman commence à paraître avec un mois de retard mais dans son intégralité, le 1er octobre. Après avoir lu la première livraison, Flaubert écrit dès le lendemain une lettre de remerciements à Laurent-Pichat : « Je viens de recevoir la *Bovary,* (...) c'est un service que vous m'avez rendu en l'acceptant telle qu'elle est » et, s'expliquant sur sa démarche, ajoute : « Croyez-vous donc que cette ignoble réalité, dont la reproduction vous dégoûte, ne me fasse tout autant qu'à vous sauter le cœur ? (...) Mais esthétiquement, j'ai voulu, cette fois, et rien que cette fois, la pratiquer à fond. (...) Je m'explique mal mais c'en est assez pour que vous compreniez quel était le sens de ma résistance à vos critiques, si judicieuses qu'elles soient. Vous me refaisiez un autre livre. » Flaubert, malheureusement, s'illusionne sur les intentions de la *Revue* : à la quatrième livraison, sans le prévenir, la rédaction supprime la scène du fiacre, puis demande à l'auteur d'éliminer immédiatement plusieurs passages compromettants pour la dernière livraison.

Flaubert s'insurge : « Je trouve que j'ai déjà fait beaucoup et la *Revue* trouve qu'il faut que j'en fasse encore plus. Or *je ne ferai rien*, pas une correction, pas un retranchement, pas une virgule de moins, rien, rien !... Mais si la *Revue de Paris* trouve que je la compromets, si elle a peur, il y a quelque chose de simple, c'est d'arrêter là *Madame Bovary* tout court. » Laurent-Pichat se passe de l'accord de l'auteur et censure le texte en trois endroits : il supprime une partie de la scène entre Emma et le notaire, un bref fragment de la dernière scène entre Emma et Rodolphe, et un passage de la veillée funèbre. En réplique à cet abus de pouvoir sur son texte, Flaubert fait imprimer sous forme de note, à la première page de cette livraison, l'avertissement suivant : « Des considérations que je n'ai pas à apprécier ont contraint la *Revue de Paris* à faire une suppression dans le numéro du 1er décembre. Ses scrupules s'étant renouvelés à l'occasion du présent numéro, elle a jugé convenable d'enlever encore plusieurs passages. En conséquence, je déclare dénier la responsabilité des lignes qui suivent ; le lecteur est donc prié de n'y voir que des fragments et non pas un ensemble. »

Cette affaire de fragments supprimés et cette polémique entre l'auteur et l'éditeur, qui ne restent évidemment pas inaperçues dans le public, donnent à croire que le roman, déjà considéré comme passablement sulfureux sous sa forme expurgée, contient des passages d'une extrême inconvenance. Comme il arrive presque toujours sous les régimes de censure, c'est en fait cette prudence anticipée de l'éditeur qui sert de signal d'alarme pour le parquet impérial. La *Revue de Paris*, considérée comme mal-pensante politiquement, n'était déjà pas trop bien vue des autorités : on la surveille, et voilà que la rédaction elle-même agite les chiffons rouges. Dès la dernière livraison du roman, la menace d'une affaire judiciaire commence à se préciser. Flaubert a beau se démener comme un diable, remuer ciel et terre, faire intervenir sa famille, des amis bien placés dans différents ministères, etc., pour interrompre les poursuites pendant qu'il est encore temps, rien n'y fait : l'auteur, le gérant de la revue Laurent-Pichat et l'imprimeur Pillet sont inculpés pour avoir « commis les délits d'outrage à la morale publique et religieuse et aux bonnes mœurs » et, le 31 janvier 1857, Flaubert comparait devant le tribunal correctionnel de Paris. Il a pris pour sa défense Me Sénard, ancien bâtonnier du barreau de Rouen et ancien président de l'Assemblée nationale.

Le substitut Pinard commence son réquisitoire en dénonçant la « couleur lascive » de l'œuvre, caractéristique du romancier, puis développe l'accusation en insistant sur quatre passages du récit : les amours avec Rodolphe, la « transition religieuse entre les deux adultères », l'adultère avec Léon aggravé de multiples dépravations, et les insultes à la religion dans l'agonie d'Emma. Après une étude de détail des « obscénités » relatives à chacun de ces passages, Pinard cherche à démontrer que l'ouvrage tout entier relève en fait de la même immoralité : l'opinion publique, incarnée par des personnages comme le mari, le pharmacien, le prêtre, se trouve ridiculisée à chaque instant, tandis que la femme adultère bénéficie constamment de l'indulgence du romancier qui semble, en toute occasion, lui donner raison. Les institutions les plus sacrées sont bafouées : c'est le mariage qui est triste et désespérant, tandis que l'adultère est présenté comme salutaire et poétique, etc. Enfin, s'élevant contre les démesures de la littérature réaliste, Pinard termine son réquisitoire par un procès général de l'art moderne, avec quelques formules bien senties qui laissent songeur l'auditoire : « L'art sans règle n'est plus l'art ; c'est comme une femme qui quitterait tout vêtement. »

Me Sénard, dans sa plaidoirie, ne rencontre aucune réelle difficulté à renverser la plupart des arguments du substitut. Après avoir rappelé la respectabilité bourgeoise de la famille Flaubert, il commence par démontrer que le roman fait avant tout le procès d'une certaine éducation provinciale aux conséquences désastreuses (« l'histoire d'une vie déplorable dont trop souvent l'éducation est la préface ») et que, loin de donner raison à son héroïne, le romancier offre au contraire une leçon mémorable sur les ravages de l'adultère. Pour mettre un terme à toutes les rumeurs sur les passages expurgés, il cite intégralement le passage inédit de la scène en fiacre en soulignant combien Flaubert était resté discret là où un autre écrivain – Mérimée dans *La Double Méprise* – ne s'était pas gêné pour introduire, dans une situation très comparable, des détails beaucoup plus osés, sans avoir été inquiété par les tribunaux. Il reprend l'accusation du magistrat sur le passage de l'extrême-onction en montrant que l'auteur s'en est tenu, mot pour mot, au texte du *Rituel*, et que la même scène avait déjà été traitée par l'irréprochable Sainte-Beuve, bref, qu'il se dégage de l'ouvrage, outre de grandes qualités littéraires, un véritable enseignement moral dont le public ne peut que tirer un indiscutable profit.

Au cours de cette journée de procès, plusieurs amis de l'auteur, présents dans l'assistance, remarquent le plaisir évident que les juges semblent prendre à la lecture des passages censurés du roman, un magistrat visiblement ému par la prose de Flaubert, murmurant même « charmant, charmant » après une longue citation que Pinard venait de faire pour soutenir son accusation. Le 7 février 1857, le tribunal rend son jugement en des termes qui ménagent le ministère public, mais qui demeurent très nuancés sur le bien-fondé des accusations. Flaubert a donc droit à un « blâme sévère, car la mission de la littérature doit être d'orner et de récréer l'esprit en élevant l'intelligence et en épurant les mœurs plus encore que d'imprimer le dégoût du vice en offrant le tableau des désordres qui peuvent exister dans la société ». Mais le tribunal reconnaît que le roman contient en effet une leçon morale (qui aurait été plus visible si l'auteur avait usé d'une plus grande « sévérité de langage » pour fustiger les débordements de son héroïne), que le livre a été « longuement et sérieusement travaillé, au point de vue littéraire et de l'étude des caractères », et que les passages douteux signalés par le ministère public restent finalement peu nombreux et ne permettent pas de penser que le but de l'écrivain ait été d'encourager dans le public l'esprit de licence et de débauche.

En conséquence de quoi le tribunal, estimant insuffisamment établis les délits imputés aux prévenus, se prononce pour l'acquittement pur et simple de l'auteur, de l'éditeur et de l'imprimeur. Inutile de dire que le soulagement pour Flaubert est immense : non seulement il se trouve rétabli dans ses droits et son honneur, mais, en prime, il va bénéficier, pour la prochaine sortie de son volume en librairie, d'un battage publicitaire inespéré dont l'effet sur les ventes risque d'être considérable. L'auteur a-t-il dû son acquittement à la lucidité littéraire ou à la seule sagesse du tribunal ? Pas vraiment : de nombreuses personnalités étaient intervenues plus ou moins directement pour le soutenir et son appartenance à la grande bourgeoisie rouennaise aurait donné un sens politique particulier à sa condamnation. De plus, une nouvelle affaire de censure de la Presse contre la *Revue de Paris* n'était pas jugée non plus très opportune par le pouvoir. Mais il s'en est fallu de peu, et d'autres n'auront pas cette chance. Le jumeau de Flaubert, Charles Baudelaire (ils sont nés tous les deux en 1821), dont l'œuvre révolutionne la poésie autant que *Madame Bovary* renouvelle l'art narratif, défend le roman dans la presse avec d'autant plus de conviction qu'il va bientôt publier lui-même une œuvre majeure et qu'il se sent menacé. Sans soutien familial, beaucoup plus isolé socialement que ne l'était Flaubert, Baudelaire ne bénéficiera pas, quant à lui, de la même clémence des tribunaux : six mois après l'acquittement de *Madame Bovary*, le substitut Pinard, chargé d'instruire le procès des *Fleurs du mal*, ne manquera pas l'occasion de s'offrir une glorieuse revanche en obtenant la condamnation du poète et la censure de son œuvre.

CHAPITRE 9

Crypter le secret

A première vue, l'idée de secret s'accorde mal, et même pas du tout, avec les déclarations renouvelées de Flaubert, pendant la rédaction de *Madame Bovary*, sur la nécessité de passer à une « littérature exposante ». La vocation de l'écriture romanesque est de donner de la vie une représentation « scientifique » ; c'est une nécessité pour le roman de « procéder par généralités et [d']être plus logique que le hasard des choses » : les professions de foi de ce type sont présentes dans la *Correspondance* depuis le milieu des années 1840 (à E. Vasse, 4 juin 1846), se multiplient entre 1851 et 1856, mais restent ininterrompues jusqu'aux dernières lettres, avec une constance qui indique assez qu'il s'agit d'un véritable principe. L'idée est reprise en 1866, dans la fameuse lettre du 15 décembre où Flaubert tente d'expliquer sa méthode à G. Sand (« Je crois que le grand art est scientifique et impersonnel ») et la formule revient, quelques mois plus tard (« le roman, selon moi, doit être scientifique », février 1867). S'il s'agit d'un véritable leitmotiv, c'est que, pour Flaubert, la question touche non seulement à la méthode mais également à l'éthique de la création. Être

« vrai » n'est pas un luxe esthétique de la modernité, c'est un impératif moral.

A ne pas mesurer la nécessité de ce lien entre art et science, on risque non seulement de faire de mauvais romans, de passer à côté de l'art, mais on a aussi toutes les chances de prouver son ignorance, son absence de sens éthique, son manque de goût et une affligeante lacune d'intelligence. En 1877, après un séjour dans les milieux huppés du château de Saint-Gratien chez la princesse Mathilde, Flaubert associe dans une même exécration ce qu'il considère comme une tare à la fois intellectuelle, esthétique et morale de ses contemporains : « L'absence de toute justice m'exaspère ! Et puis le défaut de goût ! Le manque de lettres et d'esprit scientifique ! » (à Caroline, Paris, 6 septembre 1877). Bref, pour Flaubert la question d'une *écriture scientifique* est centrale pour penser non seulement l'avenir du roman, mais aussi celui de l'art en général qui ne construira ses chances qu'à travers un débat dialectique avec la science : « Plus il ira, plus l'art sera scientifique, de même que la science deviendra artistique. Tous deux se rejoindront au sommet après s'être séparés à la base. Aucune pensée humaine ne peut prévoir maintenant à quels éblouissants soleils psychiques écloreront les œuvres de l'avenir. En attendant, nous sommes dans un corridor plein d'ombre ; nous tâtonnons dans les ténèbres. Nous manquons de levier ; la terre nous glisse sous les pieds ; le point d'appui nous fait défaut à tous, littérateurs et écrivailleurs que nous sommes » (à Louise Colet, Croisset, 24 avril 1852).

Face à une telle omniprésence de l'impératif scientifique, on pourrait imaginer que Flaubert en appelle à la transparence : une esthétique de la clarté et de l'évidence pour illuminer les « ténèbres » dans lesquelles se débat la création contemporaine, un « point fixe » nettement et distinctement défini pour poser le « levier » qui permettrait de retourner la situation. Il n'en est rien. L'exigence de clarté, loin de se traduire par le recours à une limpidité immédiate, conduit Flaubert à une poétique du secret et du cryptage, selon une logique complexe de la médiation qui s'élabore dans la rédaction de *Madame Bovary* et dont on peut suivre la construction progressive grâce à la *Correspondance* et aux manuscrits du roman.

La clarté n'est pas un donné, ni un état immédiatement consensuel du sens : la seule chose dont l'évidence s'impose sans médiation à tous, c'est la « bêtise » ou le « stéréotype ». La véritable clarté, celle qui éclaire et clarifie, ne se gagne au contraire que de l'intérieur de l'imaginaire, par l'interposition entre le réel et l'œuvre d'un réseau de médiations dont le premier effet est d'opacifier les significations, de faire du sens un problème. La raison première du cryptage est ce travail d'arrachement à soi, à sa propre immédiateté, dont Flaubert parle dans sa célèbre critique de la « sentimentalité » et du « pot de chambre » romantique. A cette immédiateté nauséabonde et inadéquate du « cœur », Flaubert oppose la dimension critique de l'écriture et la nécessité d'une stratégie du « dessous » qui doit agir sur le lecteur à son insu.

Parvenu au terme de sa rédaction, l'écrivain aura fondé une poétique narrative et un style dont l'ambition est précisément d'atteindre à l'exactitude des « sciences physiques » en se débarrassant du moi et en misant tout sur la conception et l'impersonnalité, mais en faveur d'une présence immanente de l'auteur qui devient une toute-puissance occulte : « L'artiste doit être dans son œuvre comme Dieu dans la création, invisible et tout-puissant ; qu'on le sente partout, mais qu'on ne le voie pas. Et puis, l'Art doit s'élever au-dessus des affections personnelles et des susceptibilités nerveuses ! Il est temps de lui donner, par une méthode impitoyable, la précision des sciences physiques ! » (à Mlle Leroyer de Chantepie, Paris, 18 mars 1857).

*
* *

Le cryptage, tel que le conçoit Flaubert dès *Madame Bovary*, met en jeu une écriture du secret qui agit à toutes les échelles de l'économie narrative, de la macrostructure aux éléments les plus locaux, sans rien laisser au hasard. Même lorsque le secret ne porte que sur d'infimes détails narratifs, c'est en répondant aux exigences d'une cohésion qui les réinsère de proche en proche dans une stratégie plus large. Du mot à la phrase, du paragraphe à la page, de la séquence narrative au chapitre, et de la partie au tout narratif, l'écriture du secret ne prend son sens que rapportée à une stratégie globale de l'écriture qui anticipe sur sa réception : le texte crypté fabrique son décrypteur comme l'énigme du Sphinx suscite Œdipe.

Comme toute procédure de recours au secret, le cryptage sert à créer une communauté par élection et par exclusion : il opère le partage entre des lecteurs capables de pressentir l'existence d'une énigme et ceux qui ne parviendront pas à en percevoir la présence, et parmi les élus, ceux qui l'identifient sans l'élucider, ceux qui le déchiffrent partiellement, ceux qui en démêlent l'écheveau intégralement, ceux qui le sur-interprètent... Car il y a des degrés dans le secret, et tous les cas de figures se présentent, de la simple *allusion*, proposée à l'intelligence de chaque lecteur, au secret strictement intime que l'exégète le mieux informé ne pourra qu'ignorer et qui, sauf miracle documentaire, restera définitivement non repérable, en passant par le secret pour *happy few* : le clin d'œil, signe de reconnaissance, plaisanterie ou sous-entendu à usage privé qui vaut pour un cercle restreint de proches, voire pour un seul destinataire (ami ou ennemi), sans oublier le secret érudit qui s'adresse à la communauté réduite des lettrés, des lecteurs savants, ou très savants. Au total, à combien s'élèvera le nombre des lecteurs capables de décrypter les secrets du roman ? Une quarantaine par siècle : selon l'écrivain, c'est amplement suffisant pour former une vraie famille.

Flaubert manifeste à l'égard de la réalité une croyance intermittente et assez désabusée : ce que l'on a l'habitude de nommer le réel, que le corps ne perçoit que par la médiation du cerveau et du système nerveux, est autant fait, selon lui, de concret et de sensations physiques, de matière, de causalité et de phénomènes vérifiables que de fantômes, de rêves, de prémonitions, de coïncidences et d'hallucinations ; tout comme la langue peut fournir des représentations fidèles de la réalité mais à travers des dispositifs qui restent au même moment ouverts à la logique versatile et virtuellement délirante des tropes, jeux de mots, assonances, homonymies et autres associations d'idées. Or ce réel, déjà si menacé d'incertitude dans sa simple expérimentation sensorielle, n'existe en littérature que sous le mode d'un artifice langagier qui prétend faire image. On peut s'aider de Borges et de Perec (qui l'ont si bien lu), et même du surréalisme (qui l'a si mal compris), pour essayer de se figurer pourquoi et comment Flaubert fait du secret la matière première de l'imaginaire, et de l'imaginaire, de l'émergence des images, l'enjeu même d'une écriture cryptée du réel.

Ce qui se crypte, le lieu où se trame naturellement le secret, c'est l'espace de la représentation ; et ce que l'image cryptée met en jeu, c'est non seulement l'occultation du sens mais une configuration singulière des instances d'écriture qui travaillent à cette occultation, dans le champ processuel de la genèse, puis dans la structure stabilisée du texte proprement dit. Croquis, esquisses, dessin, *non finito*, cadrage, échelles, symétries, élévation, perspective, axonométrie, point, ligne, surface, volume, ombre, valeur, couleur : ce sont toutes les données élémentaires de la représentation visuelle qui seront mises à contribution, des scénarios aux brouillons, des mises au net au texte définitif, pour éprouver les capacités du style à rivaliser avec les arts plastiques et les nouveaux procédés de reproduction du visible (daguerréotype, photographie, stéréoscopie). Le caractère figural du secret a partie liée avec la vocation de l'écriture à s'emparer des moyens mêmes de l'art et des techniques pour faire de l'image littéraire une représentation au second degré. C'est exactement ce que dira l'explicit de *La Légende de saint Julien l'Hospitalier* (dont Flaubert rédige une première version dès 1852, juste après *Madame Bovary*), mais c'est aussi ce que suggère, sur le mode ironique, dans le roman lui-même, une image cryptée de l'auteur dans la fugitive silhouette de l'artiste peintre Vaufrylard. La figure de Vaufrylard apparaît de manière intempestive à la fin du récit, au moment où il s'agit pour Charles, devenu veuf, de choisir un monument funéraire digne d'Emma : « Charles et [Homais] firent ensemble un voyage à Rouen, pour voir des tombeaux, chez un entrepreneur de sépultures – accompagnés *d'un artiste peintre, un nommé Vaufrylard, ami de Bridoux, et qui, tout le temps, débita des calembours*. Enfin, après avoir examiné une centaine de dessins, s'être commandé un devis et avoir fait un second voyage à Rouen, Charles se décida pour un mausolée qui devait porter sur ses deux faces principales "un génie tenant une torche éteinte" » (*Madame Bovary*, III, 11, c'est moi qui souligne).

C'est le témoignage de Feydeau qui nous permet de savoir que Vaufrylard était un des innombrables surnoms que s'était donnés l'écrivain : dans les salons de Mme Sabatier, « l'Ange » de Baudelaire, Flaubert ne se faisait appeler que « sire de Vaufrylard ». Comme les peintres primitifs, Flaubert glisse malicieusement sa propre représentation dans un coin de la fresque : et voilà pourquoi, quoique peintre, le dénommé Vaufrylard, dont la bonne humeur blagueuse paraît complètement déplacée en la circonstance, ne se manifeste finalement qu'à travers des *calembours*, c'est-à-dire des jeux de mots littéralement non transposables en images.

Par définition, le cryptage est discret : comme Dieu ou l'auteur, c'est son invisibilité qui lui permet d'agir partout. Dès lors, comment le repérer ? Partons de l'idée que, même sous la forme négative et avec cette modalité d'opacification qui lui sont propres, le secret reste avant tout un acte de communication : si j'occulte quelque chose dans un message, c'est pour faire le tri entre mes destinataires, mais avec l'intention de m'adresser à un décrypteur potentiel, c'est-à-dire en réalité en surdéterminant par défaut la relation de communication sans la démentir. Le secret peut être défini comme un phénomène atypique et sélectif du flux communicationnel. Si c'est le cas, chaque type de secret pourrait être caractérisé, localisé et identifié par son appartenance dominante à l'une des fonctions de communication qui structurent tout énoncé : destinateur, code, contexte, message, canal, destinataire. Cette approche paradoxale pourrait s'avérer fort éclairante mais jusqu'à un certain point seulement. Même menée de manière exhaustive et détaillée, l'exploration de ce schéma de communication du secret ne suffirait pas, évidemment, pour donner du cryptage une image exacte et complète. Le secret tel que le conçoit Flaubert ne se résume pas à un acte de communication pour trois raisons qui n'en font peut-être qu'une et qui obligent à reformuler le problème en amont et en aval de la seule opérativité du cryptage : la littérature vise la transmission (une communication du message dans le futur, sans limite) ; le cryptage est coextensif à des processus d'écriture qui prennent naissance dans l'avant-texte de l'œuvre et qui sont motivés par des déterminations complexes, au nombre desquelles le fantasme et l'interdit ; le secret du secret, c'est qu'il n'est peut-être pas l'occultation d'un sens initialement clair que l'écrivain s'emploierait à opacifier, mais au contraire la trace ou la rémanence d'une obscurité fondatrice à partir de laquelle s'opère le partage de toute lumière et sans laquelle la transparence la plus pure deviendrait navrante.

*
* *

Jakobson donne à la fonction de communication centrée sur le destinateur le nom de fonction « expressive » ou « émotive ». Toutes les modalités de la présence du moi s'y regroupent, de la confidence personnelle à l'intonation de la voix. C'est l'instance même de l'énoncé romantique. On sait la place – vide ou apparemment vacante – que lui réserve Flaubert dans sa poétique : à l'expression personnelle du moi, l'écriture est censée substituer une stricte impersonnalité. Mais Flaubert n'ignore pas que l'écrivain n'a rien d'autre à dire que sa propre expérience du monde et de la vie. L'impersonnalité n'est donc pas l'élimination de l'autobiographie, ni l'effacement de la mémoire et de l'expérience personnelle, mais leur transfiguration, leur métamorphose en un donné d'où a disparu en principe toute trace d'identification personnelle. Il serait facile de multiplier les exemples. J'en citerai seulement quelques-uns, en montrant qu'ils correspondent souvent à des traces cruciales de l'autobiographie et qu'ils font système : enfance, famille, chronologie personnelle, amours, amitié, maladie, expérience de la mort. Comme les pièces d'un puzzle, indéchiffrables séparément, forment une image précise lorsqu'on les rassemble, le roman contient, éparpillés en détails que le récit désassemble, tous les éléments biographiques dont la somme dessine la silhouette d'un individu singulier, Gustave Flaubert. C'est le cas, par exemple, dans ce récit par ailleurs volontairement dénué de repères historiques, de quelques références secrètes à une chronologie intime : si le bal au château de La Vaubyessard a lieu le jour de la Saint-Michel, c'est qu'il crypte la violente expérience existentielle du jeune Flaubert au château du Héron le jeudi 29 septembre 1836, jour de la Saint-Michel.

Même inscription autobiographique dans l'évocation amoureuse : le cachet portant la devise « Amor nel cor » qu'Emma offre à Rodolphe et avec lequel ce dernier scellera sa lettre de rupture, est la condensation symbolique en un objet cryptique des relations amoureuses de Flaubert et de Louise Colet : ils utilisent l'un et l'autre la devise dans leur correspondance intime depuis 1846, jusqu'à leur rupture en 1854 pendant la rédaction du roman. Le secret sera d'ailleurs dévoilé publiquement par Louise. Après la publication, Louise, furieuse d'avoir été éconduite, fait paraître dans la presse (*Le Monde illustré*, 29 janvier 1859) une pièce poétique venimeuse intitulée *Amor nel cor* dont le thème se donne comme autobiographique : une femme amoureuse dépense ses derniers sous pour offrir à son amant un cachet gravé de cette devise. Mais l'amant qui n'est qu'un cynique n'en fait aucun cas. La pièce s'achève sur ce quatrain : « Eh bien ! dans un roman de commis-voyageur/Qui comme un air malsain nous soulève le cœur,/Il a raillé ce don en une phrase plate/mais il garde pourtant le beau cachet d'agate. »

Arrêtons-nous un moment sur un autre secret, celui qui se cache derrière l'affreux échec de Charles opérant le pied-bot après s'être absorbé, nous dit le récit, dans le

« volume du docteur Duval ». C'est dans ce livre (*Traité pratique du pied-bot* [Paris : J.-B. Baillière, in-8°, 1839]) du docteur Vincent Duval que Flaubert est lui-même allé chercher sa documentation sur le sujet pour écrire le chapitre. On le sait par les notes manuscrites très précises qu'il a prises sur cet ouvrage et par la *Correspondance*. Or pourquoi Flaubert a-t-il choisi ce sujet – le pied-bot – plutôt que n'importe quoi d'autre pour mettre en scène l'incompétence de Charles, et cet ouvrage scientifique, plutôt que d'autres traités, pour sa documentation ? Dans le livre du docteur Duval, la soixante-huitième observation raconte le cas d'une demoiselle Martin qui avait été soignée par le docteur Flaubert, le père de l'auteur : « M. Flaubert voulut ensuite essayer de guérir le pied difforme ; le moyen qu'il employa consistait à tenir la jeune fille au lit, la jambe enfermée dans des attelles de fer, etc. Tout cela dura neuf mois ; enfin les parents de Mlle Martin, ne voyant pas d'amélioration dans sa position, se décidèrent à la faire revenir chez eux. » Sur ces entrefaites, Duval opère la jeune fille avec succès, et la guérit. Ce cas, rendu public par Duval en 1839 (Gustave qui avait dix-huit ans a dû en entendre parler), fut peut-être la seule grosse bévue de la carrière, brillante, du Dr Flaubert, mais elle avait été retentissante. Ce souvenir honteux, Flaubert fils n'hésite pas à s'en saisir pour un récit qu'il destine au public : comment ne pas y voir une manière de régler ses comptes avec la figure paternelle ?

Transformer le vécu en matériau de roman est une façon d'enrichir l'imaginaire : à ce compte, aucun souvenir, fût-ce le plus douloureux, n'est assez sacré pour échapper au processus de cryptage dans lequel on peut voir une sorte de recyclage. Mais le secret est ambivalent : d'un côté il désacralise en traitant l'intime comme n'importe quel autre composant du récit ; d'un autre côté il consacre et sauve, en donnant à l'éphémère du vécu le statut de l'inscription ou en exorcisant l'intolérable : on l'a vu avec la mise en scène narrative de la crise de 44, ou avec cette image inattendue du cercueil d'Emma oscillant « par saccades continues comme une chaloupe qui tangue à chaque flot », en mémoire d'Alfred Le Poittevin.

Ces cas de cryptage de la fonction émotive attestent assez que le secret littéraire peut toucher aux zones les plus intimes de la mémoire, que sa tension lui vient de ce risque même ; ils montrent aussi que l'inscription du secret contient souvent le maintien d'un indicateur minimal, d'un signal discret fait pour alerter le lecteur vigilant : une expression légèrement inattendue, comme le terme de *chaloupe* pour désigner un cercueil, ou une indication érudite comme la référence au livre du docteur *Duval*, ou un détail très précis qui attire l'attention comme la devise *amor nel cor,* etc. A la manière dont une infime anomalie du tissage peut arrêter le regard sur une étoffe parfaitement lisse, Flaubert s'amuse à disposer dans son texte d'infimes signes propres à déclencher circonspection et zèle herméneutique chez les lecteurs les plus curieux. Mais Flaubert pouvait-il souhaiter que ses secrets les plus intimes fussent déchiffrés ? Non, on peut le croire sur parole quand il dit que l'idéal pour un écrivain c'est que personne ne sache rien de son existence. Alors pourquoi a-t-il mis tant d'obstination à l'inscrire, cette vie singulière, à chaque carrefour de son récit ? Parce qu'il n'avait pas le choix : parce qu'un écrivain ne peut finalement jamais parler d'autre chose que de sa vie, mais aussi parce que, peut-être, c'est l'écriture elle-même dans tous ses aspects qui se trouve marquée au sceau de la fonction expressive. Ce lissé du style impersonnel dont la texture parfaite rend, ici et là, si sensible le fil d'un secret inséré dans sa trame, de quoi est-il fait ?

Pour Jakobson, qui pensait bien sûr à la communication orale plus qu'à l'écriture, l'une des principales manifestations de la fonction expressive était la mélodie de la voix. L'exemple qu'il choisit pour expliquer ce qu'il faut entendre par fonction centrée sur le destinateur est le cas d'un acteur qui, à Moscou, consacrait tout un spectacle à jouer les différentes intonations – dramatique, enjouée, sensuelle, menaçante, etc., plus de cent au total – avec lesquelles on peut dire : « Ce soir ». Et il est vrai que le grain de la voix, le souffle, le rythme d'une élocution attestent aussi singulièrement l'identité d'une parole que les tracés autographes constituent l'équivalent d'une griffe personnelle. Comme on reconnaît un proche à son écriture (une simple adresse sur l'enveloppe et je sais de qui est la lettre), une voix, c'est toute la personne. Mais alors, comment interpréter la technique flaubertienne du « gueuloir » si ce n'est comme l'inscription de cette signature vocale dans la substance même de l'écrit : comme un redoublement de cette expression du moi que constituait déjà le tracé autographe ? une sorte d'autobiographie orale qui persistera alors même que le manuscrit aura laissé place au livre typographié ? Prenons-y garde : si Jakobson ne s'est pas trompé, la fonction expressive chez Flaubert n'est pas seulement présente ici et là sous la forme de secrets autobiographiques savamment cachés dans le récit, elle est présente et agissante partout : son secret est d'être coextensive au style même. Le crible oral du gueuloir qui sélectionne les rythmes et chasse les assonances, induit les coupes de souffle au mépris de la syntaxe, crypte la mélodie de la voix dans le déroulé musical des mots, contient beaucoup plus qu'un simple polissage de surface. Ce n'est pas la patine que le sculpteur de prose passerait sur ses textes coulés dans le bronze pour leur assurer un lustre final : le gueuloir exerce son pouvoir structurant et sélectif très loin en amont du manuscrit définitif, à l'étape des brouillons, c'est-à-dire au moment où la phrase qui se dessine reste encore en formation. Le travail de textualisation à cette étape rédactionnelle, Flaubert le dit clairement dans ses lettres, est un travail physique : « noircir du papier » et brailler le texte au point d'en avoir « les poumons en feu ». La voix et la main : ce que le fil de la plume enregistre et fixe à l'aide de la rature et du fameux « tiret » de ponctuation, c'est une performance orale. C'est le corps de Flaubert qui bat dans ses phrases. Une fois fixée par la typographie, la scansion du texte ne sera peut-être jamais plus interprétable par personne avec l'intonation, les accents et les pauses que Flaubert lui a donnés en le créant, mais il en constituera pour toujours la *partition* offerte au lecteur. Le cryptage expressif de la voix dans le style a pour destin de se renverser en une injonction conative : au lecteur de faire à son insu l'expérience secrète du gueuloir pour redonner vie en lui à quelque chose de la voix de l'écrivain.

Il serait tentant, évidemment, d'examiner l'une après l'autre les instances du schéma de communication pour se demander ce que chacune d'elles met en jeu comme procédure singulière de cryptage : les secrets de la fonction phatique nous amèneraient à mieux saisir en quoi font système toutes ces occurrences par lesquelles Flaubert intègre à son récit les représentations de choses écrites et lues, dites et entendues, représentées et vues, composées et écoutées. Quant au cryptage du code, il nous conduirait sans doute, parmi bien d'autres secrets métalinguistiques, à réexaminer la question de cette présence massive des « idées reçues » dont la thèse de Marie Durel faisait apparaître une foison d'occurrences construites de longue main dans les brouillons, avec une gamme incroyablement étendue de modalités d'intégration qui vont de l'affichage le plus explicite au cryptage le plus secret dans l'épaisseur de la matière narrative. Sans parler de l'intertexte hugolien et du mythe d'Arachné dont de récentes recherches viennent de montrer la présence aussi insistante que secrète dans le roman...

Passons directement à la fonction référentielle, pour un cas de cryptage qui met en cause l'Histoire, le social et ses injustices, mais sous une forme très singulière : ici, le secret – son mode d'inscription et son enjeu – tient à l'incomplétude, à une sorte de *non finito* dont l'achèvement est délégué au lecteur. Il s'agit de la fameuse apparition de Catherine-Nicaise-Élisabeth Leroux dans le passage des Comices agricoles : « Alors on vit s'avancer sur l'estrade une petite vieille femme de maintien craintif et qui paraissait se ratatiner dans ses pauvres vêtements. Elle avait aux pieds de grosses galoches de bois, et, le long des hanches, un grand tablier bleu. Son visage maigre, entouré d'un béguin sans bordure, était plus plissé de rides qu'une pomme de reinette flétrie, et des manches de sa camisole rouge dépassaient deux longues mains, à articulations noueuses. (...) à force d'avoir servi, elles restaient entrouvertes, comme pour présenter d'elles-mêmes l'humble témoignage de tant de souffrances subies (...) » (*Madame Bovary*, II, 8).

Le portrait se termine par une phrase qui ne permet à aucun lecteur de douter de sa dimension symbolique : « Ainsi se tenait, devant ces bourgeois épanouis, ce demi-siècle de servitude. » Mais Flaubert dissimule dans sa description une autre image, cryptée et incomplète, qui élargit le symbole à un véritable message politique, pour autant, du moins, que le lecteur prenne la responsabilité d'achever lui-même le travail de symbolisation en complétant le tableau, c'est-à-dire en concluant. Dans la description des pauvres habits que porte la servante, deux couleurs se détachent : le bleu du tablier, le rouge de la camisole ; entre les deux, le regard se porte sur le « béguin » qui entoure son visage, mais dont Flaubert n'indique pas la couleur. Si vous imaginez cette coiffe en indienne brune ou de n'importe quelle autre couleur sombre, l'image est perdue ; si en revanche vous vous représentez le béguin en cotonnade blanche, le symbole devient éclatant. Avec son tablier bleu, son béguin blanc et sa camisole rouge, Catherine Leroux incarne une image sociale et politique de la France : la protestation muette des « damnés de la terre » contre le mensonge du drapeau de la République dévoyé par une royauté affairiste qui a confisqué la révolution de 1830 au profit des bourgeois. Bien d'autres détails de *Madame Bovary*, et non des moindres – à commencer par le fameux « Nous étions à l'étude… » –, participent de cette stratégie du cryptage référentiel non conclusif. *L'Éducation sentimentale* en approfondira encore le principe.

*
* *

Si la représentation visuelle est sans doute dominante dans le matériau narratif où s'accomplit le travail occulte du cryptage, Flaubert a fait de *Madame Bovary* un roman total dans lequel aucun registre de sensation ni aucun mode d'expression artistique n'est absent : sonorités, bruits, résonances, chant, polyphonie, musique y jouent un rôle de premier plan, au point que l'on pourrait extraire du récit une véritable « bande-son » continue. Parmi les grandes configurations sonores qui traversent le roman, un moment musical tient une place décisive dans le récit : la représentation, au théâtre des Arts de Rouen, de *Lucie de Lammermoor*, l'opéra de Donizetti créé en 1835, d'après le roman de Walter Scott, l'auteur favori d'Emma et de Gustave à l'âge de l'adolescence. On sait aussi que Flaubert avait assisté à une représentation de cette œuvre à l'Opéra de Constantinople, en revenant d'Orient, le 13 novembre 1850, peu avant de se mettre à la rédaction de *Madame Bovary*. Outre cette composante autobiographique, le choix d'introduire cet opéra dans la narration est motivé par des homologies entre les deux œuvres qui en font un cas de cryptage structural. Emma décide de quitter le théâtre à l'entracte juste après le célèbre sextuor qui l'a tant émue et qui constitue le finale du second acte, de telle façon que ce passage narratif occupe dans le roman exactement la même place que le sextuor dans la partition : il conclut la seconde partie de l'œuvre. Dans les deux cas, un coup de théâtre fait coïncider fiction et réalité : au retour imprévu d'Edgar lorsque Lucie vient d'être unie à Arthur répond la réapparition inopinée de Léon, amoureux secret d'Emma. Charles se plaint d'être privé du finale : « la suite promet d'être tragique ». Le lecteur, comme Charles, est donc dépossédé du troisième acte, celui de la folie et de la mort. Reste, en suspens, le titre de l'œuvre et sa menaçante homophonie (*l'amère mort*) qui projette son ombre sur ce qui va suivre immédiatement : la levée de rideau sur la troisième partie du roman. Les amours avec Léon ne feront que différer la grande scène tragique de l'acte 3, celle de l'égarement et du suicide, car huit chapitres plus tard, c'est Emma qui devra interpréter pour de bon le rôle final de Lucie, avec dans la bouche « cet affreux goût d'encre » dont le lecteur aura tout le loisir d'interpréter la polysémie cryptée.

Le cryptage qui installe le secret au cœur de l'écriture romanesque repose sur un clivage entre dessus et dessous, visible et invisible, sens propre et sens figuré, récit manifeste et récit latent, ou, comme le disait Montaigne, pensée de *devant* et de *derrière la tête*, mais selon une procédure qui doit rester elle-même dissimulée : qu'il y ait des secrets est un secret. Flaubert n'en démordra jamais. Et c'est une des raisons qui lui font trouver l'idée de « préface » si malencontreuse. A Paul Alexis qui lui demandait avis et conseils sur son dernier roman, Flaubert dira, peu de temps avant de mourir : « Dernière remarque : pourquoi initiez-vous le public aux dessous de votre œuvre ? Qu'a-t-il besoin de savoir ce que vous en pensez ? Vous êtes trop modeste et trop naïf. En lui disant par exemple que M. Mure n'a pas existé, vous glacez d'avance le bon lecteur. Et puis, que signifie "*le triomphe certain de notre combat*", dans la dédicace ? Quel combat ? Le Réalisme ! Laissez donc ces puérilités-là de côté. Pourquoi gâter des œuvres par des préfaces et se calomnier soi-même par son enseigne ! » (à P. Alexis, 1er février 1880).

Dix ans plus tôt, il avait fait la même remarque à Émile Zola, lequel ne lui demandait rien, après la lecture de *La Fortune des Rougon*, premier volume des Rougon-Macquart. Surtout si le livre est réussi, on ne doit *pas dire le secret* de l'œuvre : « Je viens de finir votre atroce et beau livre ! J'en suis encore étourdi. C'est fort ! Très fort ! Je n'en blâme que la préface. Selon moi, elle gâte votre œuvre qui est si impartiale et si haute. Vous y dites votre secret, ce qui est trop candide, et vous exprimez votre opinion, chose que, dans ma poétique (à moi), un romancier n'a pas le droit de faire » (à É. Zola, Paris, 1er décembre 1871).

Toute préface contient la menace d'un délit d'initié : anticiper sur la réception de l'œuvre en tirant par provision les bénéfices de son originalité avant sa mise sur le marché. Toute confidence d'auteur pouvant contribuer à la « réclame », l'idée peut s'avérer payante à court terme, mais au final l'opération de promotion n'aura pu s'accomplir qu'aux dépens de l'œuvre. Dire dans une préface comment il faut lire le récit qui suit, ce qu'il signifie, ce qu'il a de nouveau, ce n'est pas ajouter de la valeur symbolique à l'œuvre, c'est lui en soustraire. C'est éventer son mystère, donner des clés pour déchiffrer ce qui n'est plus qu'une parodie de secret, réintroduire la personnalité de l'auteur, se compromettre dans une promiscuité avec le contemporain qui pourra être utile au succès immédiat du livre mais en le rétrécissant au présent et à ses querelles vite dépassées. Que la question du secret soit explicitement posée par Flaubert au sujet des préfaces de romans nous indique un aspect majeur de ce qui se joue pour lui dans le cryptage : en vertu du fait qu'une poétique romanesque digne de ce nom interdit de distinguer entre fond et forme, chaque secret inscrit dans le texte d'un roman renvoie au secret de fabrication de l'œuvre tout entière. En faisant de sa préface un mode d'emploi, un « manifeste » où il explicite ses intentions et ses méthodes, le romancier reconstruit une opposition artificielle entre énoncé et énonciation, contenu et structuration, fin et moyen : il divise ce que le texte rendait indissociable, il extériorise et identifie ce que l'écriture avait rendu intérieur et non localisable. En explicitant le secret du roman, la préface « glace » le bon lecteur : elle bloque, dans le rapport du lecteur au texte, la liberté d'un jeu potentiellement infini au profit d'une prescription unilatérale des échanges entre fond et forme.

*
* *

Au total, quelles que soient les instances de communication auxquelles on peut ou non les rapporter, les secrets de l'écriture flaubertienne finissent tous par se fondre dans une seule et même polarité ouverte sur l'avenir : le cryptage conatif d'un lecteur idéal qui en devient légataire. Ce lecteur idéal est à la fois l'archi-lecteur critique, le lecteur professionnel de la littérature (le secret du texte, c'est ce qui justifie la glose et le commentaire) et le lecteur de l'avenir, pour la durée indéfinie de vie que l'histoire des civilisations offrira au texte, « aussi longtemps, dit Flaubert, que la langue vivra ». Le secret de l'œuvre n'est pas la somme des secrets qu'elle contient mais le produit non totalisable des interprétations que ces énigmes, mises en réseaux, rendent possibles en offrant au lecteur la liberté d'exercer pleinement son rôle de créateur : un nombre incalculable de relances inédites du désir herméneutique, l'espace d'un redéploiement sans fin de l'œuvre comme expérience de « l'inassouvissable ». Ainsi conçu, le secret de l'œuvre excède ce que peut en savoir lui-même l'écrivain. Et c'est pourquoi aucune préface, aucun commentaire d'auteur ne se justifie. L'*auctoritas* du texte ne peut légitimement s'exercer en dehors de son périmètre, dans la périphérie d'un paratexte : c'est de l'intérieur de l'œuvre, par les seules ressources du style que l'auteur a les meilleures chances d'échapper à la forclusion du temps. S'il cherche à indiquer la voie interprétative à suivre, en balisant ce qu'il estime être la route principale des significations, il condamne les chemins secondaires du sens, transforme en impasse ce que le futur aurait peut-être considéré, pour des raisons impensables dans le présent, comme les avenues royales de l'œuvre. Bref, en rompant le sceau du secret, le romancier ne s'arroge le droit de dire la vérité de l'œuvre qu'en privant le lecteur de sa liberté créatrice. En croyant révéler le secret de l'œuvre, en offrant les moyens de décrypter son texte, il donne bien au lecteur la carte d'accès à une crypte cachée, mais sans s'apercevoir que, par cette révélation, il vient de murer définitivement mille autres cryptes, pour la plupart de lui inconnues, où se dissimulaient des significations latentes, prêtes à éclore : « (...) Et puis, qui sait ? Chaque voix trouve son écho ! Je pense souvent avec attendrissement aux êtres inconnus, à naître, étrangers, etc. qui s'émeuvent ou s'émouvront des mêmes choses que moi. Un livre, cela vous crée une famille éternelle dans l'humanité. Tous ceux qui vivront de votre pensée, ce sont comme des enfants attablés à votre foyer. Aussi quelle reconnaissance j'ai, moi, pour ces pauvres vieux braves dont on se bourre à si large gueule, qu'il semble que l'on a connus, et auxquels on rêve comme à des amis morts » (à Louise Colet, Croisset, 25 mars 1854).

CHAPITRE 10

Nouer et dénouer le « nous »

A-t-on assez remarqué que les trois grands romans « modernes » de Flaubert sont, chacun à sa manière, construits sur l'affirmation d'une forme singulière du *nous*, et d'une façon trop clairement ordonnée, avec un soin trop concerté dans la mise en scène narrative et la déclinaison contrastée de ces différents « nous », pour que l'on puisse croire à un effet du hasard ?

Madame Bovary, première œuvre publiée de l'écrivain, commence littéralement par le mot « Nous », en donnant au pronom collectif la mission doublement stratégique d'introduire l'incipit du récit et d'être, dans sa carrière d'écrivain, le premier mot par lequel Flaubert décide de s'adresser au public : « Nous étions à l'Étude quand le Proviseur entra... »

Le grand roman politique de la maturité, *L'Éducation sentimentale,* qui commence sur une date (« Le 15 septembre 1840 ») choisit de s'achever comme *Madame Bovary* avait commencé : il se termine par un double « nous » conclusif (deux fois « C'est là ce que nous avons eu de meilleur ») : un « nous » remémoratif à très haut coefficient d'incertitude mais qui joue résolument le rôle d'un explicit par lequel l'Histoire, privée et collective, romanesque et sociale, se referme et laisse place au silence.

Quant au récit encyclopédique et comique de *Bouvard et Pécuchet*, qui constitue donc le dernier roman de Flaubert, il ne commence ni ne s'achève sur le moindre « nous », mais le « nous » y est présent plus que dans n'importe quel autre texte de Flaubert, et c'est l'histoire elle-même qui se trouve, de part en part, traversée par la question du lien fusionnel et dialogique entre les deux personnages dont les noms s'affichent comme un « nous » dans le titre même de l'œuvre. Qu'est-ce qui peut faire que deux esprits se rencontrent au point de pouvoir dire *nous* ? Que veut dire avoir la même idée ? « Tiens ! dit-il, nous avons eu la même idée, celle d'inscrire notre nom dans nos couvre-chefs. (…) Alors ils se considérèrent. »

Que signifie le fameux « Nous » par lequel commence *Madame Bovary* ? C'est le premier mot du roman : ce qu'il désigne donc sans médiation, comme une sorte d'a priori ou d'origine même de la fiction, c'est une solidarité entre le « moi » du narrateur qui prend la parole, et la figure d'une collectivité scolaire – la *classe* – à laquelle il a appartenu dans son enfance.

Derrière la figure de ce « Nous » qui désigne le narrateur et ses petits camarades à l'âge du collège, le lecteur n'a aucune difficulté à reconnaître l'image d'une classe d'âge (une génération qui est approximativement celle de l'auteur), mais aussi l'image d'une classe sociale (les enfants de l'élite bourgeoise). Et ce qui s'y inscrit, pour la suite du récit, c'est le pressentiment d'une logique fatale de l'exclusion.

Mais ce « Nous » pose deux problèmes. D'abord un problème génétique et symbolique : dans l'histoire de la rédaction, qui a duré près de cinq ans, Flaubert ne décide de l'afficher en tête de récit qu'*in extremis*, juste avant la publication du roman. Pourquoi cette décision tardive, et sous quel effet ? Ce « Nous » pose aussi un problème de stabilité ou de viabilité narrative : le pluriel collectif qui introduit le roman n'est pas seul, il prolifère dans les tout premiers moments du récit, il s'y installe même par une dizaine d'occurrences, mais localement et provisoirement, comme une instance narrative volatile et éphémère. Pourquoi, tout en lui accordant une position ostentatoire, Flaubert décide-t-il de le passer à la trappe presque aussi vite qu'il l'avait fait apparaître ? Pourquoi cet escamotage du nous, et comment ?

Les scénarios développés du roman montrent que Flaubert a choisi assez tôt d'introduire un nous dans les premières pages de son récit, mais à titre d'abord de simple indice social et culturel. Le « Nous » apparaît discrètement dans le troisième état du scénario général, pour la scène initiale de présentation du petit Charles Bovary au collège, à la faveur d'un simple ajout marginal : « *esprit – il était en dehors de* nous. *lit Télémaque & Anquetil* » (...) « *gaucherie portrait physique fait rire en classe – récréation peu de* notre monde intellectuel » (f°9r°). Ce que Flaubert découvre ici, c'est la possibilité par ce « Nous » de synthétiser un collectif autobiographique et socio-historique à fort coefficient symbolique : le nous scolaire d'une classe du collège royal de Rouen, derrière lequel se profile le nous communautaire d'une classe tout court, au sens social et discriminatoire du terme.

Ce « nous », ce sont les enfants de l'élite bourgeoise (qui composent la grande majorité des classes du collège) face à un petit pauvre de la campagne, immédiatement marginalisé. Comme tel, le *nous* renvoie à un rituel scolaire (le bizutage attendu du « nouveau ») et à la disproportion du rapport de force entre un groupe intégré et un individu isolé venu de l'extérieur : le *nous* s'éprouve d'abord dans le rejet de l'intrus.

Il renvoie aussi à une opposition sociale violente entre deux mondes culturels. D'un côté, « notre monde intellectuel » : les élèves du collège royal de Rouen, tous fils de famille, lecteurs de Hugo, Walter Scott, Byron, Shakespeare, Cervantès, etc., tous « enfants du siècle », tous déjà écrivains en herbe, plus ou moins capables, comme l'auteur lui-même, d'écrire cette scène de l'arrivée du nouveau ; et d'un autre côté, face à ce collectif bien constitué, la figure solitaire du petit paysan inculte et obtus qui n'appartient à aucun « monde intellectuel », qui ne sait même pas ce que pourrait signifier l'idée de « monde intellectuel », qui débarque au collège en sachant à peine lire, qui fait rire par ses gaucheries campagnardes et qui potasse aveuglément ses manuels scolaires pour ne pas être renvoyé.

Petit à petit, Flaubert donne toute son ampleur à cette hypothèse narrative en installant plusieurs occurrences du « nous » dans les trente premiers paragraphes du roman : exactement 10 marques de cette première personne du pluriel : 8 « nous » et 2 « nos », qu'il distribue, de façon d'ailleurs très inégale, dans les 6 premières pages du roman.

Ce « nous » a une dimension autobiographique évidente. Il suffit pour s'en convaincre de relire ce que Flaubert, à l'âge de cinquante ans écrira au sujet de ce « nous » du collège de Rouen, en hommage à son vieux copain Louis Bouilhet qui vient de mourir : « (…) on n'était pas seulement troubadour, insurrectionnel et oriental, on était avant tout artiste ; les pensums finis, la littérature commençait, et on se crevait les yeux à lire au dortoir des romans (…). Nous méritions peu d'éloges, certainement ! mais quelle haine de toute platitude ! quels élans vers la grandeur ! quel respect des maîtres ! comme on admirait Victor Hugo ! » (*Préface aux dernières chansons*).

Comme dans *Le Livre posthume* de Maxime Du Camp, qui s'ouvre sur une scène assez comparable, le début de *Madame Bovary* met en scène à la fois un regard tendre et nostalgique de l'écrivain sur ses années de collège, et le scénario implicite d'une logique sociale qui broie les destinées ; une logique dont le narrateur, en s'associant personnellement au principe d'exclusion, accepte une part de responsabilité.

Une responsabilité d'autant plus fortement affichée que, d'une position d'abord annexe et digressive, ce « nous » finit, dans le texte publié, par devenir le premier mot du récit, prenant ainsi une place symbolique considérable qui lui assure une portée narrative à l'échelle de l'œuvre tout entière.

Cette question implicite de la responsabilité est probablement au cœur du processus qui a conduit Flaubert à une décision d'écriture assez brutale juste avant la publication, en 1856 : réécrire la première phrase de l'incipit, sous l'effet de l'explicit qu'il vient de rédiger.

Au départ, cinq ans plus tôt, quand Flaubert, à peine revenu d'Orient, rédige les premiers paragraphes de son récit, en octobre 1851, la figure du « nous » est d'emblée présente, les scénarios prérédactionnels le prouvent, mais pas avec la forme ostentatoire que va lui donner sa position de premier mot du roman. Au contraire, le « nous » gardait quelque chose de discret, sa présence quoique affirmée restait presque subliminale, et tous les brouillons, y compris les plus avancés faisaient commencer le récit par la formule : « Une heure et demie venait de sonner à l'horloge du collège, quand le Proviseur entra dans l'étude... » Plusieurs occurrences du « nous » étaient bien en place, dans les premiers paragraphes du récit, de part et d'autre de la fameuse scène de « la casquette », pour faire de la première journée au collège de Charles Bovary un véritable calvaire : une sorte de chemin de croix orchestré par ce « nous » laissait bien pressentir pour le héros une vie difficile.

A cette étape de la rédaction, où l'histoire ne commence pas encore par « Nous », le roman se termine de façon morose : devenue orpheline, la petite Berthe est envoyée « aux écoles gratuites », ce qui n'est pas un début fameux dans l'existence, mais ce qui laisse tout de même un peu d'espoir. Mais, cinq ans plus tard, quand Flaubert en arrive aux dernières pages, il est obligé de le reconnaître : l'histoire-fiction qu'il raconte, et l'Histoire contemporaine, celle de l'Empire autoritaire que la fiction doit finir par rejoindre, ont toutes les deux évolué dans le sens d'un pessimisme historique beaucoup plus marqué que dans les scénarios. La rédaction de l'explicit va déduire une sanction sociale beaucoup plus lourde. Non seulement Emma s'est suicidée, non seulement Charles est mort de chagrin, mais la malédiction sociale désormais ne laisse aucune chance à la petite Berthe. Le roman se termine donc – au présent comme prévu – mais par une exclusion radicale de la seconde génération : la petite Bovary n'a même plus la possibilité d'être marginalisée comme une fille de pauvre dans un collège d'État ; elle commence sa vie en partant travailler à la fabrique à l'âge de douze ans.

Or, tout est là : c'est dans le prolongement de cet explicit, au moment où il vient de donner forme à la dernière page du roman, et sous l'effet de cette aggravation, que Flaubert décide d'installer ce fameux « Nous » en position d'incipit. L'opération a lieu *in extremis*, sur le manuscrit du copiste. Conformément au manuscrit définitif de la première partie du roman, mis au propre par l'auteur en 1852, le copiste avait écrit :

> « Une heure et demie venait de sonner à l'horloge du collège, quand le Proviseur entra dans l'Étude... »

Flaubert barre toute la première phrase et écrit :

> « Nous étions à l'Étude lorsque le Proviseur entra... »

Les incipit les plus célèbres trouvent souvent leur forme définitive dans l'impatience d'un ultime repentir : le petit arc électrique qui ne peut s'allumer qu'après coup, sous l'effet magnétique de l'œuvre tout entière. Ce sera par exemple le cas chez Proust pour le « Longtemps je me suis couché de bonne heure... » : une modification de dernière minute, réalisée à la faveur d'une correction post-rédactionnelle sur les épreuves corrigées du roman.

Donc le « Nous » qui ostracise le petit Charles Bovary dans l'incipit est finalement affiché en tête de texte, sous l'effet de l'explicit qui enregistre une aggravation de ses dernières conséquences dans l'histoire. Évidemment, le lecteur a tout oublié de ce « Nous » lorsqu'il en arrive à la dernière page du récit : et d'autant plus facilement que ce « Nous » initial n'a pas fait long feu. Mais si le lecteur ayant lu les derniers mots du roman, en refermant le livre, revient par curiosité à la première page, il tombe dessus, inévitablement. Et là, forcément, par l'effet rétrospectif, il est un peu obligé de se poser des questions. Au moins, une question : celle de la responsabilité historique de ce « Nous ».

Au fond que cherche à nous dire Flaubert ? Que les illusions romantiques ont fabriqué une société sans pitié qui envoie les enfants à l'usine. Que ce petit « monde intellectuel », ce « nous » littéraire dont les jeunes fils de la bourgeoisie étaient si fiers dans les années 1830, a servi d'écran de fumée et de machine à stéréotypes pour masquer une autre histoire : la marche vers une dictature politique et la construction d'un univers social glacé où c'est l'intérêt personnel le plus immédiat, la bassesse et la bêtise qui peuvent maintenant, en toute impunité, dire « nous » et qui triomphent.

Or, Flaubert, ou plutôt son narrateur, se trouve personnellement impliqué sous la forme d'un « Je » : grammaticalement, le « Nous » de l'incipit, c'est « moi » + « les copains de la classe ». Mais ce « Je » qui endosse une partie de la responsabilité de l'histoire, qui est-il réellement ? Dès la sixième page du roman, le fameux « nous » se volatilise, et le « je » du narrateur avec lui. Où sont passés les copains du « je » ? Pour ce qui est des copains, rien de plus naturel que leur disparition : elle était programmée. Ils se sont dispersés comme il arrive toujours : après les années de formation, le « nous » scolaire éclate et disparaît en se disséminant dans le tissu social. Chaque ancien membre du « nous » tient son rôle social et professionnel en devenant acteur anonyme de l'histoire. Ce qui est plus bizarre, c'est la disparition du « moi » qui était inclus dans ce nous. Car si le roman continue, comment le « je » du narrateur pourrait-il disparaître ?

C'est ce que nous allons voir avec les péripéties de la toute dernière occurrence du « nous » mis en récit au début du roman. Le montage imaginé par Flaubert est assez complexe. Il faut en reconstituer le développement minutieusement. Sur les dix marques du « nous » qui sont disséminées par Flaubert dans les six premières pages du roman, neuf, on l'a vu, sont concentrées dans les trois premières pages, avec une répartition déjà très inégale puisque le texte commence sous le régime de la saturation (6 « nous » et 2 « nos » dans les 6 premiers paragraphes). Puis le récit bifurque pour laisser place à la scène de « la casquette », relativement développée (une dizaine de paragraphes), où le « nous » communautaire et discriminatoire est mis en scène, et même avec violence, mais sans être littéralement exprimé. Juste après cette scène de la casquette, le « nous » refait surface dans une évocation qui conclut cette première journée de Charles au collège. Toujours affecté d'un fort coefficient d'ostracisme, ce « nous » conclusif prend la forme d'un regard. C'est le *nous* voyeuriste de la petite collectivité qui observe, avec mépris et stupéfaction, cet olibrius de nouveau occupé à faire ses devoirs (c'est moi qui souligne) :

> « Le soir, à l'Étude, il tira ses bouts de manches de son pupitre, mit en ordre ses petites affaires, régla soigneusement son papier. *Nous* le vîmes qui travaillait en conscience, cherchant tous les mots dans le dictionnaire et se donnant beaucoup de mal. »

Dans le récit, cette évocation est immédiatement suivie par un assez long flash-back digressif de quinze paragraphes qui nous raconte la petite enfance de Charles, ses origines familiales et tout ce qui lui est advenu avant cette première journée. Ce retour en arrière, assumé clairement par le narrateur, et de la manière la plus classique qui soit, se boucle lui-même par un retour à la chronologie antérieure du récit. On revient à la case départ, à la période où Charles est arrivé au collège : « Six mois se passèrent encore ; et, l'année d'après, Charles fut définitivement envoyé au collège de Rouen où son père l'amena lui-même, vers la fin d'octobre, à l'époque de la foire Saint-Romain. »

Arrivé à ce point de la narration, le lecteur est prêt à reprendre tranquillement le fil de l'histoire où on l'avait laissé, en s'intéressant aux vicissitudes du personnage, à sa vie au collège et à ses années de formation. C'est d'ailleurs exactement ce qui se passe, mais moyennant la médiation d'une phrase intercalaire qui semble placée là pour rompre le charme narratif, et qui, à y regarder de près, constitue à plusieurs égards une véritable énigme. Bien entendu, c'est dans cette phrase intempestive que réapparaît pour la toute dernière fois du roman, et alors qu'on ne l'attendait plus du tout, le fameux « Nous » de l'incipit. Le texte dit exactement : « Il serait maintenant impossible à aucun de nous de se rien rappeler de lui. »

La phrase se comprend mieux, mais au total paraît encore plus bizarre quand on la replace dans son contexte ; cela donne : « (...) Charles fut définitivement envoyé au collège de Rouen où son père l'amena lui-même, vers la fin d'octobre, à l'époque de la foire Saint-Romain.

« Il serait maintenant impossible à aucun de nous de se rien rappeler de lui. C'était un garçon de tempérament modéré, qui jouait aux récréations, travaillait à l'étude, écoutant en classe, dormant bien au dortoir, mangeant bien au réfectoire... »

Qu'est-ce que ça veut dire ? A première vue, cela pourrait signifier que Charles était un élève tellement prévisible, si respectueux des consignes et finalement si transparent, que personne n'a gardé le moindre souvenir précis de lui. D'accord, on voit l'idée ; c'est un peu banal, mais ça se comprend. Sauf que la difficulté n'est pas là.

Le problème est : que signifient les expressions « maintenant » et « aucun de nous » ? Maintenant quand ? Aujourd'hui ? A l'heure où moi le narrateur je vous parle ? Mais qui parle si « aucun de nous », n'a plus la moindre idée de ce qu'était Charles ? Le terme « aucun » est clair : quand on dit « aucun », c'est le grand nettoyage par le vide, il n'y a pas de reste. « Aucun de nous » comprend forcément chacun sans exception des individus qui composaient le « nous ».

Mais alors, cet « aucun de nous » est une aporie dévastatrice qui risque de ne rien laisser debout derrière elle. Si de tous ceux qui étaient présents à ce moment-là, plus aucun, y compris le narrateur, n'a gardé le moindre souvenir au sujet de Charles, quel crédit moi, le lecteur, puis-je accorder à ce qu'on me raconte ? Et d'ailleurs où est-il, à quoi ressemble-t-il, celui qui raconte ?

En même temps, il y a bien forcément quelqu'un qui se souvient, et ça ne peut être que le narrateur, puisque l'histoire que je suis en train de lire depuis six pages, et qui va se poursuivre encore pendant 400 pages, c'est précisément celle de Charles.

Donc le narrateur ment : en fait, il se souvient. Ou bien le narrateur dit la vérité : il n'en a plus la moindre idée, il n'était pas là, et ce qu'il raconte est une pure fiction, il invente. C'est son droit de narrateur. Mais s'il invente en disant « nous », comme si lui et ses copains de l'époque pouvaient témoigner de la véracité du récit, là, c'est certain, il ment. Il se prend lui-même en flagrant délit de mensonge en disant : « Il serait maintenant impossible à aucun de nous de se rien rappeler de lui. »

S'agit-il d'un syllogisme à la Zénon ? Une de ces formules contradictoires et autodestructrices qui vous mettent les neurones à la masse ? Oui, et même pire que cela, si l'on prend le texte au pied de la lettre. Parce qu'en réalité, à bien y réfléchir, il n'y a qu'un seul élève de la classe qui, en dépit de tout, risque quand même d'avoir gardé quelques souvenirs assez précis de Charles Bovary à cette époque : c'est Charles lui-même.

Et si c'était lui qui se cachait derrière la figure insaisissable du narrateur ? Charles qui parlerait de lui-même à la troisième personne, comme si de rien n'était, en faisant mine d'appartenir à ce « nous » qui l'avait rejeté. En se noyant dans la masse de ce nous pour mieux en dénoncer la cruauté, pour exposer les injustices dont il avait été victime. Exposer est une vengeance, disait Flaubert. C'était donc Charles, et le voilà démasqué.

L'idée serait amusante, mais elle ne colle pas du tout avec l'autre anomalie de la phrase : le « maintenant » du dernier « nous », qui oblige d'ailleurs à réviser la chronologie de la toute première occurrence. En fait, on le comprend avec ce « maintenant », quand le narrateur brise le silence pour commencer à dire « Nous étions à l'Étude... », le drame est déjà consommé : Emma est suicidée et enterrée, Berthe est à l'usine, et Charles ne peut plus s'amuser à jouer incognito le rôle du narrateur : il est mort. Tout ce passé ne se déploie qu'à partir d'un véritable présent.

Quelle est la vérité de ce présent ? Quand le texte dit « Il serait *maintenant* impossible à aucun de nous », à quelle actualité veut-il nous renvoyer ? Au présent explicite que l'on rencontre par-ci par-là dans le roman, par exemple, au début de la deuxième partie du roman, quand Flaubert décrit Yonville avant que Charles et Emma n'arrivent pour s'y installer ? Ou encore à ce présent métadiscursif, qui émerge un peu plus loin, dans ce même chapitre 1 de la deuxième partie, quand le narrateur, discrètement transfiguré en « On », nous dit, en parodiant la voix balzacienne : « Depuis les événements que l'on va raconter, rien, en effet, n'a changé à Yonville. Le drapeau tricolore de fer-blanc tourne toujours au haut du clocher de l'église ; la boutique du marchand de nouveautés agite encore au vent ses deux banderoles d'indienne ; les fœtus du pharmacien, comme des paquets d'amadou blanc, se pourrissent de plus en plus dans leur alcool bourbeux, et, au-dessus de la grande porte de l'auberge, le vieux lion d'or, déteint par les pluies, montre toujours aux passants sa frisure de caniche. »

Chacun sait ce qu'il faut penser du « on » chez Flaubert : c'est la voix inassignable de la population, de la rumeur, du préjugé, de l'idée reçue, l'autre nom de Homais (« l'homme »), la pourriture du cliché qui est rivée à la langue commune. Le présent que désigne le « maintenant » est celui d'un temps actuel où le « Nous » factice du début a laissé place à un « on » franc et massif. Il n'y a plus de narrateur, c'est le réel qui est aux commandes.

Donc le présent est celui de la rédaction finale, ou celui de la sortie du roman en librairie, c'est-à-dire le présent référentiel de l'histoire collective, tel qu'il fait irruption dans l'explicit. Et l'actualité immédiate de cet explicit est d'autant plus flagrante que le passage au présent dans les dernières lignes se fait, sans la moindre transition, avec la plus extrême brutalité stylistique, sur le dos de la petite Berthe :

> « Quand tout fut vendu, il resta douze francs soixante et quinze centimes qui servirent à payer le voyage de Mlle Bovary chez sa grand-mère. La bonne femme mourut dans l'année même ; le père Rouault étant paralysé, ce fut une tante qui s'en chargea. Elle est pauvre et l'envoie, pour gagner sa vie, dans une filature de coton.
> Depuis la mort de Bovary, trois médecins se sont succédé à Yonville sans pouvoir y réussir, tant M. Homais les a tout de suite battus en brèche. Il fait une clientèle d'enfer ; l'autorité le ménage et l'opinion publique le protège.
> Il vient de recevoir la croix d'honneur. »

Le « je » du premier « nous » a pris la tangente pour se retourner contre ses anciens alliés. Son regard s'est désolidarisé de son petit monde intellectuel d'origine. Il est devenu autonome. C'est le privilège de l'art. Mais en devenant autonome, le *je* est aussi devenu hypothétique et impersonnel : c'est son inexistence qui l'autorise à dresser le constat d'une responsabilité collective à laquelle l'auteur Gustave Flaubert n'échappe pas plus qu'un autre.

Au total, qu'est-ce que Flaubert cherche à nous faire comprendre ? Ce n'est pas un démocrate, et encore moins un philanthrope : inutile donc de s'imaginer qu'il veut prendre la défense des classes pauvres, et en l'occurrence de Charles : toute la suite du récit nous prouvera assez que Charles résume dans sa personne tout ce que Flaubert a le plus en horreur. Non, la cible de Flaubert, c'est le bon droit, la raison du plus fort, l'impunité de ceux qui construisent leur bonne fortune sur la misère des autres en se payant de mots, en enveloppant leur forfaiture dans un cliché, un article de journal ou dans un drapeau. Sa cible, c'est l'arrogance du consensus. N'oublions pas que beaucoup d'entrées du *Dictionnaire des idées reçues* datent de la rédaction de *Madame Bovary* : « *Vente :* acheter et vendre, but de la vie. *Bras :* pour gouverner la France, il faut un bras de fer. *Censure :* utile ! on a beau dire. *Fusillade :* seule façon de faire entendre raison aux Parisiens. »

*
* *

Et le « je » de l'homme-plume ? le moi-dada de l'écriture ? A quoi ressemble-t-il en ces années où Flaubert est absorbé par la rédaction de *Madame Bovary* ? C'est un « je » qui se pose en s'opposant à tous les « ils » : les mauvais écrivains qui écrivent « à la remorque » de la société contemporaine, comme des « rouliers », ceux précisément dont Maxime Du Camp citait l'exemple pour exhorter Gustave à se « faire une place » parmi les « gens de lettres ». Eux ce sont les chevaux de trait attelés aux voitures de commerce de la littérature industrielle :

« Quand on ne peut pas entraîner la société derrière soi, on se met à sa remorque, comme les chevaux du roulier, lorsqu'il s'agit de descendre une côte ; alors la machine en mouvement vous emporte, c'est un moyen d'avancer. On est servi par les passions du jour et par la sympathie des envieux. C'est là le secret des grands succès et des petits aussi. Arsène Houssaye a profité de la manie rococo qui a succédé à la manie moyen âge, comme Mme Beecher-Stowe a exploité la manie égalitaire. Notre ami Maxime, lui, profite des chemins de fer, de la rage industrielle, etc. Mais nous, nous ne profitons de rien. Nous sommes seuls. Seuls, comme le Bédouin dans le désert » (à Louis Bouilhet, Croisset, 30 septembre 1855).

Face à ces chevaux de trait, reste le « nous » des *alter ego*, le nous farouche des « Bédouins » sur leurs nerveuses montures arabes : Gustave et l'ami Louis Bouilhet – qui a remplacé Maxime le renégat. S'il faut absolument publier, où le faire ? Sûrement pas dans ces maisons de Presse qui ressemblent à des omnibus, en devenant un des chevaux de trait au milieu de l'attelage. Non, seul, en tilbury, c'est-à-dire en volume, chez un éditeur digne de ce nom : « Je sais bien qu'on ne peut publier nulle part, à l'heure qu'il est, et que toutes les revues existantes sont d'infâmes putains, qui font les coquettes. Pleines de véroles jusqu'à la moelle des os, elles rechignent à ouvrir leurs cuisses devant les saines créations que le besoin y presse. Eh bien ! il faut faire comme tu fais, publier en volume, c'est plus crâne, et être seul. Qu'est-ce qu'on a besoin de s'atteler au même timon que les autres et d'entrer dans une compagnie d'omnibus, quand on peut rester cheval de tilbury ? » (à Louise Colet, Croisset, 31 mars 1853).

Dans une lettre à la même Louise, rédigée en pleine nuit, après une grande journée de travail sur le passage des Comices agricoles, Flaubert écrit : « J'ai *la tête en feu*, comme il me souvient de l'avoir eue après de longs jours passés à cheval. C'est que j'ai aujourd'hui rudement chevauché ma plume. J'écris depuis midi et demi sans désemparer (sauf de temps à autre pendant cinq minutes pour fumer une pipe, et une heure tantôt pour dîner). Mes comices m'embêtaient tellement que j'ai lâché là, pour jusqu'à ce qu'ils soient finis, grec et latin » (à Louise Colet, Croisset, 12 octobre 1853).

L'œuvre qui se rédige, c'est donc toujours le cheval que l'on voudrait mener à grand train, qui renâcle devant les sentiers difficiles, la monture rétive qui s'arrête inopinément si vous ne lui tenez pas ferme la bride sur le cou, qui peut vous vider des étriers au premier faux pas, ou que le voyageur peut faire mourir sous lui à force de gravir des pentes impossibles. Question de nerfs : c'est la monture ou le cavalier. Au milieu des affres de la rédaction, en reprenant son rythme après une grosse période de découragement, Flaubert écrit en 1854 : « Je crois que me voilà renfourché sur mon dada. (...) J'ai fait cette semaine trois pages et qui, à défaut d'autre mérite, ont au moins de la rapidité. Il faut que ça marche, que ça coure, que ça fulgure, ou que j'en crève ; et je n'en crèverai pas » (à Louise Colet, Croisset, 25 février 1854).

Le dada de l'écriture, c'est une affaire de vie ou de mort. Précisément parce qu'il n'y est question que de la vie. Parce que ce dada contient la formule magique qui permet de porter la vie à son plus haut point d'énergie et d'incandescence. Ce qui se joue dans ce corps-à-corps avec la plume-cheval, c'est le style. Et, pour Flaubert, ça ne fait pas de doute, le style, ce qui anime le « dada de l'écriture », l'énergie qui soulève la puissance des mots, c'est l'érection :

> « Les chevaux et les styles de race ont du sang plein les veines, et on le voit battre sous la peau et les mots,

depuis l'oreille jusqu'aux sabots. La vie ! la vie ! bander, tout est là ! C'est pour cela que j'aime tant le lyrisme. Il me semble la forme la plus naturelle de la poésie. Elle est là toute nue et en liberté. Toute la force d'une œuvre gît dans ce mystère, et c'est cette qualité primordiale, ce *motus animi continuus* (vibration, mouvement continuel de l'esprit, définition de l'éloquence par Cicéron) qui donne la concision, le relief, les tournures, les élans, le rythme, la diversité. »

A Louise Colet, Croisset, 15 juillet 1853.

Il y avait donc une solidarité secrète entre les trois paradis du proverbe arabe : « sur le dos des chevaux, dans le fouillement des livres ou entre les deux seins d'une femme ». Et il était parfaitement inutile de choisir : le dada de l'écriture les contient tous les trois. Le style – la puissance même de l'œuvre – n'est rien d'autre que la tension du désir rendue communicable. Quand Flaubert explique qu'il aime les phrases « qui se tiennent droites », de quelle rectitude veut-il parler ? De la droiture morale et de la fermeté intellectuelle que l'impersonnalité donne au lyrisme, sans aucun doute, mais aussi, beaucoup plus directement, de l'énergie sexuelle que la langue aspire et s'applique à rendre inaltérable sous la forme de phrases parfaites et irrévocablement dressées : l'afflux de sang qui donne au membre en érection sa dureté, sa solidité, sa rigidité, bref la monumentalisation d'un désir saisi dans sa plus extrême distension, un quart de seconde avant l'orgasme. Il va de soi que l'analogie équestre contient son propre rapport d'échelle, qui n'est pas sans effet sur l'imaginaire de cette monumentalité. Le *Dictionnaire des idées reçues*, par antiphrase malicieuse, le suggérera au second degré : « érection : ne se dit qu'en parlant des monuments ». Mais l'essentiel de l'analogie tient dans l'idée de propagation ou de délégation érotique.

Si le texte est une partition, tout le charme de ce désir suspendu consistera à se transmettre intact au lecteur comme un *motus animi continuus*, un ébranlement permanent de l'âme : l'explosante fixe d'un désir saisi à l'instant où il va franchir le seuil de son assouvissement.

Voilà donc ce que serait secrètement le miracle de la prose, tel que le rêve Flaubert : un *sex toy* scriptural digne de l'Olympe, capable d'offrir d'inassouvissables joies à ceux qui sauront s'en servir. Mais pour que le jouet soit parfait, il faut encore que l'artiste ait eu le loisir de lui donner forme à travers sa propre expérience créatrice, envers et contre tout. Car pour bien bander, l'artiste doit aussi savoir bander tous ses muscles, et aller de l'avant sans craindre les blessures : « Le génie, comme un fort cheval, traîne à son cul l'humanité sur les routes de l'idée. Elle a beau tirer les rênes et, par sa bêtise, lui faire saigner les dents, en hocquesonnant tant qu'elle peut, le mors dans sa bouche. L'autre, qui a les jarrets robustes, continue toujours au grand galop, par les précipices et les vertiges » (à Louise Colet, Croisset, 27-28 février 1853).

CHAPITRE 11

L'invention du flou (1857-1863)

La rédaction de *Madame Bovary* à peine terminée, le 30 avril 1856, Flaubert se met à la recherche de nouveaux projets. En mai et juin, il réunit des notes sur le Moyen Age pour une *Légende de saint Julien*, qu'il garde finalement dans ses cartons pour plus tard : il l'écrira en 1875. Parallèlement, il tâche de remanier *La Tentation de saint Antoine* de 1849, en reprenant le plan et le détail des tirades dans une seconde version beaucoup plus courte. Il y travaille jusqu'en septembre, sans être sûr d'aboutir à un texte parfait pour « ce livre qu'il ne faut pas rater ». Théophile Gautier en publie quelques passages dans *L'Artiste* (21 et 26 décembre 1856, 11 janvier et 1er février 1857), mais lors du procès de *Bovary*, ces fragments sont cités à sa charge. Persuadé que l'œuvre le mènerait à nouveau devant les tribunaux, et qu'elle ne serait pas comprise par le public de son roman, Flaubert renonce à la publier. Comme *La Légende*, le projet refera surface une vingtaine d'années plus tard, dans une version toute différente, en 1874. Visiblement, Flaubert cherche un sujet aussi différent que possible des réalités modernes et occidentales de son précédent roman, avec une attirance pour les antiquités orientales qui le hantaient déjà pendant la rédaction de *Madame Bovary* : « (...) je suis entraîné à écrire de grandes choses somptueuses, des batailles, des sièges, des descriptions du vieil Orient fabuleux » (à Louise Colet, Croisset, 2 janvier 1854). La décision ne traîne pas puisque, un mois après son acquittement, dès mars 1857, Flaubert se trouve déjà plongé dans les recherches sur « Carthage ». La rédaction de ce qui deviendra *Salammbô* commence en septembre 1857, après cinq mois de lectures et de documentation sur l'Afrique du Nord et les Antiquités carthaginoises. A cette date, comme il en avait déjà eu l'illusion en commençant *Madame Bovary*, Flaubert pense pouvoir terminer son texte en un an : en retrouvant l'inspiration épique et les fastes imaginaires de son écriture de jeunesse, pourquoi ne repartirait-il pas au galop ? La rédaction ne sera achevée qu'en 1862, après cinq années de travail où l'écrivain découvre au contraire de nouvelles raisons impérieuses d'opter pour la lenteur.

Ces cinq années de rédaction seront l'une des périodes les plus mondaines de la vie de l'écrivain. Fidèle aux décisions prises en 1851, Flaubert reste bien résolu à s'isoler à Croisset, mais sans renoncer aux plaisirs de la capitale. Au fond, quoi de plus agréable que cette alternance entre les brillantes et sulfureuses soirées de la capitale et la sérénité des nuits de travail, loin de tout, dans l'impérieuse solitude de la tour d'ivoire ? Depuis octobre 1855, pour ses séjours parisiens de plus en plus fréquents, Flaubert a pris en location un petit appartement au 42, boulevard du Temple. Le procès et le succès de *Madame Bovary* font de lui un écrivain à la mode. On l'invite, il se lie avec des hommes de lettres : Sainte-Beuve, Charles Baudelaire, Ernest Feydeau, les frères Goncourt « ses bichons », Henry Monnier, Paul de Saint-Victor, le marquis de Chennevières, Aurélien Scholl, en restant fidèle à ses vieilles amitiés comme Louis Bouilhet ou Théophile Gautier. Quant à Maxime Du Camp, ils sont sérieusement brouillés depuis l'affaire des coupures dans la *Revue de Paris*. De toute façon, l'ami Maxime n'est pas là : il est parti rejoindre les troupes de Garibaldi pour aider à la naissance de la République en Italie. C'est le dernier « must », il ne pouvait pas ne pas en être ; mais l'aventure n'est pas sans danger, et malgré toute sa rancune, Flaubert, sans le dire, n'est pas rassuré. Leur réconciliation n'en sera que plus chaleureuse, en 1860. Mais Flaubert fréquente aussi, et très assidûment, le milieu des petites actrices comme Suzanne Lagier et toujours la charmante Béatrix Person, les demi-mondaines comme Marie-Jeanne Detourbay (qui se fera appeler Jeanne de Tourbey) et le salon « trop gai » d'Apollonie Sabatier, la « Présidente », celle que Baudelaire appelle « l'Ange et la Madone », et dont tout Paris connaît la beauté depuis qu'elle a posé nue pour *La Femme piquée par un serpent*, un marbre du sculpteur Clésinger, gendre de G. Sand. Les séjours de Flaubert en Normandie sont éclairés par d'autres jeunes femmes non moins aimables : la comtesse de Grigneuseville, Amélie Bosquet, une romancière féministe, admiratrice de G. Sand, qu'il rencontre en 1859, et, chaque jour, à Croisset même, Juliet Herbert, la jolie préceptrice anglaise dont il est fou amoureux et qui le lui rend bien. Quand « Miss Juliette » finit par rentrer en Grande-Bretagne, c'est contre la promesse de se retrouver aussi souvent que possible, à Londres ou à Paris, secrètement.

*
* *

Les premiers mois de la rédaction de « Carthage » ne vont pas sans peine. Le sujet ressemble à un défi et l'enthousiasme. Le plan n'est pas facile à combiner, mais le « roman dont l'action se passera trois siècles avant Jésus-Christ » flatte sa passion pour l'Antiquité, tout en le laissant libre d'imaginer puisqu'il s'agit de « ressusciter » une civilisation sur laquelle l'archéologie sait encore peu de chose. D'autre part, l'histoire des religions le fascine depuis toujours et le couple des divinités Moloch-soleil et Tanit-lune lui paraît propice pour introduire dans le roman historique les éléments d'une véritable conversion du genre en faisant du symbole la matière même du récit. Ce sera l'occasion de donner toute leur place aux vertigineuses découvertes de la mythographie allemande, comme *La Symbolique* de Creuzer, traduite par Guigniaut, ou française comme *L'Origine de tous les cultes* de Dupuis. Et puis, Flaubert a la sensation qu'enfin le sujet sera à la mesure de ses aspirations stylistiques : « C'était à Mégara, faubourg de Carthage, dans les jardins d'Hamilcar. » Les phrases éblouissantes sont là, mais l'écriture se bloque. Très vite, Flaubert le visuel comprend qu'il ne pourra pas aller plus loin sans disposer d'une idée précise de ces lieux qu'il lui faut décrire. Il a besoin de « voir » le pays. Tout heureux de retrouver l'aventure du voyage en Orient, l'écrivain quitte Paris le 12 avril 1858 pour un voyage de près de deux mois. Il descend à Marseille, où il ne peut s'empêcher d'aller refaire un tour du côté de l'hôtel Richelieu, rue de la Darse, lieu saint de ses ébats adolescents avec la brûlante Eulalie ; puis, le 16, il prend la mer à bord de *L'Hermus*. Il débarque à Philippeville et continue en diligence jusqu'à Constantine et, le 24, arrive à Tunis. De là, il visite les ruines de Carthage, toute la région du littoral, l'ouest de la Tunisie, les zones limitrophes en Algérie, consignant chaque détail de son repérage dans un calepin, dont il s'empresse de repasser à l'encre les notes prises sur place au crayon, dès son retour à Croisset le 9 juin :

150 pages de choses vues, ruisselantes de couleurs et de ces visions « floues » que la rédaction transformera en un formidable médium de la représentation. Le roman est « entièrement à refaire » mais, maintenant, il « voit ». Au passage, il s'est aussi offert une sérieuse cure d'oxygène.

Si l'idée de *Salammbô* a tenté si vite Flaubert après la lourde rédaction sédentaire de *Madame Bovary*, c'est qu'elle contenait la formule magique de l'ailleurs et la promesse d'une belle dépense physique. Avant même de savoir quoi que ce soit de son futur projet, Flaubert, rivé à sa table de Croisset, se sent des envies furieuses de nature sauvage et de vie au grand air, c'est-à-dire, bien sûr, à cheval : « D'ailleurs ces premiers beaux jours me navrent. (...) Il me prend des mélancolies sanguines et *physiques* de m'en aller, botté et éperonné, par de bonnes vieilles routes toutes pleines de soleil et de senteurs marines. Quand est-ce que j'entendrai mon cheval marcher sur des blocs de marbre blanc, comme autrefois ? Quand reverrai-je de grandes étoiles ? (...)

« L'inaction musculaire où je vis me pousse à des besoins d'action furibonde » (à Louise Colet, Croisset, 4 avril 1854). Le dada de l'écriture est une vocation, une manière de vivre, mais *vivre* ne peut consister à rester confiné dans le vase clos de ses ratures pendant des mois et des années. Le plaisir de s'y replonger suppose aussi quelques occasions de s'en extraire. Au fur et à mesure que s'allonge la rédaction insensée de son récit normand, Flaubert ne cesse de s'en convaincre : il faudra être plus circonspect, à l'avenir, dans le choix de son sujet. Le principe de précaution donnera donc « Carthage » : une idée parfaite à tous égards puisque la bibliographie est presque nulle sur le sujet, et que le site est à portée de paquebot en moins de trois jours de traversée... Qu'il ait eu ensuite besoin très sérieusement de partir en repérage au Maghreb, personne ne le contestera : il lui fallait

« voir » le pays ; mais il n'y a pas besoin d'être grand clerc pour soupçonner que, dans les circonstances, la cause de la littérature tenait aussi de l'alibi : pour passer d'un dada à l'autre. D'ailleurs, l'enthousiasme équestre avec lequel il parle de son départ à ses amis ne trompe personne : « Il faut absolument que je fasse un voyage en Afrique. Aussi, vers la fin de mars, je retournerai au pays des dattes. J'en suis tout heureux ! Je vais de nouveau vivre à cheval et dormir sous la tente » (à Mlle Leroyer de Chantepie, Paris, 23 janvier 1858). Une fois sur place, indiscutablement, Flaubert s'en est donné à cœur joie, et même au-delà du raisonnable, jusqu'à l'épuisement. A Ernest Feydeau qui se plaignait de ne plus avoir de ses nouvelles il avoue : « Tu es bien aimable de m'écrire, mais je suis *éreinté* et franchement, si tu ne veux pas ma mort, n'exige pas de lettres. J'ai cette semaine été à Utique, et j'ai passé quatre jours entiers à Carthage, pendant lesquels jours je suis resté quotidiennement entre huit et quatorze heures à cheval » (à Ernest Feydeau, Tunis, samedi 8 mai 1858).

Rentré depuis longtemps à Croisset et plongé le plus sérieusement du monde dans le silence du cabinet, Flaubert n'en finit pas de caracoler, au moins en esprit : « Ça ne va pas trop mal pour le quart d'heure. Mais je me livre dans le silence du cabinet à de si fortes gueulades et à une telle pantomime, que j'en arriverai à ressembler à Dubartas, qui, pour faire la description d'un cheval, se mettait à quatre pattes, galopait, hennissait et ruait. Ce devait être beau ! » (à Louis Bouilhet, Croisset, 5 octobre 1860). Dans ces conditions, il était prévisible que les chevaux, dans *Salammbô*, seraient traités avec les plus grands égards. C'est le cas, puisque Flaubert, dans son récit, les consacre à rien moins qu'à Eschmoun, au soleil. Elles seront donc mal venues, les réflexions désobligeantes que ce prétentieux de Froehner jugera bon d'adresser publiquement à Flaubert, entre cent autres vétilles, sur les chevaux carthaginois : où avez-vous vu que des chevaux aient jamais eu le moindre rapport avec le soleil ? ricane l'archéologue. Maladroit. La réponse sera cinglante : « Vous vous ébahissez (...) des chevaux consacrés au Soleil. "Ces détails (vous en êtes sûr) ne se trouvent dans aucun auteur ancien, ni dans aucun monument authentique." (...) Quant aux chevaux, je ne dis pas qu'il y en avait de consacrés à Esculape, mais à Eschmoun, assimilé à Esculape, Lolaüs, Apollon, le Soleil. Or je vois les chevaux consacrés au Soleil dans Pausanias (livre 1er, chapitre I), et dans la Bible (Rois, livre II, chapitre XXXII). Mais peut-être nierez-vous que les temples d'Égypte soient des monuments authentiques, et la Bible et Pausanias des auteurs anciens. (...) Rassurez-vous, monsieur ; bien que vous paraissiez effrayé vous-même de votre force et que vous pensiez sérieusement "avoir déchiqueté mon livre pièce à pièce", n'ayez aucune peur, tranquillisez-vous ! Car vous n'avez pas été cruel, mais... léger » (à Monsieur Froehner, rédacteur de *La Revue contemporaine*, Paris, 21 janvier 1863).

Si Flaubert part à Tunis, avant toute autre raison, pour retrouver l'Orient et les courses à cheval, il se munit tout de même d'un élégant carnet anglais « Henry Penny's » dans lequel il prévoit de prendre des notes de repérage. Et il en prend consciencieusement : sur le site de Carthage, un peu ; sur la topographie de la région, un peu aussi ; beaucoup plus sur la Tunisie moderne, la lumière, les couleurs du ciel, les paysages, la société des colons et la vie quotidienne des Arabes. Toutes ces notations lui seront utiles pour la rédaction de son roman carthaginois, y compris les plus improbables comme ses notes sur la colonisation française : plusieurs détails montrent que Flaubert s'est amusé à crypter dans son récit antique des allusions à la politique contemporaine de la France au Maghreb. Mais ce qui fait, pour Flaubert, l'originalité de ce carnet de voyage et tout le prix de cette expérience sensorielle de l'Afrique du Nord, ce n'est finalement aucune de ces notes en particulier : c'est la vision qui s'en dégage. La vision, ou, pour mieux dire, la nouvelle esthétique visuelle qui s'y invente, le jeu focal dont Flaubert découvre toute la puissance en observant : la beauté propre du vague, le génie du flou.

A première vue, l'idée de vague ou de flou s'accorde assez mal avec ce que nous savons de l'art de Flaubert. On l'imagine plutôt en proie à l'exigence presque obsessionnelle de la netteté : une documentation approfondie, des enquêtes de détail, une programmation minutieuse de la rédaction, un formidable travail de l'écriture (jusqu'à quinze ou vingt réécritures successives de la même page) qui vise expressément l'exactitude de l'expression, l'économie et la précision de la forme. Le grand art, dit-il, est « scientifique » et la science, à l'âge expérimental, n'a pas grand-chose à voir avec le flou artistique. Mais quand Flaubert parle de « science », il se réfère surtout à ce que nous appellerions les « sciences de l'homme et de la société ». Malgré l'émergence de nouvelles figures, comme Claude Bernard, l'idée de « science » vers 1860 ne correspond pas vraiment à ce que nous entendons aujourd'hui par ce mot : le « savant », ce n'est pas encore le mathématicien ou le physicien, encore moins le biologiste ou le chimiste (dont les champs sont en pleine redéfinition), mais le « philologue », l'historien des langues et des civilisations, le spécialiste des mythes et des religions, l'archéologue. Quand Flaubert cherche à définir son idéal esthétique, le modèle qui lui vient à l'esprit est celui d'un mur de l'Acropole, d'une structure pure dont la précision architecturale contient une sorte de principe d'exactitude :

> « Je me souviens d'avoir eu des battements de cœur, d'avoir ressenti un plaisir violent en contemplant un mur de l'Acropole, un mur tout nu (celui qui est à gauche quand on monte aux Propylées). Eh bien ! je me demande si un livre, indépendamment de ce qu'il dit, ne peut pas produire le même effet. Dans la précision des assemblages, la rareté des éléments, le poli de la surface, l'harmonie de l'ensemble, n'y a-t-il pas une Vertu intrinsèque, une espèce de force divine, quelque chose d'éternel comme un principe ? »
>
> A George Sand, Paris, 3 avril 1876.

Ce que réaffirme la jouissance du regard devant ce « mur tout nu », c'est l'attirance instinctive de Flaubert pour la pureté structurale, c'est-à-dire pour la dématérialisation. Mais – tout le paradoxe est là – ce goût pour la dématérialisation implique une attention soutenue à la substance formelle de l'objet, à ce qui le « compose » indépendamment de ce qu'il peut vouloir dire : puissance structurale plutôt que suggestion symbolique, voilà le renversement que Flaubert, sur le modèle de ce mur, appelle de ses vœux pour définir les nouvelles ambitions de la littérature romanesque.

Ce qui est beau comme un *analogon* formel, dans le mur de l'Acropole, c'est l'absence totale d'ornementation : l'absence de figures renvoie le regard à l'unité constructive de la paroi, c'est-à-dire au rapport vertigineux entre le morcellement des blocs jointifs qui le constitue et l'absolu « poli » de sa surface qui s'impose à l'œil comme une étendue sans solution de continuité. Ce mur est simplement mur. Aucune fioriture décorative ou illustration figurative n'égare l'œil et la pensée vers autre chose que ce qu'il est, et dès lors le regard peut se perdre dans le mirage de sa forme, se faire attentif à la fois à l'exactitude des assemblages, au vide presque imperceptible des joints, à l'incertitude des relations qui se jouent entre la beauté individuelle de chaque fragment et la beauté supérieure de cette fusion où s'annule la singularité de chacun dans le « poli de la surface ». Un ou multiple, identique ou dissemblable en chacun de ses points, continu ou discontinu, le mur comme le texte font échec à une conclusion claire et définitive sur ce qui fait leur harmonie.

Comment garantir le refus de conclure sans mettre en œuvre l'empire du problématique ? Le défi de l'écriture, c'est de saisir et de restituer avec précision le caractère approximatif des choses, la labilité du devenir, l'obscurité des relations entre un passé qui est nécessairement le brouillon du futur et un avenir qui ne sera jamais le texte définitif d'un autrefois révolu. Il y a un équivalent palingénésique du flou, c'est l'heure « entre chien et loup », le « crépusculaire » dont on ne sait, en l'éprouvant, s'il faut l'interpréter comme la fin d'un jour ou l'annonce d'une aurore : l'heure où l'oiseau de Minerve prend son envol. A l'écrivain de comprendre ce moment comme médiation, dans son coefficient d'incertitude : « notre base n'est pas fixe (...). Je vois un passé en ruines et un avenir en germe, l'un est trop vieux, l'autre est trop jeune, tout est brouillé. Mais c'est ne pas comprendre le crépuscule » (à Louis Bouilhet, Damas, 4 septembre 1850). Écrire, c'est installer l'incertain au cœur même de l'exactitude. Telle que la définissait Flaubert à cette date, la poétique de l'indiscernable est à la fois littéraire et politique : en septembre 1850 ce qu'il entrevoyait de Damas, c'était l'entrée de la France dans la nuit, l'imminence du coup d'État. Comprendre et reproduire ce crépuscule-là sera l'objet même de *L'Éducation sentimentale*, quinze ans plus tard. Le roman n'est rien s'il n'est pas capable de contenir en lui-même les antinomies et les métamorphoses qui structurent notre perception du réel. Mais avant de pouvoir les évoquer par le charme des mots, encore faut-il avoir eu, pour l'écrivain, la faculté de les voir, mentalement, mais avec la plus grande précision, comme le peintre voit le modèle qui pose devant lui.

Écrire, chez Flaubert, présuppose toujours l'ascendant et le préalable d'une vision. Au moment de rédiger *Hérodias*, il dira : « je *vois* (nettement, comme je vois la Seine) la surface de la mer Morte scintiller au soleil » (à Caroline, Croisset, 17 août 1876). Lorsqu'il écrit cette phrase, Flaubert est à Croisset, pas à Machaerous. La netteté de sa vision dérive du fantasme, d'une rêverie dirigée avec laquelle il s'emploie à créer les conditions mêmes de la rédaction : le scénario mental du récit sur lequel sera bâti le plan. A ce stade, certaines représentations sont aussi nettes que si elles émanaient de la réalité physique, d'autres restent plus flottantes et noyées dans une sorte de halo, mais les images les plus abouties restent labiles et suspendues à un vertige : elles ne s'imposent qu'avec l'évidence impondérable des mirages. C'est cette magie de l'incertain, cette dimension probante de la suggestion qu'il s'agit pour Flaubert de fixer avec la plus grande efficacité possible dans une prose qui deviendra capable, à son tour, de provoquer chez le lecteur une sorte de rêverie ou d'illusion visuelle aussi puissante que l'hallucination. Au fur et à mesure de la rédaction, ce qu'il pouvait y avoir d'approximatif dans les représentations initiales va gagner en détermination, mais selon une distribution subtile où la pertinence ne s'identifie pas toujours à la simple clarté : telle image trouvera sa force dans un certain bougé qui la brouille, une autre dans l'aveuglante précision de ses contours, une troisième par la coexistence d'un détail net dans un ensemble flou. Bref, la représentation est inséparable chez Flaubert d'un jeu permanent sur la « mise au point ». Tantôt l'optique sera réglée sur une vision quasiment photographique de l'objet, tantôt la focale optera délibérément pour une esthétique du vague, avec tous les degrés intermédiaires qui permettent de passer insensiblement de l'une à l'autre : c'est cette gamme d'optiques interchangeables qui permet d'introduire dans la représentation l'équivalent d'une véritable profondeur de champ qui complexifie les rapports entre les différents plans de l'image. C'est également cette échelle de mises au point variables qui va animer la cinétique des visions, leur enchaînement, leur syntagmatique. Tout comme l'œil de celui qui observe, le regard que simule l'écriture ne doit pas tout voir avec le même degré de clarté : au style d'alterner le certain et l'incertain selon les nécessités et les contingences du récit.

Or voilà ce que Flaubert découvre en Afrique : bien avant d'être l'effet du style, et avant même de s'éprouver dans la vision mouvante d'un scénario mental, ce coefficient d'incertitude réside dans la chose même qu'il s'agit d'observer, dans la topographie des lieux, la lumière, les formes, les objets, le détail des choses. Le vague est dans le « document », dans l'étendue référentielle elle-même : c'est là qu'il s'agit de le recueillir comme matière première de l'écriture littéraire. Les notes d'Afrique enregistrent un moment clé de la genèse de *Salammbô*, mais décalé : une expérience de dénégation du déjà-écrit, un recul qui va permettre la refondation du projet en donnant naissance à un nouveau processus de conception et de rédaction. Flaubert part en Afrique pour échapper à une situation de blocage rédactionnel – l'écriture de *Salammbô*, commencée en septembre 1857, s'enlisait – et il revient de son voyage avec la solution. Dans ses débuts, le projet rédactionnel avait souffert d'une contradiction presque insurmontable entre l'étude documentaire, précise et rigoureuse, et la vocation onirique de son sujet. Flaubert revient de son voyage en possédant la formule qui permet de concilier l'exactitude du savoir référentiel et la densité imaginaire de la chose vue, en les métamorphosant l'une et l'autre, par la médiation de l'incertain, du vague et du rêve.

Les notes d'Afrique, d'avril-mai 1858, présentent beaucoup d'analogies avec celles du voyage en Orient de 1849 à 1851 : Flaubert y observe surtout le Maghreb moderne avec une curiosité ethnographique et un sentiment anticolonial affirmés ; il y observe aussi le Maghreb antique (les ruines puniques et romaines) en se souvenant tout de même qu'il était venu pour cela ; mais les notes sont pleines également, comme pour l'Égypte, d'observations sur les matières, la nature, les ciels, la météorologie, les animaux, les paysages, enregistrées pour le simple plaisir, ou par provision, indépendamment de toute préoccupation documentaire. Mais à la différence du voyage de 1849-1851, Flaubert est ici en mission d'enquête rédactionnelle et cette situation professionnelle se traduit par quelques différences notables : une présence moins affirmée de l'Orient érotique (à quelques exceptions près, tout de même) et une certaine abondance des notes topographiques, croquis, repérages et relevés panoramiques visiblement destinés aux futures descriptions du roman. Au total, pourtant, ces notes d'Afrique expriment surtout le plaisir du dépaysement, une jouissance physique de la liberté et, dans la perception très visuelle de cet ailleurs, quelque chose comme une conversion du regard. Flaubert y fait la découverte de la couleur pure, et cinquante ans avant l'éblouissement de Paul Klee, ses notations ressemblent à s'y méprendre à celles d'un peintre attentif à la richesse chromatique de l'environnement et de l'atmosphère. Dans ce bain de lumières et de tonalités, l'observation flaubertienne se transforme, capte l'évidence sensorielle de nouveaux liens possibles entre nature et histoire, entre nature inanimée et nature vivante, et redéfinit les conditions mêmes de l'observation. Flaubert découvre dans le flou le principe d'une unité qui ne serait pas seulement relative au vague d'un regard, mais qui se situerait au cœur même des choses, ou du moins au centre des relations entre les choses et leur représentation.

Il est assez difficile, et pour cause, de donner une définition précise du vague et du flou. Leur signification ne peut être approchée, indirectement, qu'à la faveur d'un système d'oppositions multiples. Le flou ou le vague, c'est l'indéfinissable par opposition au défini, ce qui résiste à la différenciation, le vertige du similaire. Le vague a quelque chose à voir avec cette anomalie qu'est la « ressemblance » dans la dialectique du même et de l'autre : le flou d'un feuillage où chaque feuille est différente et cependant presque identique selon la formule de Leibniz, dans sa théorie des indiscernables. D'un côté, la netteté de ce qui ne bouge pas et que l'on peut saisir avec précision : l'immobile, le solide, le fixe, le matériel, le tangible ; de l'autre, ce dont les formes en mouvement ou dénuées de compacité ne cessent de se métamorphoser : le vaporeux, l'inconsistant, le mobile, l'intangible, l'immatériel. D'un côté, le précis et le net, de l'autre, l'imprécis, l'approximatif. Au domaine du clairement délimité, de l'objet qui se détache nettement sur un fond, s'oppose l'empire du confus, de l'impossible à cerner, le règne des choses aux contours mal définis. C'est en jouant sur toutes ces significations que le mot « vague » trouve dans les œuvres de Flaubert une utilisation assez insistante : 23 occurrences dans *Madame Bovary*, et 23 également dans *L'Éducation sentimentale*. Mais l'idée de « vague » serait incomplète sans ce que nous rappelle son étymologie. Le vague (*vaguus* en latin classique), c'est aussi le *vacuus*, le vacant, la friche (terrain vague), l'espace inhabité, le « rien » sur lequel Flaubert voulait précisément que repose son « livre » idéal : le vide qui sépare les entités stellaires, l'étendue d'une dérive dans l'infini. A cette idée de vide s'associe également l'idée d'errance, avec, dans la langue de Dante, une association seconde entre imprécision, mouvance et grâce, glissement, incertitude et harmonie : *vago*, en italien évoque à la fois le vide, le fluide et la beauté du flou, ce qu'il y a de séduisant dans la mobilité et l'inconsistance d'une forme, comme la silhouette d'une femme ou la palpitation d'une étoile.

Nomade, hostile aux frontières et à l'enracinement, rêveur, mobile et insaisissable, semblable à la fumée ou aux nébulosités changeantes du ciel, le vague s'accorde pour Flaubert à l'image de la liberté, aux forces de résistance contre l'idée reçue, la norme, la pesanteur, la passivité, la réification. Étrangement, le vague est peut-être aussi lié, pour Flaubert, à une position politique dont une des expressions les plus anciennes est son sentiment « pro-arabe », qui lui vient des années de jeunesse romantique et sur lequel il s'exprime en pleine période de conquête coloniale française. Ses convictions anticoloniales s'appuient sur un idéal caractérisé par le refus des frontières, une méfiance native envers l'idée de patrie locale ou nationale, le rêve d'une citoyenneté mondiale, l'admiration des civilisations nomades, la haine de l'impérialisme occidental. A sa maîtresse Louise Colet qui s'enthousiasmait naïvement des succès militaires de la France au Maghreb, Flaubert réplique de manière cinglante, en 1846, dans une de ses toutes premières lettres : « Quant à l'idée de la patrie, c'est-à-dire d'une certaine portion de terrain dessinée sur la carte et séparée des autres par une ligne rouge ou bleue, non, la patrie est pour moi le pays que j'aime, c'est-à-dire celui que je rêve, celui où je me trouve bien. (…) et je ne me réjouis nullement de nos victoires sur les Arabes parce que je m'attriste à leurs revers. J'aime ce peuple âpre, persistant, vivace (…) qui, aux haltes de midi, couché à l'ombre, sous le ventre de ses chamelles, raille en fumant son chibouk notre brave civilisation qui en frémit de rage. Où suis-je ? où vais-je ? (…) en Orient, le diable m'emporte ! Adieu ma sultane ! » (à Louise Colet, Croisset, 13 août 1846). Loin de s'évanouir, ces convictions anticolonialistes, tout à fait exceptionnelles à cette époque, ne feront chez Flaubert que se renforcer jusqu'à la fin de sa vie, et il les transmettra le moment venu à son fils spirituel, Guy de Maupassant.

Le rêve d'un Orient mobile et libre est la métaphorisation d'une aspiration personnelle au voyage, à la libération : un idéal dans lequel Flaubert pressent quelque chose d'universel. Le grand voyage en Orient de 1850 qui lui offre l'expérience de cet affranchissement, Flaubert l'a déjà ressenti comme un contact direct et décisif avec l'espace même du vague. Il y découvre que le vague et le flou ne sont pas seulement des valeurs spirituelles, mais que la nature elle-même repose sur ce principe de mobilité et de fugacité. Sur la terre d'Afrique, en 1858, Flaubert retrouve les deux espaces d'élection du vague : le désert, à la fois vide et mobile, qui se présente comme le fond d'un décor et le lieu de toutes les métamorphoses, et le ciel, fait à la fois d'azur, de fumée, de nuages, d'espace et de vibration. La première substance esthétique du flou, c'est la météorologie, la vaporeuse et insensible transformation des aspects du ciel :

> « Jeudi 7 mai. Notes prises au clair de lune. Lever du soleil, vu de Saint Louis : d'abord, deux taches, celle du jour levant, à droite ; la lune sur la mer, à droite ; le ciel un peu après devient vert très pâle et la mer blanchit sous

le reflet de cette grande bande vague, tandis que la tache que fait la lune sur la mer se salit. La bande blanc-vert d'eau gagne dans le nord, la mer s'étend orange pâle, il n'y a plus que très peu d'étoiles, fort espacées ; toute la partie sud et ouest de Carthage est dans une blancheur brumeuse, la prairie de La Goulette se distingue, les deux ports, les montagnes violet-noir très pâle, estompées de gris, le Corbus est plus distinct ; quelques petits nuages dans la partie blanche du ciel, au-dessus de la bande orange ; un navire (barque de pêche ?) comme une grosse mouette – noire – du côté de Tunis le ciel gris de perle et les montagnes violet-brun. le ciel est d'un bleu extrêmement doux. (...) Le mont Corbus est estompé d'une brume violette et tout en général. La partie est du ciel est maintenant rosée ; ce qui domine immédiatement la ligne de l'horizon, blanchâtre et comme poudreux. Derrière le Cobus, d'autres montagnes très indécises... »

Carnet de voyage 10, f°34-36v°

Ce plaisir de noter, minute après minute, les plus infimes métamorphoses du ciel, à l'aurore et au crépuscule, Flaubert en avait pris l'habitude en Égypte, par simple passion des couleurs prises au piège somptueux de l'éphémère. En se replongeant dans cette expérience plastique du vague, Flaubert fait plus que retrouver une expérience de jouissance chromatique : il convertit sa perception en véritable dispositif d'enquête et d'écriture. Mais le flou qu'il redécouvre en Afrique résulte aussi d'une sorte d'horizon d'attente, d'une certaine disponibilité présente en lui dès les premiers moments de son voyage.

*
* *

Dans le compartiment du train qui le mène de Paris à Marseille, Flaubert se trouve confronté à trois passagers dont la conversation et l'aspect le dégoûtent. La première apparition du flou, au cours du voyage, est défensive : un écran de fumée et un brouillard de rêveries derrière lesquels Flaubert s'isole de la sottise et de la laideur qui l'environnent. Les volutes de la pipe font penser à celles du chibouk, à l'indépendance rebelle des nomades. Contre la pesanteur stupide et arrogante des idées reçues qui fusent à longueur de conversation, Flaubert se réfugie dans les circonvolutions de la mémoire (il va à Marseille, ville culte de ses premières amours), les bouffées aromatiques de son tabac et, par la fenêtre, entre les lambeaux de vapeurs de la locomotive, la clarté des étoiles : « Lundi 12 avril 1858. (...) Au chemin de fer (...) mes trois compagnons, bêtes de nullité : 1° blond, à pointe ; 2° vieux mastoc, blanc, collet de fourrure à son manteau ; 3° monsieur bien ; étant "du Nord" et s'occupant d'agriculture, il disserte sur les huiles. – La nuit est belle et les étoiles brillent, je fume et refume en retournant en moi toutes mes vieilleries. »

Flaubert arrive à Marseille le mardi 13 et y reste jusqu'au vendredi 16. Comme il l'avait fait en 1849 avant de s'embarquer pour l'Égypte, il arrive un peu trop tôt à Marseille, pour se laisser le temps de rendre visite à ses souvenirs, en premier lieu à Eulalie. Usure du temps, métamorphose des choses et des lieux : tandis que la mémoire érotique reste vive, c'est le décor réel qui s'effiloche, l'espace de référence qui devient vague : « Le lendemain, mercredi. (...) Je cherche et je retrouve l'hôtel de la Darse ; le rez-de-chaussée, ancien salon, est un bazar maintenant ; c'est le même papier au premier ! (...) Jeudi promenade au musée – Re-visite à l'hôtel de la Darse – les rues du vieux Marseille (...) – les murs des maisons s'effritent. »

Flaubert embarque vendredi 16 avril vers midi et, après une traversée houleuse, arrive le dimanche 18, au petit matin, en vue des côtes africaines. Sur le pont du navire, l'écrivain retrouve, comme à chacun de ses voyages en bateau, le pêle-mêle et le flou d'une foule de passagers : un spectacle où le détail curieux se détache sur des ensembles vagues de masses indistinctes. Le pont est une sorte de scène, le roulis du navire y mélange les gens, les choses et les couleurs pour en faire du gris : « A cinq heures, dimanche, je monte sur le pont (...). Un petit officier de cavalerie ressemble un peu à Pendarès. Une femme de chambre sylphide, avec un œil à demi clos, a été dans l'Inde : chapeau de soie puce, éreinté. Les émigrants sont (...) sous le capot, pêle-mêle ; les troupiers enveloppés dans de grandes couvertures grises, comme des cadavres. Le navire se balance et balance tout cela monstrueusement. » Flaubert se souviendra, six ans plus tard, de cette sensation de flou et de chaos ordinaire, pour le début de *L'Éducation sentimentale*, sur le pont du *Ville-de-Montereau*.

Même impression d'indistinct, vaguement morbide, dans les faubourgs de Constantine, devant le flou d'une masse humaine. Comme les soldats du contingent sur le bateau, le grouillement des corps se liquéfie en un camaïeu de couleurs éteintes, en nappes de salissures confuses : « Sous les remparts de Constantine, place grise, en pente, couverte d'Arabes. (...) Le terrain est très en pente, les hommes font de longues masses blanc sale flottant ; ce qu'il y a de plus brun, ce sont les visages, les bras et les jambes, cela est d'une pauvreté et d'une malédiction supérieures. (...) Ce sont d'anciens habitants rejetés hors de la ville. » L'image reviendra dans *Salammbô* pour évoquer les « parias », la masse indifférenciée des exclus de Carthage, les damnés de la terre punique qui sont relégués hors des murs de la ville.

En montant sur le pont du navire, avant de débarquer en Afrique, Flaubert avait remarqué qu'il y avait là un « petit officier de cavalerie » qui ressemblait « un peu à Pendarès ». La notation serait anodine si la présence du flou, dans les notes d'Afrique, ne se trouvait associée à une présence insistante du thème de la ressemblance. Les calepins fourmillent de formules du type « cela a l'air de », « on dirait », « ça ressemble à », « ça rappelle », « cela imite », etc. Flaubert observe et la ressemblance lui sert à identifier, à préciser par rapprochements, par similarité. Mais le jeu des similitudes peut assez vite se renverser en redoublement du semblant, en « re-semblance », et servir à désigner ce qu'il y a d'indéfinissable dans l'analogie : la confusion des indiscernables, l'impossibilité même d'identifier. Ce phénomène devient troublant à force d'être récurrent dans les notes de Flaubert en Tunisie et en Algérie. Sur la route qui le conduit à Constantine, Flaubert remarque, à travers les flots de poussière soulevés par les roues de la diligence, que l'Afrique, à la lumière des lanternes, ressemble à s'y méprendre au Massif central : « La route est bordée de saules, les montagnes sont basses, cela ressemble au centre de la France ; la poussière obscurcit la lumière des lanternes, il fait très chaud, j'ai mal aux yeux. »

Loin d'aider à percevoir l'identité des lieux, cette constante impression de similarité brouille les repères. Flaubert est constamment confronté à du déjà-vu. Le Rummel lui rappelle Gavarnie et Saint-Saba ; à La Goulette, la promenade au Belvédère, dans les oliviers, lui donne la sensation de se retrouver en Palestine. Il y a un certain degré d'incertitude dans l'aspect des lieux, comme s'ils étaient la copie approximative d'autres espaces : l'ici et l'ailleurs se ressemblent. La poussière et les vibrations de la chaleur, en estompant le contour des choses, ajoutent à ce jeu comparatif spontané de l'esprit qui cherche à reconnaître le connu dans le nouveau. L'obscurité, la poussière et la chaleur affectent aussi directement l'organe de la vision : le flou, à certains moments, c'est aussi la difficulté physique d'accommoder, les larmes qui embuent le regard, l'inflammation des paupières, le grain de sable qui râpe la rétine...

Plus étranges que la ressemblance des panoramas, certains effets de similarité relevés par Flaubert dans ses notes finissent par associer l'humain et l'animal. C'est le cas par exemple du charmeur de serpents, à Bône : « En nous en retournant par le quartier maure, un Aïssaoua qui faisait danser des serpents ; vieux, en haillons, maigre ; ses dents canines supérieures très proéminentes, seules dents qui lui restassent, le font ressembler à une bête féroce. Il a tiré d'un sac deux serpents à tête plate. (...) le vieux, criant, gesticulait, tirait la langue et imitait le balancement des serpents qui se traînaient sur le ventre en faisant osciller leur tête. Le cercle des spectateurs, entièrement composé de Maures, était tout blanc-gris, et généralement la tête couverte. »

A cette confusion de l'humain et de l'animal où la ressemblance se joue, ici comme chez Lavater, tout à l'avantage de la bestialité, répond l'indistincte masse des spectateurs, avec un retour significatif de la couleur « blanc-gris », principe chromatique des ensembles flous. Les symptômes d'une contagion de la similarité ne s'arrêtent pas là : les notes de Flaubert mentionnent des ressemblances troublantes entre le vivant et l'inanimé. A Bône toujours, la nature par instants travestit les reliefs en créatures aux formes vagues qui pourraient facilement provoquer l'effroi ; un clair de lune voilé, le flou des brumes qui s'élèvent de la mer, l'obscurité, et voilà la mer qui se change en désert et les rochers qui lentement s'animent à la faveur de visions zoomorphes ou tératologiques : « La mer est douce, humide, claire, cependant la lune de temps à autre voilée (...). A notre droite, nous passons près des Deux-Frères, qui ont l'air de vagues éléphants ou d'hippopotames, de je ne sais quels monstres sortant de la mer ; ces grandes masses noires sont effrayantes sous la lune au milieu du désert des flots. »

Si ces créatures minérales restent « vagues », l'incertitude porte moins sur l'aspect que sur l'espèce ou la race : des éléphants ou des hippopotames, des pachydermes ou des monstres ? Le rocher devient mobile et réciproquement la surface de la mer se fige comme l'étendue aride d'un désert : quelque chose de vague dans la vision induit la ressemblance de l'eau et de la pierre, du solide et du liquide, de l'inerte et du mouvant, selon une mise en série de l'équivalence qui, de proche en proche, gagne tout le paysage. Un peu plus loin, ce sont les montagnes qui prennent la fluidité d'énormes masses aquatiques suspendues dans leur course et prêtes à engloutir le panorama : « Nous laissons la route d'Utique à droite et nous contournons les montagnes. (...) elles ont l'air de grandes vagues vertes retirées et qui vont s'abaisser et reprendre leur mouvement. »

Masse grise des corps qui ne composent plus qu'une nappe vaguement animée, ressemblance de l'humain et de l'animal, de l'inanimé et du vivant, du mobile et de l'immobile, du liquide et du solide : la similarité efface le contour des êtres et des choses, rend douteux les repères les plus rudimentaires. Rien d'étonnant, dans ces conditions, si le principe de ressemblance qui a déjà contaminé l'espace, franchit bientôt un degré supplémentaire pour s'épancher dans la quatrième dimension : le monde des représentations temporelles.

*
* *

Flaubert était venu en Afrique pour se documenter, aussi précisément que possible, sur la topographie de Carthage, les décors naturels de la région et les vestiges archéologiques de l'ancienne terre punique. Ce qu'il va rapporter avec lui dans ses calepins est tout autre : une façon nouvelle de penser la représentation, une attention rêveuse aux paradoxes qui habitent le réel, le principe d'une ressemblance entre la Nature et l'Histoire.

Partout sur son chemin, les traces de l'Histoire ont tendance à se confondre avec les configurations du paysage naturel. On trouve plusieurs observations de ce type dans les notes prises pendant la visite des ruines d'Utique. Flaubert remarque, par exemple, qu'à une certaine distance les colonnes ressemblent à s'y méprendre à des palmiers : « La route monte un peu. (...) Premier, deuxième puis troisième palmier à gauche. Plaines plates ; au milieu, à une lieue de distance, des ruines comme des palmiers et, çà et là, des blocs de maçonnerie : nous marchons sur les restes d'une chaussée romaine. »

Autre phénomène qui contribue fortement à brouiller les frontières précises entre Nature et Histoire : le site historique n'a pas fait l'objet d'une délimitation visible, il n'y a pas de zone de fouilles, et les vestiges, recouverts au fil des siècles, sont partiellement ensevelis dans le paysage. Ce qui émerge n'est pas immédiatement reconnaissable : les traces de murs depuis longtemps écroulés, les débris de fondations ou d'édifices disparus ne sont lisibles que de manière problématique, sans qu'il soit possible de discerner avec certitude entre les restes de construction et la configuration naturelle du terrain. Les formes vagues incitent l'œil du visiteur à exercer ses talents : « La face Est des grandes ruines regarde un espace semi-circulaire qui devait être un théâtre. Le Forum, plus douteux, était placé au-devant de l'entrée

Ouest du cirque, qui a complètement disparu sous l'herbe. »

Ailleurs, dans la grisaille dessinée par la lumière lunaire, une élévation de terre fait soupçonner une anomalie topographique, sans qu'il soit possible de déterminer s'il s'agit d'un tumulus, d'un amoncellement de ruines recouvertes, d'une vieille décharge publique ou d'un simple monticule naturel : « En face de la casbah (…) des monticules de terre, immondices ou décombres devenus collines, étaient perdus dans l'ombre ; les places de terre éclairées par la lune étaient grises (…). »

L'effondrement des architectures est à certains endroits si complet que l'idée même de l'usure du temps n'y résiste pas. La notion de ruines historiques, de vestiges cède la place à l'impression d'une catastrophe naturelle : « Nous tournons à gauche : ruines informes, grands blocs de maçonnerie comme si un tremblement de terre les eût renversés. » Réciproquement, les éléments du paysage naturel finissent par prendre une allure de vestiges. Aux environs de Porto Farina, Flaubert note que de simples rochers se présentent au regard comme de véritables ruines : « Nous passons sous un marabout juché sur une montagne, les roches transversales ont l'air de ruines. » L'Histoire se naturalise, la Nature se pare de toutes les apparences de l'historicité. Dans ce divers pur où tout est disséminé, l'œil ne parvient plus à distinguer entre les formes de l'espace et les traces du temps historique. Quelque chose comme un vague ordonnancement laisse pressentir l'indice d'un vestige, à moins qu'il ne s'agisse d'une régularité naturelle. En poursuivant son enquête dans la région de Kellad, Flaubert constate : « Sur le côté ouest de la vallée, trois masses de ruines ou de rochers (…), la plaine bleue et perdue dans la brume, (…) ruines sur la droite : leur destination est méconnaissable mais je distingue des pierres salomoniques. Il est difficile de loin de distinguer les rochers des ruines. »

Masses, brume, difficulté de distinguer : le mot « méconnaissable » vient, à plusieurs reprises dans les notes, marquer cette hésitation fondamentale entre similarité et différence, reconnaissance et sensation d'étrangeté. Le vague ne vient pas seulement de l'usure temporelle des choses, mais des effets de cette usure dans l'espace : érosion et surtout dispersion, dissémination. Les ruines, disloquées, ont perdu la signification que leur assuraient leur cohésion et leur position initiales. A Oudenah, par exemple, impossible de reconnaître l'identité de vestiges où ne subsiste aucune image du tout initial et dans lesquels les parties ont été éparpillées : « Les ruines, méconnaissables, sont largement disséminées. » Flaubert ne dit pas éparpillées, mais « disséminées » : comme si les ruines, sous l'effet des siècles, s'étaient non seulement dispersées mais aussi « semées » pour donner naissance à de nouvelles ruines, à des semis de vestiges, dans lesquels se seraient formés comme des rejetons de décombres. C'est la réinsertion du monument dans le cycle biologique de la Nature. Le résultat, en deux millénaires et demi, est une multiplication de sites aussi nombreux que vagues et incertains. Aux environs de la montagne de Kef, chaque colline paraît porter les marques de la civilisation : « Des ruines toutes pareilles et très fréquentes sur des éminences carrées, formées (sans doute) par les décombres et qui permettent de supposer les contours des monuments. »

A force de se confondre avec les reliefs du terrain, les ruines disloquées, refaçonnées par les hasards et les intempéries, finissent par composer une image de chaos qui donne aux vestiges historiques une allure de monuments venus du fond des âges. A Kasnadar le désordre du site archéologique est tel que les fragments épars font penser aux mégalithes de la préhistoire ou aux bouleversements de terrain des grands cataclysmes : « Au bas des citernes, sous le fort et à sa droite en regardant la mer, grand amas de ruines dans toutes les positions possibles ; quand on arrive vers elles, ça a l'air de vagues dolmens : morceaux de voûtes, grands blocs à demi couchés qui tiennent d'eux-mêmes. »

Le voyage en Afrique apprend à Flaubert à repenser, émotionnellement et plastiquement, les rapports entre Nature et Histoire. Les diverses formes de leur analogie qui s'imposent à son regard induisent une sorte de renversement dans sa pratique de l'observation : un point de vue qui intègre au repérage documentaire le principe d'une optique déviante, génératrice de visions vagues et de représentations paradoxales. Bref, une observation rêveuse, qui installe le principe d'indétermination à la source même des images.

Le vague n'est pas seulement dans le regard de celui qui observe. C'est une relation d'incertitude qui appartient d'abord au monde réel. Flaubert rencontre au cours de son voyage plusieurs occasions de vérifier qu'il s'agit bien d'une autre logique de la représentation : une logique médiate qui ne produit le doute dans l'esprit du spectateur qu'après avoir installé l'indétermination au cœur même du spectacle. C'est le cas, notamment, aux environs de Porto Farina, avec l'expérience du mirage : « (...) la terre se fend (...) régulièrement, en forme de dalles, comme dans la Haute-Égypte. Nous passons la Rivière sans eau, ancien lit de la Medjerda. Du côté de La Goulette, en face, des fumées filent à ras de terre, cela se représente plusieurs fois. Mirages ? les objets supérieurs, estompés à la base par ces fumées, ont l'air suspendus. » Flaubert ne découvre pas le mirage, il en avait déjà fait l'expérience dans le désert de Qosséïr, huit ans plus tôt, avec une intensité émotionnelle beaucoup plus marquée. Mais désormais, c'est le processus qui l'intéresse : comment les objets entrent en lévitation optique, comment leurs contours deviennent flous à la base, comment, dans le mirage, le vague appartient aux conditions mêmes de la perception. En quoi s'y manifeste une logique autre de la représentation, vertigineuse et pourtant bien réelle ? Dans la plaine de Mez el-Bab, Flaubert enregistre une autre forme de paradoxe visuel : le théâtre optique des reliefs naturels qui, mieux que la foi, permet de transporter les montagnes, de les faire glisser sur des rails invisibles, au fur et à mesure que l'on progresse à leur rencontre : « La plaine de Mez el-Bab a au fond un entassement de montagnes basses (…) bleuâtres, les unes derrière les autres. Quand on la découvre, elles semblent devoir vous boucher la route, puis elles se placent à gauche comme si elles glissaient invisiblement. Les montagnes sont tantôt à droite, tantôt à gauche : on dirait qu'elles se déplacent. »

C'est l'ensemble déstabilisant de ces expériences qui conduit Flaubert, à son retour en France, à reconstruire le projet de *Salammbô* sur d'autres principes. Il ne s'agira plus d'un roman historique.

*
* *

Épuisé par ses courses ininterrompues à cheval à travers le pays, exténué aussi par le tourbillon des choses vues et vécues, l'écrivain à son retour d'Afrique commence par dormir trois jours d'affilée : à peine arrivé à Croisset, il s'est effondré sur son lit en tombant dans un sommeil de brute comme l'opiomane après une trop forte dose de stupéfiant. A son réveil, il repasse à l'encre les notes qu'il avait prises sur place au crayon et y ajoute quelques mots en post-scriptum. Que disent ces lignes qui vont former en quelque sorte la médiation entre la fin du voyage et le début d'un nouvel itinéraire, celui de l'écriture ? Elles disent d'abord l'insistante impression de confusion onirique hors de laquelle Flaubert peine encore à émerger : le voyage qu'il vient d'accomplir lui apparaît lointain et vague comme un songe. En cette nuit de la mi-juin 1858, l'image qui lui vient à l'esprit immédiatement pour désigner l'étincelante et étrange ronde de ces visions qui tournent dans sa tête, c'est l'image d'un bal masqué. Un bal, comme celui de 1836, au château du Héron ? Masqué et costumé, comme le seront les *Salammbômania* de la Cour impériale en 1863, avec leurs farandoles de princesses nues ?

En reprenant pied dans le réel après trois jours de sommeil, Flaubert ne s'éveille pas d'un songe ; au contraire, c'est en rouvrant les yeux qu'il replonge dans le souvenir de son voyage, maintenant transfiguré en rêve : il le comprend, c'est bien ce rêve qui doit constituer le véritable modèle esthétique de l'œuvre, la clé formelle et la matière narrative de la rédaction. Il le comprend, tout en pressentant que la partie risque d'être rude. Ce n'est plus la même aventure qu'avec cette grisâtre et normande histoire de *Bovary* ; il s'agirait presque du contraire : avec Carthage l'écriture va travailler dans le pourpre et le vertige des confins, mais la traversée en sera-t-elle pour autant plus courte, et les difficultés moins considérables ? A cet instant où Flaubert revient à lui, l'ampleur du projet lui paraît écrasante ; rien n'est gagné, pas même la certitude que l'écriture puisse recommencer : « Vais-je travailler ? vais-je m'ennuyer ? » Où trouver l'énergie ? Ces quelques lignes que l'écrivain griffonne pour lui-même ont quelque chose d'assez troublant : difficile de ne pas y voir, au sens propre, l'équivalent d'une « prière » où Flaubert l'agnostique s'en remet explicitement au « Dieu des âmes », après avoir invoqué, il est vrai, comme Lucrèce, « les énergies de la nature ». Une prière donc, ou une imploration, mais dans laquelle il serait vain de chercher où commence l'allégeance au divin et où finit la foi dans une immanence sans dehors. Un jour, Pierre Michon m'a récité ce petit texte d'un coup : il le sait par cœur.

> « Voilà trois jours passés à peu près exclusivement à dormir. Mon voyage est considérablement reculé, oublié ; tout est confus dans ma tête, je suis comme si je sortais d'un bal masqué de deux mois. Vais-je travailler ? vais-je m'ennuyer ?
>
> Que toutes les énergies de la nature que j'ai aspirées me pénètrent et qu'elles s'exhalent dans mon livre.
>
> A moi puissances de l'émotion plastique ! résurrection du passé, à moi ! à moi !
>
> Il faut faire à travers le Beau, vivant et vrai quand même.
>
> Pitié pour ma volonté, Dieu des âmes ! donne-moi la Force – et l'Espoir ! »
>
> Nuit du samedi 12 au dimanche 13 juin 1858, minuit,
> *Carnet de voyage 10*, f°70-70v°.

Ces accents baudelairiens (« – Ah ! Seigneur ! donnez-moi la force et le courage » [*Un voyage à Cythère*]) ont de quoi étonner chez Flaubert : ne reprochait-il pas à Baudelaire son goût pour la macération catholique ? Malgré l'analogie, la prière flaubertienne n'a probablement pas grand-chose à voir avec celle des *Fleurs du mal*. Ce qui frappe le plus, dans ces quelques lignes, c'est l'insistance lyrique des « A moi ! » lancés comme une supplique pour conjurer l'impuissance ou l'accablement devant la tâche à accomplir. Flaubert avait-il l'âme d'un mystique ? Il le prétend, mais en précisant que sa vocation est d'autant plus profonde qu'il ne croit à rien. Que veut-il dire ? La musique permet peut-être d'expliquer cette aporie. Qui – sinon le mélomane athée ou agnostique – peut ressentir jusqu'à l'hallucination ce qu'il y a de gouffre dans le *Requiem* de Gounod ou d'irrépressible aspiration vers le haut dans le *Stabat Mater* de Pergolesi ? Le croyant, lui, y trouve sans doute un réconfort, une satisfaction identitaire, une prime de plaisir : rien de plus. A celui qui a la foi, l'art sacré n'est qu'un simple viatique sur le chemin lumineux d'une certitude qui lui est venue d'ailleurs. L'essentiel lui restera irrévocablement inaccessible pour l'excellente raison qu'il a déjà « fait le plein ». Il faut ne pas croire à la transcendance, il faut en être dépourvu – et même radicalement ne croire à rien d'autre que l'immanence – pour avoir quelque chance d'en éprouver le manque : le tremblement fondamental, la sensation stellaire qui traverse les moments les plus vertigineux de la musique sacrée. Pour écrire, à vingt-six ans, quelque chose d'aussi foudroyant que le *Stabat Mater*, faut-il, comme Pergolesi, être en train de mourir de phtisie ? Non, les madrigaux amoureux de Monteverdi, écrits à plus de soixante-dix ans, en sont la preuve souriante. En revanche, que l'on soit jeune ou vieux, créer et transmettre supposent de douter un peu, et même beaucoup, de l'immortalité. Si l'art est un défi à la toute-puissance du grand maître, il lui est aussi inféodé. Tout art est funéraire. Ce que je mise sur la postérité comme l'affirmation de ma survie possible dans l'œuvre, c'est ce que je soustrais à ma foi en l'éternité. L'œuvre est *l'autre* pari : la seule réplique assez forte pour renverser et subvertir la dialectique pascalienne de la Chute, une alternative immanente qui mise tout sur le divertissement, mais qui a pour point de départ la même reconnaissance du néant. Mystique, Flaubert ? Oui, intégralement, comme Rimbaud le sera aussi, mais à l'inverse de ce que croyait Claudel, par la magie même de la

dénégation et de la perte : « Elle est retrouvée./Quoi ?
– L'Éternité./C'est la mer mêlée/Au soleil. »

  Si l'explicit du carnet d'Afrique ressemble en effet à une prière, c'est par antiphrase mais sans haine ni ressentiment pour la transcendance. Parler d'une prière laïque ne serait pas non plus très exact, car la mystique de l'incroyance laisse intacte la profondeur du sacré, et développe même une nouvelle verticalité dans l'immanence, à la fois spatiale et temporelle. Vouloir « faire à travers le Beau, vivant et vrai quand même », si l'on s'occupe de Carthage, cela veut dire sonder la profondeur d'une étendue que structure une autre forme de pensée, une autre culture pour l'essentiel inconnue : traverser la sédimentation du temps, ouvrir le tumulus de la mémoire où se sont accumulées les voix des morts. Comment rendre aux disparus leur parole et leur chair, à l'espace son intelligence et sa beauté natives ? Et tout cela par les seules ressources de l'esprit et de la prose... autant vouloir faire un miracle. Dans son appel liminaire à la Force, Flaubert invoque simultanément le monde physique (« énergies de la nature ») et l'Histoire (« résurrection du passé ») avec une formulation qui contient un hommage presque direct à Michelet. Peut-être faut-il aussi rapprocher le recours à cette double puissance tutélaire de tout ce qui, dans les notes qui précèdent, renvoie à l'analogie entre monde naturel et trace archéologique : ce vague immanent de la représentation qui exige de faire entrer dans la langue les ressources d'une suggestion purement visuelle (« puissances de l'émotion plastique »). A l'écriture de subjuguer l'imaginaire du lecteur au point de faire revenir à la vie, sous ses yeux, ce qui a disparu depuis plus de deux millénaires.

  Pour définir son projet, à partir de cette date, Flaubert dira : je veux appliquer à l'Antiquité les techniques du roman moderne – mon but est de « fixer un mirage ». Il faut que le lecteur soit saisi par le texte comme par un stupéfiant, que l'histoire emporte sa cervelle dans les vapeurs hallucinatoires d'un rêve éveillé, qu'il se donne « une bosse de haschich historique ».

Quatre ans exactement après le voyage en Afrique, à un moment où le romancier est parvenu à donner forme à son projet, une curieuse polémique avec son éditeur lui donne l'occasion de préciser le sens qu'il faut accorder à cette esthétique du flou dont les premiers éléments, on l'a vu, se sont construits dans ses notes de repérage. C'est la polémique autour de la question de « l'illustration », à laquelle Flaubert est farouchement hostile. Son hostilité ne contient pas le moindre mépris pour les arts graphiques. Elle porte sur l'incompatibilité entre la représentation littéraire – espace du vague – et la représentation plastique, qui doit nécessairement opter pour une forme visible : « Quant aux illustrations, m'offrirait-on cent mille francs, je te jure qu'il n'en paraîtra pas *une*. Ainsi, il est inutile de revenir là-dessus. Cette idée seule me fait entrer en *ph*rénésie. Je trouve cela *stupide*, surtout à propos de *Carthage*. Jamais, jamais ! Plutôt rengainer le manuscrit indéfiniment au fond de mon tiroir. Donc, voilà une question vuidée. (...) Mais la persistance que Lévy met à demander des illustrations me fout dans une fureur *impossible à décrire*. Ah ! Qu'on me le montre, le coco qui me fera le portrait d'Hannibal, et le dessin d'un fauteuil carthaginois ! il me rendra grand service. Ce n'était guère la peine d'employer tant d'art à laisser tout dans le vague, pour qu'un pignouf vienne démolir mon rêve par sa précision inepte. *Je ne me connais plus* et je t'embrasse tendrement. Et indigné, faoutre ! » (à Jules Duplan, Croisset, 24 juin 1862).

On ne peut pas être plus catégorique : « Ce n'était

guère la peine d'employer *tant d'art à laisser tout dans le vague*, pour qu'un pignouf vienne démolir mon rêve par sa précision inepte ». Tout l'art consiste, pour l'écrivain, à introduire le flou dans les images verbales : le flou n'est pas un déficit initial de la vision, c'est tout au contraire ce qui se gagne par le travail de l'écriture, ce qui approfondit et élargit la représentation en la rendant fidèle au vide et à l'incertitude qui traversent les choses. Il s'agit d'*inachever* le texte, au sens transitif et délibéré du terme. Le vague dans l'écriture, l'écrivain le construit lentement, page après page, en brisant méticuleusement les lignes trop nettes de l'évocation, en déconstruisant le dessin linéaire pur de ses propres références, en installant le vide des ellipses narratives par lesquelles le lecteur sera conduit à créer lui-même les médiations manquantes : bref, en remplaçant la figure d'une totalité narrative par le dispositif lacunaire et disjoint d'une œuvre traversée par le *non finito*. Le caractère indéfini – ouvert – de cette partition, si favorable à l'appropriation et à l'improvisation, le dessin d'illustration ne peut que l'oblitérer : il s'impose à l'imaginaire créatif du lecteur comme une image toute faite, prête à consommer. L'illustration, c'est la menace du cliché.

Que l'illustrateur s'appelle Gustave Moreau ne fait rien à l'affaire. Flaubert a beau avoir la plus grande admiration pour son œuvre de peintre, Moreau pas plus qu'un autre ne lui paraît digne de déposer des images le long de ses phrases. Dans son rôle d'illustrateur, le meilleur artiste du monde ne peut être qu'un « pignouf » parce que son intervention ne peut qu'être fatale à la représentation littéraire. Et ce n'est pas la faute du plasticien, si sa proposition figurale est si incompatible avec le texte de l'écrivain. C'est au contraire le signe d'une indigence de la littérature : aucune phrase ne résiste à la puissance d'une image. Mais cette indigence, cette faiblesse du verbal est aussi ce qui fait toute sa force : en l'absence d'image, le texte devient pour le lecteur une formidable machine à fabriquer des rêves, à se souvenir, à devenir lui-même l'artisan de ses propres représentations. Le problème préoccupe tellement Flaubert qu'il en reparle, deux jours plus tard, au même Jules Duplan, pour lui préciser son point de vue : « Jamais, moi vivant, on ne m'illustrera, parce que : la plus belle description littéraire est dévorée par le plus piètre dessin. Du moment qu'un type est fixé par le crayon, il perd ce caractère de généralité, cette concordance avec mille objets connus qui font dire au lecteur : "j'ai vu cela" ou "cela doit être". Une femme dessinée ressemble à une femme, voilà tout. L'idée est dès lors fermée, complète, et toutes les phrases sont inutiles, tandis qu'une femme écrite fait rêver à mille femmes. Donc ceci étant une question d'esthétique, je refuse formellement toute espèce d'illustration » (à Jules Duplan, Croisset, 12 juin 1862).

L'esthétique du flou est inséparable d'un autre postulat flaubertien : placer le lecteur au centre même du processus créatif et l'instituer comme l'un des partenaires majeurs de l'écriture. Le vague, c'est la liberté des images et des significations : la place de l'autre dans la représentation.

*
* *

Un dernier détail sur le voyage en Afrique, avant de revenir à l'œuvre proprement dite. Il y a peu d'allusions érotiques dans le calepin, on l'a dit, mais il y en a tout de même quelques-unes, et notamment un étrange portrait de femme qui pourrait bien se rapporter d'une manière inattendue à cette thématique du flou : le portrait de Mlle Nelly Rosemberg. C'est chez le docteur Davis, un archéologue anglais installé à Carthage, que Flaubert la rencontre pour la première fois, peu de temps après son arrivée, le 4 mai 1858. Voici la description qu'il esquisse en quelques mots au crayon dans son carnet, le soir même de sa visite :

> « Mlle Nelly Rosemberg – pur type zingaro, longs cils, lèvres charnues courtes et découpées, – un peu de moustache, des cils comme des éventails – ses yeux plus que noirs et extrêmement brillants quoique langoureux, pommettes colorées, peau jaune, prunelles splendides noyées dans le sperme – visite gaye – »

Carnet de voyage 10, f°25.

Il n'est pas du tout exclu que les yeux de Nelly aient prêté leur insolence stellaire d'obsidienne à ceux de la petite Salammbô dont le roman nous dit : « As-tu vu ses grands yeux sous ses grands sourcils, comme des soleils sous des arcs de triomphe ? (…) ses longs cils recourbés faisaient des ombres sur ses joues (…) les yeux de Salammbô, au fond de ses longues draperies, avaient l'air de deux étoiles dans l'ouverture d'un nuage. » Mais si c'est le cas, doit-on retenir aussi le dernier détail : ce regard noyé de Nelly : « prunelles splendides noyées dans le sperme ». Voilà assurément un signe d'intérêt prononcé envers la jeune Nelly à interpréter sans doute comme le fantasme d'une jouissance répandue sur ses yeux, mais peut-être aussi comme une formulation superlative du flou qui aurait pris possession du regard lui-même : ce qui ensemence la prunelle, l'œil phallus qui brille, la vision comme éjaculation ? On pourrait en rester aux conjectures les plus diverses si le carnet ne contenait, vingt-deux pages plus loin, un deuxième portrait de la même Nelly qui va résoudre l'énigme. Le dimanche 16 mai, Flaubert est convié à déjeuner par le docteur Davis, et ne manque pas – on devine pourquoi – de répondre avec empressement à l'invitation. Et voici les notes qu'il griffonne sur son calepin en rentrant le soir à Tunis :

> « Dimanche visite à M. Davis. Dîner à 3 heures avec le médecin et le capitaine du navire qui doit le mener au cap Bon, lady Franklin et sa dame de compagnie Mlle Rosemberg (Nelly) elle est grande, taille flexible, sans corset profil un peu allongé, nez fort peau brune dorée, lèvres minces et retournées rouges comme du corail et très dessinées. Large bouche et dents admirables, les yeux sont archi-noirs et la prunelle glisse sous la paupière comme un gland sous le prépuce dans une masturbation interne et incessante. Sourcils démesurés, en arcs ; elle a l'air de toujours sourire ! – quelque chose de langoureux et de bon enfant dans tout cela – revenu à Tunis à 7 h sur un cheval atroce. »

Carnet de voyage 10, ff°46v° – 47.

Ainsi donc, tout s'explique : si les prunelles de Nelly sont noyées de sperme, c'est parce que le mouvement de ses yeux exprime une incessante masturbation. L'analogie est précisée en détail : la paupière est à l'œil ce que le prépuce est au gland. Quand elle vous regarde, elle se masturbe. Nelly a les yeux qui bandent. Elle incarne la parfaite hermaphrodite : féminine à n'en pas douter (elle ne porte aucun corset), souriante, langoureuse, et même bon enfant ; mais en même temps, virile (« un peu de moustache » : Flaubert adore ! les blondes lui paraissent « fades ») et dotée d'un regard phallique, on ne peut plus mâle et dominateur... Reste qu'au-delà du fantasme, les idées de « prunelles noyées dans le sperme » et de « masturbation » visuelle semblent affirmer plusieurs choses : on peut jouir par les yeux, faire de son œil un organe érotique ; les yeux peuvent être d'un autre sexe que le corps (à l'inverse de Nelly, ceux de Gustave seraient-ils féminins ?) ; et surtout, si *voir* peut donner un orgasme, s'il y a une véritable exultation sexuelle dans l'acte de regarder, le plaisir en est d'autant plus intense que quelque chose de la vision s'y brouille, que l'image de la chose vue s'y nimbe d'une liquidité et d'une incertitude. Évidemment, tout le monde ne sait pas éjaculer par les yeux. Mais à défaut de « prunelles noyées dans le sperme », qui n'a jamais connu la sensation d'être submergé par le flou ? devant la beauté, par exemple, par le flou des larmes qui vous montent aux yeux. N'insistons pas sur le « cheval atroce » du retour à Tunis. Même s'il avait été excellent, en la circonstance, il ne pouvait avoir que le mauvais rôle : celui d'éloigner à jamais son cavalier de la séduisante Nelly. De temps en temps, comme cela, il y des dadas dont on se passerait bien.

*
* *

Les manuscrits de *Salammbô* fourmillent de scènes inédites à vous couper le souffle, un peu dans l'esprit du portrait de Nelly Rosemberg. De l'écriture privée du fantasme au texte publié, naturellement, Flaubert pratique beaucoup l'autocensure, sans toutefois renoncer complètement à défier les tabous. On a même l'impression qu'en dépit de ses craintes, ou à cause d'elles, Flaubert s'est amusé à y transposer point par point les chefs d'accusation de 1857. Le sujet s'y prêtait. Dans cette représentation des confins de l'Histoire, l'écrivain trouve l'occasion de mettre en scène un univers d'obsessions personnelles : souvenirs d'Orient, étrangeté des cultes primitifs, luxe délirant, cruautés monstrueuses, vertiges confondus du désir érotique et du fantasme religieux, sans s'interdire d'aller aux limites de ce qui est tolérable par la morale bourgeoise. Il s'agissait pour Flaubert de diriger ses propres rêveries en les soumettant à l'exigence du « vrai » historique et narratif : « (...) fixer un mirage en appliquant à l'Antiquité les procédés du roman moderne » (à Sainte-Beuve, Paris, 23 septembre 1862). Mais pour y parvenir, Flaubert découvre avec *Salammbô* les exigences d'une nouvelle méthode : celle de l'écrivain-chercheur qui, pour créer, doit faire l'immense détour de l'érudition et des archives. Ce travail de recherche, dont Flaubert se plaint beaucoup, mais qu'il adore, commence dès les premiers moments du scénario : « Savez-vous combien, maintenant, je me suis ingurgité de volumes sur Carthage ? environ 100 ! et je viens, en quinze jours, d'avaler les 18 tomes de la *Bible* de Cahen ! avec les notes et en prenant des notes ! » (à Jules Duplan, Croisset, 26 juillet 1857). La documentation se poursuivra tout au long de la rédaction sur des centaines d'ouvrages, et à partir de cette époque Flaubert n'envisagera plus aucun de ses projets littéraires sans un travail de recherche intimement intégré à celui de l'écriture proprement dite.

Imaginée en mars 1857, commencée en septembre, reprise de zéro en juin 1858 et terminée à la mi-avril 1862, la rédaction de *Salammbô*, qui devait durer un an, aura demandé à Flaubert cinq années de travail pratiquement ininterrompu. Aux antipodes du récit réaliste, le roman se présente comme une gigantesque fresque, somptueuse et onirique qui, par la magie de ses évocations, libère un violent parfum de stupéfiant. Quelques mois avant de terminer, Flaubert se réjouissait déjà des violentes réactions que son texte, émaillé d'abominations, ne manquerait pas de déclencher : « Oui, on m'engueulera, comptes-y. *Salammbô* 1° embêtera les bourgeois, c'est-à-dire tout le monde ; 2° révoltera les nerfs et le cœur des personnes sensibles ; 3° irritera les archéologues ; 4° semblera inintelligible aux dames ; 5° me fera passer pour pédéraste et anthropophage. Espérons-le ! J'arrive aux tons un peu foncés. On commence à marcher dans les tripes et à brûler les moutards. Baudelaire sera content ! » (à Ernest Feydeau, Croisset, 17 août 1861).

Salammbô, roman en 15 chapitres, paraît le 24 novembre 1862 chez Michel Lévy (1 vol. in-8°, daté de 1863) après de longues négociations avec l'éditeur, Flaubert posant pour principe l'acceptation du roman sans lecture préalable et un refus définitif de toute illustration. La publication fait immédiatement sensation. Toute la ville en parle, mais, dans le milieu des lettres, on n'a pas pardonné à Flaubert le succès de *Madame Bovary* : les critiques sont virulentes. Seule G. Sand publie un article favorable qui touche Flaubert. Ils commencent à s'écrire. C'est le début, entre les deux écrivains, d'une amitié qui ne s'interrompra pas. Mais les autorités critiques se déchaînent. Sainte-Beuve blâme ouvertement Flaubert de s'être laissé aller au « sadisme », ce qui n'est pas faux, mais inquiète l'écrivain toujours hanté par la censure et le risque des tribunaux. Flaubert répond à chaque chef d'accusation de Sainte-Beuve et débat violemment avec l'archéologue Froehner qui lui reproche des erreurs ou des imprécisions historiques. La polémique ne fait qu'amplifier le succès. Le public se passionne : 2 000 exemplaires sont vendus en 2 jours, le deuxième tirage est épuisé le 13 décembre 1862, le troisième avant la fin janvier 1863. Les petits périodiques se moquent des folles amours de Mathô et de Salammbô en épinglant les mots savants qui émaillent le récit et forcent le lecteur à lire le roman à coups de dictionnaire. Les familles bourgeoises protestent contre le scandale des scènes de zoophilie (l'étreinte de Salammbô et du python), de supplices (« la grillade des moutards », selon l'expression de l'auteur) et d'anthropophagie... La censure impériale, échaudée par le non-lieu de 1857, reste de marbre. Flaubert jubile. Puis, pour quelques semaines, c'est la folie. Les salons parisiens et la Cour vivent à l'heure *Salammbô*. Les bals costumés se multiplient. Au bal de la Cour, le 9 février 1863, Mme Rimsky-Korsakov arbore une robe Salammbô au décolleté vertigineux. Le roman inspire les couturiers : *L'Illustrateur des dames* consacre ses numéros des 22 février et 8 mars aux « Costumes de Salammbô », créés par H. Valentin avec les conseils de Flaubert. Sur les scènes parisiennes, les parodies se multiplient : *La Vie parisienne* (janvier 1863), *Folammbô ou les Cocasseries carthaginoises*, opérette de Laurencin et Clairville (créée le 1er mai 1863).

L'expédition que Flaubert a faite en Afrique pour son roman carthaginois en 1858 aura été le dernier grand voyage de sa vie. En pleine rédaction de *Salammbô*, tandis que la brume froide de l'automne descendait sur son jardin de Croisset, Flaubert repensait déjà avec nostalgie à l'exultation qu'il avait connue à Souk-Harras, lorsqu'il était arrivé à fond de train dans le douar et que les nomades étaient sortis des tentes pour l'acclamer et lui embrasser les mains : « Combien n'ai-je pas perdu d'heures dans ma vie à rêver, au coin de mon feu, de longues journées passées à cheval, dans les plaines de la Tartarie ou de l'Amérique du Sud ! Mon sang de peau rouge (vous savez que je descends d'un Natchez ou d'un Iroquois) se met à bouillonner dès que je me trouve au grand air, dans un pays inconnu. J'ai eu quelquefois (et la dernière entre autres, c'était il y a trois ans près de Constantine) des espèces de délire de liberté où j'en arrivais à crier tout haut, dans l'enivrement du bleu, de la solitude et de l'espace. Et cependant, je mène une vie recluse et monotone, une existence presque cellulaire et monacale. De quel côté est la vocation ? » (à Mme Jules Sandeau, Croisset, 28 novembre 1861).

CHAPITRE 12

Une manière spéciale de vivre

Gustave Flaubert appartient à la grande famille des écrivains érudits qui comme Montaigne aiment expérimenter les connaissances et se frotter à toutes les traditions ; mais il semble bien être aussi à l'origine d'une nouvelle génération intellectuelle, celle des « écrivains chercheurs », pour qui la création littéraire s'accompagne non seulement de toutes sortes d'investigations dans les différents domaines du savoir, mais aussi d'une remise en cause esthétique du concept de vérité. Une masse considérable de notes autographes et de manuscrits de rédaction témoigne de cette caractéristique. Parmi eux un ensemble particulier, celui des *Carnets,* permet de se faire une idée plus exacte de la démarche de l'écrivain, mais au prix d'une remise en cause qui complique sérieusement l'idée que l'on se faisait de son œuvre.

Flaubert a passé sa vie à prendre des notes, à se documenter et à accumuler des dossiers d'informations sur les sujets les plus divers, depuis l'époque du collège et des œuvres de jeunesse, jusqu'à ses derniers jours, et ce penchant naturel n'est allé qu'en s'aggravant avec les années. Mais il y a une assez grande différence entre les dossiers documentaires de la période de jeunesse et les enquêtes proliférantes de la maturité. A partir de *Salammbô*, cette obsession de « tout savoir » ne possède plus son centre de gravité en elle-même mais, pour une large part, dans le livre à venir qui l'a induite, dans le projet d'œuvre qui constitue la vie psychique de l'auteur. La recherche est devenue ce que Flaubert appelle sa manière de vivre : « (...) un livre est pour moi une manière spéciale de vivre. A propos d'un mot ou d'une idée, je fais des recherches, je me perds dans des lectures ou des rêveries sans fin... » (à Mlle Leroyer de Chantepie, 18 décembre 1859).

Cette confidence, contemporaine des immenses recherches sur Carthage, se retrouve presque mot pour mot dans une autre lettre où Flaubert parle littéralement de ses « divagations » documentaires. Pour l'auteur, l'efficacité de la recherche ne se résume pas à la récolte de précisions utiles ou de détails authentiques demandés par le scénario du chapitre à écrire. Ces exigences techniques existent, mais elles ne constituent qu'une petite partie de la recherche qui doit comporter une part essentielle d'imprévisible. Une certaine disposition à la curiosité rêveuse ou à la divagation investigatrice, proche de l'association d'idées et de ce que la psychanalyse appelle « attention flottante », préside toujours à l'enquête. A côté de la démarche consciente et utilitaire qui enregistre les données référentielles indispensables à la cohérence du récit, Flaubert semble persuadé que le travail de documentation doit, autant qu'il est possible, se rapprocher du *travail du rêve*, toujours prêt à faire son profit de « trouvailles » ou de réminiscences rencontrées au hasard de la recherche. Il s'agit pour lui de garder l'esprit en éveil pour glaner, çà et là, la *condensation* d'une métaphore inédite, la métonymie d'un *déplacement* déconcertant, ou telle image inhabituelle par laquelle le sens prend spontanément une forme visible et s'impose dans sa plasticité et sa *figu-*

rabilité. Sur les quatre ou cinq années de labeur que Flaubert a consacrées à chacune de ses œuvres, ces promenades documentaires l'ont occupé, à chaque fois, des milliers d'heures, aussi bien dans la phase de conception initiale, quand il s'agit d'imaginer l'atmosphère du récit et de construire un plan, qu'au moment de la rédaction proprement dite lorsqu'il lui faut s'interrompre d'écrire pour se renseigner sur tel ou tel point de détail indispensable à la poursuite du travail. Il serait en fait impossible de tracer une limite très claire entre la recherche sérieuse et cette recherche erratique. Si Flaubert, on l'a vu, n'a pas l'esprit d'appropriation du collectionneur, il lui arrive souvent dans son travail d'en avoir la démarche : le plaisir de fouiner dans les recoins d'un bric-à-brac, la passion de se laisser émerveiller par l'inattendu, la manie de chiner la formule, l'idée ou l'anecdote la plus improbable. Mais son marché aux puces n'est pas celui des brocanteurs, ce serait plutôt celui des bouquinistes. Ce qui ne l'empêche pas du tout de se planifier, par ailleurs, des programmes rigoureux d'enquêtes parfaitement ciblées où rien n'est laissé au hasard.

En réalité, les deux attitudes n'en font qu'une : au moment d'écrire, le texte de l'œuvre ne pourra s'élaborer que par la capacité du style à intégrer aussi bien le renseignement topographique ou historique attesté que n'importe quel détail, véridique ou imaginé, que l'écrivain a trouvé dans les filets de ses pêches miraculeuses. La « trouvaille » inexacte, ou même visiblement farfelue, pourra s'avérer tout à fait préférable au renseignement scientifiquement établi, si la genèse du récit y reconnaît un élément fécond du point de vue de l'imaginaire verbal, de la cohérence symbolique ou de la musicalité de la phrase.

Une lettre à G. Sand de décembre 1875 conduit à considérer avec prudence la notion de « réalisme documentaire » généralement admise pour parler du travail de l'écrivain. Outre les distances que Flaubert prend à l'égard du « réalisme » et du « naturalisme » comme « écoles », on voit s'y affirmer, en accord avec ce que démontrent concrètement les carnets, un certain désaveu de l'exigence référentielle, et au moins, une conception très désinvolte du maniement des sources. S'il s'agit encore de réalisme, il faudrait parler d'un « réalisme ludique » et si le document y joue un rôle non négligeable, c'est avec cette réserve d'être assujetti presque a priori aux réquisits du style : « A propos de mes amis, vous ajoutez "mon école". Mais je m'abîme le tempérament à tâcher de n'avoir pas d'école ! *A priori*, je les repousse, toutes. (…) Je regarde comme très secondaire le détail technique, le renseignement local, enfin le côté historique et exact des choses. Je recherche par-dessus tout *la Beauté*, dont mes compagnons sont médiocrement en quête. (…) Goncourt (...) est très heureux quand il a saisi dans la rue un mot qu'il peut coller dans un livre, et moi très satisfait quand j'ai écrit une page sans assonances ni répétitions. (…) Enfin, je tâche de bien penser *pour* bien écrire. Mais c'est bien écrire qui est mon but, je ne le cache pas. »

« Bien penser pour bien écrire », cette formule serait finalement une assez bonne définition du statut à la fois technique et heuristique de la recherche flaubertienne. Les notes des carnets informent l'écriture, mais elles témoignent aussi d'une intention plus générale. Elles s'inscrivent dans un programme de « recyclage » permanent que Flaubert s'impose à lui-même : un programme qui pourrait faire penser aux ambitions autodidactes de la période de jeunesse, mais qui a pour finalité exclusive l'acte de bien *écrire* au sens absolu et intransitif que

Flaubert donne à ce verbe. Indissociable de l'écriture, la recherche contient un impératif moral.

Cette démarche de clarification intérieure, d'apprentissage permanent et de programmation à long terme du travail, est particulièrement nette dans les albums que j'ai intitulés « carnets d'idées » et « carnets de projets ». Ces documents de recherche, créés pour la longue durée (une dizaine d'années) et utilisés par couple (un carnet d'idées et un carnet de projets) ont été pour l'auteur de véritables « trésors » qu'il avait toujours à portée de la main, et dans lesquels il réunissait, jour après jour, les citations, choses vues ou entendues, maximes, idées de récits, plans et scénarios qui pourraient plus tard nourrir sa création. Dans un tel contexte, « bien penser » prend visiblement, pour Flaubert, une triple signification : une valeur épismétique (penser avec exactitude, utiliser sa faculté de penser avec rigueur), une valeur programmatique (anticiper efficacement sur l'avenir du travail, se doter d'éléments utiles à l'œuvre future) et une valeur éthique (penser selon l'ordre du bien, se construire une morale provisoire conforme aux exigences de l'œuvre).

Et c'est ainsi qu'on trouve, par exemple, à la page 36 du Carnet 2, ce que Flaubert a intitulé sa « Règle de conduite » (« La Fonction bêtifie – Le grade dégrade – le Titre déshonore ») tandis que la page 37 est consacrée à la définition même du « bien écrire » : « Le véritable écrivain est celui qui, sans sortir d'un même sujet, peut faire en dix volumes ou en trois pages, une narration, une description, une analyse et un dialogue. Hors de là, Farceurs ou gens de goût, deux catégories médiocres. »

Le principe du « bien penser pour bien écrire » traverse aussi de part en part l'autre catégorie de carnets : les quatorze calepins d'enquête et de rédaction où l'auteur se livre justement à des recherches « très secondaires » sur « le détail technique, le renseignement local, enfin le côté historique et exact des choses ». Ici le carnet joue un rôle beaucoup plus instrumental, et son utilisation est bien plus ramassée dans le temps. Il sert pour l'essentiel à mettre en mémoire, pour une courte durée, et en vue d'une utilisation quasi immédiate, la somme des informations nécessaires à une rédaction définie : celle par exemple d'un chapitre de roman pour lequel l'auteur doit, avant d'écrire, savoir exactement la topographie d'un lieu, l'itinéraire possible de son personnage, ce qu'il pourrait avoir vu ou remarqué chemin faisant, etc. A certains égards, on serait tenté de penser que Flaubert anticipe ici sur la méthode qui sera quelques années plus tard celle de Zola, transformant le traditionnel « don d'observation » de l'écrivain en une véritable pratique professionnelle d'enquêteur, couvrant ses calepins des notes les plus diverses sur les réalités du monde contemporain. Ainsi, l'enterrement du banquier Dambreuse, dans *L'Éducation sentimentale*, donne lieu à des recherches serrées sur le cimetière du Père-Lachaise, l'organisation des Pompes funèbres, les démarches officielles à accomplir pour un enterrement bourgeois, sur la Madeleine, sur les boutiques religieuses du quartier de la Roquette, sur l'itinéraire possible du convoi, sur les caractéristiques de l'art funéraire, etc. De la même manière aussi, mais dans un contexte plus réjouissant, le passage du roman qui se déroule dans la forêt de Fontainebleau ne sera écrit qu'après un repérage précis des lieux, une enquête minutieuse qui se solde par vingt-cinq pages de notes prises sur place, à pied et en fiacre, avec, assez souvent, sur les feuillets, la trace visible des postures incommodes dans lesquelles Flaubert a dû prendre ses notes : tracés chaotiques, graphies chahutées qui enregistrent les pas du marcheur et les cahots du fiacre sur les cailloux des sentiers. Malgré l'allure parfois très journalistique de ces bribes de textes griffonnés en plein vent ou en pleine bousculade, quelque chose distingue pourtant radicalement ces travaux documentaires de ceux que pourront entreprendre, quelques années plus tard, les naturalistes. Quand Zola décide de se faire chercheur et journaliste, c'est pour devenir, avant la lettre, une sorte d'ethnologue de la société contemporaine, pour se doter de matériaux qui lui permettront de délivrer un message sur les grands problèmes de son temps. Ce n'est pas du tout l'objectif de Flaubert qui, quant à lui, ne se fait « enquêteur » qu'avec l'ambition de « bien écrire », en échappant au contraire le plus possible à la tentation de donner son avis personnel sur ce qu'il voit, en évitant coûte que coûte de conclure sur le sens des réalités présentes. L'enquête n'aurait pour Flaubert aucun sens si elle ne se plaçait d'emblée sous l'autorité exclusive de l'œuvre. Si l'engagement a un sens, c'est à l'œuvre et nullement à l'auteur d'en formuler le message et de convaincre le lecteur.

La recherche, telle que la pratique Flaubert, repose sur un parti pris paradoxal : ce qu'il cherche, très souvent, il le sait déjà. Définie en termes artistiques, la vérité qu'il s'agit de découvrir est préétablie : elle constitue un préalable à l'investigation qui, en principe, est censée la rechercher et l'établir. En dehors de quelques cas purement techniques ou topographiques, pour Flaubert, rechercher signifie presque toujours confirmer, contrôler, vérifier. S'il mène l'enquête, parfois avec les qualités d'un vrai « privé », c'est rarement dans l'intention d'aller à la rencontre d'une découverte empirique qui ferait l'originalité de son récit ou avec l'espoir de dénicher un fait stupéfiant, mais beaucoup plus souvent pour s'assurer que les éléments posés a priori dans son scénario imaginaire étaient esthétiquement exacts, c'est-à-dire conformes à ce qui peut s'observer dans la réalité. De plus, ces éléments ne sont pas recherchés pour leur valeur symbolique qui conforterait le sens du récit ou comme l'indice probant d'une réalité objective restituée à l'état brut : ils se résument le plus souvent à des notations de détail, des représentations relatives ou des impressions qui portent au contraire la marque visible d'une forte focalisation individuelle. Ce processus d'enquête est en fait presque l'inverse de celui qui anime la démarche de Zola.

Dans les recherches documentaires qu'il effectue en cours de rédaction, Flaubert ne part pas glaner du matériau référentiel qui aurait pour fonction de « faire vrai », de lester le récit d'un effet de réel qui « ne s'invente pas ». Selon lui, l'effet de réel est justement ce qui s'invente le mieux : c'est avant tout une affaire de style. En fait, il part plutôt à la recherche d'un *regard* sur ce « vrai » spatio-temporel qui constitue l'objet de l'expérience. S'il observe la nature ou les rues par les vitres de son fiacre, ce n'est nullement avec l'illusion de recueillir une information neutre et objective qui lui fournirait une garantie référentielle pour la description qu'il va devoir écrire. Le véritable objet de son investigation n'est pas la chose visible, mais la forme singulière de sa perception. A côté d'un repérage technique (noms de lieux, directions, repères), Flaubert s'emploie à enregistrer des émotions et des points de vue communicables : ce que le rapport direct à l'objet induit comme formulation possible de la chose vue. C'est bien du « réel » qui transite par les notes, mais en tant que phénomène essentiellement relatif à une sensibilité : une vision subjective telle qu'elle peut se traduire par des mots. D'où cette étonnante proximité des notes télégraphiques et du texte imprimé : l'information est déjà du brouillon, et même du brouillon de mise au net, qui n'aura parfois besoin d'aucune transformation pour devenir du texte définitif. Sur ce point, les carnets font apparaître un aspect encore assez mal connu de son travail : une rapidité d'exécution qui n'a plus rien à voir avec les lenteurs habituelles de la rédaction. Face à l'objet observé en dimensions réelles, « sur le motif », les inhibitions de Flaubert ont l'air de s'évanouir, comme si le style parvenait spontanément à l'image verbale désirée. Mais soyons juste, il ne s'agit en général que de fragments de textes assez brefs ; et autour d'eux le contexte évolue dans les brouillons au rythme traditionnel : huit à dix versions successives pour l'élaboration d'une page de texte définitif. Ces phénomènes d'exception n'en sont que plus remarquables : pour employer une formule flaubertienne, tout, alors, semble se passer « avec la facilité que l'on éprouve dans les rêves ». Il s'agit d'ailleurs peut-être bien de cela : une sorte d'état d'alerte, ou de veille paradoxale, comme on parle de sommeil paradoxal, une attention indéterminée et hypersensible où la conscience semble disposer presque naturellement des ressources de l'imaginaire pour isoler le détail exact, fût-il totalement imprévisible ou tout à fait étranger au projet initial de l'enquête.

Témoins, entre autres, ces petits « riens » issus d'une observation purement circonstancielle, qui ne résultent même pas de la technique du point de vue relatif, et que pourtant le texte définitif pourra récupérer presque sans modification. Je pense, par exemple, à cette page de notes prises à Fontainebleau, en juillet 1868, sur les effets de lumière dans la forêt :

> « Mont-Fessas : haute futaie. Feuilles (de chênes) sèches par terre. Le soleil y fait comme des taches d'or sur un tapis brun. Deux grands arbres dont les troncs se touchent, frères siamois. Silence. Deux femmes passent, portant des bourrées sur leur dos. Un petit cri d'oiseau très faible. Le cheval souffle. »

Carnet de travail 12, f°39.

Dans le texte du roman, ce sont précisément ces notations des dernières lignes, presque anodines, qui seront données, à peu près telles quelles, comme l'expérience même des personnages :

> « Ils se croyaient loin des autres, bien seuls. Mais tout à coup, passait (...) une bande de femmes en haillons, traînant sur leur dos de longues bourrées. Quand la voiture s'arrêtait, il se faisait un silence universel ; seulement on entendait le souffle du cheval dans les brancards, avec un cri d'oiseau très faible, répété. »
>
> *L'Éducation sentimentale*, III, 1.

Frédéric et Rosanette, dans tout ce passage, refont point par point le trajet qui a été celui de l'auteur, quelquefois même avec une reproduction « à l'identique » qui dépasse de très loin les nécessités du réalisme, pour autant que réalisme il y ait. Un exemple, minuscule, mais somme toute déconcertant : Flaubert note dans son carnet qu'au soir de sa randonnée documentaire à Fontainebleau, il dîne près de la Seine dans une auberge qui se nomme « A la bonne matelote ». Dans le roman, on ne nous dit pas le nom du restaurant où Frédéric et Rosanette dînent à leur tour en tête à tête : « Ce soir-là, ils dînèrent dans une auberge, au bord de la Seine », mais le nom du restaurant va tout de même se trouver, de manière plus ou moins métonymique, réintroduit dans le menu des deux amoureux puisqu'on leur sert une bonne « matelote » d'anguilles... Usage optimisé des notes, ou clin d'œil ludique à usage strictement personnel, comme on en rencontre un peu partout dans les textes de cet écrivain « impersonnel » qui s'amuse à disséminer dans ses récits une foule de petits détails qui ne peuvent faire sens que pour lui ?

*
* *

Un autre aspect, peut-être encore plus surprenant, de l'esthétique documentaire des carnets consiste dans une certaine inversion de l'ordre des évidences. Il s'agit souvent, en effet, pour Flaubert d'aller voir sur place si sa vision avait été « bien pensée », en vertu de cette théorie qu'à partir d'un certain point d'intelligence des choses il devient possible d'inventer le réel de toutes pièces avec un risque à peu près nul d'erreur. C'est à cette démarche que répondent, par exemple, dans les carnets, les recherches de Flaubert sur « le » lieu où implanter la maison de *Bouvard et Pécuchet*. Ce lieu, l'auteur le connaît imaginairement assez bien : en le déduisant des exigences du récit, il a fini par se le représenter en esprit avec une certaine précision ; bref, il sait qu'il existe, il le voit et il pourrait presque le décrire malgré ce « tremblé » qui reste la marque de l'hallucination poétique. Il en a une idée si déterminée qu'il se sent capable de le reconnaître. La démarche documentaire va alors consister à tenter de découvrir où pourrait bien se cacher réellement cette ferme située sur un plateau, dans un endroit idiot, avec un bouquet d'arbres comme ceci, des étendues de terre comme cela, etc.

Flaubert loue donc une voiture et part à la recherche du lieu. Les premiers voyages ne donnent rien : quelques sites pourraient convenir, mais ce n'est pas exactement ce qu'il avait en tête. Il s'obstine, repart en repérage, sillonne deux départements et finalement, en juin 1874, tombe en arrêt devant « le » site, le paysage parfait qui contient précisément tout ce qu'il avait imaginé, avec cette exactitude brute qui n'appartient qu'à la réalité :

> « Plateau de Mutrécy. (…) Au premier plan, deux grands frênes seuls. Roches à fleur de terre sous l'argile, grès rouge vineux. <u>Ils</u> seront à une lieue derrière moi. Premier plan à gauche, près des frênes, long bâtiment en chaume, un étage (…). »

Le vrai lieu du roman est donc re-trouvé. Le « ils » souligné par Flaubert dans cette note au crayon prise au creux de la main en pleine campagne, ce sont ses deux personnages, Bouvard et Pécuchet, qui vont bientôt prendre place dans le décor. Il est assez fascinant de remarquer combien ces notes topographiques, articulées en « premier plan », « premier plan à gauche », etc., peuvent ressembler à ce que seraient dans les mêmes circonstances les notes de repérage d'un metteur en scène de cinéma. Tout se passe un peu comme si Flaubert allait « tourner » sur place quelques semaines plus tard. Certes, au XIXe siècle, la description par « plans » appartient au vocabulaire des peintres, mais la comparaison avec la technique cinématographique s'impose bien souvent à la lecture des carnets. Combien de projets de pièces de théâtre, tout à fait irréalisables sur scène, font irrésistiblement penser au procédé des frères Lumière : ces projets de machineries (émouvants par leur maladresse autant que par leur côté prophétique) où Flaubert s'exténue à imaginer, pour le scénario fantastique d'une féerie très visuelle, des systèmes d'ombres chinoises sur un grand écran translucide, au fond du décor, ou sur un grand miroir recevant des images mobiles, ou encore des effets de lanterne magique sur une toile dressée devant le public, qui avancerait jusqu'au-devant de la scène et où l'on verrait se projeter les rêves animés des personnages… Que penser d'ailleurs de scénarios de pièces aussi improbables au théâtre que cette trame intitulée « Animaux microscopiques » : « Un savant les étudie. Les bêtes grossissent peu à peu, peuplent la scène, deviennent monstrueuses et finissent par dévorer le savant. Dialogue entre elles et le savant. »

Les « effets spéciaux » nécessaires à la mise en scène évoquent naturellement ceux des premiers films fantastiques. Mais l'exploration flaubertienne semble en ce domaine devancer jusqu'au cinéma surréaliste : témoin cette hypothèse folle de mettre réellement en scène des « façons de parler », des locutions et des syntagmes figés de notre langue : « Prendre la lune par les dents (...) la mâchoire reste à la pointe inférieure de la lune » ou « Un monsieur qui souhaite avoir un cachet tout particulier – et un immense cachet, un disque burlesque se colle sur lui. Il ne sort plus que la tête et les pieds », ou encore ce jeune homme, trop tenté par la boisson, que son père retrouve une fois de plus au cabaret, et qu'il traite de « pilier d'estaminet », et qui aussitôt se solidifie en prenant la forme cylindrique d'une colonne de bistrot.

Il est parfois difficile de départager, dans les carnets, ce qui appartient au projet de travail proprement dit et ce qui relève de la pure divagation ou du canular personnel. Mais il est certain que le problème de l'image, et notamment de l'image mobile, occupe une place prépondérante dans le travail de recherche de l'auteur. Les sources visuelles révélées par les carnets sont nombreuses, et il semble même qu'en dépit de son refus affiché de la photographie Flaubert y ait eu recours assez souvent pour s'aider à « voir », pour construire les séquences de ce film intérieur qu'il montait et se projetait en esprit avant de commencer à écrire : ce qu'il appelait prophétiquement son « scénario ».

CHAPITRE 13

L'Éduc sentim (1863-1869)

En 1863, Flaubert, très en vue depuis la *Salammbômania* des premiers mois de l'année, devient un habitué des « *dîners Magny* », où se retrouve toute l'intelligentsia parisienne. Il se lie avec Ernest Renan, Hippolyte Taine, Tourgueniev, George Sand. Tout en rédigeant, pour s'amuser, avec ses amis Bouilhet et D'Osmoy, une féerie, *Le Château des cœurs*, il esquisse plusieurs projets de roman (*Carnet 19*), dont le plan initial de *Bouvard et Pécuchet* (sous le titre *Les Deux Cloportes*) et divers canevas de récits sur l'Orient moderne, la vie amoureuse et la société française de l'époque. Son contrat avec Lévy stipule qu'il doit travailler à un « roman moderne ». Après bien des hésitations, il opte, en 1864, pour l'idée d'un roman d'amour (*Madame Moreau*) ayant pour cadre la fin de la monarchie de Juillet et la Seconde République, auquel il finit par intégrer une vaste fresque historique, sous le titre *L'Éducation sentimentale* : « Je veux faire l'histoire morale des hommes de ma génération » (à Mlle Leroyer de Chantepie, Croisset, 6 octobre 1864). La rédaction qui commence le 1er septembre 1864, après six mois de recherches préliminaires sur la révolution de 48, va l'occuper jusqu'en 1869.

Au cours de ces cinq années, Flaubert multiplie les séjours à Paris. Le sujet de son « roman parisien » y est pour quelque chose, mais les mondanités n'y sont pas non plus pour rien. Outre les dîners « Magny », Flaubert est invité partout, y compris à la Cour impériale. Flaubert évite Badinguet (qu'il méprise) mais fréquente l'impératrice (pour qui il a un petit faible) et surtout le salon de la princesse Mathilde, chez qui il finit, en 1868, par dîner tous les mercredis lorsqu'il est à Paris. En 1864, il est invité à Compiègne, chez l'empereur (12-16 novembre) et le 15 août 1866, le sulfureux Flaubert, naguère traîné devant les tribunaux impériaux, reçoit les insignes de chevalier de la Légion d'honneur, sans illusions : c'est le moment, on l'a vu, où il note dans ses carnets : « les honneurs déshonorent ». Chaque dimanche, il réunit ses vieux amis chez lui, Gautier, les Goncourt, et les autres pour deviser gaiement sur Sade. Bon fils, il ne délaisse pas sa chère maman qui vit seule dans la grande maison de Croisset depuis que Caroline, la nièce de l'écrivain, a épousé, à dix-huit ans, en 1864, Ernest-Octave Philippe dit Commanville. Entre deux séjours dans la capitale, Flaubert retourne jouer l'ermite en se plongeant dans une rédaction furieuse qu'interrompent quelques visites amicales comme celles de G. Sand en août 1866 et en mai 1868. L'été, lorsqu'elles ne viennent pas elles-mêmes le retrouver à Paris, il court rejoindre ses petites fiancées du moment, ou ses anciennes amours, Élisa Schlésinger, en cure à Bade (1865), et l'indispensable Juliet à Londres (1865, 1866).

*
* *

Pour Flaubert, le projet de *L'Éducation sentimentale* n'est pas seulement un deuxième roman moderne, c'est un *nouveau défi*, à la fois personnel et formel. A partir d'un canevas délibérément autobiographique, Flaubert transpose ses souvenirs personnels (sa passion adolescente pour Mme Schlésinger, le Paris de ses études de droit, son expérience de 1848) mais sur un mode impersonnel, en les manipulant comme une matière documentaire. Appliquant à l'histoire contemporaine les méthodes des recherches érudites mises au point pour *Salammbô*, et en radicalisant sa poétique bien au-delà de ce qu'il avait tenté dans *Madame Bovary*, Flaubert entreprend de représenter les convulsions de l'histoire contemporaine (la monarchie de Juillet, la révolution de 1848, les massacres de Juin, le coup d'État) dans une rédaction qui fait éclater tous les principes du roman balzacien. Impersonnalité, relativité généralisée des points de vue, indifférenciation des instances d'énonciation, style indirect libre, écriture non conclusive qui laisse au lecteur l'entière responsabilité de son interprétation du récit, personnages problématiques dont la subjectivité semble s'effacer, antihéros au profil psychologique peu marqué, destins individuels souvent dépassés par la logique du devenir social et historique, dissémination des stéréotypes et clichés véhiculés par la langue, rôle déterminant du hasard, ellipses, préfigurations, circularités et discontinuités temporelles : de proche en proche, Flaubert se trouve conduit, à sa plus grande surprise, à refondre les règles du roman historique et du récit réaliste dans la plupart de leurs composantes, de la structure générale de l'œuvre jusqu'au détail de la phrase. Tout en s'affichant comme véritable « roman d'éducation », *L'Éducation sentimentale* constitue une fracture dans l'histoire du genre. Le récit frappe par son traitement particulier des durées (une ellipse de 1851 à 1867 traite toute la période de l'Empire en quelques lignes), par la complexité des interférences entre histoire privée et histoire collective et par l'éclatement apparent de sa composition : les morceaux du réel, loin d'être arrangés en une composition unificatrice et homogène, se retrouvent « simplement juxtaposés dans leur dureté, leur incohérence, leur isolement » (Georg Lukács, *Théorie du roman*). Après cinquante-six mois de rédaction qui exigèrent quatre carnets d'enquête et près de 5 000 pages de notes et de brouillons, le roman de Flaubert se présente comme un formidable réquisitoire : « Et ils résumèrent leur vie. Ils l'avaient manquée tous les deux, celui qui avait rêvé de l'amour, celui qui avait rêvé le pouvoir. » L'espoir de Flaubert était de faire prendre conscience à ses contemporains des blocages et des injustices qui avaient conduit toute une génération au sentiment de l'échec et la France dans l'impasse d'une dictature.

Composée de trois parties (comportant respectivement 5, 6 et 7 chapitres) et sous-titrée « *Histoire d'un jeune homme* », *L'Éducation sentimentale* paraît chez l'éditeur Michel Lévy, à Paris, le 17 novembre 1869 (2 vol., in-8°, datés de 1870). Ne ménageant aucun parti politique, brossant un tableau décapant des inerties et des contradictions de la société contemporaine, et s'affichant comme un texte de style et de structure entièrement inédits, l'œuvre ne pouvait que susciter la méfiance. Les réactions de la presse furent d'une violence inattendue. Le roman est taxé de tous les défauts : vide, vulgaire, immoral, scandaleux, incompréhensible… Dans ce déchaînement unanime d'hostilité, seuls Banville, Zola et George Sand cherchent à faire entendre un avis favorable. Effondré, Flaubert part se faire consoler à Nohant chez George Sand pour les fêtes de Noël, du 22 au 27 décembre 1869. Massacré par la critique, puis balayé par la tourmente des événements (la guerre de 1870, l'effondrement de l'Empire, la Commune), le livre est oublié. Le premier (et unique) tirage de 3 000 exemplaires ne sera toujours pas épuisé en 1873 : un échec retentissant que Flaubert ne parviendra jamais à admettre et dans lequel il est obligé de reconnaître l'incompréhension totale de son message politique et littéraire. En dépit des efforts de Zola (*Les Romanciers naturalistes*) qui y voyait, à tort, le modèle du récit naturaliste, *L'Éducation sentimentale* restera condamnée au purgatoire pendant près d'un siècle.

*
* *

« Où connaissez-vous une critique qui s'inquiète de l'œuvre *en soi*, d'une façon intense ? On analyse très finement le milieu où elle s'est produite et les causes qui l'ont amenée ; mais la poétique *insciente*, d'où elle résulte ? sa composition, son style ? le point de vue de l'auteur ? *Jamais !* » Dans cette lettre à George Sand que Gustave Flaubert écrit en février 1869, quelques mois avant d'achever *L'Éducation sentimentale*, il n'est pas difficile de deviner l'ombre d'une inquiétude. Après cinq années de travail acharné où il était lui-même allé de surprises en surprises, Flaubert se doutait bien que le texte étrange qu'il allait bientôt donner au public risquait fort d'être perçu comme une sorte de météore venu d'ailleurs, bizarre par sa matière comme par sa forme, et que les discours critiques de l'époque seraient incapables de s'introduire assez intimement dans la conscience de son projet pour en déchiffrer la beauté insolite et l'invraisemblable exactitude. Ses inquiétudes étaient encore trop faibles. L'incompréhension a été à la mesure de l'événement, c'est-à-dire totale. Inintelligible, sans intérêt, trivial, confus, immoral, abstrait, vide, hétéroclite, immonde, matérialiste, insultant pour l'âme... Voilà les termes aimables avec lesquels le roman a été accueilli, en 1869, par l'immense majorité des critiques : un rejet si violent qu'il faudra attendre un demi-siècle, Proust et les grands romanciers du XXe siècle, pour que *L'Éducation sentimentale,* réexaminée par les professionnels de la littérature, apparaisse comme acceptable dans toute sa nouveauté formelle, puis encore presque autant, la fin des années 1960, le Nouveau Roman, *Les Choses* de Perec, les événements de 1968, le structuralisme, pour que les « nouveaux chemins de la critique » et un large public redécouvrent avec étonnement, cent ans après sa publication, la puissance et la jeunesse de ce récit extralucide : un roman qui nous parle avec mélancolie d'espoir et de révolution, d'amour et d'amitié, d'idéal et de corruption, de rêves, de trahisons, de mépris, de sang versé, de déceptions, de vies perdues et de temps retrouvé. Alors *L'Éducation* est devenu un texte culte.

Aujourd'hui, avec près d'un siècle et demi de recul depuis sa parution, et quarante années de recherches érudites depuis sa réhabilitation, il n'est toujours pas facile de parler de ce roman avec détachement, et encore plus malaisé de l'expliquer, comme Flaubert le souhaitait, avec cette sympathie « insciente » qui plongerait au cœur même de son écriture. A défaut d'une telle pénétration, soyons au moins clair sur les mots. *L'Éducation sentimentale* n'est pas seulement un grand roman de Flaubert. C'est un chef-d'œuvre, dont il existe peu d'équivalents dans la littérature mondiale. Conçue de manière totalement neuve, *L'Éducation* a donné au roman de notre modernité la plupart de ses règles. Texte éblouissant doué d'une clairvoyance aussi pénétrante sur notre société contemporaine que sur celle des années 1840, c'est un récit qui, miraculeusement, n'a pas pris une ride et dont l'intensité critique s'approfondit à chaque nouvelle lecture : coulée dans une matière étincelante et inoxydable, impitoyable pour les doctrinaires de tous bords, armée d'une ironie décapante, mais aussi saisissante de beauté, émouvante, poignante, cette machine à penser l'Histoire échappe à l'usure du temps, des modes et des croyances.

Le titre « Éducation sentimentale » a fini par prendre une valeur presque générique. On l'utilise pour désigner tout récit présentant une certaine analogie avec l'histoire de Frédéric Moreau : un jeune homme face à la vie, son apprentissage du monde et de l'amour, ses aspirations, ses expériences et ses désillusions, etc. La puissance de la formule tient, bien sûr, à l'universalité du thème, mais aussi à sa forme même d'octosyllabe (*L'Éducation sentimentale*, 4-4) qui induit la sensation d'une stabilité architectonique, d'un équilibre presque matériel : un « titre si beau par sa solidité », disait Proust, dans son fameux article à la *N.R.F.* (« A propos du style de Flaubert »). Mais, quant au sens, cette belle et dense isocolie sonore abrite une sérieuse ambiguïté, une opacité sémantique et peut-être syntaxique, qui conduisait Proust à nuancer presque aussitôt son éloge : « titre si beau (...) mais qui n'est guère correct au point de vue grammatical ». Deux mois plus tard, en mars 1920, il revient sur la question dans une lettre à L. Daudet : « Si l'on se place à votre point de vue, la première faute de français de *L'Éducation sentimentale*, c'est le titre. Il est même obscur, puisque vous l'interprétez : L'Éducation du Sentiment. Moi je comprends tout autrement : l'Éducation purement sentimentale, où les maîtres n'ont fait appel chez le jeune homme qu'ils avaient à élever, qu'au sentiment. Si j'ai raison, le roman auquel ce titre conviendrait le mieux, c'est *Madame Bovary*. Pour cette héroïne-là, je n'ai aucun doute, elle est la victime d'une éducation sentimentale. » En d'autres termes, Proust conclut à l'inadéquation du titre, qui conviendrait mieux au premier roman de Flaubert : une argumentation peu convaincante, même si Flaubert avait d'abord intitulé son projet « Madame Moreau » dans une première esquisse construite autour d'une héroïne féminine, sur le modèle de son premier roman. Mais, précisément, l'évolution du projet l'avait conduit dans une tout autre direction. Il n'est donc pas sûr qu'avec son interprétation restrictive (une éducation limitée au sentiment) Proust ait vu plus juste que Thibaubet ou L. Daudet qui interprétaient les choses en sens inverse (la formation du sentiment). En 1959, P.-G. Castex propose une troisième idée en essayant de réconcilier les positions adverses : « Le titre du roman est pleinement justifié par son contenu. Il s'agit de l'éducation de deux jeunes gens par le sentiment : l'un et l'autre traversent une grande passion qui leur apprend à vivre. » Certes, mais *sentimental* signifie-t-il passionnel et l'idée d'*éducation*, dans le roman, renvoie-t-elle seulement à cette double expérience individuelle ? Et d'ailleurs, où placer l'accent dans cette formule à deux termes : sur *éducation* ou sur *sentimentale* ?

Placer l'accent sur le premier terme conduit au sens générique de « roman d'apprentissage » ou « de formation » : à ce que l'on appelle depuis Dilthey, le *Bildungsroman*. Ce n'est pas faux. Sans rien devoir au *Wilhelm Meister*, que Flaubert, semble-t-il, n'avait pas encore lu à l'époque de la rédaction, *L'Éducation sentimentale* se situe tout de même assez clairement dans la lignée de Goethe et du « roman d'éducation », mais en la renversant, tout comme elle s'appuie sur Balzac (*Les Illusions perdues* et *Le Lys dans la vallée*) pour en prendre le contre-pied. Dans cette voie, c'est sans doute le jeune Lukács de la *Théorie du roman* qui avait vu juste : du point de vue des structures, *L'Éducation sentimentale* transforme le récit d'apprentissage en une véritable épopée de la désillusion. Flaubert rejoint Cervantès, et

L'Éducation sentimentale joue, à l'égard de la tradition romanesque des XVIIIe et XIXe siècles, sensiblement le même rôle que *Don Quichotte* en son temps avait joué vis-à-vis du roman de chevalerie. Mais, si c'est bien le cas, *L'Éducation sentimentale* constitue, de fait, pour l'univers des lettres, une petite révolution copernicienne qui perturbe si profondément les règles formelles du roman d'éducation et, au-delà, redéfinit si profondément les principes de l'écriture romanesque en général, que le problème de son appartenance générique à l'espèce « roman d'éducation » devient un peu spécieux. Loin d'élucider le sens du titre, la notion d'« éducation » ne ferait donc qu'approfondir son mystère en redoublant la question : qu'est-ce qu'un apprentissage dont l'objet ultime serait la désillusion ?

Quant aux contenus thématiques du récit, le roman de Flaubert reste fidèle, sur l'essentiel, aux grandes caractéristiques du genre « roman d'éducation », mais à cette réserve près qu'il les problématise toutes de part en part. L'itinéraire de Frédéric Moreau, doublé de loin en loin par celui de Deslauriers et de quelques autres comparses, raconte bien l'*Histoire d'un jeune homme* qui accomplit un apprentissage du temps historique, de l'existence sociale et de la vie amoureuse, mais sur le mode déceptif de l'échec généralisé. Son histoire personnelle est donnée à comprendre comme représentative d'une expérience plus générale qui exprime, derrière le destin individuel du héros, l'histoire collective de toute une génération. Flaubert s'en explique dès les premiers mois de la rédaction : « Me voilà maintenant attelé depuis un mois à un roman de mœurs modernes qui se passera à Paris. Je veux faire l'histoire morale des hommes de ma génération ; *sentimentale* serait plus vrai. C'est un livre d'amour, de passion ; mais de passion telle qu'elle peut exister maintenant, c'est-à-dire inactive » (à Mlle Leroyer de Chantepie, Croisset, 6 octobre 1864). Le terme *histoire* désigne la double vocation du récit à intégrer les ressources d'une fiction narrative, qui est l'objet du romancier, et d'un discours de vérité sur l'époque, qui serait plus particulièrement l'objet de l'historien ; quant à l'épithète *morale*, elle renvoie explicitement à la tradition balzacienne du *tableau de mœurs*, mais replacée dans un univers qui n'a plus rien à voir avec celui que décrivait Balzac : un monde où le réel a perdu sa consistance et n'offrirait plus aucune prise assurée à une volonté d'appropriation devenue elle-même fantomatique. Reste la dimension « sentimentale », qui constitue peut-être la figure la plus visible de cette instabilité, et sur laquelle Flaubert insiste comme s'il s'agissait bel et bien de la clé du problème : dans sa formulation, « sentimentale » semble désigner le sous-ensemble de ce qui, dans l'univers *moral* du temps, serait relatif à un nouveau sentiment amoureux, à l'énergie libidinale d'une passion, mais dégradée sous la forme d'un Éros moderne atrophié, réduit à une sorte d'étrange oisiveté : une passion en quelque sorte passive, peut-être fictive. Est-ce bien cela que signifie « sentimental » ? Et si c'est le cas, comment en est-on arrivé là ? De quelle mémoire sémantique ce mot peut-il faire dériver un sens si singulier ? Comme Proust, Daudet ou Thibaudet, le lecteur d'aujourd'hui a un peu perdu de vue ce que l'adjectif « sentimental » pouvait à l'époque contenir de sous-entendus.

*
* *

En 1768, L. Sterne publie *A Sentimental Journey* qui est traduit en français, l'année suivante, sous le titre *Voyage sentimental*. Mais à cette date, « sentimental » n'est pas du tout un mot *français*. C'est un pur anglicisme, jusque-là non attesté. Embarrassé, le traducteur, s'explique : « Le mot anglais *sentimental* n'a pu se rendre en français par aucune autre expression qui pût y répondre, et on l'a laissé subsister. Peut-être trouvera-t-on en lisant qu'il méritait de passer dans notre langue. » Certes, il le méritait, et c'était même une urgence, si l'on en juge par la rapidité avec laquelle ledit anglicisme a fait des petits : *sentimentalisme* 1801, *sentimentalité* 1804, *sentimentalement* 1845. C'est donc un siècle *pile* (1769) avant *l'Éducation sentimentale* de Flaubert (1869) que le fameux adjectif fait son entrée dans notre langue littéraire. Cent années au cours desquelles l'adjectif se taille d'abord un franc succès de mode (entre 1770 et 1820) puis se laisse rapidement gagner par une coloration sarcastique et péjorative. Le dictionnaire Boiste en 1822 explique : « l'hypocrisie *sentimentale* fait à la morale le même tort que l'hypocrisie religieuse à la religion ». En 1835, le *Dictionnaire de l'Académie* précise : « sentimental (...) ne s'emploie guère qu'ironiquement ». Et le phénomène s'aggrave d'année en année. En 1858, Bescherelle commente : « le charlatanisme sentimental a détruit le sentiment ». En fait, tout au long du XIXe siècle, c'est à « sentimentalité » et nullement à « sentiment » que renvoie l'adjectif *sentimental*. Le mot est ressenti comme un anglicisme snob utilisable « au second degré », avec une valeur franchement dérisoire, presque farce. Le vent tourne, semble-t-il, à partir de 1865-1870, au moment même où Flaubert est en pleine rédaction : à partir de cette époque, l'adjectif sentimental se redéfinit dans un rapport plus neutre et finalement positif à la notion de sentiment. Cinquante ans plus tard, lorsque Proust réfléchit sur le titre du roman, la charge péjorative du mot et sa valeur problématique sont entièrement oubliées. Or, il semble bien que Flaubert, dans son usage propre du mot et de la chose, ait largement anticipé sur cette évolution, en pratiquant dès l'époque des œuvres de jeunesse une sorte d'autoanalyse sur la définition même du « sentimental » dans ses relations ambivalentes à l'authenticité du « sentiment » et à la fausseté de ses artefacts (la « sentimentalité », le « sentimentalisme »). Dès les années 1840, l'écriture autobiographique fournit au jeune Flaubert un champ d'expérimentation et de réflexion sur le « littéral » : un travail fondamental sur l'esprit et la lettre, qui présente toutes les caractéristiques d'une sorte d'accélérateur lexicographique. Cerner la signification exacte des mots, débusquer ceux qui sont devenus, deviennent ou deviendront des clichés, des stéréotypes, évaluer la densité des liens entre les mots et la réalité des émotions, leur faculté à faire image, comprendre leur histoire et leur évolution, simuler leur vieillissement ou leur renaissance : c'est dans l'espace de cette recherche préliminaire que Flaubert a eu à s'interroger sur les ambiguïtés du mot « sentimental », avec des conséquences qui pourraient bien avoir été décisives sur la formation même de son projet littéraire.

Comme chacun le sait, il y a deux *Éducation sentimentale*, ce qui reste assez troublant, et ce qui énerve un certain nombre de lettrés, avec raison puisque la même formule désigne chez Flaubert deux œuvres radicalement différentes, rédigées à vingt ans de distance l'une de l'autre et de portées incommensurables. Flaubert a écrit la première en 1843-1845 quand il avait une vingtaine d'années, et c'est cette œuvre de jeunesse, tout à fait inédite en 1869, qui a finalement donné son titre au grand roman de la maturité. Avant de publier, l'écrivain, pendant un moment, avait songé à un autre titre – *Les Fruits secs* – mais, semble-t-il, sans beaucoup y croire. Les manuscrits démontrent qu'en 1863 le titre du roman de 1845 s'est imposé comme l'effet logique de la forme même que prenait le projet, dès le scénario primitif : Flaubert esquisse plusieurs hypothèses de structures, opte pour une nouvelle idée de canevas et tout à coup découvre ou redécouvre son ancienne formule : « *Ce serait alors une espèce d'Éducation sentimentale ?* » (*Carnet 19*, f°34v°, voir plus loin transcription). Cette résurgence du titre, qui n'a jamais été remise en cause au cours de la rédaction, n'est pas l'effet du hasard : ce qui s'y inscrit, à titre privé, c'est un véritable face-à-face de Flaubert avec lui-même, *vingt ans après*. Bref, une réflexion sur sa propre « éducation sentimentale » devenue, entre temps, inséparable de son expérience d'*homme-plume*. L'intitulé *Éducation sentimentale* devient vite pour Flaubert d'une telle évidence et d'une telle familiarité que, pour son usage personnel, dans ses manuscrits et ses carnets, il l'abrège sous la forme *éduc sentim*.

Dans le récit de jeunesse, conformément à l'usage en vigueur, tous les emplois du mot « sentimental » étaient violemment ironiques. Appliqué à une jeune femme de vingt-cinq ans, Aglaé, cela donnait, par exemple : « chose déplorable, surtout pour une *femme sentimentale*, ses mains étaient rouges et, l'hiver, abîmées d'engelures ». Ailleurs, pour parler des lettres d'amour : « toutes ces *balivernes sentimentales* » ; ou encore, par pure raillerie : « *l'homme sentimental* qui en était à sa quarante-troisième bonne fortune », et ainsi de suite. L'expression « éducation sentimentale » apparaît elle-même dans le récit, avec une valeur de dérision maximale : elle s'applique à un pauvre Noir, réduit, après cinq ans de galère, à ne jamais revoir la femme pour laquelle il avait été emprisonné. Bref, *L'Éducation* de 1845 n'était *sentimentale* que par antiphrase, conformément à la tonalité de persiflage que l'adjectif induisait à l'époque chez tous les esprits cultivés.

Mais, bizarrement, à la même période, peu de temps après la rédaction du roman, la formule se trouve aussi utilisée par le jeune Flaubert, en un tout autre sens, pour parler de son expérience personnelle : « Je me suis sevré volontairement de tant de choses que je me sens riche au sein du dénuement le plus absolu. J'ai encore cependant quelques progrès à faire. Mon éducation sentimentale n'est pas achevée, mais j'y touche peut-être » (à A. Le Poittevin, 17 juin 1845). Le renversement est total. Ainsi conçue comme une sorte d'ascèse radicale, « l'éducation sentimentale », non seulement échappe à l'idée de dérision, mais semble bien désigner le principe même du retrait artistique, ce précepte d'*autonomie* qui deviendra, à partir de 1851, le label même de l'ours Flaubert. Dans le roman de 1845, Jules, en qui Gustave projette et expérimente littérairement ses propres projets d'avenir, finit par devenir « un grave et grand artiste ». La leçon est claire : Gustave ne veut pas d'une vie réussie comme celle d'Henry (« L'avenir est à lui : ce sont *ces gens-là* qui deviennent puissants »). Il veut devenir Jules. Pour y parvenir il faut l'ascèse. Mais, le roman à peine terminé, en relisant son texte, ce que le jeune écrivain commence à entrevoir, c'est qu'il s'est peut-être en partie trompé de cible et de méthode. L'ironie généralisée ne suffit pas. On ne devient pas créateur en tuant en soi le *sentiment*, mais au contraire en détruisant les processus qui conduisent intérieurement à n'en connaître que la parodie, sous cette forme dégradée qui est celle de la *sentimentalité*. Le simulacre, la verbosité sentimentale, les stéréotypies du sentimentalisme font obstacle à l'élucidation et à la représentation du véritable sentiment qui est l'objet même de l'art, le matériau et le médium à travers lesquels l'artiste peut communiquer avec les autres, ses contemporains, et, au-delà même de son temps, transmettre un message esthétique recevable par les générations à venir. Mais, seconde découverte du jeune Flaubert : si écrire le sentiment est sans doute le chemin le plus court pour atteindre littérairement la sensibilité des autres, encore faut-il savoir quel sentiment l'écriture peut légitimement mettre en œuvre. Une vision claire de l'authenticité sentimentale, délivrée de tout sentimentalisme, est nécessaire mais elle ne suffit pas, car, réduite à sa propre certitude intérieure, cette authenticité n'est jamais à l'abri des illusions (il n'y a aucune différence entre « sentir » et « croire sentir ») et surtout devient pratiquement incommunicable. Au lieu de servir de médiation vers l'autre, le sentiment bloque l'écriture dans le solipsisme : ce que je ressens n'intéresse que moi.

Cette ascèse, que suppose le métier d'écrire au sens radical où l'entend Flaubert, n'est pas seulement une règle d'autonomie visant à séparer l'authentique de l'inauthentique. C'est un impératif de dépersonnalisation. Le sentiment ne sera véridique, et n'échappera au piège de l'ineffable ou de l'incommunicable qu'au prix, pour l'écrivain, d'une véritable conversion de la sensibilité : il s'agira pour lui de sortir de la sphère purement subjective, de s'arracher à soi-même, pour ressentir comme s'il était lui-même un *autre*. L'éducation sentimentale, telle que l'entend Flaubert à son propre usage, et dont il dit en 1845 qu'il doit encore la parachever, a partie liée avec ce qu'il appellera, plus tard, l'impersonnalité, la relativité généralisée des points de vue, et le refus de conclure, une triple règle d'écriture qui se traduit par une sorte d'éthique fondamentale supposant un travail permanent d'analyse de soi et une faculté intérieure d'abstention : « Je ne veux pas considérer l'art comme un déversoir à passion, comme un pot de chambre un peu plus propre qu'une simple causerie, qu'une confidence. Non ! non ! la Poésie ne doit pas être l'écume du cœur. Cela n'est ni sérieux, ni *bien*. (…) La *personnalité sentimentale* sera ce qui plus tard fera passer pour puérile et un peu niaise une bonne partie de la littérature contemporaine. Que de sentiment, que de sentiment, que de tendresse, que de larmes ! Il n'y aura jamais eu de si braves gens » (à Louise Colet, Croisset, 22 avril 1854). Déjà, dans *Madame Bovary*, le mot sentimental connaît un usage bien plus nuancé que dans le récit de 1845. En 1863, lorsque Flaubert aborde le projet de son « roman parisien », il a, sur toutes ces questions, beaucoup plus qu'une vague idée. Pourtant, c'est un peu par hasard qu'il retombe sur cette vieille question lexicale, et sur ce titre d'autrefois. Par hasard, ou plutôt en vertu d'une logique qui va s'imposer à lui lorsqu'il prendra conscience que ce roman moderne pourrait précisément raconter les relations secrètes entre l'histoire politique et l'évolution des mœurs amoureuses des vingt années qui viennent de s'écouler depuis la première *Éducation sentimentale*, celle de 1845.

Dans leur *Journal*, les Goncourt notent à la date du 29 mars 1862, à propos de quelques confidences que Flaubert vient de leur faire au sujet de ses projets : son idée serait soit un livre « sur l'Orient moderne », soit « un immense roman, un grand tableau de la vie, relié par une action qui serait l'anéantissement des uns par les autres ». « Il voudrait aussi faire deux ou trois petits romans, non incidentés, tout simples, qui seraient le mari, la femme, l'amant. » Le cas échéant, ces « petits romans » pourraient se développer un peu par l'ajout de quelques « anecdotes », « faits » ou « histoires » racontés par les amis ou glanés de-ci de-là... Le *Carnet 19* écrit en 1862-1863, contient une dizaine de petits scénarios qui correspondent en effet à ces différentes idées de rédactions esquissées là par provision. Le plus développé de ces canevas s'intitule « Mme Moreau (roman) » et correspond au scénario initial de ce qui deviendra deux ans plus tard, avec un profil très différent de son image préliminaire, le projet définitif de *L'Éducation sentimentale*.

Sous sa forme initiale, le scénario du roman se présente comme une intrigue essentiellement « sentimentale », d'abord centrée sur un personnage féminin, Madame *Moreau* qui deviendra Madame *Arnoux* (le nom de Moreau étant ensuite – ah ! Œdipe ! – attribué non plus à la femme désirée mais à la mère du héros). Mais la vaste perspective historique du récit est encore complètement absente. Le plan ne diffère des autres projets de « romans, non incidentés, tout simples » que par sa dimension explicitement autobiographique. A ce stade, Flaubert en est simplement à voir ce que pourrait donner un schéma de récit centré sur une des premières expériences amoureuses de son adolescence. Mais, chose frappante pour un lecteur du texte final, le tout premier jet de ce canevas fait apparaître un enchaînement de scènes et une tonalité d'ensemble qui, pour l'essentiel, se retrouveront à l'identique dans le roman. Voici, sous forme semi-linéarisée[1], la transcription de la première page du scénario initial de *L'Éducation*, le folio 35 du *Carnet 19* :

« Mme Moreau (roman)
Le mari, la femme, l'amant, tous s'aimant, tous lâches.
— Traversée sur le bateau de Montereau. un collégien. – Mme Sch. – M. Sch. moi
— Développement de l'adolescence – Droit – obsession, femme vertueuse et raisonnable <escortée d'enfants>. Le mari, bon, initiant aux Lorettes… [Soirée] Bal paré chez la Présidente. Coup. Paris… Théâtre, Champs Élysées… Adultère mêlé de remords et de [peurs] <terreurs> Débine du mari et développement philosophique de l'amant. Fin en queue de rat. Tous savent leur position réciproque et n'osent se la dire. Le sentiment

---

1. Les mots ou expressions raturés sont indiqués par […] et les ajouts par <…>.

finit de soi-même. On se sépare. Fin : on se revoit de temps à autre, puis, on meurt.

———

Au commencement le mari a des soupçons, épie, en écoutant derrière la porte (faux bonhomme) <étonnement pour le lecteur> Mais comme l'amant est très timide et parle de la pluie et du beau temps, M. Moreau est inébranlablement rassuré. Bien que courant les filles, il aime sa femme et en est jaloux <étonnement du jeune homme> <fait sur elle des confidences intimes> <Fritz en souffre et les demandent>Bon père de famille. »

Suivent, dans le carnet, neuf pages où Flaubert essaie différents développements possibles. Le héros s'appelle encore « Fritz », le mari et la femme « Moreau ». A ce stade la relation amoureuse entre Fritz et Mme Moreau ne fait aucun doute (« coup », « adultère »), ce qui pourrait d'ailleurs confirmer l'hypothèse biographique d'une véritable relation sexuelle entre Gustave et Élisa. La pureté vertueuse de l'héroïne, si éclatante dans le roman définitif, s'invente par déduction, comme le résultat d'un calcul exprimé sans ambages :

« Il serait plus fort de ne pas faire baiser Mme Moreau qui, chaste d'action, se rongerait d'amour. – Elle aurait eu un moment de faiblesse que l'amant n'aurait pas vu, dont il n'aurait pas profité (f°35v°). »

Progressivement, Flaubert introduit l'idée de doubler le personnage de la femme vertueuse (la future Marie Arnoux) par celui de la Lorette (qui deviendra Rosanette), ce qui le conduit à une nouvelle conception de l'intrigue, centrée non plus sur une héroïne, mais sur deux figures féminines antithétiques, c'est-à-dire, nécessairement, sur l'espace moral et social qui les sépare et, dans cet intervalle, sur ce qui les oppose et ce qui les relie : un jeune homme. C'est à cet instant précis du raisonnement génétique que Flaubert entrevoit, sous la forme d'une question qui traduit son étonnement plus que son doute, l'idée qu'il est train de réécrire, à l'envers, son roman de 1845 ou de réinventer le principe d'un roman d'apprentissage :

> « Désir de la femme honnête d'être une lorette. Désir de la lorette d'être une femme du monde » (f°34v°) « Mais s'il y a parallélisme entre les deux femmes, l'honnête et l'impure, l'intérêt sera porté sur le jeune homme. (Ce serait alors une espèce d'Éducation sentimentale ?) (…) Prendre garde au *Lys dans la vallée*. (…) <La Bourgeoise et la Lorette> <avec tous les personnages secondaires de chacun de ces deux mondes et comme lien le mari et l'amant trempant dans les deux sociétés.> »

Comme on le voit, l'intrigue amoureuse et sociale se structure progressivement, en recyclant une réflexion fondamentale sur les ambivalences du « sentimental » mais sans autre allusion au contexte historique qu'une évocation des mœurs. C'est *in extremis*, dans les dernières lignes du manuscrit, qu'une simple note de régie ouvre en quelques mots le projet sur ce qui va devenir l'un des axes essentiels du roman : « Montrer que le Sentimentalisme (son développement depuis 1830) suit la Politique et en reproduit les phases » (f°38v°). Cette note de régie, probablement postérieure de plusieurs mois aux pages de scénario qui précèdent, est sans doute un ajout de l'automne 1862. A cette date, Flaubert commence à discerner l'enjeu historique global de son projet. L'un des objectifs du récit serait de montrer que, pour toute une génération qui a été celle du romantisme, la politique s'est installée au cœur même de l'intime, en dictant sa loi à cette fausse intériorité que l'on a appelé la « sentimentalité ». Il s'agirait de représenter le processus par lequel les bouleversements historiques qui se sont succédé au cours des années 1830-1860 ont fourni inconsciemment à la vie sentimentale de l'époque (comportements, vie privée, usages sociaux, valeurs, façons de sentir et de parler) le modèle et les étapes de sa propre métamorphose.

Notons au passage que la graphie originale de cette note présente un *lapsus calami* intéressant : Flaubert avait d'abord écrit « le Sentimentalisme (...) suit la Politique et en reproduit les *phrases* », puis il biffe le « r » pour transformer « phrases » en « phases ». La plume de Flaubert ne se trompait qu'à moitié : ce seront bien les discours amoureux et la phraséologie sentimentale que le roman exhibera dans leur mimétisme aux langages convenus du monde social et politique.

A chaque nouveau régime correspond un lexique de l'actuel et une nouvelle forme de phrasé politique qui se traduisent, dans l'ordre des sentiments, par un nouvel effet de mode : une forme encore inusitée d'affectation, une façon originale de se payer de mots, une nouvelle génération de stéréotypies langagières. Le récit laissera deviner qu'il ne s'agit pas seulement de façons de parler, mais aussi de façons d'être ; ou plutôt que le discours du politique, dont l'histoire change comme on change d'habits, s'insinue au plus profond des individus jusqu'à leur tenir lieu de subjectivité. On se croit un sujet doué d'intériorité et de sensibilité parce que l'on règle son comportement sur son sentiment, mais on sent comme l'on parle, et chacun ne parle aux autres qu'avec des mots d'emprunt qui n'appartiennent à personne.

CHAPITRE 14

L'engagement

Malgré quelques indices présents dès le premier scénario, l'idée d'un roman où l'Histoire occuperait la première place n'est pas pour Flaubert une évidence initiale. Elle se précise progressivement, au fur et à mesure que l'écrivain se documente pour son projet, et peut-être aussi sous l'effet de l'actualité littéraire. *L'Éducation* doit beaucoup à Balzac, dont Flaubert se « méfie » et s'inspire par antiphrase. Mais il faudrait, peut-être, ne pas oublier Hugo. C'est précisément au moment où Flaubert réfléchit sur ce qu'il va écrire après *Salammbô* que paraissent *Les Misérables*. Malgré toute l'admiration que Flaubert porte au grand proscrit, le succès que remporte le roman l'énerve. L'idée de bâtir à son tour une vaste fresque historique sur le présent, qui lui permettrait de se mesurer avec « le vieux crocodile », tente certainement l'écrivain. De plus, son choix de sujet n'est pas tout à fait libre : le contrat qu'il est en train de signer avec son éditeur Michel Lévy stipule qu'après son roman carthaginois, Flaubert devra revenir aux choses sérieuses et lui fournir un vrai « roman moderne ». Quitte à faire dans le « moderne », autant en profiter pour dire à ses contemporains sa manière de voir ladite modernité, et au passage, régler quelques comptes avec le siècle.

Dans les dernières semaines de 1862, la décision semble acquise. Flaubert note dans un de ses *Carnets* : « Aujourd'hui 12 décembre 1862, anniversaire de ma 41e année, (...) m'être sérieusement mis au plan de la première partie de mon roman parisien. » Le personnage de Deslauriers, qui était absent des scénarios du *Carnet 19,* est inventé, et Flaubert en est déjà à glaner auprès de ses amis Bouilhet et Du Camp ces fameux « détails », « faits », « anecdotes » et « histoires » avec lesquels il compte enrichir son récit. Dès février 1863, il ne cache plus rien de ses ambitions historiques. Une note datée du 11 février dans le *Journal* des Goncourt précise que Flaubert, dans « son roman moderne », veut « faire tout entrer, et le mouvement de 1830 – à propos des amours d'une Parisienne –, et la physionomie de 1840, et 1848, et l'Empire : "Je veux faire tenir l'Océan dans une carafe" ». Mais, avec une telle ouverture de compas, le projet présente des abîmes de difficultés et, quelques jours plus tard, Flaubert, de plus en plus inquiet, reprend son carnet de scénarios et décide de se rabattre sur un tout autre projet, *Les Deux Cloportes*, canevas du futur *Bouvard et Pécuchet,* avant de revenir quelques jours plus tard à sa première idée, pour à nouveau y renoncer... Ces intermittences vont durer un peu plus d'un an, jusqu'en janvier 1864, date à laquelle il décide définitivement de s'embarquer dans *L'Éducation*. Beaucoup de précautions donc, mais qui peuvent facilement se comprendre : *Bovary* avait demandé plus de quatre années, *Salammbô* également... maintenant, Flaubert sait à quoi s'en tenir : le dada de l'écriture a trouvé son rythme, et ce n'est pas le galop.

Il ne se trompe pas en soupçonnant qu'il s'agira encore d'un trajet au long cours. Le début du manuscrit de *L'Éducation* porte la date du 1er septembre 1864, et l'œuvre ne sera achevée que le 16 mai 1869, après cinquante-six mois d'un travail à peu près ininterrompu. Toutes ces hésitations entre Histoire et Bêtise ne seront pas sans conséquences sur la rédaction. Le climat provincial de *Madame Bovary* avait réveillé chez Flaubert la vieille obsession des idées reçues et avait servi de bouillon de culture narratif pour une bonne partie des entrées qui constitueront finalement le *Dictionnaire*. L'air trop pur qui circule dans l'univers mythique de *Salammbô* avait été un peu moins propice à l'élevage des stéréotypes. En revanche, avec l'atmosphère moderne et urbaine de *L'Éducation*, Flaubert trouve un milieu idéal pour réensemencer son bocal romanesque avec une foison de germes de préjugés et de syntagmes figés, spécialement dans le registre social et politique.

Le plan du récit présente des difficultés considérables. Flaubert s'y consacre pendant quatre mois, de février à mai 1864. Il renonce à un récit allant de 1830 à l'Empire, recentre l'histoire sur la Seconde République, et la structure devient plus claire. Puis, de mai à la fin août, Flaubert consacre quatre autres mois à une vaste campagne de documentation générale : lecture des périodiques et des ouvrages sur le socialisme de 1848, à la Bibliothèque impériale ; voyages de repérage topographique à Sens, Melun, Montereau, Nogent-sur-Seine, etc. Ces recherches préliminaires ne sont que le début d'une interminable série d'enquêtes qui vont occuper l'écrivain jusqu'aux derniers moments de la rédaction puisque, cinq ans plus tard, quelques mois avant de finir son roman, on le voit encore se démener comme un diable pour accumuler les notes les plus diverses en expliquant à sa correspondante G. Sand qu'il en a le plus impérieux besoin pour écrire : « J'ai passé huit jours à Paris, à la recherche de renseignements, (...) sept à neuf heures de fiacre tous les jours

(…). Je ne pouvais faire autrement, cependant. Je me suis trimbalé aux Pompes funèbres, au Père-Lachaise, dans la vallée de Montmorency, le long des boutiques d'objets religieux, etc. » (à G. Sand, Croisset, 2 février 1869).

L'étendue et la diversité de ces notes (au total, 250 pages de carnets, 600 à 700 pages de notes sur feuilles volantes) peuvent surprendre : dans ce roman historique moderne, Flaubert n'avait pas, comme pour *Salammbô*, à tout « réinventer ». Le récit se déroule entre 1840 et 1851, période que Gustave a parfaitement connue, de dix-huit à trente ans, avec juste une petite absence entre octobre 1849 et juin 1851, pendant le voyage d'Orient. Frédéric Moreau a le même âge que Flaubert, fait ses études de droit à Paris à la même époque, fréquente les mêmes milieux et, en février 1848, assiste aux mêmes combats de rue que ceux dont l'écrivain a personnellement été témoin. Mais le souvenir ne suffit pas. L'écriture érudite de *Salammbô* a appris à Flaubert le plaisir fou de la recherche, et surtout son système créatif a évolué : l'exigence d'exactitude et d'impersonnalité définie pour *Madame Bovary* s'est radicalisée. Concernant un objet aussi complexe et sensible que la révolution de 1848, il ne s'agit plus, pour Flaubert, de s'en tenir à une représentation vraisemblable tirée de son expérience autobiographique. Son principe de travail consistera au contraire à recouper les informations provenant des sources les plus diverses (toute la presse de l'époque, les journaux de toutes tendances, les mémoires et les études historiques, les publications partisanes de tous bords, les témoignages des survivants, des amis, etc.) jusqu'à obtenir, sur les événements qu'il cherche à « représenter », des images exhaustives, contrastées, précises et politiquement « irrécupérables » par quelque parti que ce soit.

L'exigence est d'autant plus forte qu'elle correspond pour l'auteur à deux nécessités : dans l'ordre de la communication, une nécessité stratégique immédiate qui est de rester inattaquable face à un public qui a été témoin des événements et que le roman met directement en cause, et, dans l'ordre de la transmission, à l'échelle des générations à venir, la nécessité éthique et esthétique de ne pas conclure. La *Correspondance* contemporaine de la rédaction abonde en déclarations très claires sur cette question : « (...) l'Art ne doit servir de chaire à aucune doctrine sous peine de déchoir ! On fausse toujours la réalité quand on veut l'amener à une conclusion (...). Et puis, est-ce avec des fictions qu'on peut parvenir à découvrir la vérité ? L'histoire, l'histoire et l'histoire naturelle ! (...) *Observons*, tout est là. Et après des siècles d'études il sera peut-être donné à quelqu'un de faire la synthèse. La rage de vouloir conclure est une des manies les plus funestes et les plus stériles qui appartiennent à l'humanité. Chaque religion, et chaque philosophie a prétendu avoir Dieu à elle, toiser l'infini et connaître la recette du bonheur. Quel orgueil et quel néant ! Je vois au contraire que les plus grands génies et les plus grandes œuvres n'ont jamais conclu. Homère, Shakespeare, Goethe, tous les fils aînés de Dieu (comme dit Michelet) se sont bien gardés de faire autre chose que *représenter* » (à Mlle Leroyer de Chantepie, Croisset, 23 octobre 1863).

*
* *

Quand Flaubert commence à écrire, en septembre 1864, l'histoire « d'amour » s'est reformulée comme un projet où l'histoire tout court tiendra une place essentielle : l'histoire événementielle (les faits sociaux et politiques, la chronologie des événements, etc.) mais aussi une histoire des mutations invisibles et des processus de plus grande amplitude, sans perdre de vue la médiation autobiographique, dont les contenus, traités de manière impersonnelle, serviront de linéaments entre histoire individuelle et histoire collective. A cet égard, la « passion inactive » de Frédéric Moreau pour Marie Arnoux aura beaucoup de points communs avec celle qu'Élisa Schlésinger avait inspirée à Gustave quand il était adolescent (1836-1837), puis étudiant à Paris (1841-1843), et *L'Éducation sentimentale* devient pour Flaubert une façon de régler plusieurs problèmes personnels avec son autobiographie, entre autres avec ce grand amour sans doute assouvi mais heureusement impossible qui – il s'en était fallu de peu – aurait bien pu lui coûter sa carrière d'écrivain : « A dix-sept ans si j'avais été aimé, quel crétin je ferais maintenant ! »

Et c'est pourquoi cette mémoire intime subit dans la rédaction un traitement comparable à n'importe quel autre matériau narratif ; elle est intégrée, transformée et manipulée sous l'effet des exigences du scénario et du style, dans les mêmes proportions que le sont les notes de lectures historiques, de repérage topographique ou d'enquête. La même « ironie dépassionnée », féroce et impartiale, préside aux opérations de recherche historique et autobiographiques que Flaubert rend indissociables de la rédaction. Mais si le travail d'enquête et de documentation est absolument essentiel (et dépasse de très loin ce que l'on a l'habitude d'appeler les « sources documentaires » d'une œuvre) c'est, en dernier ressort, au style et à la composition qu'il appartient de déjouer les ruses du parti pris et de restituer l'Histoire dans ce qui a été à cette époque, selon Flaubert, son incapacité à « faire sens ».

Le roman doit se donner les moyens formels de faire apparaître non plus un sens synthétique (du récit et de l'Histoire) qui serait hégémonique, réducteur, falsifiant et illusoire, mais les significations (non exhaustives, locales, isolées, essentiellement relatives, parfois divergentes, contradictoires, irrationnelles) des relations variables qui se nouent et se dénouent entre des parcours individuels et un devenir collectif. Quant aux logiques proprement historiques, Flaubert part du principe qu'à la différence du discours de l'historien le texte du roman n'a pas à les établir ni à les interpréter, mais à les représenter. Les « représenter », c'est-à-dire les donner à voir sans les figer : les évoquer, les rendre sensibles, mais en les maintenant dans leur mobilité et leurs interrelations, en leur conservant cette irréductible sensation de contingence, d'hétérogénéité et d'indécidable avec laquelle l'Histoire s'éprouve en temps réel, et sans statuer sur les causes et les conséquences. Ce qui n'empêche pas Flaubert de suggérer, conformément à son principe qui consiste à remettre au lecteur la responsabilité de créer le sens : « Quant à laisser voir mon opinion personnelle sur les gens que je mets en scène, non, non, mille fois non ! Je ne m'en reconnais pas le droit. Si le lecteur ne tire pas d'un livre la moralité qui doit s'y trouver, c'est que le lecteur est un imbécile ou que le livre est *faux* au point de vue de l'exactitude. »

L'Éducation sentimentale institue donc une sorte de suspension du sens qui exige du lecteur une contribution sans précédent, mais dont l'indétermination apparente n'a pu elle-même se construire qu'au prix, paradoxal, d'une présence renforcée de l'auteur dans la narration. Flaubert ne donne que rarement son opinion sur ce qui advient dans la fiction. Son narrateur lui-même, concurrencé par la multiplicité des points de vue, déstabilisé par le style indirect libre, n'a que peu d'occasions de donner son avis. En revanche, aucun choix lexical n'est laissé au hasard, aucune forme de la narration n'échappe, dans la genèse, à un contrôle presque obsessionnel du détail et de la composition, selon un ajustement combinant de proche en proche toutes les échelles de l'écriture. Ainsi conçu et patiemment mis au point, phrase après phrase, le texte flaubertien devient une mécanique de très haute précision dont le fonctionnement suffit à induire, sans intervention visible, une sorte de morale : une moralité même, dont l'ascendant est d'autant plus puissant sur la sensibilité et la croyance du lecteur que les messages qui lui sont adressés lui parviennent de partout, comme s'ils émanaient de la matière même du récit, sans qu'il soit possible de les rapporter à la singularité d'un point de vue individuel, et le plus souvent même sans que le lecteur puisse en identifier clairement l'origine.

C'est ce que Flaubert appelle « peindre ». Traiter le texte avec les moyens spatiaux de la représentation plastique, pour que chaque élément du texte soit, comme chaque touche de peinture sur un tableau, solidaire de la représentation dans sa totalité. C'est à ce seul prix que le roman devient capable de dire « non », peut s'engager dans une critique radicale de la société et des mœurs sans se risquer à conclure, c'est-à-dire sans tourner au prêche ou à l'endoctrinement, ni servir aucune autre cause que celle de l'art : « Quelle forme faut-il prendre pour exprimer parfois son opinion sur les choses de ce monde, sans risquer de passer, plus tard, pour un imbécile ? Cela est un rude problème. Il me semble que le mieux est de les peindre, tout bonnement, ces choses qui vous exaspèrent. Disséquer est une vengeance » (à George Sand, Croisset, 19 décembre 1867). *L'Éducation* de ce point de vue marque la première étape d'un itinéraire qui mènera très logiquement à *Bouvard et Pécuchet* dont le projet, on s'en souvient, était né au même moment.

Ce dont Flaubert veut se « venger », ce qui l'exaspère jusqu'à la nausée, en matière politique comme dans tous les autres domaines de la culture, de la pensée ou de la vie, c'est la rage de ceux qui prétendent en finir avec l'Histoire, l'aplomb des certitudes qui entendent s'imposer à tous et arrêter le sens, l'effroyable absence de doute des esprits forts qui se réjouissent des massacres, la croyance armée qui s'institue en vérité. Mentir au nom des principes, opprimer l'individu ou la minorité au nom du consensus, emprisonner au nom de la liberté, verser le sang au nom de la raison d'État, de la foi ou des lendemains qui chantent : autoritaire et sanglante par vocation ou par nécessité, chaque idéologie, en parvenant aux affaires, finit par faire le jeu du grand Maître. La bêtise triomphante, la bassesse légalisée, le culte du profit sanctifié, l'injustice établie en principe, etc., ne sont que les formes les plus visibles de cette petite apocalypse quotidienne, qui peut aussi, à tout moment, devenir l'apocalypse collective d'une mort massivement infligée. A cette victoire du néant, Flaubert estime que seul l'art, avec ses moyens propres, peut opposer un légitime et durable démenti, un droit de veto qui a le devoir d'éclairer les consciences. S'il est assez exact dans sa représentation de la réalité, un roman peut servir à se déprendre des certitudes mortelles, à éviter les combats stériles, à regarder autrement le monde et la vie, à se dégager des croyances qui oppriment la pensée, subjuguent le désir et font vieillir prématurément. De ce point de vue, *L'Éducation sentimentale* est un roman « engagé » qui avait authentiquement pour Flaubert un rôle à jouer dans l'Histoire. Les circonstances ne l'ont pas permis.

Flaubert croit au pouvoir de la littérature sur les consciences, à la manière de Goethe : la plus haute vertu de l'esprit n'est pas de dire aux autres ce qu'ils doivent penser, mais d'éveiller leur faculté de juger. Il y a quelque chose de la distanciation brechtienne dans l'ironie narrative et la *vis comica* de *L'Éducation sentimentale*. Mais la révolution dont le texte nous demande de comprendre l'urgence est une conversion du symbolique, une mutation mentale et axiologique beaucoup plus qu'une révolution sociale. Flaubert dit « non » à tout, intégralement et sans compromis possible, mais en laissant la représentation du réel donner le spectacle de son anéantissement : au lecteur d'en tirer les conclusions sur ses propres responsabilités morales et politiques, et sur le principe de son action. Lukács a raison de dire que dans *L'Éducation*, l'échec semble à l'origine de la valeur : les vies rêvées finissent en vies rétrécies ou en mort prématurée, et la République n'est jamais aussi belle que lorsqu'elle est assassinée en la personne de Dussardier, le soir du coup d'État de 1851. Mais Sartre a tort d'en déduire que Flaubert est nihiliste. Faire une œuvre d'art avec la représentation de l'échec ne signifie pas exalter l'échec, mais le dénoncer, le combattre et indiquer les chances de sa conversion, en montrant aussi qu'il n'est jamais total. *L'Éducation sentimentale* raconte la faillite historique d'une génération. Des milliers d'innocents sont morts pour rien et ceux qui ont survécu sont des fantômes. Tout échoue, mais à la lumière du souvenir, dont la mémoire même du texte constitue le modèle, tout s'irradie étrangement d'une mélancolique et éblouissante lueur d'espoir. Quel espoir ? Celui que toute vie, même écrasée par le destin, porte en elle-même comme sa propre affirmation, aussi minime soit-elle : la persistance à être, malgré la souffrance et les désastres, l'aspiration à préserver en soi une éternelle jeunesse, la fidélité à l'idéal, l'inassouvissable besoin d'aimer et de créer. Flaubert n'a rien d'un nihiliste. S'il cherche à se venger de la vie contemporaine, en représentant aussi précisément que possible son naufrage, c'est en faveur d'une autre vie, plus haute, plus intense, flamboyante et absolue, dont même la désillusion la plus mélancolique contient encore la promesse et le présage. L'art seul indique la voie. Mais l'humanité n'en est qu'à ses débuts, et la route sera longue.

L'Éducation sentimentale, qui ne ménage aucun parti ni aucune tendance politique, et qui propose la forme déconcertante d'un récit construit selon des règles inédites, à la fois foisonnant et traversé par le vide, peuplé de personnages problématiques et dénué d'un message clairement identifiable, ne connaît aucun succès de librairie et sa sortie publique passe pratiquement inaperçue. La presse, unanimement hostile, ne rencontre d'ailleurs aucune difficulté pour détourner les lecteurs d'un livre que l'actualité dramatique des années 1870 et 1871 contribue d'autre part à faire presque aussitôt oublier : un échec sans appel, que Flaubert ne parviendra jamais à accepter, et d'autant moins, on en reparlera, qu'il se demande s'il n'en est pas personnellement responsable. Son roman souffre de toutes sortes d'anomalies. Flaubert n'a pas tort : il manque à *L'Éducation* ce bel ordonnancement artificiel qui faisait la beauté et le vraisemblable du roman classique, architecturé comme un jardin à la française ; il le sentait bien en écrivant, et les bizarreries qui en découlaient le gênaient, mais il n'y pouvait rien ; c'était cela ou renoncer à ses principes : impersonnalité, relativité des points de vue, non conclusivité, épaisseur temporelle. Sous l'effet de ce nouveau regard, la vie et la nature des choses perdaient une part de leur harmonie et de leur unité représentative : une architecture sans perspective de fuite, une morale de l'histoire qui reste en suspens, des trous dans la chronologie et la consécution des événements, une relation d'incertitude aux personnages, des héros auxquels il devient difficile de s'identifier, etc. S'agit-il de défauts ? Indiscutablement, au regard des règles romanesques en vigueur qui exigeaient des sphères bien sphériques et des pyramides parfaitement pyramidales. Mais la postérité a tranché. Si l'art n'est pas dans la Nature, il appartient, çà et là, à quelques génies de réaliser le tour de force de faire entrer dans l'art une vision nouvelle de la Nature et d'atteindre une forme de « sublime » assez intense pour faire voler en éclats les pyramides et les sphères auxquelles se résumait jusque-là l'image consensuelle de la beauté. Flaubert y est parvenu en s'obstinant à suivre jusqu'au bout son système, sans trop s'effrayer des anomalies qui apparaissaient sous sa plume, et en tâchant simplement d'écrire conformément à ses principes, sans se tromper. C'est de cette « probité » que *L'Éducation* est aujourd'hui devenue le symbole : un point lumineux qui palpite, très loin devant nous, à l'horizon de notre écriture.

*
* *

Peut-on dire que *L'Éducation sentimentale* est un roman « engagé » ? Et si oui, engagé de quel côté ? de quelle manière ? On a coutume de voir en Flaubert un écrivain de droite, réactionnaire et élitiste, hostile à la démocratie et au suffrage universel. On a tort, et pour plusieurs raisons. Les œuvres de Flaubert et leurs significations sociales et politiques ne sont pas identifiables aux opinions de leur auteur, telles que Flaubert, par ailleurs, peut les exprimer, à titre privé et personnel, dans la *Correspondance* : c'est le privilège et le défi de l'impersonnalité. Mais l'impersonnalité, pas plus que la relativité des points de vue ou le non-conclusif, n'est synonyme de désengagement ou de neutralité helvétique. C'est même tout le contraire : il s'agit de laisser parler l'Histoire, c'est-à-dire, en réalité, de lui *rendre* la parole que l'idéologie lui a retirée : un peu au sens où Michelet prétendait rendre leurs voix aux archives, aux muets, aux morts. Les significations politiques de l'œuvre ne sont pas non plus réductibles aux éventuels partis pris ou jugements du narrateur : ce « je », ce « nous » ou ce « on » fictif qui laisse parfois entendre son avis dans le récit, et dont on a vu, par exemple dans l'incipit de *Madame Bovary*, combien l'identité est sujette aux plus stupéfiantes métamorphoses. Mais en dépit des stratégies ultrasophistiquées de l'écriture, malgré le retrait presque absolu de l'auteur, le roman contient authentiquement une morale. Et, comme on l'a déjà un peu aperçu dans l'histoire de la petite Berthe Bovary, cette morale serait plutôt de gauche, ou plutôt (puisque Flaubert se désolidarise de tous les *partis*) dans un style anarchiste de gauche.

Au total, dans *L'Éducation sentimentale*, qui est le plus odieux, le plus irrécupérable : Dussardier, le révolutionnaire au grand cœur, ou Dambreuse, le banquier podeviniste qui aurait vendu la France pour s'épargner un malaise ? Frédéric, l'homme de toutes les faiblesses, ou Sénécal, le terroriste devenu flic du gang de l'Élysée ? Arnoux, le galeriste un peu escroc qui se ruine en mauvais plans, ou Hussonnet, le dandy qui a des dossiers sur tout le monde et qui finit commissaire général de la censure impériale ? Il y a dans la genèse du roman un détail qui ne trompe pas. Quand Flaubert travaille sur la première partie de son roman, c'est-à-dire sur la période qui conduit à la révolution bourgeoise de 1848, il va plutôt chercher sa documentation dans la presse de droite et chez les historiens qui ont été les plus critiques envers les événements de Février : les illusions, la fausse fraternité, les arrière-pensées, les corporatismes, l'étroitesse des intérêts personnels, la bêtise des masses. En revanche, dès que le récit s'engage dans la chronologie qui mène de Février aux événements sanglants de Juin, retournement complet de stratégie documentaire : c'est dans la presse de gauche, et même d'extrême gauche, auprès de Barbès et chez les historiens révolutionnaires, qu'il décide de chercher ses sources. Pourquoi ? Parce que ce sont les vaincus, parce qu'ils sont honnis par des bourgeois pleins de morgue et de suffisance, parce que leur mémoire a été écrasée par le consensus abject du plébiscite, cette parodie de démocratie qui exile les poètes, censure la presse et interdit l'enseignement de l'Histoire. Parce que c'est le devoir du romancier de rendre leur droit aux victimes, à ceux qui ont été massacrés, même si leur cause était fausse ou illusoire. Quant à chercher qui incarne la vérité ou le bien dans ce récit, ce serait aussi vain que de le chercher dans l'Histoire elle-même. Non seulement le fait historique ne relève pas du jugement pratique, mais les responsabilités ont cessé d'être identifiables : la logique des événements contemporains n'est plus le fait des individualités, mais des masses. Reste que le roman, tout en traduisant cette détermination collective, met en scène des personnages : sont-ils porteurs d'un message politique ?

L'un des messages de *L'Éducation sentimentale* se trouve probablement crypté dans la remarque ambiguë que Hussonnet fait incidemment à Frédéric Moreau lors du sac des Tuileries en février 1848 : « Les héros ne sentent pas bon. » L'odeur nauséabonde vient d'on ne sait où, de partout semble-t-il tant il est difficile de trouver ses repères dans ce récit qui semble, comme l'Histoire, complètement désorienté. Cet éclatement du réel historique en fragments hétérogènes, qui donne au « hasard » une place si importante dans l'enchaînement de la narration, qui perturbe si violemment l'idée reçue d'une « causalité » historique, finit par désorienter le lecteur tout autant que les personnages. *L'Éducation sentimentale* est un roman où il est très difficile de « retrouver sa page ». Si les personnages eux-mêmes se trouvent souvent égarés par l'incohérence apparente des événements, c'est dans la mesure où l'éclatement du réel historique les habite eux-mêmes intimement. Chacun à sa manière symbolise un élément du scénario historique qui se joue entre 1840 et 1851, mais à la façon du mouvement brownien : dans une mouvance permanente et contingente où les rôles ne sont jamais fixés, où les retournements les plus spectaculaires restent toujours possibles, et sans qu'ils soient présentés dans le récit à partir d'un point de vue stable qui permettrait de les interpréter ou de les juger en toute clarté. A quelques exceptions près, Flaubert s'est employé à rendre la plupart de ses personnages incertains ou douteux quant à la signification de leurs actions et de leurs engagements : ils n'incarnent pas des positions sociales et politiques franches, mais plutôt des problèmes historiques en état de perpétuelle reformulation. Ils n'ont pas la stabilité et l'unité de personnages balzaciens : ce sont des personnages problématiques et, parmi eux, Frédéric est sans doute le plus hautement problématique de tous.

Frédéric Moreau est-il un héros ou un antihéros ? Il n'y a pas de solidarité entre le narrateur et le héros du roman : la dérision affecte en permanence le récit des attitudes de Frédéric, ses choix qui n'en sont pas, son incapacité à vouloir, son art de se laisser duper et exploiter. Mais c'est une dérision douce, indulgente, et qui, sans laisser intact le personnage, ne le détruit pas non plus totalement. Frédéric reste d'un bout à l'autre du récit le point de vue privilégié sur la plupart des événements, notamment historiques. Presque toutes les « scènes » et « discussions » ont lieu en sa présence, même s'il n'y participe en général que médiocrement. On ne voit pas exactement à travers ses yeux, mais plutôt comme par-dessus son épaule, ou à côté de lui : on le voit regarder, avec ce petit décalage qui exclut l'identification héroïque, mais qui n'est pas non plus un recul critique radical. Un tel recul était d'ailleurs impraticable : il suffirait à anéantir le personnage qui ne possède aucune dimension épique si ce n'est celle du fiasco, d'autant plus terrible qu'il est relatif. Parler d'échec serait beaucoup trop dire. Frédéric est un petit-bourgeois et la punition que l'Histoire infligera à son incapacité ne dépassera pas sa stature : en traversant les convulsions de l'Histoire, il ne perdra pas la vie, mais ce qu'il appelle « ses illusions » et les deux tiers de sa fortune.

Son rapport à la politique n'est pas inexistant : les « scènes historiques » dont il est le témoin, ses réactions instinctives devant l'injustice ou l'arrogance, sa capacité à se mettre en danger pour courir au secours de Dussardier en juin 48, ou pour dire leur fait aux bourgeois du salon Dambreuse, prouvent qu'il n'est pas toujours dénué de générosité et même qu'il évolue au cours du récit, mais sans trouver l'énergie ou l'occasion de s'engager. L'inertie qui résulte de sa passivité constitutionnelle le tient à l'écart de tous les fanatismes, ce qui ne représente sans doute qu'une valeur « par défaut », mais essentielle du point de vue de Flaubert. Le lien d'amour qui l'unit aux trois seuls personnages que le récit laisse à peu près intacts (Marie Arnoux, la petite Roque et Dussardier) rejaillit sur lui comme la preuve de son droit d'exister. Il manque, malgré toutes les occasions que lui propose le destin, ce qui pourrait donner à ces trois amours une dimension héroïque, mais sans en corrompre le principe qui reste vivant tout au long du récit jusqu'à la mort ou la disparition des personnages. Frédéric passe à côté de l'Histoire parce qu'il la rêve selon les clichés de son adolescence ; il voudrait être « le Walter Scott de la France » : il se trompe sur ses moyens, mais surtout sur la réalité du présent. Sensible au temps qu'il fait beaucoup plus qu'au temps qui passe, perméable à la météorologie, imperméable à l'Histoire qui coule sur lui comme la pluie sur les ailes d'un canard, enfantin dans ses stratégies amoureuses, ambivalent dans ses désirs sexuels, soumis aux volte-face de son humeur, capricieux, dupe de toutes les cupidités, indulgent pour ses propres défaillances, c'est un personnage étrangement dépourvu de psychologie qui évoque, par son identité toute en surface, des personnages intempestifs ou impénétrables, comme ceux de Camus ou de Faulkner, beaucoup plus que les figures construites en « fausse perspective » par Balzac ou Stendhal.

Deslauriers est « l'autre » de Frédéric, son double mimétique et antithétique qui se présente dès le début du récit comme résolument (et anachroniquement) « balzacien », et qui se trompe, autant que Frédéric, mais d'une autre manière, sur les chances que lui laisse l'Histoire contemporaine. Tout son itinéraire est guidé, de travers et à contretemps, par la double ambition de rivaliser avec Frédéric et de « réussir », au besoin en trahissant son ami. C'est le « faux frère » par excellence, prêt à toutes les compromissions, et qui, après une jeunesse d'opposition politique forcée (la monarchie de Juillet ne lui offrait aucune issue), se précipite successivement sur toutes les occasions que lui offrent les événements : meneur politique pendant les journées de Février, commissaire de la République sous le gouvernement provisoire, homme de confiance du banquier Dambreuse sous la République réactionnaire, préfet d'Empire trop zélé dans son dévouement au pouvoir (au point qu'il est destitué !), puis, comme on l'apprend dans les dernières pages du récit, « chef de colonisation en Algérie, secrétaire d'un pacha, gérant d'un journal, courtier d'annonces » et « finalement employé au contentieux dans une compagnie industrielle ». Bref, un itinéraire qui se caractérise à la fois par l'éclectisme le plus débridé, par l'absence d'autre objectif que la promotion sociale, et finalement par une courbe descendante qui aboutit à une sorte de retour à la case départ. Pour expliquer son échec, Deslauriers oppose au « défaut de ligne droite » qu'invoque pour son compte Frédéric un « excès de rectitude » : « j'avais trop de logique, et toi de sentiment ». La seule rectitude de Deslauriers n'a jamais été, dans tout le récit, que celle d'aller par le plus court chemin vers ce qu'il pensait lui être le plus profitable. Mais, pour des raisons dont le roman ne cache pas la nature sociale, Deslauriers se trompe dès le départ sur ce que sont les véritables règles de la société : il affronte l'Histoire avec l'énergie et la confiance cynique de Rastignac sans s'apercevoir que les codes ont changé et que le pouvoir n'est plus entre les mêmes mains. D'une certaine manière, il est autant que Frédéric et que Madame Bovary une victime de sa trop grande croyance dans la littérature. Comme Frédéric, Deslauriers, tout en continuant à se mentir, finit bien par apercevoir que la cause de son échec le dépasse, qu'ils ne sont l'un et l'autre, en fin de compte, que deux exemples insignifiants d'un naufrage qui fut celui de toute une époque : « Puis ils accusèrent le hasard, les circonstances, l'époque où ils étaient nés. »

Le banquier Dambreuse est le grand bourgeois réactionnaire de la monarchie de Juillet, dont le salon sert, tout au long du roman (y compris après la mort du banquier), à suivre l'évolution des mentalités de la « droite » bourgeoise face aux événements. Flaubert déteste ce milieu et cela se sent. Aucun détail ne nous est épargné sur l'épaisse bêtise satisfaite de ces nantis capables de toutes les lâchetés pour maintenir leurs privilèges. A la différence de la plupart des gens qui circulent dans son salon, Dambreuse n'est pas présenté comme un imbécile, mais son intelligence, ou son astuce, est montrée comme le pur instrument d'une obsession : celle du profit. Financier, il se tournera de plus en plus nettement vers l'industrie, avec un respect quasi mystique de l'Ordre et de l'Autorité sans lesquels les « affaires » ne sont plus possibles. Il se rallie verbalement à la révolution pour sauver les meubles au printemps 1848 et se cherche des ancêtres paysans mais porte dans sa poche un « casse-tête » pour se protéger des cannibales prolétariens. Il applaudit aux atrocités de juin 1848, et trouve Louis-Napoléon un peu mou pour résister aux menaces que la vile multitude fait encore peser sur l'avenir. Parlant de Dambreuse et de ses amis qui commencent à agacer Frédéric, et qui vont pousser le héros à prendre des positions qui ne sont pas les siennes, le narrateur dit textuellement : « La pourriture de ces vieux l'exaspérait ; et emporté par la bravoure qui saisit quelquefois les plus timides, il attaqua les financiers, les députés, le Gouvernement, le Roi, prit la défense des Arabes (…). » En fait, dès que l'occasion s'en présente dans le récit, le narrateur, derrière qui se profile alors clairement Flaubert, ne manque pas de dire ses quatre vérités à ce qu'il considère comme une « pègre dorée », une véritable abjection sociale : « La plupart des hommes qui étaient là avaient servi au moins quatre gouvernements ; et ils auraient vendu la France ou le genre humain, pour garantir leur fortune, s'épargner un malaise, un embarras, ou même par simple bassesse, adoration instinctive de la force. » Le banquier Dambreuse ne se salit pas les mains : son contact avec l'Histoire ne dépasse pas le niveau des intrigues et manœuvres feutrées qui se règlent dans les antichambres des ministères ou dans les hôtels particuliers ; mais un autre personnage, qui lui est lié directement, le père Roque, joue clairement dans le récit le rôle de son « homme de main » à la fois concret et symbolique : en assassinant froidement un adolescent d'un coup de fusil en pleine tête, le père Roque, à la prison des Tuileries, venge Dambreuse autant que lui-même des frayeurs extraordinaires que leur avait causées la révolution.

Comme le père Roque, Dambreuse est soutenu par une haine viscérale de tout ce qui peut ressembler à un homme du peuple réclamant la justice sociale. Par un remarquable et fort éclairant paradoxe, les gens du salon Dambreuse en arriveront à « parler comme Sénécal » au moment où tous les dogmatiques de l'Autorité auront à se réunir autour du gang de l'Élysée pour en finir une bonne fois avec cet insupportable flirt de l'Histoire et de la Liberté. Mais le récit ne laisse aucune illusion sur la valeur de ce genre de réussite : la mort du banquier Dambreuse en est l'occasion. Pour épitaphe, le narrateur précise : « Elle était finie, cette existence pleine d'agitations ! Combien n'avait-il pas fait de courses dans les bureaux, aligné de chiffres, tripoté d'affaires, entendu de rapports ! Que de boniments, de sourires, de courbettes ! Car il avait acclamé Napoléon, les Cosaques, Louis XVIII, 1830, les ouvriers, tous les régimes, chérissant le Pouvoir d'un tel amour, qu'il aurait payé pour se vendre. » A son enterrement, ses amis d'hier n'attendent guère pour ne reconnaître en lui rien de plus qu'un habile « potdeviniste » ; on fait quand même mine de le regretter au moment où la bière entre dans le caveau, on en profite aussi pour tonner contre le Socialisme, puis tout s'achève avec cette phrase terrible du narrateur qui sonne comme le glas du Jugement dernier : « La terre, mêlée de cailloux, retomba ; et il ne devait plus en être question dans le monde. »

Dussardier est incontestablement l'une des seules figures héroïques du récit, et l'un des pivots essentiels de la signification historique du roman. Frédéric instinctivement lui voue un attachement qui n'a pas d'autre équivalent en intensité que son amour pour Marie Arnoux ; il est même probablement plus fidèle à son amitié pour Dussardier qu'à sa grande passion qu'il ne regrette pas de trahir tout au long du récit. Cette amitié est réciproque, et Dussardier contribue beaucoup à faire évoluer Frédéric vers ce qui aurait pu devenir une prise de conscience politique si le héros avait été doué d'une complexion moins velléitaire et inactive. Dussardier est un personnage très présent dans le roman, et notamment dans les trois scènes historiques clés qui structurent, aux points stratégiques du texte, l'ensemble des rapports entre narration et Histoire : la première scène historique du récit, où Dussardier apparaît et qui marque le premier contact direct entre Frédéric et l'Histoire (la manifestation du Panthéon en décembre 1841), la scène historique (centrale) qui coïncide avec la victoire de la révolution, le 24 février 1848, et la dernière scène historique du roman, celle qui enregistre la victoire du coup d'État, la fin de la République et la disparition de Dussardier. Ce personnage incarne de toute évidence l'idéal républicain dans sa version non dogmatique, la croyance naïve mais exemplaire dans les valeurs de la vie, de la liberté, de la justice et de la fraternité. Dussardier est un autodidacte, mais qui n'a rien perdu de sa générosité native de « bon sauvage » métropolitain ; il croit profondément à la perfectibilité de l'homme et au progrès. Il parle d'égalité sans jamais envier la situation des amis qui sont plus fortunés que lui, et en se réjouissant même de leurs succès. Bref, Flaubert a construit avec Dussardier une figure entièrement positive défendant des valeurs dans lesquelles l'auteur se reconnaîtrait s'il pouvait y croire. Mais précisément, *L'Éducation* est un roman qui finit par mettre en scène les raisons historiques pour lesquelles un idéal comme celui qu'incarne Dussardier est destiné à être broyé par les événements contemporains.

C'est un idéal qui a peut-être ses chances dans l'avenir (Flaubert prévoit, non sans inquiétude, le succès fatal de l'Internationale au XXe siècle), mais qui n'est pas fait pour le présent : c'est une représentation qui n'est plus, ou pas encore, adéquate avec la structure du réel. Contrairement à ce qu'imaginait Dussardier, le Peuple n'est plus une force homogène qui pourrait compter sur sa propre énergie pour installer de nouvelles valeurs dans le réel, comme on a pu le croire au printemps 1848. Le Peuple (et ici, l'analyse de Flaubert rencontre, un fois de plus, celle de Marx) est devenu une force divisée à l'intérieur d'elle-même en plusieurs tendances contradictoires qui peuvent aller jusqu'à l'affrontement. C'est ce qui advient au moment des journées de Juin, et que Dussardier ne comprend pas immédiatement. Il se range du côté de la République, valeur sainte pour lui, sans percevoir que cette république, devenue libérale et bourgeoise, a changé de sens en quelques semaines et qu'elle défend une fraction du peuple contre l'autre : la plus riche contre la plus démunie. Après les massacres de Juin, Dussardier, blessé en ayant tenté de s'interposer entre les gardes nationaux (dont il faisait partie) et les insurgés sur une barricade, commence à entrevoir la vérité : « Peut-être qu'il aurait dû se mettre de l'autre bord, avec les blouses ; car enfin on leur avait promis un tas de choses qu'on n'avait pas tenues. Leurs adversaires détestaient la République ; et puis on s'était montré bien dur pour eux ! Ils avaient tort, sans doute, mais pas tout à fait, cependant ; et le brave garçon était torturé par cette idée qu'il pouvait avoir combattu la justice. » L'Histoire qui avance vers le coup d'État ne fait que confirmer son doute.

Après avoir été l'homme qui croit dans la vie, plus fort et plus intensément qu'aucun autre personnage du roman (sauf peut-être la petite Roque), Dussardier va devenir l'homme qui veut mourir. Il faut relire cette page bouleversante où le personnage dit à Frédéric la fin de tous ses espoirs. Ici, aucune dérision du narrateur ; le ton y est même si juste qu'on a peine à croire qu'il ne s'agit pas d'une profession de foi dépassant largement le personnage. L'Histoire va vers le gouffre ; Dussardier comprend après coup toute l'ampleur de son erreur en juin ; il finit par ces mots : « Moi, je n'ai rien fait de mal ; et pourtant, c'est comme un poids qui me pèse sur l'estomac. J'en deviendrai fou, si ça continue. J'ai envie de me faire tuer. » La narration lui en donnera l'occasion, comme on le sait, à la fin du chapitre suivant : il va, résolument, se faire assassiner en pleine rue par l'un de ses meilleurs anciens amis, Sénécal, devenu dragon du prince-président. Dussardier meurt sabré par ceux qui mettent un terme aux dernières illusions : à cet instant, l'Histoire, qui se confondait peut-être jusque-là avec le destin convulsionnaire des chances de la Liberté, quitte définitivement la scène narrative. Le roman, en deux pirouettes, va rejoindre le présent socio-historique réel qui, dix-huit ans plus tard, est encore celui de l'Empire. Mais, juste avant le fameux blanc qui va nous ramener au présent, c'est-à-dire à 1869, Dussardier vient de mourir en criant un slogan qui, aux derniers jours de l'Empire, se met à résonner avec une tonalité étrangement critique : « Vive la République ! »

Sénécal est le double négatif de Dussardier. Autant Dussardier est du côté de la vie et de la générosité, autant Sénécal est l'homme des systèmes, de l'embrigadement, et pour finir, de l'Autorité et de la mort. Il représente, avec Dambreuse, ce que Flaubert déteste le plus : c'est un ennemi farouche de la liberté, de l'art, et de tout ce qui peut ressembler à une émotion authentique. Mais le roman ne nous fait découvrir sa véritable nature que progressivement. Sénécal est un révolutionnaire quasi professionnel ; sous la monarchie de Juillet, il a été de toutes les sociétés secrètes, de tous les coups de force fomentés pour renverser le régime. Mais c'est un solitaire qui trouve le peuple mou et incapable ; son idole est d'Alibaud, un activiste sans appartenance politique qui avait cherché à assassiner Louis-Philippe en 1836. Lorsqu'il se fait arrêter en 1847 (II, 4), c'est pour avoir été pris en train d'essayer des explosifs dans une carrière de Montmartre. Sénécal a l'âme d'un terroriste, dans le style des nihilistes, avec le panache en moins. Sénécal est bête :

c'est un autodidacte obtus, qui s'est bourré l'esprit de tous les clichés et préjugés produits par la littérature socialiste : « Il connaissait Mably, Morelly, Fourier, Saint-Simon, Comte, Cabet, Louis Blanc, la lourde charretée des écrivains socialistes, ceux qui réclament pour l'humanité le niveau des casernes. » Mal digérée, sa culture se transforme spontanément en dogmatisme.

Il n'admet aucune contradiction dans la discussion, sans percevoir que ses propres positions, empruntées à des systèmes contradictoires, ne reposent sur aucune cohérence. La révolution de Février le conduit naturellement à la présidence d'un Club, le « Club de l'Intelligence » ainsi nommé par antiphrase, où il exerce une autorité de fer. Mais derrière sa parole « dogmatique », ses « phrases impérieuses comme des lois », Sénécal n'est que l'imitation d'une imitation, un pur simulacre : « comme chaque personnage se réglait alors sur un modèle, l'un copiant Saint-Just, l'autre Danton, l'autre Marat, lui, il tâchait de ressembler à Blanqui, lequel imitait Robespierre ». On ne sait rien des raisons qui en juin 1848 le conduisent dans la prison des Tuileries, mais dès 1850, devenu secrétaire de Deslauriers qui s'est lui-même mis au service de Dambreuse, Sénécal vire au bonapartisme, se déclare, dans ce qu'il estime être la tradition de Robespierre, favorable à « la dictature » : « Vive la tyrannie, pourvu que le tyran fasse le bien ! » On connaît le dénouement, le 4 décembre 1851, sur le boulevard des Italiens. Son geste en fait, par-delà toute espèce de différence politique, un second père Roque : un de ces personnages par lesquels l'Histoire rejoint l'innommable. Sur le mode atroce, Sénécal incarne l'ouverture ou le ralliement d'un certain socialisme utopique à l'idéologie autoritaire et antidémocratique de l'Empire. Il est de la race de ceux qui veulent coûte que coûte arrêter le cours de l'Histoire, en avoir raison, en finir avec elle, bref, qui veulent conclure.

CHAPITRE 15

Traversées de Paris

Gustave Flaubert n'est pas un écrivain parisien. Ce n'est pas non plus un écrivain normand. Il est né à Rouen et il est mort à Croisset, en ayant passé plus de la moitié de sa vie à faire alterner très régulièrement des séjours dans la capitale et des retours dans sa province natale. Si l'on cherchait à mesurer l'importance de Paris dans ses textes, il faudrait reconnaître qu'il a finalement beaucoup plus écrit sur la Normandie (*Madame Bovary*, *Un cœur simple*, *Bouvard et Pécuchet*) et sur l'Orient (*Salammbô*, *La Tentation de saint Antoine*, *Hérodias*) que sur Paris qui n'est présent dans son œuvre publiée que par un roman (considérable, il est vrai) – *L'Éducation sentimentale* – et par un incipit (qui n'est pas négligeable non plus) – celui de *Bouvard et Pécuchet*. En fait, il semble bien que Flaubert ait eu, à l'égard de Paris, un point de vue moral et littéraire qui ressemble un peu à la place qu'il lui a réservée dans sa vie : un point de vue qui n'est ni tout à fait celui de l'extériorité ni tout à fait celui de l'intériorité, une certaine tendresse et un certain attachement mais bien tempérés, qui n'excluent pas le recours à la fuite, et qui impliquent même, d'une manière presque permanente, le besoin d'une certaine prise de distance. Quitter Paris pour pouvoir désirer y revenir, voir Paris tel qu'il est, sans mépris et sans illusion, et pour y voir clair, savoir s'en détacher. Mais ce serait une erreur d'interpréter ce point de vue en termes seulement psychologiques ; il s'agit autant, et peut-être plus encore, d'une mise en perspective qui est propre chez Flaubert au travail de l'écrivain et à la réflexion qui accompagne la conception et la rédaction des œuvres.

Au fond, Flaubert a été avant l'heure une sorte de paysan de Paris, mais un paysan très studieux puisqu'il profitait de ses séjours métropolitains pour noter ses impressions. On peut essayer de se couler dans ce point de vue singulier pour regarder la capitale comme l'a observée Flaubert, calepin en main. Quelle est l'image de Paris qui traverse ses notes au jour le jour ? Comment Flaubert se situe-t-il dans son rapport littéraire à la capitale à travers ce petit corpus instrumental de calepins et d'albums qui lui ont servi, tout au long de sa carrière, à engranger des idées et à mener à bien ses rédactions ?

*
* *

Première évidence : à la différence des *Carnets de voyage*, qui fourmillent de détails croustillants sur ses aventures exotiques et érotiques, le Paris des *Carnets de travail* est à peu près vide d'informations biographiques. Pour des raisons de simple précaution, les pages de garde de plusieurs calepins portent, avec le nom de leur propriétaire, « Gustave Flaubert », la mention d'une adresse. Symbole pratique de cette ambiguïté topographique que Flaubert a cultivée toute sa vie, cette adresse est presque toujours en double : d'une part le domicile parisien (qui changera plusieurs fois au cours de sa vie) et d'autre part le point fixe : « Croisset, près Rouen ». A l'exception de cette traversée domiciliaire (d'abord boulevard du Temple, puis rue Murillo, et enfin faubourg Saint-Honoré), les *Carnets* ne contiennent pratiquement aucune note sur la vie de l'auteur à Paris. Sur les onze cents pages que compte ce corpus, seule une page du *Carnet 2*, datée du 12 décembre 1862, ressemble à celle d'un agenda ou d'un journal : « Aujourd'hui 12 décembre 1862, anniversaire de ma 41e année, été chez M. de Lesseps porter un exemplaire de Salammbô pour bey de Tunis (*le frère de Ferdinand de Lesseps*) – Chez Janin – Chez Ed(mont) Delessert – Chez H(ector) Berlioz Au Palais Royal m'inscrire chez le Pr(ince) (*il s'agit de Jérôme Napoléon, surnommé Plonplon*) Acheté deux carcels ; reçu une lettre de B (*sans doute Baudry*). Et m'être mis sérieusement au plan de la première partie de mon roman moderne parisien !!! » (*L'Éducation sentimentale*).

Cette page date d'une époque où la vie mondaine de Flaubert est particulièrement active ; c'est d'ailleurs sans doute le côté « performance » de cette journée bien remplie qui incite l'ermite de Croisset à noter cet invraisemblable tourbillon de courses : en ce jour d'anniversaire, c'est un peu un symbole de sa réussite à Paris. Le petit écrivain normand qui avait été traîné devant les tribunaux pour son premier roman six ans plus tôt est maintenant reçu partout dans la capitale, y compris chez les dignitaires du régime. On remarquera d'ailleurs que les notes de cette page concernent presque toutes la dimension littéraire et « professionnelle » de sa vie parisienne : mondanité des services de presse pour *Salammbô* dont la sortie, alors imminente, a été annoncée comme un événement par la presse, et rédaction d'une nouvelle œuvre dans la solitude du cabinet. Mais c'est une exception : en dehors de ce folio isolé, on ne trouve, dans les *Carnets*, aucune autre mention purement événementielle. Seuls par-ci par-là quelques adresses d'amis, et un ou deux rendez-vous, comme dans le *Carnet 12*, un déjeuner chez Mme Sabatier. C'est tout. Le Paris des *Carnets de travail* appartient tout entier à l'espace littéraire.

En fait l'image de Paris, dans les *Carnets*, se compose d'une cinquantaine de séquences de notes très variables en contenu, en importance et en fonctions, mais que l'on peut assez aisément ranger selon le rôle instrumental des *Carnets* où on les trouve. Comme la plupart des autres notations, ces fragments sur Paris n'ont ni le même sens ni la même destination selon qu'ils appartiennent aux grands *Carnets* d'idées et de projets ou aux petits calepins d'enquête et de rédactions. Il y a le Paris des albums de « projets » (projets de rédactions réalisés ou seulement esquissés), celui des *Carnets* d'idées où Flaubert notait, comme dans une « main courante », ses réflexions, des choses vues, des anecdotes, etc., pour se constituer une sorte de trésor toujours disponible ; et enfin il y a le Paris des romans proprement dits qui se trouve dans les petits calepins, ceux que Flaubert emporte dans sa poche quand il part faire ses repérages sur place et ses enquêtes, au beau milieu de ses travaux de rédaction. Les liens entre ces diverses catégories de notes sont parfois très étroits puisqu'une « idée » ou une anecdote peut facilement prendre occasion d'un scénario ou d'un plan-projet pour se réinvestir dans une rédaction qui, à son tour, suscitera des séquences de notes d'enquête et de repérage. C'est le cas par exemple pour le motif « enterrement parisien » qui paraît avoir intéressé Flaubert pour lui-même avant de devenir un élément du scénario développé de *L'Éducation* (l'enterrement du banquier Dambreuse), intégration narrative qui à son tour produira l'exigence de toutes sortes d'enquêtes et de repérages enregistrés dans les calepins de ce roman. On pourrait même sans doute poser que ce processus d'exploitation des notes et d'enchaînement de la conception est un phénomène dominant dans les *Carnets*. Il laisse cependant quelques « restes » (des notes inutilisées) et peut aussi s'inverser : Flaubert enregistre des anecdotes ou réflexions qui sont en rapport avec des idées ou des situations qu'il a eu l'occasion de mettre en scène dans des rédactions antérieures. Bref, on voit se dessiner dans les *Carnets* une image de Paris composite, fonctionnelle, et qui suit, avec toutes les interférences imaginables, l'ordre des trois grandes phases de la création littéraire chez un écrivain-chercheur comme Flaubert : une recherche tous azimuts sans destination particulière « par provision », un effort de programmation narrative sur un projet précis, un travail de rédaction et de textualisation qui implique le renseignement, l'information, l'enquête.

*
* *

Les grands *Carnets* de travail peuvent se répartir en deux séries : les *Carnets 2* et *15* que j'ai intitulés « Carnets d'idées », et les *Carnets 19* et *20* qui contiennent majoritairement des projets de rédaction et scénarios. Chronologiquement ces *Carnets* vont par paires : au début des années 1860 Flaubert entame le *Carnet* d'idées *2* et le *Carnet* de projets *19* ; dix ans plus tard, tout en continuant à remplir son *Carnet 2* au hasard des pages restées vierges, il commence deux autres nouveaux *Carnets* de grandes dimensions : le *Carnet* d'idées *15* et le *Carnet* de projets *20*.

Le *Carnet* d'idées *2*, utilisé pendant près de vingt ans (de 1859 à 1878) est celui qui contient le plus grand nombre de notations sur Paris. On y trouve principalement des réflexions et études de mœurs qui se poursuivront dans d'autres *Carnets*. Certaines de ces notations auront leurs retombées assez rapidement dans la rédaction de *L'Éducation sentimentale*, d'autres devaient visiblement être utilisées pour des projets de récits que Flaubert n'a jamais menés à bien, et qui se trouvent dans les *Carnets* de projets *19* et surtout *20*. Les thèmes de réflexion majeurs tournent tous plus ou moins autour de la question de la mondanité parisienne, du code social, du monde du journalisme (que Flaubert déteste) et, ce qui est un peu pour lui la même chose, de la prostitution, sous toutes ses formes (physiques et morales), avec une place particulière pour le motif de « l'enterrement parisien chic » qui lui semble synthétiser tous ces aspects.

Une bonne partie de ces notations se situe presque explicitement dans une perspective d'étude de mœurs post-balzacienne. Ainsi, la page 20 du *Carnet 2* qui renverse le thème de l'ascension « par les femmes » : « Autrefois, à Paris, on croyait que la femme était un moyen d'arriver à une position, on la considérait comme une échelle qui conduisait à la fortune ; autant de maîtresses, autant d'échelons. N'est-ce pas actuellement le contraire ? Car pour leur agréer, c'est la position plus encore que l'argent qu'il leur faut ; elles couchent avec le rang, le renom, l'entourage social, tout comme font les hommes. Quant au demi-monde, du moins, cela est incontestable. »

Dans le *Carnet 19*, une page de « choses vues » (ou entendues) intitulée « mœurs parisiennes », et qui met en scènes trois femmes du demi-monde parisien que Flaubert connaît bien (Mme de Tourbey, Mme Desgranges et Suzanne Lagier), en fait la preuve, tout en démontrant que l'argent n'a tout de même pas perdu tout son attrait. Les pages suivantes, notées d'après les confidences de l'actrice Suzanne Lagier, démontrent que cette nouvelle sorte de prostitution se répercute de classe sociale en classe sociale, les plus petits imitant les plus grands, et le site se déplaçant de Paris *intra muros* à ses environs immédiats : « Mlle X… ancienne femme de chambre de M., d'une jolie lorette, s'établit près d'elle à Auteuil. Prend une petite maison de campagne, à côté. Les messieurs sortant le soir de chez son ancienne maîtresse vont chez elle, et après les exercices de fellation, elle leur adresse en toute humilité ces paroles : "Est-ce aussi bien que Madame ?" » (*Carnet 19*, f°31.)

En fait le motif de la prostitution circule dans un grand nombre des notations sur les mœurs parisiennes. Flaubert se documente. Le folio 11 du *Carnet 2* prouve que l'auteur se renseigne, dans la *Biographie universelle* sur Desboulmiers « pour les mœurs du Palais-Royal à la fin du XVIIIe siècle ». Il s'agit de l'auteur de *Soirées du Palais-Royal ou Les Veillées d'une jolie femme* (Paris, 1772). Et quelques pages plus loin, dans le même *Carnet*, on peut lire, au folio 16 : « (…) Joli nom de prostituée : Crucifix. Voir dans le t. Ier (Parent du Châtelet) de remarquables lettres de maquerelles alléguant leur vertu et leur pudeur pour obtenir la permission d'ouvrir des maisons. » La note est prise à propos du célèbre traité de Parent du Châtelet paru en 1836 : *De la prostitution dans la ville de Paris… ouvrage appuyé de documents statistiques puisés dans les archives de la Préfecture de Paris.*

Mais ce qui semble le plus intéresser Flaubert, c'est cette évolution des mœurs parisiennes modernes qui s'éloignent de plus en plus de la prostitution directe pour y substituer des formes quasi abstraites mais encore plus redoutables d'aliénation. Selon Flaubert la nouvelle prostitution parisienne s'oriente en deux sens également morbides : un hyperindividualisme proche du fétichisme (des deux formules, c'est celle qu'il comprend le mieux), et un collectivisme de la pure promiscuité. Sous sa version ultra-individualiste, la femme se prostitue à une idée, à une obsession qui, pour être satisfaite, peut la contraindre à tout accepter. Le mariage est un des cadres habituels de cette prostitution, et Flaubert avait même pensé à en faire le sujet d'un de ses romans parisiens : une Parisienne follement amoureuse des dentelles qui s'est vendue à un mari ignoble par passion des dessous chic et qui se venge de son époux par les seuls moyens du monologue. Voici le début du scénario tel qu'on le trouve au f°34 du *Carnet 19*, juste avant celui de « Mme Moreau » (la future *Éducation sentimentale*) : « Mme Dumesnil exècre son mari bien qu'elle l'entoure en public de cajoleries. Ignoble caractère de D. Il la bat. Mais elle couche dans des flots de dentelles. Tout est là. L'amour de la toilette et de l'élégance matérielle poussé jusqu'à l'héroïsme. Elle se console de tout par cette jouissance. (…) se venge (…) de son mari par le monologue. »

Tout autre la prostitution citadine : non plus féminine, mais masculine ; publique, sans fétichisme, sous la lumière du gaz, c'est la prostitution spirituelle du « corps social » tout entier. Voici l'hypothèse telle qu'on la trouve à la page 24 du *Carnet 2* : « A mesure que la prostitution des femmes diminue (se modifie ou se cache) celle des hommes s'étend ; le corps social est peut-être moins vénal mais l'esprit arrive à une banalité, à une promiscuité sans exemple. (…) Bientôt les endroits seront fermés où je peux prendre une maîtresse pour cinq minutes ; mais ceux où je peux avoir des amis pour une demi-heure pullulent, le café remplace le bordel. Je demande des intimes *en chambre*. »

Au fur et à mesure que les années passent (et que ses amis disparaissent) la situation parisienne paraît à Flaubert n'aller qu'en se dégradant. Paris est un monde de plus en plus dominé par les affaires (autre prostitution) : on ne peut plus vivre sans « tripoter » son argent ; c'est un leitmotiv qui circule partout dans les *Carnets* et dans la *Correspondance*. Quant à l'amour désintéressé pour le Beau, les Belles-Lettres, c'est le désert. D'où cette formule du *Carnet 20* qui trouve aussi plusieurs fois son écho dans la *Correspondance*, et qui indique assez clairement la sensation d'isolement de Flaubert à Paris, du moins au cours de ses dix dernières années : « Indiquez-moi une maison où l'on cause littérature !!! » (f°5).

Paris ne sait plus ce que c'est que la littérature, et la faute en revient, selon Flaubert, au journalisme, à la « réclame », à ces « rentiers » de la création qui font de la poésie une marchandise. Les *Carnets* fourmillent de notations indignées contre la médiocrité contagieuse de ce milieu : « Ménage de Mr Hennequin, rédacteur de La Franchise... Petit rentier, petite santé, petite littérature. On va l'été à des eaux lointaines et bon marché. Monsieur est paresseux et rêve de théâtre, porte des pièces à l'Odéon – Sa femme boulotte, caraco rouge. La petite fille qui vient voir le monsieur "Les rentes arrêtent la misère Ce serait hideux sans elles" Hideux de bêtise surtout » (*Carnet 2*, f°17).

Le dénommé Hennequin devait d'ailleurs être épinglé dans le roman « Sous Napoléon III » intitulé aussi « un ménage parisien », comme l'un des personnages secondaires du récit qui en prévoyait beaucoup d'autres (*Carnet 20*, f°17v°). Un projet de récit qui porte pour titre évocateur « Une parvenue » raconte, dans le même *Carnet 20* (f°52), l'ascension sociale d'une journaliste très croyante de la revue *Le Papillon*, une certaine Élizabeth, dont les débuts professionnels sont synthétisés par Flaubert en ces termes : « Élizabeth, suçant toute la rédaction du *Papillon* prend Banville par les soins domestiques, s'allie aux prêtres, se marie (...) empêche son mari de faire une pièce en l'honneur de Voltaire (...). »

Il s'agit d'Élizabeth de Rochegrosse, l'épouse de Théodore de Banville à laquelle Flaubert juxtapose quelques traits de la très légère Olympe Audouard (également rédactrice au *Papillon*) ; ce n'est pas très gentil pour Banville qui sera, plus tard, l'un des plus fidèles défenseurs de l'œuvre de Flaubert. Mais à l'époque où la note est rédigée, Flaubert ne le connaît pas personnellement, et sa rage est extrême contre la presse catholique. En fait, ce demi-monde du journalisme et de la littérature de second ordre, qui règne en maître sur Paris, ne gêne pas Flaubert par la légèreté des mœurs mais par sa fausseté et son hypocrisie, et pour tout dire, par sa bêtise. C'est ce qu'il appelle « la blague » : le Paris du Second Empire est dominé par la « blague ». Lorsque tout s'écroulera, au moment de la Défaite de 1870 et bientôt de la guerre civile qui met Paris en feu, Flaubert interprétera les soubresauts de l'Histoire comme une sorte de revanche de la vérité sur la « blague », une sorte de coup de sang venu d'un excès de bêtise, et pour la circonstance, il n'hésite pas en employer le mot tabou : « Pour le quart d'heure Paris est complètement épileptique. C'est le résultat de la congestion que lui a donnée le siège. La France, du reste, vivait depuis quelques années dans un état mental extraordinaire. (…) Cette folie est la suite d'une trop grande bêtise, et cette bêtise vient d'un excès de blague car, à force de mentir, on était devenu idiot. (…) On avait perdu toute notion du bien et du mal, du beau et du laid. (…) et en même temps quelle servilité envers l'*opinion du jour*, le plat à la mode ! Tout était faux : faux réalisme, fausse armée, faux crédit et même fausses catins » (à G. Sand, Croisset, 31 avril 1871).

De cette fausseté, la vie parisienne du Second Empire offrait une sorte de raccourci dans le motif de « l'enterrement chic ». L'enterrement parisien est un thème présent dans cinq *Carnets* de travail, et semble avoir particulièrement retenu l'attention de Flaubert. Il s'agit souvent de notes prises sur le motif : « Aujourd'hui, 4 novembre 1862, été à l'église Saint-Martin, à l'enterrement du père de Barrière. Gens de lettres et cabotins. A cette heure, que le bonhomme est enterré fraîchement, tous les assistants sont dans les cafés ou avec du fard aux joues sur les planches des théâtres à débiter des gaudrioles. (…) Il a fallu attendre la fin de deux enterrements. Rien de religieux, cela se précipite comme des ballots dans une maison de roulage. L'église est éclairée au gaz comme un café, casino catholique ; ça ne sent même plus le jésuite, c'est administratif et chemin de fer. (…) C'est peut-être après tout une transition pour amener l'effacement complet des funérailles, quelque chose comme une crémation instantanée » (*Carnet 2*, f°15).

Mais la note la plus belle, parce que la plus cruelle, est certainement celle sur Chilly, qui était alors (1869) directeur de l'Odéon : « *Enterrements parisiens*. Enterrement de la fille de Chilly. Tous les camarades, si affligés qu'ils soient prennent des poses – pas une attitude vraie. Les comiques ont une douleur bonhomme, l'attendrissement avachi *Mon pauvre vieux*. Les tragiques *Quel désastre !*, la main dans le gilet et la tête au vent. Chilly, dont la face ruisselait de larmes, s'était fait friser les moustaches » (*Carnet 20*, f°18). Directement à la suite, sur le même folio, Flaubert prend quelques notes sur un autre enterrement parisien, celui de la mère d'Adolphe Belot, littérateur de seconde ou troisième catégorie, très attentif à son image dans la presse : « Belot réclame dans les journaux, le lendemain de l'enterrement de sa mère, pour trois célébrités qu'on avait oubliées. »

Le détail avait tellement frappé Flaubert qu'on le retrouve dans un autre endroit du *Carnet*, à côté de notes sur le goût de la publicité chez les petits littérateurs, comme un élément exploitable pour une future fiction : « Rage de l'individualisme à mesure que le caractère défaille : photographies, portraits au Salon et en tête des livres (Feydeau). (…) Biographies, autobiographies. Insister sur la peur de se compromettre. Enterrements comme réclame : Belot : envoie aux journaux après l'enterrement de sa mère, des rectifications pour leur faire rétablir trois noms oubliés parmi les assistants » (*Carnet 20*, f°12v°). Tout semble indiquer que ces notes devaient être intégrées dans le scénario du « roman parisien moderne » intitulé « Sous Napoléon III ».

*
* *

Comme on le voit, l'image de Paris qui traverse les *Carnets* d'idées et de projets n'est pas franchement tendre. Les notes de Flaubert sur la capitale sont presque toujours acides. Faut-il y voir le réflexe d'une vieille prévention de provincial ? Ce n'est pas exclu. Mais c'est surtout le Paris du Second Empire qui est visé, celui de l'idiotie et de la « blague » : un présent socio-historique dégradé que Flaubert aurait voulu stigmatiser dans un de ces projets de romans modernes qui devaient reprendre le fil de l'histoire là où *L'Éducation sentimentale* s'était arrêtée, un de ces projets qui se trouvent dans le *Carnet 20* et qu'il n'a pas eu le temps ou finalement le désir d'écrire.

En réalité la position de Flaubert vis-à-vis de Paris s'exprime très précisément dans une formule qui revient à deux reprises dans les *Carnets 2* et *15*, c'est-à-dire dans les deux grands *Carnets* d'idées. Une sorte de maxime, qui n'aurait sans doute pas été au goût de son ami Du Camp, l'inconditionnel de Paris, mais qui définit bien la position d'écart relatif qui est celle de Flaubert : « Ne pouvoir se passer de Paris, marque de bêtise, ne plus l'aimer, signe de décadence » (*Carnet 2*, f°5v°), « Ne plus aimer Paris, signe de décadence. Ne pouvoir s'en passer, marque de bêtise » (*Carnet 15*, f°8).

Il faut relire le bel article de Daniel Oster sur « Le Paris de Maxime Du Camp » (*Corps écrits*, n° 29) pour mesurer tout ce qui sépare, sur ce point comme sur beaucoup d'autres, les deux vieux compagnons de route. Du Camp chante en 6 tomes son émerveillement devant le Paris moderne (*Paris, ses organes, ses fonctions et sa vie dans la seconde moitié du XIXe siècle*, Hachette, 1869-1875) ; tandis que Flaubert rêve depuis dix ans d'écrire le roman d'un Paris moderne qui se barbarise : « Le grand roman social à écrire (...) doit représenter la lutte ou plutôt la fusion de la barbarie et de la civilisation ; la scène doit se passer au désert et à Paris, (...) le héros devrait être un barbare qui se civilise près d'un civilisé qui se barbarise » (*Carnet 2* f°5v°).

C'était le projet d'« Harel-Bey », qui revient souvent dans les *Carnets*, sans jamais aboutir. Mais, comme le rappelle judicieusement Daniel Oster, à l'époque où Du Camp commence son grand ouvrage apologétique sur la capitale et s'en ouvre à Flaubert qui le couvre de quolibets (à Baden-Baden, en juillet 1865, probablement), Flaubert a déjà mis en chantier son propre roman parisien – *L'Éducation sentimentale*. Son récit ne pratiquera pas la distanciation absolue imaginée pour Harel-Bey, mais une forme beaucoup plus fine de mise à distance : celle de la relativité généralisée des points de vue. Une sorte de traversée oblique de Paris animée par ce « défaut de perspective », ce « manque de ligne droite » qui fait l'originalité de l'œuvre et dont le secret se trouve en partie dans les calepins de rédactions. Pour faire bonne mesure et ne pas priver le cocktail narratif d'un zest d'Harel-Bey, on apprend tout de même au final que, parmi beaucoup d'autres emplois, Deslauriers (dont certains traits, à l'évidence, viennent de Du Camp) avait été, outre gérant d'un journal, « chef de colonisation en Algérie » et « secrétaire d'un pacha ». Quant au *Paris* de Du Camp, Flaubert le lira, en partie du moins, un peu après l'*Histoire de Paris* de Dulaure, le *Carnet 15* le prouve, mais seulement en 1873, c'est-à-dire pour préparer la rédaction de *Bouvard et Pécuchet* : un document de plus, et non des moindres, pour l'encyclopédie des savoirs, *id est* de la bêtise universelle…

Parmi les multiples esquisses, plans, projets ou indications de « romans modernes » que l'on trouve dans les *Carnets* de projets *19* et *20*, deux schémas de récits, élaborés de manière concurrente et à peu près simultanément entre 1862 et 1863, se traduiront, comme on le sait, par deux rédactions effectives : *L'Éducation sentimentale* et dix ans plus tard, un roman encyclopédique à incipit parisien – *Bouvard et Pécuchet*. Ces deux rédactions ont donné lieu à des recherches monumentales dont témoignent des milliers de pages de notes manuscrites parmi lesquelles 8 calepins d'enquêtes (qui devaient être *9* ou *10* initialement, des amateurs se sont servis) saturés de notes : 4 *Carnets* pour *L'Éducation* et 4 pour *Bouvard*…

Les recherches sur Paris dans les calepins d'enquêtes ne sont qu'assez ponctuelles pour le dernier roman de Flaubert : on les trouve dans le calepin *18 bis*, mais elles permettent de suivre assez précisément la rédaction des premières lignes du récit. En revanche, pour *L'Éducation sentimentale*, ces recherches sur Paris occupent une place non négligeable dans trois des quatre *Carnets* qui nous restent aujourd'hui à la Bibliothèque historique de la Ville de Paris. Le premier calepin d'enquêtes qui contenait certainement des indications topographiques et historiques précieuses pour le début du roman a disparu vers 1943 : juste après que René Dumesnil en eut pris connaissance au musée Carnavalet pour son édition de *L'Éducation* parue en 1942.

Commençons donc par les calepins de *L'Éducation* : ce sont les *Carnets 13, 14, 12, 8*. Tous de petites dimensions, ils ont servi à Flaubert pour son travail d'enquête et de repérage sur place. Les notes sur Paris y abondent. Il serait impossible ici d'en faire le tour systématiquement. Laissons de côté le *Carnet 14* qui s'occupe surtout de l'aspect historique du problème, des événements de 1848 et de l'état de la capitale avant et pendant la révolution. Essayons de dégager la méthode de Flaubert dans les trois autres *Carnets*, notamment du point de vue de sa recherche topographique et descriptive.

Pour donner une mesure exacte des choses, il faudrait commencer par replacer ces notes dans leur contexte documentaire. La première remarque qui s'impose, c'est que, si les notes de repérage sur Paris sont importantes, elles sont également loin d'être les seules : à côté d'elles on trouve plusieurs importantes séquences de notes de repérages non parisiens qui ont effectivement servi dans la rédaction, ou que Flaubert n'a finalement pas utilisées. Le *Carnet 13* contient par exemple 18 pages de notes très précises sur Chartres (la ville natale de Madame Arnoux) qui resteront sans effet sur la narration ; le *Carnet 12*, 25 pages de repérages pour la rédaction du fameux passage sur Fontainebleau, et d'autre part 8 pages de repérages sur place à Andilly, Montmorency et Chaillot sur les maisons d'accouchement pour femmes non mariées et sur le « pays des nourrices » en vue du récit sur la naissance de l'enfant de Rosanette ; le *Carnet 8* contient 4 pages sur Nogent, et le *Carnet 14*, par ailleurs surtout destiné aux recherches sur les journaux de 1848, 6 à 10 pages d'enquête sur place à Creil et à Montataire, sur les fabriques de faïence pour la description de la fabrique d'Arnoux. Bref, si les descriptions de Paris sont importantes dans *L'Éducation*, elles ne le sont pourtant pas beaucoup plus que celles des « environs de Paris », le roman de Flaubert enregistre une nouvelle réalité : la banlieue. Il faut sans doute aussi y voir – c'est manifeste dans l'épisode de Fontainebleau, mais le procédé est permanent – les moyens d'une perspective de fuite, presque constante dans le récit, vis-à-vis de la capitale. Ce n'est d'ailleurs pas un hasard si, dès le scénario initial du *Carnet 19* (f°35), Flaubert prévoit de commencer son roman par le départ de son héros, Fritz (le futur Frédéric), qui quitte Paris sur « le bateau de Montereau » : le mot « moi » indique assez ce que l'épisode peut avoir de personnel. Personnels aussi les souvenirs parisiens qui traversent çà et là les indications du scénario : l'époque des études de droit, le rond-point des Champs-Élysées, les cafés, pour lesquels Flaubert n'aura guère besoin de multiplier les repérages. Notons au passage que la plupart des thèmes parisiens trouvés dans les *Carnets* d'idées refont surface ici, qu'ils soient ou non destinés à persister dans la rédaction ultérieure du roman : c'est le cas, par exemple, pour la prostitution et ses rapports avec ce lupanar moderne qu'est le « café » : « Tables de café. Il s'efforce à aimer la Prostitution, de même que l'exaltation idéale » (f°36v°).

Enfin, si les *Carnets* contiennent bien les indications topographiques de plusieurs descriptions importantes de Paris dans le roman, ils ne les contiennent pas toutes. L'auteur vit à Paris une bonne partie de l'année depuis fort longtemps, et ses souvenirs parisiens sont innombrables. Mais il a aussi travaillé à l'aide de cartes et de plans, avec l'assistance de nombreux amis et correspondants, pour reconstituer par exemple plusieurs des pérégrinations de son héros dans le Paris bouleversé des journées de Février et des journées de juin 1848. On sait notamment l'embarras que lui a causé brutalement la découverte en pleine rédaction que, contrairement à ce qu'il pensait, on ne pouvait pas revenir de Fontainebleau à Paris par chemin de fer le 25 juin 1848, la ligne de Lyon n'ayant commencé à fonctionner qu'à partir de 1849 : « Cela me fait deux passages à démolir et à recommencer ! » dit-il à son ami Duplan qui sera chargé de l'aider à remettre les choses en ordre.

Quelques séquences de notes de repérages dans les *Carnets 13*, *12* et *8* permettent de se faire une idée assez précise de la manière dont Flaubert procédait. Prenons un exemple : les notes prises pour le récit de l'arrivée de Frédéric à Paris au tout début de la seconde partie du roman. Cette séquence de notes frappe par l'extrême proximité entre le contenu des indications notées sous forme télégraphique dans le *Carnet* et le texte final du récit. Reprenons le texte. Nous sommes au début de la seconde partie du roman ; le héros Frédéric vient d'hériter de vingt-sept mille livres de rentes ; il quitte aussitôt Nogent en coupé pour rejoindre Paris où il court retrouver son grand amour Marie Arnoux. Après une nuit de voyage, il arrive aux abords de la capitale. Le récit sera celui d'une entrée dans Paris, puis d'une traversée. Voici, l'un après l'autre, le texte des notes prises sur place en fiacre par Flaubert qui a fait lui-même le trajet, puis le texte définitif du roman. Les éléments qui transitent de l'un à l'autre sont donnés en italique :

Carnet 13 (f°15 à 17) : « Entre *le pont de Charenton* et Ivry route et chaussée. Herbes de droite et de gauche. Çà et là, *une maison de plâtre*, carreaux *défoncés*. Autour, *murs et cheminées d'usines*. A droite, un grand parc. Frédéric avait eu *de la joie à Charenton*, *mais la campagne recommença*.

Dans Ivry, on tourne, puis à droite rue de Paris. En pente, parc qu'on longe, *platanes, maisons de droite et de gauche. Fortifications.* Route d'Ivry, maisons, villas.

En face, à droite *dôme du Panthéon. Les arbres = bâtons (au bord de la route) entre des lattes.*

Cabarets ignobles jusqu'au boulevard de l'Hôpital. Après le carrefour de Choisy, façade, murs des maisons peints en jaune avec volets verts. *Les maisons sont généralement basses et se suivent. Affiches* Chalbert maison d'a *enseigne de sage-femme. Chantiers de marchands de bois.*

Boulevard de l'Hôpital descend. *Grilles* au *Jardin des Plantes.* Barriques de l'Entrepôt. »

G. Flaubert, *Carnets de travail*, Balland, pp. 333-334.

Texte : « *Un bruit sourd de planches le réveilla*, on traversait *le pont de Charenton*, c'était Paris. (...) Frédéric (...) avait l'âme attendrie par le *bonheur*. Le quai de la gare se trouvant inondé, sans doute, on continua tout droit, *et la campagne recommença*. Au loin, de *hautes cheminées d'usines* fumaient. (...) *Puis on tourna dans Ivry.* On monta une rue ; tout à coup il aperçut *le dôme du Panthéon.*

La plaine, bouleversée, semblait de vagues ruines. L'enceinte des fortifications y faisait un renflement horizontal ; et sur les trottoirs en terre qui bordaient la route, de petits *arbres* sans branche étaient défendus par des *lattes* hérissées de clous. Des établissements de produits chimiques alternaient avec des chantiers de marchands de bois. (...) De longs *cabarets*, couleur sang de bœuf, portaient à leur premier étage, entre les fenêtres, deux queues de billard en sautoir dans une couronne de fleurs peintes ; çà et là, une bicoque *de plâtre* à moitié construite était abandonnée. Puis la double ligne des maisons ne discontinua plus (...). Des *enseignes de sage-femme* représentaient une matrone en bonnet, dodelinant un poupon dans une courtepointe garnie de dentelles. Des *affiches* couvraient l'angle des murs, et, aux trois quarts déchirées, tremblaient au vent comme des guenilles. (...) Enfin la *grille* du *Jardin des Plantes* se déploya. La Seine, jaunâtre, touchait presque au tablier des ponts. Une fraîcheur s'en exhalait. Frédéric l'aspira de toutes ses forces, savourant ce bon air de Paris qui semble contenir des effluves amoureux et des émanations intellectuelles... »

G. Flaubert, *L'Éducation sentimentale*, II,1.

Quinze notations passent du calepin de repérage au texte du roman. L'auteur écrit dans le prolongement exact de ses observations, parfois sans transformation : la note est du brouillon écrit sur le motif, et c'est ce qui explique l'extrême proximité des notes et du texte définitif. Mais cette proximité pose tout de même un problème : à qui par exemple appartient ce sentiment de bonheur inexplicable que le scripteur mentionne dans la note de repérage ? Qui ressent cette « joie » devant le parc de Charenton, lorsque Flaubert écrit : « Frédéric avait eu de la joie à Charenton » ? Ce sera la même chose pour l'épisode de Fontainebleau : il y a une connivence quasi biologique entre l'auteur qui se restructure psychologiquement pour sentir comme son personnage et ce personnage lui-même qui se trouve par anticipation mis en état de vivre le récit qui va être écrit dès le moment du repérage.

Mais, dans ce cas, que penser de l'effet de réel provoqué par tous les détails entrevus par le héros (les enseignes de sage-femme, les affiches déchirées, etc.) ? Frédéric les voit parce que Flaubert les a réellement aperçus pendant son repérage. Ils étaient bien dans la réalité. Lorsqu'il fait en fiacre le trajet entre le pont de Charenton et le Jardin des Plantes, le 3 février 1866, Flaubert, observe donc, carnet en main, avec les yeux de

Frédéric. A ceci près que, dans le roman, la scène se passe le 14 décembre 1846, et que l'enquête sur place est effectuée le 3 février 1866 : à vingt ans de distance, un repérage sur place était-il vraiment le meilleur moyen d'être exact ? On y reviendra en détail dans le chapitre qui vient.

Les mêmes remarques pourraient être faites et circonstanciées sur les autres notes de repérages parisiens, et par exemple sur celles de l'enterrement de Dambreuse. Comme on l'a vu, l'idée de décrire un enterrement bourgeois vient de loin dans les *Carnets*. A l'enquête sur place au Père-Lachaise, dans le quartier de la Roquette et à la Madeleine que l'on trouve dans le *Carnet 12*, vient se superposer l'ensemble des notes d'idées des *Carnets 2* et *15* sur l'artifice des funérailles modernes. En fait presque chaque enquête sur place réalise un équilibre complexe : la complémentarité entre une expérience de simulation psychologique directe et un réinvestissement de motivations anciennes repérables dans des écrits très antérieurs à la rédaction. C'est cet équilibre et ce dispositif d'observation hybride qui donne aux descriptions flaubertiennes de Paris leur étrange et durable beauté. Mais là question reste entière : s'agit-il en fin de compte d'un système « réaliste », d'une manière scientifique d'observer le côté exact et historique des choses ?

CHAPITRE 16

« *Qu'est-ce que cela veut dire, la réalité ?* »

Au moment où il achevait la rédaction de *Madame Bovary*, Flaubert se doutait déjà que la poétique romanesque à laquelle il venait de donner forme dans son premier roman ferait quelques vagues, et qu'elle ne manquerait pas de relancer le débat sur la grande question esthétique du moment : le « réalisme », un concept encore assez imprécis, qui ne s'était imposé pour parler de la littérature que depuis les années 1840, avec des acceptions très instables, mais dont la définition constituait précisément un enjeu de plus en plus central pour la création littéraire et picturale. Le romancier supposait qu'il lui faudrait prendre parti, justifier ses choix et ses audaces, mais sans imaginer qu'il allait aussi devoir en répondre devant les tribunaux. Sans prévoir non plus que son procès deviendrait l'occasion de voir apparaître une nouvelle acception du mot réalisme (« tendance à dépeindre, représenter les aspects grossiers, triviaux et indécents du réel ») sous la plume amicale et vengeresse d'un compagnon de disgrâce, Charles Baudelaire, qui lui prêterait l'intention d'une vulgarité méthodique et calculée, conçue comme l'emblème d'une esthétique en rapport avec le siècle : « Soyons donc vulgaire dans le choix du sujet » (*L'Artiste*, 18 octobre 1857).

Au fond, le jugement de Baudelaire n'est pas faux, il transcrit même avec exactitude un parti pris de banalité qui a explicitement été celui de Flaubert à l'origine et tout au long de son projet, mais sans qu'il soit possible d'en déduire la moindre appartenance à une esthétique réaliste. A en juger par certaines lettres, comme celle, souvenez-vous, qu'il écrit à Mme des Genettes peu avant que ne se déclenche la tourmente juridique, on serait même fondé à penser le contraire : « Ai-je été vrai ? est-ce ça ? J'ai bien envie de causer longuement avec vous (…) sur la *théorie* de la chose. On me croit épris du réel, tandis que je l'exècre ; car c'est en haine du réalisme que j'ai entrepris ce roman. Mais je n'en déteste pas moins la fausse idéalité dont nous sommes bernés par le temps qui court » (à Edma Roger des Genettes, Paris, 30 octobre 1856).

Si ces lignes formulent sur la question du réel un point de vue au fond assez complexe, Flaubert y affirme avec force sa volonté de rupture avec tout postulat réaliste, et la violence de son expression (« C'est en haine du réalisme… ») laisse peu de doute sur sa volonté de se désolidariser de toute école faisant du réel l'objet exclusif de l'art. La question serait donc tranchée si la correspondance de toute la période de rédaction entre 1851 et 1856 n'abondait pas en déclarations qui revendiquent avec autant de conviction une option totale pour le réel mais dans la perspective futuriste d'un rapprochement entre création artistique et scientifique, le projet d'une écriture capable de reproduire la réalité aussi précisément que la science : « Plus il ira, plus l'art sera scientifique, de même que la science deviendra artistique. Tous deux se rejoindront au sommet après s'être séparés à la base. Aucune pensée humaine ne peut prévoir maintenant à quels éblouissants soleils psychiques écloront les œuvres de l'avenir » (à Louise Colet, Croisset, 24 avril 1852).

Flaubert a d'ailleurs l'intime certitude, en rédigeant *Madame Bovary*, de jeter les bases d'un système inductif qui permet au roman de s'imposer comme représentation vraie du réel : « Tout ce qu'on invente est vrai, sois-en sûre. La poésie est une chose aussi précise que la géométrie. L'induction vaut la déduction » (à Louise Colet, Trouville, 14 août 1853). Malgré sa « haine du réalisme », c'est donc du réel que Flaubert veut parler, et son ambition est bien de l'« exposer » aussi scientifiquement que possible, mais nullement pour le valoriser comme objet esthétique. La laideur et l'inconsistance du réel constituent la matière que l'art doit se donner à la fois pour objet et pour cible, et c'est précisément en étant « vrai », c'est-à-dire radical dans l'analyse, impitoyable pour les faux-semblants, et scientifique dans sa méthode, que l'art peut renverser cet objet haïssable en beauté. La poétique mise au point pour y parvenir se solde donc par une stratégie de désengagement (l'impersonnalité) grâce à laquelle le sujet se retire pour mieux développer une emprise conceptuelle. Le véritable objet de l'illusion artistique n'est pas la réalité mais la représentation qui en met à nu la structure formelle par le style, c'est-à-dire par les ressources d'un réalisme des essences qui veut faire de la prose une « manière absolue de voir les choses ».

Dix ans plus tard, avec *L'Éducation sentimentale*, le romancier s'affronte à la représentation d'un réel sensiblement plus complexe que celui de son premier roman : non plus l'échec d'une existence dans le cadre resserré d'une bourgade de province hors du temps de l'Histoire, mais l'échec d'une génération et même la fin d'une époque dans l'espace saturé et non totalisable d'une grande capitale à l'heure d'un cataclysme politique et social. Nous sommes en 1863-1869, et la question du réalisme reste plus que jamais à l'ordre du jour, et avec une insistance que le salon des « refusés », l'art industriel et la photographie rendent de plus en plus aiguë. Les positions de Flaubert se sont radicalisées en termes d'éthique et d'esthétique. En termes de méthode aussi. C'est donc en toute logique que le narrateur du roman confie la tâche d'instruire – par dérision mais avec ambiguïté – le procès du réalisme à un peintre qui finira par devenir photographe. Par provocation, par malice, pour prendre le contrepied des interventions d'auteur à la Balzac, pour complexifier la « morale » de son histoire, pour problématiser la lecture de l'œuvre, Flaubert aime bien se doter de messagers multiples, tour à tour brillants et dérisoires, en prêtant volontiers ses opinions personnelles à des personnages plutôt ridicules qui rendent improbable, à tous les sens du terme, la moindre identification. Le pharmacien Homais, dans *Madame Bovary*, s'était distingué comme une véritable usine à idées reçues tout en exprimant, sur quelques sujets précis, des positions qui sont authentiquement celles de Flaubert. Dans *L'Éducation sentimentale*, c'est donc Pellerin, le peintre raté, qui est chargé de formuler sur l'esthétique plusieurs des principes de l'écrivain, avec des formules que tout habitué de la *Correspondance* reconnaît sans hésiter, et dont la fougue provoque dans le récit l'adhésion immédiate d'un autre clone occasionnel de Flaubert, le jeune Frédéric qui n'en revient pas d'entendre la voix de son maître : « [Frédéric] eut du mal à contenir son enthousiasme quand Pellerin s'écria : – Laissez-moi tranquille avec votre hideuse réalité ! Qu'est-ce que cela veut dire, la réalité ? Les uns voient noir, d'autres bleu, la multitude voit bête. Rien de moins naturel que Michel-Ange, rien de plus fort ! Le souci de la vérité extérieure dénote la bassesse contemporaine ; et l'art deviendra, si l'on continue, je ne sais quelle rocambole au-dessous de la religion comme poésie, et de la politique comme intérêt. Vous n'arriverez pas à son but – oui, son but ! qui est de nous causer une exaltation impersonnelle, avec de petites œuvres, malgré toutes vos finasseries d'exécution. (…) sans l'idée, rien de grand ! sans grandeur, pas de beau ! L'Olympe est une montagne ! Le plus crâne monument, ce sera toujours les Pyramides. Mieux vaut l'exubérance que le goût, le désert qu'un trottoir, et un sauvage qu'un coiffeur ! » (*L'Éducation sentimentale*, I, 4).

S'il ne fait aucun doute que ces formules à l'emporte-pièce – « hideuse réalité », « la multitude voit bête », « bassesse contemporaine », « exaltation impersonnelle », etc. – sont authentiquement celles de l'homme Flaubert, on se tromperait lourdement en y cherchant une mise en abyme de l'esthétique du roman. C'est même tout le contraire. *L'Éducation sentimentale* fait du réel historique et politique son véritable objet, et s'y consacre bien au-delà des moyens qui avaient été mis en œuvre dans *Madame Bovary*. Flaubert, entre-temps, est passé par l'expérience historienne de *Salammbô* et s'est doté d'un dispositif scientifique qui est celui du réalisme documentaire. Mais il a aussi fait évoluer son ambition d'artiste jusqu'à un point limite à partir duquel, presque malgré lui, son écriture romanesque est entrée en conflit avec les normes du genre. La réalité qui s'impose à chaque ligne du récit n'a plus la forme ni l'unité organique qui la rendait jusque-là interprétable et accueillante. Or, contre toute attente, c'est de cette anomalie, de cette opacité que résulte sa nouvelle puissance : une contingence invasive, qui gêne et qui choque, et dont le flux semble dicter sa logique à toute la fiction.

A quoi tient cette violente sensation de réel dans *L'Éducation sentimentale*, de quel réel s'agit-il ? D'où vient que ce roman ait été si mal reçu en 1870 alors qu'il constitue, pour nous, aujourd'hui, après Proust, Joyce et Faulkner, une sorte de symbole liminaire du roman contemporain ? Les deux questions sont liées : c'est vraisemblablement parce qu'elle met en fiction une forme radicalement inédite de « réel écrit » que l'œuvre n'a pu être comprise à son époque. Et il n'est pas inutile de revenir sur cet échec de la réception, car il s'est agi d'une incompréhension si totale qu'elle a fini, paradoxalement, par atteindre l'image que l'auteur se faisait lui-même de son travail.

Du naufrage total du roman, Flaubert, pendant cinq ou six ans, a d'abord cherché douloureusement les raisons sans y parvenir :

> « Ce qui me reste sur le cœur, c'est l'échec de *L'Éducation sentimentale* ; qu'on n'ait pas compris ce livre-là, voilà ce qui m'étonne. »

A Tourgueniev, 2 juillet 1874.

Quand il y réfléchit, il constate, c'est l'évidence, que l'œuvre a été victime des circonstances. Pour Flaubert, *L'Éducation sentimentale* avait un rôle « inscient » à jouer dans l'Histoire, et c'est justement l'Histoire qui ne l'a pas permis. A peine le roman est-il paru que les événements se sont précipités : la guerre avec la Prusse, la défaite de Sedan, l'Empire qui s'écroule, la Commune de Paris qui fait sécession, puis la guerre civile, Paris repris au canon, les bâtiments publics qui brûlent, les combats de rue, la répression versaillaise, des dizaines de milliers de morts dans la capitale. Pour l'écrivain, c'est l'Histoire qui bégaye, c'est juin 1848 qui recommence, en pire.

« *Qu'est-ce que cela veut dire, la réalité ?* » 393

Maxime Du Camp, dans ses *Souvenirs littéraires*, évoque un mot de Flaubert qui en dit long sur ce qu'il estimait être le sens politique de son œuvre : « (…) au mois de juin 1871, comme nous (…) regardions la carcasse noircie des Tuileries, de la Cour des Comptes, du Palais de la Légion d'honneur et que je m'exclamais, il me dit :
– Si l'on avait compris *L'Éducation sentimentale*, rien de tout cela ne serait arrivé » (M. Du Camp, *Souvenirs littéraires*, éd. D. Oster, Aubier, 1994, p. 583).

Pour Flaubert, si la littérature ne saurait s'inféoder à une cause sans déchoir, cela n'exclut nullement que l'œuvre puisse être porteuse d'un message. Mais encore faut-il qu'elle soit lue… Or, *L'Éducation sentimentale* n'a pas su attirer le public et, faute de lecteurs, son message n'a pas été entendu. En continuant à se demander pourquoi, Flaubert en vient à se dire que la responsabilité en revient peut-être à la structure même de l'œuvre, à ses partis pris esthétiques, à ce qu'il lui faut sans doute reconnaître comme un défaut de composition de son roman : il « ne fait pas la pyramide ». Flaubert s'en était rendu compte pendant la rédaction, sans pouvoir y changer grand-chose : « (…) j'ai bien du mal à emboîter mes personnages dans les événements politiques de 48. J'ai peur que les fonds ne dévorent les premiers plans (…). Et puis, quoi choisir parmi les Faits réels ? Je suis perplexe ; *c'est dur !* » (à Jules Duplan, Paris, 14 mars 1868).

La volonté d'exposer aussi systématiquement que possible le réel même, de représenter sans hiérarchiser ni remettre en perspective, sans sélectionner ni conclure, en laissant les arrière-plans sociaux et historiques concurrencer l'intrigue narrative, au risque de compromettre l'illusion romanesque et la stature même des personnages, bref, ce rééquilibrage des échanges entre fiction et réel, c'était le pari même de sa poétique, la conséquence troublante mais logique d'une nouvelle conception du récit historique... et c'était inchangeable. Mais que personne n'en ait compris le sens force Flaubert à penser que, sans doute, il y avait quelque chose dans le fondement même du projet qui était faux, ou prématuré, trop radical, impraticable. Et dix ans après la publication du roman, il le redit sans détours aux amis qui lui reparlent de l'œuvre. A Huysmans, par exemple, qui se réclame du modèle de *L'Éducation* pour son propre travail, Flaubert adresse la plus nette mise en garde : « La dédicace où [vous] me louez pour *L'Éducation sentimentale* m'a éclairé sur le plan et le défaut de votre roman dont, à la première lecture, je ne m'étais pas rendu compte. Il manque aux *Sœurs Vatard*, comme à *l'éduc sentim, la fausseté de la perspective* ! Il n'y a pas progression d'effet. Le lecteur, à la fin du livre, garde l'impression qu'il avait dès le début. L'art n'est pas la réalité. Quoi qu'on fasse, on est obligé de choisir dans les éléments qu'elle fournit. Cela seul, en dépit de l'école, est de l'idéal, d'où il résulte qu'il faut bien choisir » (à J.-K. Huysmans, février-mars 1879).

Qu'il faille « choisir », simuler pour ménager des progrès dramatiques, intéresser le lecteur, renouveler ses impressions, veut dire que le roman est condamné à faire de l'échelle humaine, trop humaine, la référence géométrique de toute représentation : la « perspective ». Songeons-y : après *L'Éducation sentimentale*, Flaubert prendra la tangente pour ne plus jamais avoir à se confronter à ce problème. Avec *La Tentation de saint Antoine*, plus aucune régression à l'échelle humaine, et d'ailleurs plus de réel du tout : c'est de la croyance hyperbolique qu'il sera question, avec pour horizon, l'hallucination ou la plongée fusionnelle dans la matière. Avec *Saint Julien*, « pas encore » de perspective : c'est sur l'architecture colorée d'un vitrail et sur la vision axonométrique de l'imaginaire médiéval que sera formée la représentation. Avec *Trois Contes*, dans son ensemble, c'est encore de la croyance invasive, de sa puissance représentative à transfigurer toute expérience en légende, que l'écriture s'empare, aussi loin que possible, de la réalité : dans *Hérodias* par les sortilèges cinétiques (presque cinématographiques) d'une concaténation théâtrale de visions qui met en scène l'âge hagiologique, la source énonciative de la fable évangélique, et dans *Un cœur simple*, par une formidable régression à l'origine primaire et instinctuelle de la croyance, dans un récit où la compassion sandienne ne se règle pas sur la mesure humaine mais au contraire sur celle de notre bêtise innée, c'est-à-dire de notre bestialité. Quant à *Bouvard et Pécuchet*, la finasserie romanesque et les petits arrangements avec la perspective y ont peu de place. C'est d'un récit logique, entièrement articulé sur les aventures du tiers exclu, d'une mise en fiction systématique des savoirs qu'il est désormais question : une gifle, un démenti cinglant à l'obligation de bon goût et d'artifice qui semble être encore une obligation dans le roman.

Cette fausseté de perspective qui manque assurément à *L'Éducation sentimentale*, et dont Flaubert a fini par se convaincre que l'absence expliquait l'échec de l'œuvre, représentait pourtant bel et bien un pari artistique radical dont le symbole était déjà inscrit – en termes de manque – dans la narration. Difficile en effet, lorsqu'on parle de géométrie narrative, de ne pas repenser au bilan que Frédéric Moreau et son ami Deslauriers dressent de leur existence, dans les dernières lignes du roman :

> « Ils l'avaient manquée tous les deux, celui qui avait rêvé l'amour, celui qui avait rêvé le pouvoir. Quelle en était la raison ?

— C'est peut-être le défaut de ligne droite, dit Frédéric.

— Pour toi, cela se peut. Moi, au contraire, j'ai péché par excès de rectitude (...) . »

A la manière des deux amis, le roman a navigué entre excès et défaut. D'un côté, le récit a mis en scène, comme on ne l'avait jamais fait jusque-là, le réseau non totalisable des « mille choses secondes plus fortes que tout » dans lesquelles chaque destin individuel désormais se trouve pris et soumis à une logique qui le dépasse, quels que soient la « rectitude », l'énergie, l'obstination et le volontarisme balzacien que l'on peut chercher, de façon un peu anachronique, à lui opposer. D'un autre côté, le récit construit la stature nouvelle et problématique d'un individu post-balzacien, au trajet louvoyant et sinueux, qui, sans arrière-pensée ni plan préétabli autre que celui d'être heureux, ne cesse de renégocier de nouveaux arbitrages entre ses rêves et la réalité, au gré des opportunités et des obstacles que lui occasionnent ces « mille choses secondes plus fortes que tout ». Ni l'un ni l'autre ne se trompent lorsqu'ils accusent, en dernier ressort, « le hasard, les circonstances, l'époque », c'est-à-dire ces « arrière-plans » auxquels le roman a donné, pour être entièrement fidèle à la réalité, une place dominante dans le récit, aux dépens des simplifications esthétiques qui auraient laissé aux personnages plus de latitude pour s'affirmer. Deslauriers en ministre et Frédéric en écrivain célèbre ou en artiste reconnu auraient-ils assuré au livre une meilleure réception ? Peut-être, et il se serait agi à coup sûr d'un tout autre roman, à la mode, comme cent autres du même genre. Mais dans le procès que Flaubert intente à la modernité, le succès marque au fer rouge : il est réservé au lamentable Martinon qui devient sénateur, et à l'ignoble Hussonnet qui tient à sa botte tous les théâtres et toute la presse. Que

L'Éducation sentimentale n'ait pas plu au pouvoir ni à ceux qui faisaient l'opinion, il ne pouvait franchement y avoir que ce rêveur de Flaubert pour s'en étonner.

Oubliant ce que son roman pouvait avoir de politiquement inacceptable pour tous les partis, de gauche comme de droite, ce qui l'étonne, c'est ce que l'insuccès pourrait désigner comme une inadéquation entre l'éthique et l'esthétique. Qu'il faille fausser la réalité pour faire de l'art, Flaubert le sait mieux que personne. Un plan, un scénario agencé, une structure qui combine les effets de chapitre en chapitre, chaque détail de chaque page ne prenant son sens que par sa place dans l'ensemble du récit, tout cela n'a pas grand-chose à voir avec une simple reproduction du réel. Mais que cette fiction, qui va former le double exact du réel, doive encore accepter de se simplifier, de se réduire à un schéma, à un point focal pour tout redéployer avec clarté, au mépris des relations complexes et des incertitudes sans lesquelles il n'y a plus du tout de véracité, ni de réalité, ni de beauté… voilà ce que Flaubert ressent comme une faillite de l'éthique à l'intérieur de l'esthétique. Désarroi total pour quelqu'un qui a fait reposer tout son travail sur l'hypothèse de leur parfaite coïncidence.

Pourtant, le fait est là : personne ne comprend rien à *L'Éducation* et le livre ne plaît pas. Ce que ne perçoit peut-être pas Flaubert, c'est que sans le procès et le scandale qui lui avaient assuré une médiatisation inespérée, son premier roman, *Madame Bovary*, moins radical que *L'Éducation*, mais déjà plein d'anomalies, aurait certainement été promis au même sort. *Salammbô* restait porté par la vague de son premier succès et le thème avait suscité la curiosité du public, tandis que *L'Éducation* arrive au pire moment, ne rappelle à tout le monde que des mauvais souvenirs, parle de ce qui fâche et, surtout, ne ressemble plus en rien à ce que l'on a l'habitude d'appeler un roman. Incapable de se formuler ces raisons circonstancielles, Flaubert s'accuse implicitement de n'avoir pas eu assez de génie pour plier l'éthique dans l'esthétique, pour rester vrai et fort en simplifiant et en faussant le réel sans le trahir. Faute de puissance créatrice, il en est resté au réel dans son embarrassante et opaque complexité : il n'a pas trouvé la formule magique qui aurait tout converti de l'intérieur en transparence et en lumière. Il ne le dit pas, mais on sent qu'il le pense : dans les mêmes circonstances Shakespeare, Cervantès ou Michel-Ange, eux, y seraient parvenus. Donc *L'Éducation* n'est pas un modèle, ou du moins, son pari n'est pas encore recevable. Il le redit encore quelques mois avant de mourir, alors qu'il est justement plongé dans le détail du texte pour en préparer une nouvelle édition, la seconde de son vivant :

> « Vous me parlez de *L'Éducation sentimentale* et votre lettre, tantôt, m'a surpris en train de corriger les épreuves d'icelle (une édition de Charpentier qui doit paraître dans une quinzaine).
>
> Pourquoi ce livre-là n'a-t-il pas eu le succès que j'en attendais ? Robin en a peut-être découvert la raison. C'est trop vrai et, esthétiquement parlant, il y manque : *la fausseté de la perspective*. A force d'avoir bien combiné le plan, le plan disparaît. Toute œuvre d'art doit avoir un point, un sommet, faire la pyramide, ou bien la lumière doit frapper sur un point de la boule. Or rien de tout cela dans la vie. Mais l'Art n'est pas la Nature ! N'importe ! je crois que personne n'a poussé la probité plus loin » (à Mme Roger des Genettes, Croisset, 8 octobre 1879).

A la différence de ce qu'il disait à Huysmans au début de la même année, Flaubert, ici, n'en reste pas à un pur et simple aveu d'échec, ni tout à fait à l'idée que l'avenir de l'œuvre est définitivement compromis : il est en train de corriger les épreuves d'une nouvelle édition, il rêve que le roman, peut-être à cette occasion, va finir par rencontrer son public. Il ne se trompe pas. Quelques nouveaux lecteurs – dont un de premier plan, Marcel Proust – vont bientôt tout changer à la réception de l'œuvre. Mais pour l'heure, rien n'est joué et la contrainte de la « pyramide », les faux-semblants de perspective, restent incompatibles avec cette forme radicale de réalisme structural auquel s'est obligé Flaubert en combinant son plan dans le moindre de ses détails, c'est-à-dire à l'échelle même du mot et de ses occurrences. De la phrase au paragraphe, de la page à la séquence, du chapitre à la partie, de la partie au tout de l'œuvre, chaque élément est imbriqué dans une architecture cryptée où rien n'a été abandonné au hasard, et c'est, pour l'écrivain, sur ce cryptage que repose toute la vérité du récit : sa conformité comme œuvre d'art à ce que l'on désigne par réalité. Des formules comme « à force d'avoir trop bien combiné le plan », « c'est trop vrai », « personne n'a poussé la probité plus loin » expriment à la fois la revendication du droit fondamental de l'éthique dans l'esthétique, la doléance de n'avoir pas été compris, mais sans doute aussi, à demi-mot, la certitude intérieure d'avoir quand même eu raison en poussant à sa limite la logique réaliste, au point de la faire entrer en conflit avec ce que l'on appelle l'art. Et si l'art d'aujourd'hui ou de demain consistait justement à pulvériser les dernières traces de ces boules, pyramides et autres figures en perspective qui encombrent notre perception du réel ?

*
* *

Qu'est-ce qui est assurément réel ? Eh bien, par exemple, un ustensile, l'être-là compact et irrécusable d'un récipient idiot contre lequel on se cogne par mégarde dans l'obscurité et qui manque de vous faire tomber : un baquet à lessive, dans certaines circonstances, c'est renversant de réalité. Du même coup, ça peut aussi s'avérer très utile, le lendemain matin, si vous êtes pris d'un doute sur ce qui est réel et ce qui ne l'est pas, par exemple, si, comme Frédéric, vous recevez au réveil une lettre qui change votre vie du tout au tout : vous héritez, vous êtes désormais riche ! Certains se pincent pour être sûrs qu'ils ne rêvent pas, d'autres ouvrent la fenêtre pour s'assurer qu'ils sont bien dans le réel, que ce n'est pas un rêve. Et là, le baquet est souverain. Trop bête pour être halluciné, trop prosaïque pour appartenir au monde des choses rêvées, il fait foi : il est la preuve du sens externe, l'épiphanie de l'inertie spatiale, une sorte de quintessence de réel référentiel. Le mot *baquet* fait partie pour Flaubert des termes, comme « couverture » par exemple, qui donneraient raison à Cratyle : ils contiennent en eux-mêmes le signe acoustique de leur trivialité, une sorte de pesanteur bête qui mime la chose. C'est le genre de mot que Flaubert n'emploie pas naturellement (on n'en trouve pas une seule occurrence, à ma connaissance, dans toute la *Correspondance*), qu'il recommande à Louise Colet d'éviter dans ses poésies lyriques, mais dont il aime en revanche se servir, avec modération il est vrai, dans la prose romanesque, en raison justement de ce fort coefficient suggestif de densité matérielle :

« Un jour, le 12 décembre 1846[1], vers neuf heures du matin, la cuisinière monta une lettre dans sa chambre.

---

1. 1846 et non 1845, comme on peut le lire dans la plupart des éditions : c'est une erreur de copie de Flaubert. Frédéric est arrivé à Nogent en septembre 1843, il y est resté 3 ans, nous sommes bien en 1846. Toute la cohérence de chapitres suivants dépend de cette date.

L'adresse, en gros caractères, était d'une écriture inconnue ; et Frédéric, sommeillant, ne se pressa pas de la décacheter. Enfin il lut :
"Justice de paix du Havre, IIIe arrondissement.
Monsieur,
M. Moreau, votre oncle, étant mort *ab intestat*..."
Il héritait !
Comme si un incendie eût éclaté derrière le mur, il sauta hors de son lit, pieds nus, en chemise : il se passa la main sur le visage, doutant de ses yeux, croyant qu'il rêvait encore, et, pour se raffermir dans la réalité, il ouvrit la fenêtre toute grande.
Il était tombé de la neige ; les toits étaient blancs ; – et même il reconnut dans la cour un baquet à lessive, qui l'avait fait trébucher la veille au soir.
Il relut la lettre trois fois de suite ; rien de plus vrai ! toute la fortune de l'oncle ! Vingt-sept mille livres de rente ! – et une joie frénétique le bouleversa, à l'idée de revoir Mme Arnoux. Avec la netteté d'une hallucination, il s'aperçut auprès d'elle, chez elle, lui apportant quelque cadeau dans du papier de soie, tandis qu'à la porte stationnerait son tilbury, non, un coupé plutôt ! un coupé noir, avec un domestique en livrée brune ; il entendait piaffer son cheval et le bruit de la gourmette se confondant avec le murmure de leurs baisers. Cela se renouvellerait tous les jours, indéfiniment. (...) la salle à manger serait en cuir rouge, le boudoir en soie jaune, des divans partout ! et quelles étagères ! quels vases de Chine ! quels tapis ! Ces images arrivaient si tumultueusement, qu'il sentait la tête lui tourner. Alors, il se rappela sa mère ; et il descendit, tenant toujours la lettre à sa main. »

L'Éducation sentimentale, I, 6.

Cette épiphanie du baquet et l'annonce de l'héritage ont lieu, dans la chronologie diégétique du récit, à une date qui n'est pas indifférente : le 12 décembre 1846. Le 12 décembre, c'est l'anniversaire de Flaubert : l'occasion idéale pour faire cadeau à son avatar d'une rente de 27 000 livres. Et dans la nuit du 11 au 12 décembre 1846, il avait neigé, sur Croisset du moins, on le sait par une lettre à Louise Colet (« Il neige, il fait froid ») où il n'est pas question des affaires de succession qui sont pourtant en train de se régler à Croisset : Flaubert hérite de son père, mort le 15 janvier de la même année, une fortune suffisante pour ne plus avoir à se soucier de gagner sa vie.

On pourrait en rester là, et croire que le motif du « baquet » dans *L'Éducation sentimentale* est revêtu de cette fonction modeste, mais somme toute honorable, d'indexer la réalité tangible, de rassurer les saint Thomas qui ont besoin de toucher la réalité des yeux. Le baquet, dans lequel se condense la certitude de l'étendue, est ce qui permet à Frédéric, à peine sorti des songes, de se « raffermir dans la réalité » pour mieux s'abandonner aux hallucinations de bonheur par lesquelles il se représente son avenir.

Il y a cependant un autre baquet dans *L'Éducation sentimentale*. Pas deux, ni trois : non, *une seule* autre occurrence du mot « baquet » dans ce roman qui compte au total un peu plus de cent quarante mille mots. Et ce second baquet se trouve placé, beaucoup plus loin dans le récit, avec, semble-t-il un certain souci de symétrie : le premier baquet, celui qui fait foi du réel pour garantir la certitude du bonheur à venir, avait émergé au dernier chapitre de la première partie, le matin du 12 décembre 1846 à Nogent ; le second, qui fait également foi du réel, mais pour garantir la véracité presque impensable de l'horreur au présent, apparaît au premier chapitre de la troisième partie, dix-huit mois plus tard, en fin d'après-midi le 26 juin 1848, à Paris. De telle façon que ce motif, apparemment insignifiant et d'abord simplement indiciel, du baquet inscrit, de part et d'autre de la seconde partie du roman, la double instance d'une polarité qui, dans la mémoire du texte, va se tendre à l'extrême, au-delà des limites de signification qu'un mot peut porter, jusqu'à atteindre la valeur presque hallucinatoire d'un symbole visible. La seconde occurrence du mot baquet apparaît – qui a lu le roman, le sait *forcément* – aux heures les plus sombres des journées de juin 1848, dans une scène qui a pour décor la prison aménagée sous les Tuileries :

« Quand les prisonniers s'approchaient d'un soupirail, les gardes nationaux qui étaient de faction – pour les empêcher d'ébranler les grilles –, fourraient des coups de baïonnette, au hasard, dans le tas.

Ils furent, généralement, impitoyables. Ceux qui ne s'étaient pas battus voulaient se signaler. (...) Le père Roque (...) fut très content d'être placé en sentinelle devant la terrasse du bord de l'eau. Au moins, là, il les avait sous lui, ces brigands ! (...) Il jouissait de leur défaite, de leur abjection, et ne pouvait se retenir de les invectiver.

Un d'eux, un adolescent à longs cheveux blonds, mit sa face aux barreaux en demandant du pain. M. Roque lui ordonna de se taire. Mais le jeune homme répétait d'une voix lamentable :

"Du pain !

— Est-ce que j'en ai, moi !"

D'autres prisonniers apparurent dans le soupirail, avec leurs barbes hérissées, leurs prunelles flamboyantes, tous se poussant et hurlant :

"Du pain !"

Le père Roque fut indigné de voir son autorité méconnue. Pour leur faire peur, il les mit en joue ; et, porté jusqu'à la voûte par le flot qui l'étouffait, le jeune homme, la tête en arrière, cria encore une fois :

"Du pain !

— Tiens ! en voilà !" dit le père Roque, en lâchant son coup de fusil.

Il y eut un énorme hurlement, puis rien. Au bord du baquet, quelque chose de blanc était resté. »

L'Éducation sentimentale, III,1.

Ce « quelque chose de blanc » ne dit pas son nom parce qu'il s'agit à cet instant de l'innommable : ce qui pend au bord du baquet, c'est la cervelle de l'« adolescent à longs cheveux blonds » dont le père Roque vient de faire exploser la tête à bout portant. Mais ce non-dit, cet indéfini de la représentation est aussi une figure de style qui agit profondément sur le lecteur. A la première lecture, il faut une seconde ou deux de réflexion pour comprendre de quoi il s'agit ; et pour comprendre, il faut visualiser la scène, se la réapproprier en images. Or que se passe-t-il alors ? A peu de chose près, ce qui est advenu à la première occurrence du mot, quand Frédéric a besoin de se « raffermir dans la réalité », de voir le baquet pour être sûr de ce qu'il venait de lire. Sur le mode inversé du cauchemar, de l'horreur faite réalité, c'est ici encore le baquet, dans son être-là d'ustensile idiot mais irrécusable, qui atteste, on ne peut plus matériellement, de la réalité de ce qui vient d'avoir lieu, de ce que le lecteur vient de lire et de ce que désormais il peut voir. Cette image-là, après se l'être représentée une fois, aucun lecteur de *L'Éducation sentimentale* ne peut jamais l'oublier. Elle a la force d'une séquence de reportage télévisé. C'est de la fiction, pourtant. Des mots. Mais, comme dit le texte, « quelque chose » (quelque chose de pire que l'assassinat dont témoigne cette matière blanche accrochée au baquet) prend ici la force de la chose vue, c'est-à-dire au sens propre, la force du symbole.

Pour cette scène d'assassinat, Flaubert combine deux témoignages, consignés dans son *Carnet 14* et c'est là qu'il trouve le détail du « baquet » : « Un officier tirait par un soupirail de cave à l'École militaire sur les malheureux qui réclamaient du pain et demandait en ricanant, après en avoir tué un : « Qui a encore faim ? Je vais le servir (...) » et « *Caveau des Tuileries.* (...) Un propriétaire de province innocent, tué par un garde national à travers les grilles. Sa cervelle resta collée sur le baquet et le corps étendu pendant plus de 12 heures ». Le fameux « baquet » était la bassine collective dans laquelle on donnait à boire aux prisonniers comme à des animaux. Inutile de préciser que Flaubert pratique ici sans le dire le récit engagé. C'est dans les témoignages d'extrême gauche (*La Commune de Paris* de Barthélemy) qu'il est allé chercher cette anecdote sur les journées de juin 1848. Et il la transfigure en faisant de la victime non plus un « propriétaire innocent » mais un « adolescent à longs cheveux blonds ». Mais ce grandissement épique se justifie par le fait que la scène synthétise à elle seule, dans le roman, tous les massacres de Juin. Quel est le contexte ? Plus de quinze mille Parisiens, pris les armes à la main ou simplement soupçonnés d'avoir participé à l'insurrection, viennent d'être arrêtés. Comme les prisons sont pleines, la garde nationale entasse quinze cents prisonniers dans des galeries souterraines au bord de l'eau, sous la terrasse des Tuileries : la chaleur y est accablante, l'atmosphère irrespirable. Dans la nuit du 26 au 27 juin, un coup de feu parti accidentellement fait croire à une attaque surprise des insurgés contre la prison et les gardes nationaux tirent à bout portant sur les prisonniers : deux cents victimes. De la réalité de ces tueries massives, au moment où Flaubert écrit *L'Éducation sentimentale*, l'histoire officielle ne dit plus rien, comme si elles n'avaient jamais eu lieu : « J'écris maintenant trois pages sur les abominations de la garde nationale en juin 1848, qui me feront très bien voir des bourgeois ! Je leur écrase le nez dans leur turpitude tant que je peux » (à G. Sand, Croisset, septembre 1868).

Au roman de rendre sa vérité à l'Histoire, et pour le faire, si le plan a été suffisamment combiné, il suffit d'une image concrète : un baquet, par exemple.

Tant va la croyance à la causalité qu'à la fin elle se brise. L'Histoire telle que la pense la modernité est celle des causes et des conséquences. C'est mieux que l'histoire providentielle à la Bonald ou à la De Maistre. Mais ce n'est pas encore tout à fait suffisant, selon Flaubert, pour représenter le temps historique dans des relations interprétables au temps vécu. Ce qu'il faudrait surtout, c'est un récit capable de représenter cette somme de causes infinitésimales qui fabriquent l'événement, comme des milliards de gouttes d'eau imperceptibles et inoffensives peuvent finir former une gigantesque vague qui emportera tout sur son passage. Flaubert n'a pas lu Marc Bloch, ni les théoriciens de la Nouvelle Histoire, c'est sûr, mais il a lu Leibniz. Et ce qu'il y a trouvé, c'est cette conversion du presque rien en énorme ; le principe d'une médiation invisible par laquelle les tout petits faits de tous les jours, qui anticipent, se répètent, et en s'accumulant, se métamorphosent en effets de masse : voilà comment les phases individuelles du sentimental se transforment en phases collectives du politique. C'est par cette voie un peu magique et irrationnelle de l'infinitésimal, que la logique individuelle du roman, celle des personnages, pourrait finir, vaille que vaille, par rejoindre la grande logique de l'Histoire. Flaubert va donc combiner deux dispositifs.

L'ordre narratif que l'écrivain assigne aux événements dans *L'Éducation sentimentale* est celui d'une successivité rationnelle patiemment établie à la lumière des documents d'époque, des témoignages, des choses vues et des analyses parfois divergentes proposées par les historiens. C'est en assemblant tous ces fils que Flaubert tisse le canevas complexe mais rigoureux d'une représentation de la période 1847-1851 dans laquelle se retrouvent beaucoup des intuitions qui seront celles de Karl Marx et que les historiens d'aujourd'hui continuent à saluer pour sa précision et son exactitude.

Mais simultanément, la narration ajoute à cette trame hypothético-déductive trois types de chaînages qui en relativisent la cohérence, en allant parfois jusqu'à la perturber : le chaînage des points de vue individuels, le chaînage des stéréotypes collectifs, et ce qu'il faudrait appeler le chaînage anhistorique du destin. La technique de la relativité des points de vue individuels permet à Flaubert de faire coexister, pour la représentation d'un même événement, plusieurs visions, parfois contradictoires et incompatibles, entre lesquelles le récit ne tranche pas. A une échelle un peu plus large, celle des groupes sociaux, la mise en scène narrative des stéréotypes y ajoute la dynamique collective des brouillages idéologiques qui font que chaque événement se trouve évalué par les personnages, de manière à la fois contrastée et automatique, en fonction de leurs intérêts de classe et de leur lecture partisane, souvent au mépris de l'équité et des évidences les plus claires, mais presque toujours sans que le narrateur intervienne pour rétablir une quelconque vérité. Enfin, à une échelle qui transcende l'individuel et le collectif, c'est la totalité du récit – une sorte d'image synchronique de toute la diachronie narrative – qui finit par problématiser l'ensemble des significations par l'émergence d'une logique non causale : une sorte de chaînage transversal qui ne relève plus de la successivité temporelle et par laquelle les événements, de loin en loin, semblent se relier de manière discontinue et aléatoire à travers une histoire semblable, comme le Fatum, à la coexistence des corps dans l'étendue. A rebours de la trame chronologique, comme perpendiculairement à elle, un chaînage discret de préfigurations, d'échos et de coïncidences resserre ici et là les fils du tissu narratif en nouant des points de distorsions temporelles qui télescopent passé, présent et futur, selon une autre logique ou une autre nécessité qui pourrait être celle de la sensibilité, de la conscience ou du destin.

Pour s'en faire une idée plus précise, on peut revenir à ce moment de la traversée de Paris sur lequel on s'était arrêté au chapitre précédent : l'arrivée de Frédéric dans la capitale, par la route d'Ivry. Au début de la deuxième partie du roman, juste après la fameuse expérience existentielle du baquet qui lui confirme qu'il vient bien d'hériter, Frédéric quitte dès le lendemain Nogent pour revenir s'installer richement à Paris. Après une nuit de diligence, il arrive en région parisienne au petit matin, le 14 décembre 1846, par Ivry. Derrière la vitre de la voiture, Frédéric, qui vient à peine de se réveiller, aperçoit vaguement la banlieue qui défile sous ses yeux au rythme de la voiture. Et là, pour du réel, c'est du réel. Dans une sorte de long plan-séquence en travelling, la description égrène les détails banals ou saugrenus que Frédéric perçoit comme des fragments contingents de réalité à travers le brouillard de son demi-sommeil : des usines, des maisons en construction, des cours sordides, des chantiers, le dôme du Panthéon au loin, une plaine bouleversée qui ressemble à de vagues ruines, des façades de cabarets rouge sang, des enseignes de sage-femme, des lambeaux d'affiches déchirées tremblant au vent, des ouvriers en blouse... Toutes ces choses décrites sont des choses vues, croquées sur le motif, et aucune n'a été choisie au hasard. Avant de rédiger ce passage, on l'a vu, Flaubert a pris soin de faire en fiacre le même trajet que son personnage, calepin en main (*Carnet 13*), pour noter scrupuleusement tout ce qui peut s'apercevoir le long de la route : attitude récurrente chez Flaubert qui n'écrit pas une ligne sans chercher d'abord à « voir » son objet. Procédure normale de l'écrivain « réaliste » pourrait-on croire... mais, en réalité, démarche bizarre, et même plus qu'étrange, puisque, on l'a remarqué, le paysage à décrire est celui de décembre 1846 tandis que le repérage sur place, réalisé pendant la rédaction, a lieu en 1865. Pour un romancier épris d'exactitude documentaire, autant dire qu'il y a un problème. De 1846 à 1865, cela fait près de vingt ans de décalage, et pas n'importe lesquels, ceux d'Haussmann : une période où – Flaubert le sait d'autant mieux qu'il a étudié le dossier pour les péripéties financières du roman – les spéculations immobilières dans la région d'Ivry sont allées bon train en modifiant complètement la topographie de ce qui est en train de devenir une « banlieue » de la nouvelle capitale bouleversée par les grands travaux... Alors ? Simple inadvertance ? On a du mal à y croire. Désinvolture d'écrivain ? Possible, mais quand même assez douteux.

Non, le décalage n'a rien de fortuit, il est même délibéré et fonctionnel : il s'agit tout simplement d'un anachronisme concerté d'une irruption du futur dans le présent. A y regarder de près, dans ce plan-séquence, chaque détail vu par Frédéric se trouve associé à la valeur symbolique d'un souvenir ou d'une préfiguration dont le sens se révélera dans le futur du récit : le « Panthéon », dans la mémoire narrative (*E.S.*, I,4), désigne le lieu où Frédéric a fait pour la première fois l'expérience d'une manifestation de rue, l'endroit où il a rencontré Dussardier ; les « usines » et les « ouvriers en blouse » seront les acteurs des événements révolutionnaires qui vont faire basculer l'Histoire deux ans plus tard ; les façades de « cabarets rouge sang » ont l'air d'associer en une même image le sang versé au cours des émeutes et les clubs « rouges » de 1848 où Frédéric va s'essayer en vain à l'action politique ; quant à la banlieue « bouleversée comme des ruines », c'est l'image qu'en aura Frédéric lorsqu'il rentrera de Fontainebleau à Paris au soir des journées de juin 1848, en traversant les quartiers pris au canon par la garde nationale ; les « enseignes de sages-femmes » préfigurent la « maison d'accouchement » où sa future maîtresse Rosanette mettra au monde leur enfant et où il viendra lui rendre visite. Quant à la pauvre affiche déchirée flottant au vent, elle ressemble fort à celle que Frédéric apercevra sur la porte des Arnoux au moment de leur saisie mobilière... Bref, ce matin-là de décembre 1846, ce que Frédéric, tout ensommeillé, aperçoit derrière la fenêtre de la diligence, ce n'est pas le présent : c'est l'avenir, son avenir. A son insu, il est extralucide.

Il y a bien eu repérage, mais les détails observés ont été minutieusement sélectionnés et recomposés pour faire sens à l'échelle d'une véritable cartographie temporelle ayant pour objet l'avenir de la diégèse. Aussi contingentes et hétérogènes qu'elles paraissent être, les « choses vues » par Frédéric ne renvoient qu'illusoirement à cet « effet de réel » dont parlait Barthes : elles ne sont pas concrètes et référentielles mais projectives et provisionnelles. Leur image qui réside loin dans l'avenir narratif ne se forme fugitivement ici qu'à la manière du mirage : leur consistance virtuelle relève d'une sorte de vertige temporel. Sartre disait que ce qu'il y a de vertigineux dans le vertige, c'est qu'on y dépend d'un instant – celui de la chute – qui n'a pas encore eu lieu. Comme le vertige, ces « choses » que voit Frédéric appartiennent à une chaîne d'événements qui ne se sont pas encore produits : ce sont les antécédents discrets de multiples « déjà-vu » qui prendront effet, çà et là, beaucoup plus loin dans le récit. Échos, prémonitions, présage ou préfiguration, réseaux d'indices et de signes, coïncidences, retour du même, similarités, réminiscences, micro-processus de la suggestion ou des fatalités : le référent historique se libère des contraintes de la chronologie pour devenir la matière d'une flexibilité qui courbe l'espace et le temps narratifs. A l'échelle infinitésimale de ce travail plastique sur la mémoire du récit, l'écriture de Flaubert se saisit de détails à peine perceptibles pour créer un coup de force subliminal : installer le mécanisme de remémoration dans l'antériorité même de l'événement mémorable, à l'insu du personnage et du lecteur qui auront, le moment venu, la bizarre sensation de se souvenir de ce qui est train d'advenir.

Pour décrire ce paysage imaginaire, Flaubert a eu besoin d'un contact avec l'environnement réel, il lui a fallu se rendre sur place, pratiquer l'extériorité d'une expérience spatiale, prendre des notes : pourquoi ? Paradoxalement, pour mieux se tenir à l'intérieur même de l'aventure narrative. Arrivé à Charenton, ce n'est pas les lieux qu'il observe. Il note : « Frédéric avait eu de la joie à Charenton. » Ce qu'il observe, c'est Frédéric observant Charenton. Le repérage sur place est une expérimentation schizoïde. Celui qui écrit n'est pas un, il est deux. Celui qui vit la situation est agi par un autre qui le contrôle. Cette coupure n'est d'ailleurs pas spécifique aux situations d'enquête : c'est une séparation fondamentale qui est propre à « l'homme-plume ». Dans le système que s'est fabriqué Flaubert, le sentiment authentiquement vécu est le matériau même que l'écriture va transformer en art par le style. Sans style, le sentiment ne relève que du « pot de chambre » romantique, mais sans cette matière vécue, le style ne serait pas plus productif que le tour de Binet. Pour « bien écrire », il faut à la fois « bien penser » et « bien sentir », c'est-à-dire penser la sensation pour l'exprimer adéquatement et la rendre communicable, mais aussi percevoir authentiquement la sensation, la connaître du point de vue de l'autre, en échappant à la clôture de sa propre subjectivité. Cette dualité régulatrice est précisément celle qui pilote, chez Flaubert, l'expérience de l'écriture « sur le motif », de ces repérages sur place, dont il ne cesse de se plaindre dans la *Correspondance*, et dont pourtant il ne peut se passer. Disposant dès le début d'un plan précis, Flaubert pourrait très bien régler en bloc, avant même d'entrer en rédaction, la plupart des questions topographiques ou documentaires que posera le récit. Il le pourrait et il ne le fait pas, au risque de se trouver cent fois obligé d'interrompre son travail pour partir en enquête. Pourquoi ? Parce que ce qu'il percevra dans ces circonstances-là n'a rien à voir avec ce qu'il aurait observé d'une manière abstraite et d'un œil dégagé, hors de l'écriture.

Pour y voir clair, on pourrait reprendre l'opposition dialogique entre Dionysos et Apollon que Nietzsche proposait pour le théâtre, et dont Paul Valéry a montré toute la profondeur pour interpréter l'écriture poétique. Le sujet qui écrit est semblable à Janus : il est double. D'un côté, il y a celui, bien physique et corporel, qui part en repérage, à peine sorti du feu de la rédaction, qui observe en situation, en y investissant toutes les ressources de sa sensibilité, en se dépersonnalisant au point d'éprouver aussi intimement que possible ce qu'éprouve son personnage dans ces circonstances données, cet environnement-là, à cet instant précis du récit et de sa propre vie. Disons qu'il s'agit ici de l'instance *dionysiaque* de l'écriture : celle d'une expérience fusionnelle où l'écrivain ose *être* son personnage, au point de le ressentir de l'intérieur. Celui-là tient le carnet, et note tant bien que mal ce qu'il perçoit « à chaud », mais il ne sait que ce qu'il sent. Et puis, simultanément, comme en surplomb, il y a l'autre qui le regarde et le manipule, l'instance *apollinienne* de l'écriture : un homme de régie, froid, impitoyable, calculateur, un auteur souverain, à la fois présent, omniscient et invisible, qui contrôle et infléchit scientifiquement cette expérience selon ses besoins, qui récupère et reformule les sensations fusionnelles de son avatar, sans le moindre état d'âme, au mieux des intérêts supérieurs de l'œuvre et à l'échelle du roman conçu comme une totalité. Ce jeu en partie double est une nécessité et la partie est inégale. Apollon a toujours le premier et le dernier mot : c'est lui qui tient tous les fils depuis les premiers moments du scénario initial et jusqu'aux ultimes corrections du manuscrit définitif, et c'est lui qui « voit » le texte comme voit un véritable dieu, *uno mentis ictu*, d'un seul coup d'esprit, en devenant capable de combiner chaque détail de sa composition. Il est le maître suprême de la chronologie, il peut à loisir redistribuer les échéances, faire et défaire la causalité, replier le futur sur le passé, obtenir que ce qui a eu lieu ne soit pas advenu. Il peut tout, mais il lui manque le sentiment, la densité vivante de la passion et de l'affect : son intelligence resterait stérile sans la sensibilité de son double qui doit risquer son corps dans le réel pour lui apporter la substance même de la représentation. Ce qu'il y a de réel dans la réalité n'appartient donc pas à Apollon qui n'en connaît au mieux que la forme et l'énonciation ; mais la réalité n'appartient pas non plus en propre à Dionysos qui, abandonné à sa seule expérience fusionnelle, ne tarderait pas à sombrer dans la folie, le mutisme et la dispersion d'une plongée sans retour au cœur de la matière. Flaubert-Dionysos en sait quelque chose : à force de sentir mieux et plus intensément que n'importe qui, on finit emporté par un torrent de feu. Être deux est une affaire de vie ou de mort. C'est aussi une dépendance réciproque : une affaire de négociation. L'un ressent, l'autre parle, mais l'un n'est rien sans l'autre. Le réel a donc définitivement la forme du symbole : il n'advient que par le rapprochement des deux fragments brisés dont il se compose. Et pourtant, tout l'enjeu du réalisme de Flaubert est là : en s'énonçant dans sa vérité, le réel ne symbolise en tout et pour tout que lui-même, l'énigme de sa propre immanence.

*
* *

Voilà donc, en partie du moins, à quoi tient sans doute l'étrange et puissante sensation de réalité qui se dégage de toute immersion un peu prolongée dans *L'Éducation sentimentale*. Réalité étrange, car il s'agit d'un roman où il est facile de s'égarer en perdant de vue les repères – spatiaux, temporels, psychologiques, narratifs – qui constituent habituellement la signalétique d'un récit. Ici, pas de progression flagrante, de jalons visibles ni de fléchage : si vous avez perdu la page, tant pis pour vous. Mais réalité d'autant plus puissante, justement, que cette légère sensation d'égarement et de contingence ressemble à s'y méprendre aux relations d'incertitude que chacun pratique dans ses rapports confiants mais précaires avec le réel. Qu'on y occupe la place d'un personnage ou celle d'un lecteur, *L'Éducation sentimentale* n'est ni une avenue ni un labyrinthe : comme dans une ville que l'on découvre, on n'y est jamais complètement perdu ni entièrement sûr de son chemin, et Flaubert avait raison d'y dénoncer un défaut de perspective ou de ligne droite. Mais c'est ce défaut qui fait pour nous aujourd'hui la réussite éblouissante de l'œuvre. Du réel, nous avons cessé de croire qu'il serait ce qu'il suffit de conquérir pour s'affirmer comme maître et possesseur de son destin. De l'œuvre qui nous parle du réel, nous avons aussi cessé de croire qu'elle pourrait nourrir des liens *naturels* à l'extériorité, renvoyer à autre chose qu'elle-même. La réalité que *L'Éducation sentimentale* met en scène est à la fois entièrement factice, autoréférencée, et construite pour être praticable comme un double du monde qui ne repose que sur lui-même. Sa virtualité de monde possible ne ressemble au monde réel que dans sa faculté d'inachèvement, dans la disponibilité de ses réseaux de significations à se recomposer sans vocation à totaliser le sens ni à conclure : c'est un désir de sens qui ne cesse de se relancer comme désir, une finalité sans fin, une œuvre d'art.

En fait de réalisme, c'est sur la conception, le plan, le scénario, le montage et l'arborescence d'une infinité de détails que Flaubert fait reposer la capacité de son récit à reconstruire une image expérimentale du réel fondée sur les lois heuristiques du « comme si ». C'est donc en faisant du réel externe non pas la référence mais l'analogon formel du récit que Flaubert veut donner à son « style » l'exactitude impitoyable des sciences. Que l'on s'y trouve désorienté par une résistance, une opacité ou une versatilité des choses et des comportements qui s'apparentent tant à la récalcitrante et rugueuse réalité du quotidien, est avant tout l'effet d'un modèle : le réalisme flaubertien est celui d'une simulation. Mais cette simulation, qui mobilise la représentation des choses vues et ressenties par l'instance dionysiaque de l'écriture, et qui ne laisse que rarement apercevoir sa nature structurale et apollinienne, se donne à éprouver comme les aventures d'un affect. Tout dans le roman se passe « comme si » de l'imprévisible, un contretemps de dernière minute, un fait inattendu semblaient toujours pouvoir survenir pour mettre en échec les projets que l'on croyait les mieux établis, les espoirs les plus raisonnables, les désirs les plus sacrés ; comme si la véritable motivation des personnages, la logique effective des événements, ne pouvaient apparaître que dans un lointain après-coup, trop tard pour être infléchie, à un moment où tout est joué, aux dépens du rêve de bonheur que l'on avait pu former. D'attentes palpitantes en aspirations déçues, d'appréhensions en petites joies inespérées, de brusques mouvements d'énergie en insurmontables lassitudes, on traverse le récit et les violences de l'Histoire comme on traverse sa propre existence, renvoyé tour à tour d'enthousiasme en nostalgie, d'illusions en surprises, sans voir les jours passer mais sans atteindre non plus à une autre certitude que celle du temps qui s'est écoulé : du temps perdu peut-être, embarrassé d'ombres et de regrets, de rendez-vous manqués et de faux-semblants, de beaux souvenirs aussi et d'espérances encore vives, bref, une inconsistance mais que la mémoire, paradoxalement, transfigure en une pleine et lumineuse totalité de vie selon la belle formule de Lukács.

CHAPITRE 17

La stratégie du rhinocéros (1870-1874)

Le couple George Sand-Gustave Flaubert a fini par prendre en histoire littéraire la valeur d'un symbole : celui d'une amitié parfaite et désintéressée, joyeuse, inoxydable et limpide entre deux écrivains que rien – ni l'âge, ni les opinions politiques, ni les conceptions artistiques – ne destinait à devenir intimes. Cette amitié d'une rare intensité, on la connaît, de l'intérieur, par leur *Correspondance*, l'une des plus belles de la littérature française : quatre cent vingt-deux lettres, dix années d'un bavardage tendre, génial et familier qui ne s'interrompt, brusquement, qu'avec la disparition de la dame de Nohant. Ce chef-d'œuvre de sensibilité et d'intelligence est même accessible, depuis 1981, dans une édition définitive qui a su mettre en scène la logique des voix alternées, la *Correspondance Flaubert-Sand*, établie, préfacée et magnifiquement annotée par Alphonse Jacobs, chez Flammarion. C'est un modèle du genre : une vraie merveille qu'il faut avoir dans sa bibliothèque.

Cette fameuse amitié ne s'est pas faite en un jour : Gustave et George ont mis sept ans pour devenir intimes. Leur première rencontre, fortuite, avait eu lieu au foyer de l'Odéon, en avril 1857 : un simple échange de politesses. Flaubert venait d'envoyer à la célèbre romancière un exemplaire fraîchement imprimé de *Madame Bovary* avec cette dédicace : « A Madame Sand, hommage d'un inconnu ». Il entendait bien en rester là. Pour Gustave, cet envoi était surtout une sorte de clin d'œil à sa propre adolescence, à ces années de collège 1838-1839 où il s'était enthousiasmé pour *Uscoque* et *Jacques*. Vieille histoire, car, dès 1843, il écrivait dans la première *Éducation sentimentale* : « Je ne m'adresse pas ici aux écoliers de quatrième ni aux couturières qui lisent George Sand (…) mais aux gens d'esprit. » Avec les années, ça n'avait fait qu'empirer. Les bons sentiments féminins de Sand le dégoûtaient tellement qu'en 1852, pour expliquer à Louise Colet comment il faut écrire lorsqu'on est une femme, il précisait : « Tu arriveras à la plénitude de ton talent en dépouillant ton sexe, qui doit te servir comme *science* et non comme expansion. Dans George Sand, on sent les fleurs blanches, cela suinte, et l'idée coule entre les mots comme entre des cuisses sans muscles. »

Mais ce mépris n'est pas réciproque, au contraire. George Sand lit l'exemplaire de *Madame Bovary*, et adore le roman. Elle le dit dans *Le Courrier de Paris* le 29 septembre 1857. Elle est presque la seule. Flaubert n'en revient pas. Mais, impossible de la remercier : quand elle est à Paris, il est à Croisset, et quand il séjourne dans la capitale, elle est à Nohant. Leur première vraie rencontre n'a lieu qu'en avril 1859, rue Racine, chez Sand. Gustave est immédiatement conquis par le charme et la gentillesse de la romancière, mais conserve les plus expresses réserves sur ses opinions et sur son art. A Feydeau qui lui dit : « Tu me parais chérir la mère Sand », il répond, en août 1859 : « Je la trouve personnellement une femme charmante. Quant à ses doctrines, s'en méfier d'après ses œuvres. J'ai, il y a quinze jours, relu *Lélia*.

Lis-le ! Je t'en supplie, relis-moi ça ! » Et les choses en restent là : aucune lettre, ni aucune rencontre pendant trois ans. Le même scénario se reproduit à la sortie de *Salammbô*. Flaubert envoie un exemplaire à Sand. Elle aime le roman, et fait paraître en janvier 1863 un article très élogieux dans *La Presse*. Ils s'écrivent leurs premières lettres. Au milieu des amabilités convenues, on relève un détail bizarre. Sand : « Tirez-moi d'intrigue. J'ai reçu en septembre une plante sèche intéressante dans une enveloppe anonyme. C'est votre écriture à ce qu'il me semble aujourd'hui... » Flaubert : « Ce n'est pas moi... Mais ce qu'il y a d'étrange, c'est qu'à la même époque j'ai reçu de la même façon une feuille d'arbre... » Joli, mais le petit génie de l'amitié expéditeur de fleurs séchées en sera pour ses frais : l'heure de grâce n'est pas encore arrivée. George et Gustave retournent à leurs travaux, et se tournent le dos pour trois grandes années encore : en tout et pour tout, cinq lettres et deux brèves rencontres entre 1863 et 1866. Enfoncé dans son nouveau roman parisien – *L'Éducation sentimentale* –, Flaubert l'intransigeant s'éloigne même de plus en plus des idées littéraires de Sand : « l'art ne doit servir à aucune doctrine sous peine de déchoir. On fausse toujours la réalité quand on veut l'amener à une conclusion... »

Le miracle a lieu, sans raison particulière, le 12 février 1866, au cours d'un des fameux dîners littéraires « Magny » : Sand est venue seule ; Taine et Renan sont absents mais il y a Gautier, Sainte-Beuve, Berthelot, les Goncourt, Bouilhet et Flaubert... En rentrant chez elle, George note dans son agenda : « Flaubert, passionné, est plus sympathique à moi que les autres. » Elle lui écrit pour le lui dire, ils se revoient et se découvrent. En mai, elle publie *Dernier Amour* et lui dédie le livre : « A mon ami Gustave Flaubert ». Aussitôt, les mauvaises langues s'agitent. George et Gustave s'en moquent éperdument : elle vient le rejoindre quelque temps à Croisset. Le soir, ils causent jusqu'à l'aube, avec une pause poulet froid à la cuisine, vers trois heures du matin. Ils s'adorent. George note le 30 août : « Flaubert m'emballe. » Elle a dix-sept ans de plus que lui, avec un charme juvénile et une tendresse maternelle qui s'accordent parfaitement à l'inassouvissable besoin d'amour du bon géant. C'est un peu plus que de l'amitié, sans doute : une passion douce, intelligente, filiale. Un jour, en lui parlant d'Aurore, sa petite fille qu'elle idolâtre, elle lui écrit : « Elle me fait l'effet d'un rêve. Toi aussi, sans le savoir, *t'es un rêve* – comme ça. »

La méfiance littéraire de Gustave, bien vite, laisse place à la discussion franche. En fait, sur bien des points leurs opinions ne sont pas si éloignées qu'il le croyait. Sur Thiers, par exemple. Flaubert à Sand : « (...) rugissons contre Monsieur Thiers ! Peut-on voir un plus triomphant imbécile, un croûtard plus abject, un plus étroniforme bourgeois ! Non ! rien ne peut donner l'idée du vomissement que m'inspire ce vieux melon diplomatique, arrondissant sa bêtise sur le fumier de la Bourgeoisie ! » Réponse de George : « Enfin ! voilà donc quelqu'un qui pense comme moi sur le compte de ce goujat politique. Ce ne pouvait être que toi, ami de mon cœur. *Étroniforme* est le mot sublime qui classe cette espèce *merdoïde*. » Petit à petit, leurs façons de voir se rapprochent. George, qui est sportive, force l'ours à faire un peu d'exercice physique, et Gustave qui ne pense qu'à la littérature, s'obstine à vouloir lui faire changer de poétique. Non sans résultats, plus apparents que réels : Gustave se met résolument à la marche, tous les jours, et fait même un peu de natation dans la Seine ; quant à George, on commence à l'entendre dire : « Il faut que l'auteur disparaisse derrière son personnage et que le public fasse la conclusion. » Mais en secret, elle continue à le bassiner avec l'idée qu'il devrait un peu plus laisser parler son cœur en écrivant... Après l'échec de *L'Éducation*, que Sand est presque seule à défendre dans la presse, Gustave tout meurtri vient se réfugier à Nohant. C'est Noël, on le console, on l'aime, il se rassure.

Au fil des années, la faucheuse décime le petit groupe des dîners Magny : Sainte-Beuve, Jules de Goncourt, Louis Bouilhet... Flaubert a l'impression qu'un désert s'est fait autour de lui. Il écrit à George : « A part vous et Tourgueniev je ne connais pas un mortel avec qui m'épancher sur les choses qui me tiennent le plus à cœur, et vous habitez loin de moi tous les deux ! » Ivan Tourgueniev ! En amitié, Gustave est jaloux comme tigre : il n'acceptera jamais de partager son Tourgueniev qu'avec elle. Sand avait rencontré le *Moscove* dans sa jeunesse, mais, en 1870, c'est Flaubert qui le lui « amène » par la main. Elle le trouve bien plus beau avec des cheveux blancs, ils deviennent intimes tout de suite. Et le couple des deux « troubadours » se transforme en trio. Cette histoire-là reste à raconter : le bon Moscove aux semelles de vent passe de Nohant à Croisset, de Croisset à Nohant, faisant un trait d'union vivant entre les deux vieux amis qui, dans les dernières années, vivent leur passion tranquille sur le mode strictement épistolaire, au rythme de deux lettres par mois, en se jurant à chaque fois de se voir au plus vite. La dernière missive de Flaubert arrive à Nohant le jour même où George, malade, apprend qu'elle va mourir. Gustave y fait un aveu : il a beaucoup réfléchi, elle a gagné. Il va écrire une histoire pour elle, et selon ses idées à elle : ce sera un récit plein de tendresse, ça s'appellera *Un cœur simple* et tout le monde y reconnaîtra son « influence immédiate »... A l'enterrement de George, le 10 juin 1876, Flaubert n'a pas honte de pleurer. En se replongeant dans l'histoire de Félicité, il n'en finit pas de remâcher sa douleur. Le 17 juin, comme se parlant à lui-même, il dit à une amie : « Il fallait la connaître comme je l'ai connue pour savoir tout ce qu'il y avait de féminin dans ce grand homme, l'immensité de tendresse qui se trouvait dans ce génie. Elle restera une des illustrations de la France et une gloire unique. »

*
* *

Si Flaubert est devenu l'écrivain que nous connaissons, c'est, pour une bonne part, sous l'effet d'une triple expérience de la mort : le coma de 1844, en 1846, la disparition de son père et de sa jeune sœur Caroline, et en 1848, l'agonie de son ami Alfred Le Poittevin. Après ces années de fracture, l'adolescent attardé de vingt-cinq ans, insouciant et fantasque, se retrouve seul, en tête à tête avec une mère terrassée par le chagrin, dans une grande maison déserte, tandis que ses amis, lancés dans le monde, se font de plus en plus rares : « Je vis seul, très seul, de plus en plus seul. Mes parents sont morts ; mes amis me quittent ou changent. » « Celui, dit Çakia Mouni, qui a compris que sa douleur vient de l'attachement, se retire dans la solitude comme le rhinocéros » (à M. Du Camp, Croisset, avril 1846). C'est dans ces circonstances que, fin juillet 1846, Gustave, parti pour Paris se changer les idées, rencontre la belle Louise Colet : coup de foudre sexuel partagé, attirance et complicité sentimentales aussi, mais dont l'intensité ne suffit pas à remettre en cause, chez le jeune homme, la conviction bizarre que sa véritable identité non seulement exclut toute relation fusionnelle mais exige, pour se déployer, l'adhésion à une totale solitude.

En fait, ce que découvre Flaubert, c'est que la mort, qui l'a manqué de peu mais qui a fait le vide autour de lui, n'aura été que le simple révélateur d'un isolement fondateur, quasiment ontologique. La mort, dit-il à sa maîtresse, l'a *perfectionné* : « Je ne suis avec personne, en aucun lieu, pas de mon pays et peut-être pas du monde. On a beau m'entourer ; moi je ne m'entoure pas. Aussi les absences que la mort m'a faites n'ont pas apporté à mon âme un état nouveau, mais l'ont perfectionné, cet état. J'étais seul au-dedans ; je suis seul au-dehors » (à L. Colet, Croisset, 13 septembre 1846). Propos pour le moins étrange de la part d'un amoureux, quelques semaines à peine après une première nuit d'amour exaltée. Louise s'étonne : puisqu'il est si doux d'être ensemble pourquoi vivre séparés ? Gustave, sous le charme mais conscient du risque, défend sa liberté comme le tigre face au boa constrictor : en évitant l'étreinte. Ils se séparent. Flaubert s'en va explorer les solitudes de l'Orient avec l'ami Du Camp : avec Maxime, ou plutôt à côté de lui, l'esprit toujours ailleurs, absent, perdu dans ses rêveries, comme absorbé par le vide du désert. De retour, en 1851, Gustave renoue avec Louise, mais avec d'autant moins d'illusions qu'il a désormais une raison supérieure de vouloir être seul : *Madame Bovary*. Il lui en fait la théorie. Si la solitude est si inévitable, même entre deux personnes qui s'aiment, dit-il à Louise, c'est que chaque individu constitue un monde, une sorte de totalité environnée de néant, comme une sphère flottant dans le vide sidéral : « Chaque chose est un infini ; le plus petit caillou arrête la pensée tout comme l'idée de Dieu. Entre deux cœurs qui battent l'un sur l'autre, il y a des abîmes ; le néant est entre eux, toute la vie, et le reste. L'âme a beau faire, elle ne brise pas sa solitude, elle marche avec lui. On se sent fourmi dans un désert et perdu, perdu » (à L. Colet, Croisset, 8-9 mai 1852). Le culte radical de l'individu a pour réciproque l'incommunicabilité, à laquelle seule l'écriture, littéraire ou épistolaire, peut surseoir.

La solitude, si rigoureuse soit-elle, est le gage de l'autonomie, la méthode pour s'assurer qu'on ne dépend pas des autres, le moyen le plus sûr de ne pas s'inféoder à l'obsession de « plaire ». C'est un précepte éthique et esthétique, une valeur : un *désengagement* qui ne doit pas être subi mais au contraire requis, pratiqué par l'écrivain, et même désiré comme un véritable plaisir. A la pauvre Louise qui gémit, Flaubert répond avec aplomb : « Ne te plains pas de la solitude. Cette plainte est une flatterie envers le monde (si tu reconnais que tu as besoin de lui pour vivre, c'est te mettre au-dessous de lui). "Si tu cherches à plaire, dit Épictète, te voilà déchu." J'ajoute ici : s'il te faut les autres, c'est que tu leur ressembles. Qu'il n'en soit rien ! Quant à moi, la solitude ne me pèse que quand on m'y vient déranger ou quand mon travail baisse. Mais j'ai des ressorts cachés avec quoi je me remonte, et il y a ensuite hausse proportionnelle. » C'est le secret de *l'homme-plume* : « mon organisation est un système ; le tout sans parti pris de soi-même, par la pente des choses qui fait que l'ours blanc habite les glaces et que le chameau marche sur le sable ». Échapper à la capitale est un élément essentiel du programme : « ma solitude commence, et ma vie va se dessiner comme je la passerai peut-être pendant trente ou quarante ans encore. J'aurai beau avoir un logement à Paris, je n'y resterai jamais que quelques mois de l'année, mon plus grand temps se passera ici ! » Croisset sera cet écart, vital pour Flaubert, mais incompréhensible pour la plupart de ses amis, à commencer par le bouillonnant Maxime Du Camp, qui rêve toute sa vie de l'entraîner avec lui sous les feux de la rampe, à la conquête de la capitale.

Dès *Madame Bovary*, Flaubert choisit définitivement la nuit pour écrire : le silence, la vie extérieure plongée dans le sommeil, l'heure de l'extrême solitude. Croisset, la nuit, à l'écart de tout, c'est bien. Mais Croisset sans maman, absolument sans personne, c'est encore mieux : « Je me couche fort tard et me lève de même. Le jour tombe de bonne heure, j'existe *à la lueur des flambeaux* ou plutôt de ma lampe. Je n'entends ni un pas ni une voix humaine, je ne sais ce que font les domestiques, ils me servent comme des ombres. Je dîne avec mon chien ; je fume beaucoup, me chauffe raide et travaille fort : c'est superbe ! Quoique ma mère ne me dérange guère d'habitude, je sens pourtant une différence et je peux, du matin au soir et sans qu'aucun incident, si léger qu'il soit, me dérange, suivre la même idée et retourner la même phrase.

« Pourquoi sens-je cet allégement dans la solitude ? Pourquoi étais-je si gai et si bien-portant (physiquement) dès que j'entrais dans le désert ? Pourquoi tout enfant m'enfermais-je seul pendant des heures dans un appartement ? (…) je crois qu'il y a en moi du (…) moine. J'ai toujours beaucoup admiré ces bons gaillards qui vivaient solitairement, soit dans l'ivrognerie ou dans le mysticisme. Cela était un joli soufflet donné à la race humaine, à la vie sociale, à l'utile, au bien-être commun » (à L. Colet, Croisset, 14 décembre 1853). Écrire *Madame Bovary* lui aura prouvé que l'on peut vivre seul et heureux, mais c'est avec *Salammbô*, propice aux rêveries les plus extravagantes, que Flaubert l'onaniste fait l'expérience la plus intense de ce *plaisir solitaire* de l'imagination que l'extrême solitude porte à l'incandescence : « Masturbons le vieil art jusque dans le plus profond de ses jointures. (…)

« Voilà huit jours que je suis complètement seul. Je travaille raide, jusqu'à 4 heures du matin toutes les nuits. (…) La solitude me grise comme de l'alcool. Je suis d'une gaieté folle, sans motifs, et je gueule tout seul de par les appartements de mon logis, à me casser la poitrine » (à E. Feydeau, Croisset, 3 décembre 1858).

La solitude de « l'ermite de Croisset » a toujours eu ses limites : à la belle saison, il y reçoit ses amis – Du Camp, Bouilhet, Sand, Tourgueniev, les Goncourt, etc. – et c'est une retraite saisonnière, qui se termine souvent avec les premiers froids et ne recommence qu'avec le printemps. Flaubert prend ses quartiers d'hiver à Paris, où il vit très entouré. Quant aux périodes d'isolement prolongé, si la solitude lui devient trop pesante, il trouve toujours le prétexte d'un repérage ou d'une recherche en bibliothèque pour faire une escapade à Paris, en se consolant de cette insupportable interruption de son travail entre les cuisses d'une jeune actrice. Son grand roman « parisien », *L'Éducation sentimentale*, lui offre l'occasion d'incessants divertissements entre 1862 et 1869 : les « dîners Magny », les fêtes chez lui boulevard du Temple, le salon de la princesse Mathilde et, le soir, les loges des actrices. Au point que Flaubert entre alors dans une période où la solitude semble lui peser : Bouilhet disparu, il n'y a plus personne avec qui causer à Croisset. Que faire ? Opter pour la capitale ? Il hésite. C'est l'Histoire qui tranche, et de la pire manière : la défaite de 1870, l'invasion, l'occupation de Croisset par les Prussiens, la tour d'ivoire violée, puis à Paris le siège, la Commune, le bain de sang, les ruines fumantes... une véritable béance s'ouvre sous les pieds de l'incorrigible sédentaire : ville interdite, retraite impraticable, il n'y a plus de lieu, nulle part, pour être en compagnie des autres ou seul avec soi-même. Reste une seule issue : s'isoler dans son propre passé, se recentrer sur du déjà rêvé, revenir au *Saint Antoine* de 1849. Écrite pour sortir de l'enfer, *La Tentation de saint Antoine* en garde les stigmates, et c'est tout naturellement qu'en 1873, se confiant à G. Sand, il retrouve l'image indienne de 1846 : « il n'y a plus de place dans ce monde pour les gens de goût. Il faut, comme le rhinocéros, se retirer dans la solitude, en attendant sa crevaison ».

Embarqué dans l'impossible défi de *Bouvard et Pécuchet*, Flaubert, toujours le moral à zéro, s'enfonce dans la vision désespérée d'une solitude entièrement désorientée : « Je n'attends plus rien de la vie qu'une suite de feuilles de papier à barbouiller de noir. Il me semble que je traverse une solitude sans fin, pour aller je ne sais où, et c'est moi qui suis tout à la fois le désert, le voyageur et le chameau » (à G. Sand, Paris, 27 mars 1875). Paradoxalement, c'est la catastrophe financière de mai 1875, la tentation du suicide et le brusque sursaut de santé de *Trois Contes* qui vont le réconcilier avec la vie et lui rendre la joie d'alterner entre le monde et la tour d'ivoire. Dès lors, *Bouvard* va bon train. A Croisset, on lui fait des visites surprises : les amis, guidés par le jeune Maupassant, viennent fêter le vieux saint Polycarpe, célèbre pour sa détestation du genre humain. Le 25 janvier 1880, quelques semaines avant d'être emporté par une hémorragie cérébrale, l'ermite, satisfait de la besogne accomplie, tirait des plans sur son prochain retour à Paris, en prévenant la langoureuse Mme des Genettes qu'il ne tarderait pas à lui rendre la plus exigeante des visites : « Enfin je commence mon *dernier chapitre* ! Quand il sera fini (à la fin d'avril ou de mai), j'irai à Paris pour le second volume qui ne me demandera pas plus de six mois. (...) J'ai passé deux mois et demi absolument seul, pareil à l'ours des cavernes, et en somme parfaitement bien, puisque ne voyant personne ; je n'entendais pas dire de bêtises ! L'insupportabilité de la sottise humaine est devenue chez moi une *maladie*, et le mot est faible. Presque tous les humains ont le don de *m'exaspérer* et je ne respire librement que dans le désert. »

* *

L'Éducation sentimentale est terminée le 16 mai 1869, et, tout en corrigeant le manuscrit destiné au copiste, Flaubert annonce, dès le 13 juin, qu'il a repris ses « vieilles notes de saint Antoine ». Comme pour fêter l'événement, début juillet, à Paris, Flaubert abandonne son petit appartement du boulevard du Temple pour un pied-à-terre dans un quartier plus élégant, près du parc Monceau, 4, rue Murillo. L'idée de retrouver son cher Orient antique l'enthousiasme. Et puis *Saint Antoine*, pour Flaubert, « C'est l'œuvre de toute une vie » : *Smarh* en 1840, le déclic de 1845 devant le tableau de Bruegel, la version de 1849, écrite en mémoire de Le Poittevin, juste avant le départ en Orient, la version de 1856, travaillée à grands coups de biffures juste après *Bovary*... Mais, en quinze ans, les exigences de son écriture ont beaucoup évolué. Il faut reprendre *Saint Antoine* de zéro : « Tout mon ancien ne me servira que comme fragments. » Accompagnée d'intenses recherches sur les religions antiques et orientales, dont on trouve les traces dans les *Carnets* de travail (*16* et *16 bis*), cette rédaction commencée en juin 1869 ne pourra se réaliser, entre juin 1870 et juin 1872, que dans des conditions extrêmement précaires. Ces années seront si violemment bousculées par les événements et si assombries par des deuils, que cette troisième et définitive version de *La Tentation*, dont Flaubert en juin 1869 se faisait une fête, deviendra vite, pour lui, une façon d'écrire « *malgré tout* ».

Saint Antoine avançait vaillamment depuis un mois lorsque, brutalement, le 18 juillet, Louis Bouilhet meurt. C'est pour Flaubert une « perte irréparable ». Il se sent « broyé » de chagrin et abandonne sa rédaction pour se consacrer à la mémoire de son ami : il met au point une comédie inachevée de Louis Bouilhet, *Mademoiselle Aïssé*, avec l'intention de faire monter la pièce à sa mémoire (la première qui aura lieu à l'Odéon le 6 janvier 1872 sera pour Flaubert l'occasion de rencontrer Sarah Bernhardt), puis, en mai-juin 1870, il rédige une « Préface aux *Dernières chansons* » de Louis Bouilhet, véritable hommage à leur passion commune pour la littérature, en forme de manifeste artistique. Le texte paraîtra chez Lévy en janvier 1872, en même temps qu'une cinglante *Lettre à la municipalité de Rouen* qui avait refusé de s'engager dans le financement d'un monument à Louis Bouilhet. Mais la saison des deuils ne fait que commencer : en octobre 1869, c'est Sainte-Beuve qui disparaît, le 1er mars 1870, Jules Duplan, « son petit Duplan » adoré dont Flaubert était si proche depuis vingt ans, et le 20 juin, son cher Jules de Goncourt. Broyant du noir, Flaubert remanie une seconde pièce de Bouilhet, *Le Sexe faible*, puis se prépare à reprendre *Saint Antoine* lorsque, le 19 juillet, la guerre éclate avec la Prusse. Fin août, l'Empire s'écroule à Sedan. Dans un élan de patriotisme, Flaubert se fait élire lieutenant de la garde nationale et ambitionne de marcher sur Paris pour délivrer la capitale, mais c'est l'invasion et, en novembre 1870, les Prussiens occupent Croisset. Flaubert enterre précipitamment ses manuscrits dans son jardin, installe sa mère à Rouen quai du Havre et court se réfugier chez sa nièce. En mars, il quitte la France pour un voyage en Belgique, avec Alexandre Dumas fils, auprès de la princesse Mathilde en exil, puis pour un bref séjour à Londres où il rassure sa chère Juliet.

En avril 1871, Flaubert retrouve Croisset à peu près intact après le départ des Prussiens et se remet à *Saint Antoine*. Après six mois de recherches et d'écriture endiablée sur le passage des « Dieux de l'Olympe », Flaubert prend ses quartiers d'hiver à Paris, fin novembre 1871, et se partage entre sa table de travail, les bras de Jeanne de Tourbey ou de sa nouvelle liaison, la langoureuse Mme Brainne (1836-1883) dont il est fort épris, et quelques sorties amicales. En février 1872, Tourgueniev lui présente sa dernière conquête, Pauline Viardot, brillante cantatrice dont G. Sand s'était inspirée pour *Consuelo*. En mémoire de son cher disparu, Flaubert s'occupe de Philippe Leparfait, fils naturel de Bouilhet et de Léonie Leparfait. Les derniers mois de rédaction sont encore assombris par de nouveaux deuils : après Maurice Schlésinger qui disparaît en 1871, Flaubert, le 6 avril 1872, perd sa mère. A partir de cette date, il se retrouve à Croisset dans une solitude complète, face à lui-même et à ses souvenirs.

Composée de 7 parties, *La Tentation* relate une nuit de saint Antoine, anachorète retiré sur un mont de la Thébaïde, qui, dans sa volonté de savoir, de vérité et d'absolu, se trouve soumis à de multiples tentations qui prennent la forme d'un défilé hallucinatoire de désirs, de divinités et de rites anciens : une « exposition dramatique du monde alexandrin au 1er siècle ». Œuvre complexe, *La Tentation* frappe par l'absence apparente de liens logiques et d'explications, l'opacité des significations : « Par cela même que je connais les choses, les choses n'existent plus. Pour moi, maintenant, il n'y a pas d'espoir et pas d'angoisse, pas de bonheur, pas de vertu, ni jour, ni nuit, ni toi, ni moi, absolument rien » (chap. 4). Dialogues, descriptions et récits se succèdent dans un perpétuel mouvement, avec une profusion d'images et de détails, mêlant réalisme et fantastique. Encore aujourd'hui inclassable, l'œuvre s'éloigne du modèle théâtral qui avait dominé dans les versions antérieures, pour se rapprocher du récit et du poème en prose, tandis que l'inspiration se fait plus intellectuelle, plus savante, la *tentation* devenant surtout celle de la *libido sciendi*. Inventaire extravagant des délires engendrés par la philosophie et les religions révélées, tourbillon des croyances les plus insensées apparues au début de notre ère, *La Tentation* est qualifiée par Baudelaire de « capharnaüm pandémoniaque de la solitude ». A sa parution, chez Charpentier, le 1er avril 1874, l'œuvre intrigue le public et semble pouvoir faire un succès : 2 000 exemplaires sont vendus en quelques jours, et un deuxième tirage paraît avant la fin avril 1874 (suivi d'un troisième en 1875), mais, dès l'été 1874, les chances d'un véritable succès s'effondrent sous l'éreintement systématique d'une critique déconcertée et malveillante.

*
* *

Sartre ne s'est pas trompé en misant tout sur l'idée que la question de l'idiotie serait rivée à l'entreprise flaubertienne d'une manière radicale, même s'il se laisse abuser sur la prétendue idiotie du jeune Gustave, ses plus qu'improbables symptômes de déficience intellectuelle précoce. Sartre, si scrupuleux d'ordinaire, prend ici la fable familiale pour de l'argent comptant, parce que l'idée l'arrange et dissimule ce que sa propre confrontation permanente à Flaubert peut avoir de spéculaire : Gustave est le bon objet pour s'exercer à la haine de soi sans se faire de bleus. Mais au total, soustraction faite de sa propre névrose, Sartre a vu juste : il y a un *cas Flaubert*, qui resterait inexplicable sans une plongée en apnée au plus profond de la bêtise pour comprendre en quoi l'exercice de la pensée, l'art d'écrire et la responsabilité de l'artiste ne peuvent plus se concevoir après lui que dans un face-à-face tragique et comique avec l'ineptie. Pourquoi la bêtise a-t-elle fini chez Flaubert par prendre la dimension d'un cataclysme menaçant la race humaine aussi certainement que le Déluge : « Je suis effrayé par la bêtise universelle ! (...) Les gens d'esprit devraient construire quelque chose d'analogue à l'Arche » ?

Que l'ineptie ait obsédé Flaubert depuis l'enfance, c'est ce qu'indique assez clairement, on l'a vu, la fameuse lettre du 1er janvier 1831 à Ernest Chevalier, lettre d'autant plus troublante qu'elle constitue une sorte d'incipit pour toute la *Correspondance* : « Tu as raison de dire que le jour de l'an est bête (...) et comme il y a une dame qui vient chez papa et qui nous contes toujours de bêtises je les écrirait. » On ne peut être plus prophétique, mais s'agit-il de prophétie ? Toute l'adolescence de Flaubert sera dédiée à cette passion pour la sottise. Épingler les tournures de pensée idiotes, collectionner les formules creuses, rivaliser en absurdités de toutes formes, est un jeu qui se pratique comme un véritable *hobby* chez les jeunes Flaubert, au point que Gustave et sa sœur se confectionnent à domicile un petit théâtre pour mettre en scène la crétinerie des bourgeois, incarnée dans la figure du « Garçon ». Cet enthousiasme-là ne se démentira jamais : qu'est-ce que le *Dictionnaire des idées reçues*, sinon l'album d'un chasseur de papillons ? Flaubert est rarement aussi heureux que lorsqu'il attrape dans son filet une incongruité absolument navrante : ces cas d'inepties, il les considère sans antiphrase comme des *beautés* dignes d'être enregistrées dans la *Copie*. Bref, il aime la bêtise comme un entomologiste peut devenir amoureux d'un spécimen rare de lépidoptère. Mais il s'agit alors de la bêtise comme pure performance de langage : une ineptie conçue dans son pur être-là de crétinerie, une aberration détachée de tout impact sur le réel, une stricte bévue qui garde, pourrait-on dire, les mains pures. En revanche, la bêtise qui exerce sa nuisance active dans la vie privée ou publique, celle qui fait des victimes, qui humilie et diffame, celle qui ridiculise l'intelligence, qui vexe l'honneur ou qui traîne la grâce dans la boue, celle qui discrimine et rabaisse la supériorité : celle-ci le révolte jusqu'à la nausée. La bêtise est traversée par cette antinomie : elle est odieuse lorsqu'elle exerce son pouvoir, elle peut devenir presque charmante quand elle témoigne de notre fragilité, ou peut-être de notre animalité.

En français, l'adjectif *bête* qui qualifie le manque d'intelligence et le substantif – une *bête* – qui désigne l'animal viennent du même nom latin : *bestia*, l'animal. Flaubert prend l'étymologie très au sérieux. D'ailleurs, ne dit-on pas : « bête à manger du foin » ? Lui-même, il en est convaincu, attire les idiots, les fous et les animaux. Félicité dans *Un cœur simple* est bête, d'une idiotie aussi épaisse que celle de Catherine Leroux, ce « demi-siècle de servitude » qui apparaît comme sa préfiguration dans *Madame Bovary*. De sa bêtise, Félicité est consciente, c'est une insuffisance qui est attachée à son statut d'inférieure, une tare dont elle voudrait s'excuser, mais aussi une sorte de politesse qu'elle doit à sa patronne : « Souvent, sa maîtresse lui disait : "Mon Dieu ! comme vous êtes bête !" ; elle répliquait : "Oui, Madame" ; en cherchant quelque chose autour d'elle. » Sur les choses essentielles de la vie, Félicité sait ce que les bêtes lui ont appris : « Elle n'était pas innocente à la manière des demoiselles, – les animaux l'avaient instruite. » Félicité croit en Dieu avec une foi qui n'est même pas celle du charbonnier, mais celle de l'instinct animal, avec tout son corps : son âme, comme celle du chien de Berkeley, devient toute bleue quand le ciel est bleu. Félicité est bête parce qu'elle est restée une bête, elle appartient encore à un monde (merveilleux, ou plutôt fabuleux, et peut-être idéal) où l'âme se confond avec la sensibilité : un monde où il n'y avait pas encore l'âme, où personne n'avait encore songé à l'inventer. Le cercle de ses idées est étroit et tend même à se rétrécir avec la surdité qui la gagne ; catholique, elle va devenir si stupide qu'elle finira par vouer un culte païen à un animal empaillé : le perroquet Loulou, dans lequel, au moment de mourir, elle s'imaginera voir la colombe du Saint-Esprit. Félicité est bête, mais cette bêtise, paradoxalement, ne la diminue pas, elle l'exhausse : il n'y a dans cette bêtise aucune bassesse, aucun égoïsme, aucune forme d'agression contre autrui, seulement un trop-plein d'amour, un don de soi qui cherche désespérément un être ou un objet à qui se consacrer. C'est une grâce. Bien plus, cette bêtise *révèle*. Que signifie cette assimilation du *perroquet* et du *paraclet* ? Que nous dit la confusion mentale de Félicité sinon le lien tragique entre le Verbe et l'animal qui répète, la transcendance et le cliché, Dieu et une maladie du langage, Dieu comme lapsus, et le langage *comme maladie* ?

Si la bêtise nous paraît omniprésente, c'est parce qu'elle coïncide avec ce qui nous constitue comme êtres de pensée et nous permet de communiquer les uns avec les autres : la bêtise est coextensive à ce langage par lequel nous imaginons exprimer librement notre point de vue et dont nous sommes en réalité le jouet. C'est au moment même où nous croyons en maîtriser les moyens qu'il inocule le plus sûrement en nous sa vermine, ce pullulement ignoble de lieux communs, d'idioties, de difformités morales et d'injustices qui s'appellent l'insanité triomphante, la stupidité satisfaite d'elle-même. Jusqu'ici, l'art permettait de faire front : c'était même dans cette mission que résidait toute l'éthique de l'art. Mais Flaubert a le pressentiment que la bêtise, génétiquement attachée à l'humanité depuis les origines, vient d'entrer dans une phase de nuisance sans précédent : le microbe de la connerie était là, c'est certain, mais quelque chose vient de le faire muter et il commence à proliférer dans des proportions vertigineuses. Ce qui l'a réveillé c'est la révolution technique de la modernité, la capacité de l'ineptie à se doter désormais d'une puissance industrielle à se multiplier : rotative, presse à grand tirage, héliogravure, photographie, publicité, best-sellers. Tout est en place pour accroître à l'infini les pouvoirs de la bêtise active qui tue, d'une « culture » faisant du cliché son objet d'excellence : *l'art industriel* (notre *industrie culturelle*) qui lobotomise les masses, qui abrutit à grande échelle, la bêtise triomphante d'Homais qui vise la prise de pouvoir politique, le formatage intégral des mentalités aux normes de l'idée reçue. Écoutez bien ce que Flaubert disait à G. Sand en 1870 : « Nous allons entrer dans une ère stupide. On sera utilitaire, militaire, américain et catholique. » Et ce qu'il disait quatre ans plus tard à Tourgueniev : « Ce qui va occuper le premier plan, pendant peut-être deux ou trois siècles, est à faire vomir un homme de goût. Il est temps de disparaître. » Un siècle plus tard, Andy Warhol ajoutait : « Il y aura une époque où chacun pourra dire ce qu'il pense, et en toute liberté : tout le monde pensera la même chose. » Et aujourd'hui, où en sommes-nous ?

Si Flaubert, dans ses dernières années, écrit le mot Bêtise avec une majuscule, c'est qu'il s'agit pour lui de quelque chose d'aussi vaste, d'aussi fatal et d'aussi invincible que la Bête elle-même, celle de l'Apocalypse dont une des sept têtes a été tranchée à mort puis qui a ressuscité et porte sa plaie guérie : « je la connais, je l'étudie. C'est là l'ennemi, et même il n'y a pas d'autre ennemi. Je m'acharne dessus dans la mesure de mes moyens... mon sujet me pénètre ». A son amie Sand, en 1871, il confie : « Nous ne souffrons que d'une chose : la Bêtise. Mais elle est formidable et universelle. » Presque certain qu'il ne sortirait pas vivant de l'entreprise, Flaubert a voulu consacrer les huit dernières années de sa vie à monter contre l'Ennemi un formidable programme de sédition littéraire. Le dispositif global de *Bouvard et Pécuchet* devait contenir, outre le roman inachevé que nous connaissons sous ce titre, un énorme et décisif « second volume » que la mort ne lui a pas permis de mener à bien, mais qui comprenait le *Dictionnaire des idées reçues* dont nous possédons plusieurs esquisses. Cette offensive lexicographique, Flaubert y a pensé pendant toute sa vie. Dès 1852, en pleine rédaction de *Madame Bovary*, il confiait à ses amis : « j'y attaquerais tout… j'immolerais les grands hommes à tous les imbéciles, les martyrs à tous les bourreaux », ce sera « l'apologie de la canaillerie humaine sur toutes ses faces, ironique et hurlante ». Le « but secret » du livre ? « ahurir tellement le lecteur qu'il en devienne fou ». L'ennemi, c'est la bêtise publique, le siècle, son Progrès, ses machines, la masse satisfaite qui s'idolâtre elle-même, cette humanité qui « pullule sur le globe, comme une sale poignée de morpions ». La Bête qu'il s'agit de détruire, ce sont les contemporains ; ils la portent en eux.

Une guerre totale contre la bêtise, d'accord, mais comment ? Car il est complètement vain de l'attaquer à visage découvert, de front, en s'indignant contre l'ineptie et l'ignorance. Rien de plus sot que de tempêter contre la bêtise criminelle des prêtres, des militaires et des bourgeois : ça soulage, bien sûr – et Flaubert ne s'en prive pas dans la *Correspondance* –, mais ça amène vite à des énormités aussi lamentables que celles contre lesquelles on explose. L'invective, c'est justement le traquenard permanent que nous tend la connerie : la voie par laquelle on entre le plus sûrement dans la spirale infernale de la bêtise. Non, contre cette diabolique entité protéiforme qui prend si facilement la forme de votre propre visage, la seule parade est l'exactitude et la duplicité : une « ironie dépassionnée » qui se borne à constater. Aucune autre solution donc que l'immersion consciente dans la bêtise : devenir capable de « l'exposer » méthodiquement, d'en faire le tableau clinique, d'en analyser tous les composants scatologiques pour pouvoir finalement en renvoyer la purulente substance au visage de ceux qui s'en repaissent : « je ne voudrais pas crever avant d'avoir déversé encore quelques pots de merde sur la tête de mes semblables ».

Ce type de propos n'est pas rare dans les lettres des dernières années, y compris de la manière la plus intempestive : à une douce correspondante qui lui demandait gentiment si tout allait bien, Flaubert, préparant *Bouvard et Pécuchet*, répond : « le moral... est assez bon, parce que je médite une chose où j'exhalerai ma colère... je vomirai sur mes contemporains le dégoût qu'ils m'inspirent ». Une autre fois, s'adressant à la voluptueuse Mme Brainne : « je désire cracher encore des cuves de bile sur la tête des bourgeois ». Mais si les recherches pour son dernier roman ne font qu'exacerber la hargne de Flaubert, rien n'est vraiment inédit ni dans le projet ni dans la formulation. Cette obsession de mâcher, de ruminer et de régurgiter tout ce qu'il y a de plus abject dans le monde : tout cela était déjà d'actualité pour lui avec la même brutalité vingt ans plus tôt. En 1855, parlant de ses ambitions littéraires à son vieil ami Bouilhet, il disait : « il me monte de la merde à la bouche... j'en veux faire une pâte dont je barbouillerai le dix-neuvième siècle ». Cette pâte virulente et pestilentielle, Flaubert a passé les vingt-cinq ans qui ont suivi à la remâcher. Et s'il est mort, trop tôt, c'est – chose toujours fatale pour un ruminant, mais il le savait – de n'avoir pu s'empêcher de faire ce qu'il avait promis : la vomir.

CHAPITRE 18

La parenthèse du légendaire (1875-1876)

Malgré ses modestes dimensions, *Trois Contes* a certainement joué un rôle aussi important que *Madame Bovary* ou *L'Éducation sentimentale* dans l'intérêt grandissant que la critique de notre temps porte à l'œuvre de Flaubert. Les raisons en sont nombreuses. Il y a d'abord la position assez particulière qu'occupe ce livre dans la vie et l'itinéraire créatif de l'auteur. Du fait de l'inachèvement de *Bouvard et Pécuchet* (commencé en 1873 et interrompu brusquement par la mort de l'auteur en 1880), les *Trois Contes*, écrits entre 1875 et 1877, sont la dernière œuvre que Flaubert a publiée de son vivant : comparés à l'immense et interminable chantier des dossiers et des brouillons de *Bouvard*, ces trois petits textes parachevés prennent facilement l'allure d'un testament littéraire. Mais cette impression n'est pas le simple effet des circonstances : par leur réussite formelle, par la familière étrangeté des évocations, par l'extrême limpidité de la prose et de la composition, les *Trois Contes* se présentent effectivement comme la défense et illustration d'une Poétique narrative parvenue à un état d'équilibre parfait. La *Correspondance* le confirme : c'est au cours de ces rédactions que Flaubert écrit, notamment à George Sand, quelques-unes de ses lettres les plus fortes sur son travail d'écrivain et sur son esthétique. Incontestablement, la rédaction de *Trois Contes* a été pour Flaubert une courte pause d'harmonie, une sorte de parenthèse heureuse ouverte pour le seul plaisir d'écrire dans cette géniale et mortelle traversée du désert que furent les sept années *Bouvard*.

Mais ce n'est pas tout. Ce petit livre parfaitement clos sur lui-même entretient paradoxalement toute une série de liens secrets avec l'ensemble des œuvres antérieures, et de plusieurs manières. D'une part, le texte initial de la rédaction – *La Légende de saint Julien l'Hospitalier* – est pour Flaubert un très vieux projet qui remonte à l'enfance et comporte à l'évidence un retour méditatif sur l'expérience de toute une vie. D'autre part, la structure finale de l'œuvre reproduit un schéma à la fois alternatif et trilogique qui habite depuis très longtemps l'imaginaire de Flaubert : cette dialectique du « propre » (l'Antiquité) et du « sale » (le contemporain) qui avait fait coïncider chez Flaubert l'entrée en littérature et le choix d'un sujet moderne, au retour d'Orient. Mais ce qui n'était qu'un pressentiment en 1851 s'est vérifié de manière systématique. On peut se représenter l'ensemble de la création littéraire de Flaubert, à l'âge de la maturité, comme un vaste système d'alternance qui fait se succéder pendant plus de trente ans des récits de l'*ici-maintenant* (la France aujourd'hui) et de l'*ailleurs-autrefois* (l'Orient antique) : à *La Tentation de saint Antoine* de 1849 (antiquité chrétienne orientale) succède *Madame Bovary* (Normandie moderne) qui est suivie par *Salammbô* (Carthage antique). Après *Salammbô*, c'est *L'Éducation sentimentale* (Paris contemporain) puis la version définitive de *La Tentation* (Égypte du Ier siècle), qui est suivie par *Bouvard et Pécuchet* (Normandie moderne). Dans *Trois Contes*, l'opposition *Un cœur simple*-*Hérodias* reproduit visiblement la règle de cette alternance et d'autant plus fortement qu'*Un cœur simple* se rapproche (non seulement par la couleur normande mais par de nombreux détails) de *Madame Bovary,* et qu'*Hérodias* entretient d'évidents rapports de ressemblance avec *Salammbô*. De son côté, *La Légende* laisse apercevoir de profondes similarités avec *La Tentation* mais introduit aussi une nouvelle dimension. En intercalant *Saint Julien*, Flaubert transforme l'opposition binaire en équilibre trilogique : le récit a lieu aux confins de l'Occident et de l'Orient, à une époque médiane entre l'Antiquité et l'époque contemporaine. Or, on l'a vu, cette structure ternaire qui embrasse la totalité des temps et des espaces est précisément celle que Flaubert, au début de sa carrière, avait d'abord imaginée pour organiser ses futures rédactions. En 1856, après avoir achevé *Madame Bovary*, Flaubert prévoyait bien d'écrire un roman antique et oriental (qui est devenu *Salammbô*), mais comme complément à un autre projet : précisément une *Légende de saint Julien* (qui aurait alors eu la dimension d'un véritable roman ?) de manière, disait-il, à pouvoir donner : « ... du moderne, du Moyen Age et de l'Antiquité ». Cette idée n'avait pas pu aboutir, et tout se passe donc comme si, vingt ans après, *Trois Contes* réalisait, en miniature, cette vieille idée d'équilibre à trois termes dont Flaubert avait rêvé, initialement, faire la règle de composition générale de son œuvre : le livre ne contient pas seulement un « dernier état » de l'art de Flaubert, mais une réflexion sur l'ensemble de son itinéraire.

Ces raisons suffiraient à expliquer pourquoi, de tous les textes de Flaubert, ce petit ouvrage est, avec *Madame Bovary*, celui qui a suscité le plus de commentaires critiques et d'interprétations divergentes. Mais il existe encore un autre motif d'intérêt (de nature critique et méthodologique) qui fait aujourd'hui de *Trois Contes* un texte clé pour la connaissance de l'œuvre et de l'écrivain. Le livre est composé de textes très brefs, mais sur lesquels Flaubert a travaillé avec la même technique d'invention et de rédaction, avec la même lenteur et les mêmes difficultés que sur les grandes œuvres antérieures. Or Flaubert a légué à la postérité, un peu comme on jette une bouteille à la mer, la quasi-totalité de ses manuscrits : plans primitifs et scénarios, notes documentaires, ébauches et brouillons, mises au net, manuscrit définitif, bref, tous les documents qui permettent, à plus d'un siècle de distance, de suivre pas à pas le travail de l'écrivain, depuis les tout premiers moments où il invente le schéma initial de son récit jusqu'aux corrections de détail effectuées *in extremis* avant la publication. Pour les cent vingt pages que compte l'édition imprimée de *Trois Contes*, les dossiers (conservés à la Bibliothèque nationale) contiennent environ mille deux cents grandes pages manuscrites, restées pratiquement inédites et inexplorées jusqu'en 1980. Le compte est facile à faire : en moyenne dix feuillets de travail, saturés de ratures, pour une page de texte définitif. Il était tentant d'aller y regarder de près. L'entreprise n'était pas aisée, mais elle l'était beaucoup plus que pour les grands romans où les manuscrits se comptent par milliers de pages. C'est aujourd'hui chose faite : ce dossier est intégralement transcrit, classé et analysé. Or, pour une bonne part, c'est grâce à l'étude de ces manuscrits, très difficiles à lire mais fourmillant de révélations surprenantes, qu'a pu se constituer en une dizaine d'années l'une des méthodes d'analyse littéraire les plus fécondes d'aujourd'hui : la *critique génétique*, qui cherche à comprendre les textes dans le mouvement même de leur production.

La parenthèse du légendaire (1875-1876) 443

Ces études de genèse ont renouvelé en profondeur la lecture de *Trois Contes* : bien des questions sur le sens et la forme de ces textes, jusque-là insolubles, ont trouvé leur explication. L'œuvre n'est pas pour autant devenue transparente, mais il est maintenant beaucoup plus facile d'en donner une image exacte dans de nombreux domaines : le champ des « sources » biographiques, littéraires et documentaires où les manuscrits font apparaître d'intenses manipulations ludiques et savantes, celui des structurations profondes du récit qui met en évidence des dispositifs symboliques et narratifs construits en trompe l'œil, les montages de la focalisation, du pastiche et des jeux de mots, l'élaboration très sophistiquée de réseaux de cohérences non conclusives aboutissant à des configurations de sens fortement problématiques, etc. Bref, la plongée dans les manuscrits prouve que ces petits textes limpides sont saturés par un travail du sens beaucoup plus compliqué encore qu'on ne le supposait. Impossible, bien entendu, de donner ici une idée complète, ni même un échantillonnage conséquent de cette foison de découvertes qui, à beaucoup d'égards, font aujourd'hui de *Trois Contes* un texte neuf, remis à vif par sa propre genèse.

On a toujours beaucoup insisté, pour la présentation de cette œuvre, sur l'atmosphère dramatique qui a entouré sa rédaction, sur le poids des circonstances biographiques. Ces circonstances, effectivement très sombres, ont eu leur importance dans la naissance du projet et dans le développement de l'écriture, mais il faut aussi rester prudent lorsqu'on cherche à mesurer l'impact réel d'une situation sur le travail d'un écrivain comme Flaubert. Une allusion autobiographique ne fournit pas en elle-même la moindre clé pour l'élucidation du récit. Prises dans le mouvement de l'écriture, les singularités du vécu personnel sont manipulées comme n'importe quelle autre source documentaire ou savante : elles sont l'objet d'intenses transformations dont la logique dépend bien plus des exigences du récit que d'une éventuelle (et d'ailleurs fort improbable) vérité autobiographique. En fait, les circonstances du vécu ne commencent à nous raconter leur véritable histoire littéraire que dans l'espace où elles se métamorphosent pour devenir matière d'écriture, indépendamment de toute préoccupation référentielle. Dans le cas de *Trois Contes*, le problème se complique encore de plusieurs manières. Chacun des trois récits n'entretient pas le même type de relation aux circonstances de la rédaction, ni par le contenu des évocations, ni par le moment même où il a été écrit. Il est clair par exemple qu'en matière d'allusions autobiographiques, le récit intimiste et normand d'*Un cœur simple* offre un cadre bien plus favorable à l'épanchement personnel qu'*Hérodias* ou *Saint Julien*, qui interposent l'écran de l'Histoire et de l'hagiographie. Or, justement, *Un cœur simple* n'est pas du tout le point de départ du travail, mais seulement une étape intermédiaire qui n'aurait probablement pas existé sans la rédaction antérieure de *Saint Julien*. Ces textes ont été écrits l'un après l'autre sans que Flaubert ait eu, à l'origine, la moindre idée du triptyque final.

Tout a commencé en septembre 1875, par la décision inattendue d'écrire *La Légende de saint Julien*, décision qu'il faut comprendre (si l'on en croit l'auteur) comme une manière d'échapper à la pression insupportable des événements extérieurs. Ce n'est qu'à la fin de la rédaction de *Saint Julien*, en 1876, que Flaubert envisage une suite : *L'Histoire d'un cœur simple*, projet qui sera lui-même suivi, en avril, par l'idée de compléter l'ensemble avec un troisième texte de même dimension consacré à l'exécution de Jean-Baptiste, *Hérodias*. Mais de la rédaction de *Saint Julien* (septembre 1875-février 1876) à celle

La parenthèse du légendaire (1875-1876) 445

d'*Un cœur simple* (mars-août 1876) puis à celle d'*Hérodias* (novembre 1876-février 1877) cette fameuse « pression des circonstances » n'est plus la même, et surtout, le point de vue de Flaubert sur les événements a changé du tout au tout, en grande partie sous l'effet de ces rédactions qui l'ont transformé.

*
* *

Indiscutablement, le projet de *Trois Contes* est né sous le signe du malheur et des catastrophes : cette année 1875 à la fin de laquelle Flaubert s'engage dans la rédaction de *Saint Julien* est sans doute l'une des plus sinistres de son existence. Depuis un long moment déjà, rien ne va vraiment bien pour Flaubert. Malgré le soutien d'un petit cercle d'amis et d'admirateurs fidèles, sa carrière d'écrivain ne lui a apporté, depuis *Salammbô*, qu'une série ininterrompue de déceptions : en 1869 son roman *L'Éducation sentimentale*, qui lui avait demandé six ans de travail, s'était soldé par un échec retentissant ; en mars 1874, *Le Candidat* avait fait un tel four que son autre pièce *Le Sexe faible* avait été refusée dans tous les théâtres parisiens ; quant à son *Saint Antoine*, l'œuvre de toute une vie, qui venait d'être publiée en avril 1874, c'était encore pire que pour *L'Éducation* : pratiquement aucun avis favorable chez les critiques, des ventes à peu près nulles. Certes, Flaubert n'avait jamais couru derrière un succès facile, ni cherché la caution du grand public ; mais maintenant il se sent rejeté. Pour comble d'infortune, depuis 1872, il s'est engagé tout entier dans une entreprise dont la dimension et la difficulté l'inquiètent de plus en plus : *Bouvard et Pécuchet*, roman encyclopédique dont la seule préparation a déjà exigé trois années de lectures et de recherches, des milliers de notes, et dont la rédaction, visiblement, s'enlise. Flaubert commence à perdre courage. A toutes ces incertitudes s'ajoutent celles de l'âge. Flaubert n'a que cinquante-cinq ans, mais sa santé n'est pas fameuse. Il s'est épuisé au travail pendant des années sans se ménager, et en 1874, son médecin, inquiet, l'oblige à faire une cure de repos complet à Kaltbad, en Suisse. En fait si Flaubert se sent vieux, ce n'est pas seulement que son corps est fatigué, c'est surtout qu'il se sent seul. Depuis quelques années ses meilleurs amis meurent les uns après les autres : Bouilhet, l'ami de toujours, en 1869 ; Duplan l'année suivante, puis Jules de Goncourt, puis le bon Théo (Théophile Gautier) et, en 1872, sa mère. Restent, bien sûr, George Sand, qui n'est pas jeune non plus, Tourgueniev qui est un courant d'air, et le réconfort d'amitiés plus récentes : le bon vieux Laporte, et quelques jeunes « qui montent » comme Guy de Maupassant, Zola, Daudet... L'âge, les deuils, des échecs depuis dix ans pour des œuvres auxquelles il avait consacré l'essentiel de sa vie : l'horizon est plutôt sombre. Pour Flaubert, le tableau est celui d'un déclin, tout juste équilibré par une certaine stabilité des choses, c'est-à-dire par la sensation rassurante de pouvoir compter sur un minimum de confort matériel pour mener à bien, dans la solitude, les dernières œuvres qu'il veut écrire avant de disparaître.

Dans un tel climat, le désastre financier du printemps 1875 et le risque, tout à fait réel, d'une ruine totale réduisent Flaubert à un état d'effondrement assez facile à imaginer. Les faits sont bien connus : depuis 1865, Flaubert avait confié la gestion de sa fortune au mari de sa nièce, E. de Commanville, qui était importateur de bois. Depuis la guerre de 1870, les affaires n'étaient plus aussi saines, et quelques alertes sérieuses avaient menacé l'entreprise. Commanville, au lieu de faire face, avait emprunté pour couvrir les déficits. Loin de se redresser,

La parenthèse du légendaire (1875-1876) 447

la situation s'était encore aggravée, et au début de 1875, l'affaire est au bord de la faillite avec un déficit de plus d'un million de francs-or (c'est-à-dire environ 3 millions d'euros). Flaubert doit se rendre à l'évidence : toute sa fortune mobilière est perdue. Il lui reste la ferme de Deauville qui pourrait lui garantir 10 000 F de rentes, mais il lui faut la vendre de toute urgence pour éviter à sa nièce adorée l'humiliation de la faillite : les 200 000 F qu'il en obtient seront à peine suffisants pour éviter le pire. Rien ne l'oblige, naturellement, à se dépouiller ainsi de tout, mais Flaubert est un tendre, il aime profondément Caroline, et ne supporte pas de la voir dans la détresse. En quelques mois, il se trouve complètement privé de ressources et menacé de devoir vendre jusqu'à sa propre maison de Croisset pour survivre. Dégoûté, écrasé de désespoir, Flaubert ne peut plus écrire une ligne. Il a des étouffements, des crises de larmes incontrôlables, ses attaques nerveuses le reprennent, il pense sérieusement au suicide. En public, il ne laisse rien deviner de son état, mais, au fond de lui-même, il sait qu'il ne s'en remettra pas. Quand il annonce en plaisantant à ses amis sa disparition imminente, il ne se trompe d'ailleurs pas de beaucoup : il va mourir trois ans seulement après la publication de *Trois Contes*.

*
* *

Au début de septembre 1875, la situation est exécrable mais la menace de perdre Croisset semble provisoirement écartée. Flaubert, exténué, a besoin de quitter l'atmosphère irrespirable de Paris : « ... J'ai reçu un coup dont j'aurai du mal à revenir, si jamais j'en reviens ?

« Comme il me faut un grand changement de milieu et d'habitude, dans une dizaine de jours je m'en irai à

Concarneau où je me propose de rester jusqu'au mois de novembre. L'air salé de la mer me redonnera peut-être un peu d'énergie. J'ai la tête fatiguée comme si l'on m'avait donné dessus des coups de bâton, avec crampes d'estomac, maux de nerfs, et impossibilité radicale d'un travail quelconque » (à la princesse Mathilde, Croisset, 3 septembre 1875).

Flaubert arrive à Concarneau le 16 septembre après avoir signé, la veille, à Deauville, l'acte de vente de sa ferme de Toucques. Il est accueilli par un vieil ami, le naturaliste Georges Pouchet, dont le père avait été son professeur de sciences naturelles au collège de Rouen. Pouchet, qui est venu faire des recherches sur le homard au laboratoire océanographique de Coste, a réservé pour Flaubert une chambre à l'hôtel Sergent, avec vue sur la mer et sur la ville close fortifiée par Vauban, à deux pas de l'aquarium où il dissèque ses crustacés. Officiellement, Flaubert est venu pour se détendre : « Je n'ai emporté ni papier ni plumes. » Pendant une bonne semaine, en effet, il fait le vacancier : grasses matinées, promenades sur la côte, petits verres dans les bistrots, baignades fortifiantes, dîners gastronomiques, le tout entrecoupé de trois à quatre crises de larmes quotidiennes. Pour le distraire Pouchet l'initie à ses travaux et, en contrepartie, pendant les longues séances de dissection des homards, Flaubert lui fait la lecture de quelques pages choisies du marquis de Sade. Le soir, ils se font préparer les crustacés à la crème par l'aubergiste.

Flaubert commence à se détendre. Ce n'est pas encore la franche gaieté, mais les forces lui reviennent et, au bout de huit jours, l'oisiveté finit même par lui peser. Entre deux rêveries nostalgiques, il sort du fond de ses malles le papier et les plumes qu'il y avait tout de même fourrés à tout hasard avant de partir. Le 25 septembre, sur le ton du malade qui prend bien ses médicaments, il annonce incidemment à sa nièce qu'il s'est remis à la littérature depuis trois jours : « ... Je t'assure que je suis bien raisonnable. J'ai même essayé de commencer quelque chose de court, car j'ai écrit (en trois jours) ! une demi-page *du* plan *de La Légende de saint Julien l'Hospitalier*. Si tu veux la connaître, prends *L'Essai sur la peinture sur verre*, de Langlois. Enfin je me calme, à la surface du moins ; mais le fond reste bien noir. (...) Mais je *veux* me forcer à écrire *Saint Julien*. Je ferai cela comme un pensum, pour voir ce qui en résultera. »

Une semaine plus tard, le 2 octobre, il a terminé le *plan*, c'est-à-dire en fait le scénario complet du récit : trois pages d'indications serrées qui vont lui servir de guide pour toute la rédaction. Il peut maintenant se mettre pour de bon à *écrire* : insensiblement, ce qu'il appelait son « pensum » est en train de le ramener à la vie. Il retrouve avec délectation les affres du style, et dès le 11 octobre, son état d'esprit a changé : « J'ai travaillé tout l'après-midi pour faire dix lignes ! Mais je n'en suis plus à me désespérer... » Une semaine plus tard, le 17 octobre, on retrouve un Flaubert complètement enfoncé dans le travail et absorbé par son sujet : « Enfin, je ne croupis plus dans l'oisiveté qui me dévorait ; mais j'aurai besoin de quelques livres sur le Moyen Age ! Et puis ce n'est pas commode à écrire cette histoire-là !... »

A partir de cet instant, le processus est engagé et la dynamique de la rédaction suffit à s'entretenir d'elle-même pour entraîner l'auteur, bien loin des angoisses circonstancielles, dans une fébrilité créatrice de plus en plus « effervescente ». *La Légende* est achevée à Paris en février 1876, après six mois de pioche intensive. Et déjà l'auteur imagine qu'un autre conte lui permettrait « d'avoir à l'automne un petit volume » : dès le mois suivant, en mars, il prépare *Un cœur simple*. En avril, après un bref voyage de repérage à Honfleur et à Pont-l'Évêque « pour avoir des documents », il se jette dans la rédaction. Le second conte est terminé en août, à Croisset. Mais depuis ce même mois d'avril 1876, Flaubert a décidé de donner forme à sa vieille idée de triptyque : il y aura un troisième conte, *Hérodias*, pour lequel il lui faut mener d'abord en septembre quelques sérieuses recherches documentaires à Paris. Dès qu'il a fait le plein de notes, il s'en retourne à Croisset où il achève son dernier récit le 1er février 1877. Assez fier de l'exploit, Flaubert recopie sa dernière mise au net à Paris et, le 15 février, les trois textes sont terminés, prêts à être imprimés.

D'abord conçue comme une sorte de thérapie contre l'angoisse, et comme un défi personnel lancé contre la noirceur du destin, cette triple rédaction s'est vite soldée par un retour à la plus haute santé créatrice : « Jamais je ne me suis senti plus d'aplomb », dit-il dès juillet 1876. Dix mois plus tôt il était presque résolu à se suicider. En fait, le travail de l'écriture replonge Flaubert dans sa vraie vie, celle de la fiction et de l'art, qui dépasse en intensité les drames circonstanciels du présent, les relativise et leur fait écran. Flaubert maintenant est pauvre, il le sait, mais il s'en moque éperdument. Lorsqu'il écrit *Hérodias* (en trois mois !), c'est dans une « effrayante exaltation » qui le tient jusqu'à vingt heures de suite à son bureau. Il en sort physiquement exténué, mais moralement en grande forme : la remise au travail s'est traduite par une remise à flot (« je me suis remâté »), et le naufrage de 1875 n'est plus qu'un mauvais souvenir lorsque les *Trois Contes* paraissent, en avril 1877, d'abord séparément dans la presse en feuilleton, puis en volumes chez Charpentier.

*
* *

En se décidant brusquement à écrire *Saint Julien* pendant son séjour à Concarneau, c'est sur un très vieux projet que Flaubert fait retour. A en croire Maxime Du Camp, cette idée serait née trente ans plus tôt lors d'une excursion que les deux amis avaient faite en 1846 à l'église de Caudebec-en-Caux : le jeune Flaubert, enthousiasmé par un vitrail de cette église qui raconte la vie de saint Julien, serait sorti de l'église en déclarant qu'il écrirait un jour l'histoire du saint parricide. Comme presque toujours, Du Camp invente : je suis allé voir, on ne trouve aucun vitrail de saint Julien à Caudebec. Il est tout à fait possible que Gustave et Maxime aient fait un jour cette petite virée à Caudebec, mais il est très improbable que les choses se soient passées comme Du Camp les racontent dans les *Souvenirs littéraires* : ce qu'ils ont pu voir à Caudebec, c'est une verrière dédiée à saint Eustache et quelques fragments de fresque consacrés à saint Hubert, ainsi que la statue d'un autre Julien, évêque de Cuenza, dont l'histoire n'a rien à voir avec celle de *La Légende*.

L'origine, en réalité, est bien plus lointaine : c'est en 1835, à l'âge de treize ans et demi, que Flaubert fait sa première visite de l'église romane de Caudebec, avec quelques galopins de sa classe, à l'occasion d'une « sortie » scolaire organisée par Eugène Hyacinthe Langlois, professeur d'arts plastiques au collège de Rouen, spécialiste de l'histoire du vitrail et ami de la famille Flaubert. A l'époque, E.H. Langlois venait de terminer d'importantes recherches sur la question et il ne fait aucun doute qu'il a été le premier à attirer l'attention de Gustave sur les légendes de saint Eustache et saint Hubert, sur leurs similitudes et leurs divergences avec celle de saint Julien dont la vie est racontée sur un célèbre vitrail de la cathédrale de Rouen, etc. Bref, en écrivant *La Légende*, Flaubert fait un véritable retour aux sources de sa mémoire : c'est sa propre légende avant d'être celle du petit Julien.

Cette histoire, il la porte en lui depuis l'enfance, et ce n'est sûrement pas un hasard si, dans la *Correspondance*, la première mention de ce projet de rédaction fait précisément référence au livre que Langlois avait publié en 1832 : *Essai historique et descriptif sur la peinture sur verre* où se trouve justement reproduit le vitrail de Rouen. Ce livre constitue pour Flaubert une « source » indissociablement documentaire et autobiographique.

Écrire *La Légende*, pour Flaubert, c'est donc se replonger dans cette période archaïque de la première adolescence, se remémorer sa propre légende, ressusciter ces années 1830 toutes vibrantes de romantisme et des premiers rêves littéraires : les années « enfant du siècle », rebelles à la vie de collège, fertiles en canulars et en naïvetés, encore toutes proches de l'enfance et du goût pour les belles histoires que racontaient Julie et le père Mignot. C'est aussi renouer avec la brillante année 1856 où, à peine sorti de la rédaction de *Madame Bovary*, et tout débordant d'énergie, Flaubert s'était plongé dans des recherches sur le Moyen Age pour écrire un *Saint Julien* qui devait prendre les dimensions d'un véritable roman. Un dossier de manuscrits le prouve : il contient un scénario (assez différent de celui de 1875, sauf sur quelques points) et une grosse liasse de notes prises à cette époque. Flaubert avait compulsé « des bouquins sur la vie domestique au Moyen Age et la vénerie », relu la *Légende du beau Pécopin* de Victor Hugo (pour éviter les risques de ressemblances), et annoncé à ses amis son intention de « faire une couleur amusante ». Finalement, un autre projet, celui du conte égyptien, le conduisit vers ce qui devint *Salammbô*, et le dossier *Saint Julien* resta dans ses tiroirs pendant près de vingt ans. Ce dossier est d'ailleurs resté inutilisé : Flaubert ne l'avait probablement pas emporté avec lui à Concarneau, et lorsqu'il y a jeté un œil en rentrant en novembre, il n'y a rien trouvé qu'il ne sût déjà, ni rien non plus qui convînt vraiment à sa nouvelle conception de l'œuvre, hormis la toute dernière phrase, l'*explicit* du récit, qu'il reprend presque telle quelle.

En fait, en commençant à bâtir son récit en septembre 1875, Flaubert peut travailler sans document. L'histoire, il la connaît par cœur depuis longtemps, et il s'agit d'un conte où la documentation référentielle reste secondaire ; quant aux questions techniques, la *Correspondance* le prouve, il sait à l'avance de quels livres il aura besoin au cours de la rédaction. D'ailleurs, il ne lui faudra pas plus de quinze jours en novembre à Paris pour faire le tour des documents érudits dont il entend se servir, même s'il y découvre quelques merveilles inattendues qui vont modifier sensiblement certains points du récit. Quant à l'essentiel, le secret de Flaubert, comme toujours, est de commencer, pendant un bon moment, par *ne pas écrire*. Livré à la solitude de sa chambre d'hôtel à Concarneau, il se raconte l'histoire de saint Julien dans sa tête, avec une méthode assez proche de ce que l'on appellerait aujourd'hui une *rêverie dirigée* : tranquillement installé sur son lit, couché sur le dos, il « rêvasse » l'histoire du saint parricide en regardant le plafond, ou mieux, les yeux fermés, en laissant spontanément s'associer les images derrière ses paupières, en revenant en arrière pour modifier un détail, en reprenant inlassablement l'enchaînement des séquences, le découpage des scènes, en imaginant les décors, etc.

Bref, Flaubert, selon son habitude, commence par *visionner* ce qu'il faut bien appeler, quel que soit l'anachronisme, le *film* de son histoire : des brouillons de rushes mentaux, de plus en plus précis, et des esquisses de montage de plus en plus serrées, séquence par séquence. C'est comme cela qu'il construit les éléments de son « scénario » (c'est prophétiquement le nom qu'il donne à ses plans détaillés) : ce fameux plan de trois pages qu'il met dix jours à écrire, fragment par fragment, presque sans ratures. Il n'y aura plus ensuite, en écrivant, qu'à laisser se redéployer ces images mentales : elles ont la substance persistante des rêves. Flaubert ne procédera pas différemment pour les deux autres contes, et c'est ce qui explique, ici, comme ailleurs dans son œuvre, la stupéfiante qualité visuelle de ses évocations : si ses phrases libèrent de tels flux d'images, c'est qu'elles n'ont, originairement, pas d'autre source que cette faculté d'évocation visuelle interne.

Pour les aspects les plus techniques de la narration, Flaubert, de retour à Paris, consulte quelques documents, parmi lesquels de nombreux traités de vénerie : *La Chasse de Gaston Phébus*, le *Livre de chasse du Roi Modus*, la *Fauconnerie* de Jean de Franchières, et celle de Tardif. Les notes sont consignées dans un carnet presque entièrement consacré à cette rédaction : le *Carnet 17*. Ces livres fournissent à Flaubert un catalogue de termes spécifiques, d'images rares et d'expressions médiévales dont on retrouve les traces dans l'évocation des chasses du premier chapitre. Mais, ici encore, l'exactitude terminologique compte moins pour Flaubert que la poésie. S'il cherche obstinément le mot exact, ce n'est pas par obsession de la vérité technique ou historique (qui en soi est le dernier de ses soucis) mais parce qu'il est persuadé que le mot juste condense en lui-même une expérience du sens qui s'est sédimentée siècle après siècle : une charge imaginaire qu'il s'agit de libérer pour faire naître la rêverie créatrice, ou la relancer sur de nouvelles pistes associatives.

De ce point de vue, la « source » essentielle de saint Julien n'est pas un livre, mais une image : le vitrail de la cathédrale de Rouen, ou plutôt, le dessin et la description de ce vitrail par Langlois. Or, si Flaubert avait demandé à son éditeur que cette verrière fût reproduite en couleurs dans l'édition de luxe de *La Légende*, c'était afin que le lecteur se dît : « Je n'y comprends rien. Comment a-t-il tiré ceci de cela ? » ; et de la même façon, lorsque Flaubert, reprenant son *explicit* de 1856, termine son histoire en précisant qu'elle vient d'être racontée « telle à peu près qu'on la trouve, sur un vitrail d'église dans mon pays », c'est pour insister sur cet « à peu près » qui intercale entre le « ceci » et le « cela » cette différence qu'il considère comme le véritable travail de l'écrivain : ressaisir la multiplicité des « sources » littéraires, autobiographiques et historiques pour faire de l'inédit avec la matière dispersée de ce qui a toujours déjà été vécu, pensé, écrit, et sans dissimuler cette matière, mais en l'unifiant par une manière absolue de voir les choses, le style.

Sous sa forme achevée, *La Légende* se présente donc comme un palimpseste, laissant affleurer, çà et là, les bribes de textes plus ou moins anciens dont Flaubert s'est servi pour écrire son histoire. On reconnaît le livre de Langlois, les *Acta Sanctorum*, la *Légende dorée* (les vies de saint Julien et de saint Christophe dans la traduction de Brunet), la *Légende du beau Pécopin* de Victor Hugo, etc. Mais on repère aussi, sans peine, la trace des frères Grimm, de Michelet, et plusieurs éléments empruntés au livre savant de Maury, l'*Essai sur les légendes pieuses du Moyen Age* (1843) dans lequel Flaubert a puisé toutes sortes de détails symboliques et quelques notions sur la genèse historique des légendes, sur la naissance même du légendaire. C'est aussi dans cet ouvrage que Flaubert est tombé, par hasard, sur une référence érudite qui n'a pas été sans effet sur la rédaction : l'article d'un certain Lecointre-Dupont (« La Légende de saint Julien l'Hospitalier, d'après un manuscrit de la bibliothèque d'Alençon », publié en 1838 dans les *Mémoires de la Société des Antiquaires de l'Ouest*). Il s'agit d'un texte étrange : non une traduction du manuscrit médiéval en français moderne, mais une adaptation, une véritable réécriture du texte selon les canons romantiques.

Flaubert (qui y retrouve l'atmosphère de sa propre enfance) s'amuse à le pasticher, comme il le fait aussi d'une autre version moderne de la légende à laquelle il emprunte plusieurs éléments importants : celle de Joseph de la Vallée dans *La Chasse à tir* (Hachette, 5e éd. 1873). Impossible pour le reste d'être exhaustif lorsqu'on cherche à recenser les sources de la rédaction : sans parler des trente ans qui précèdent, Flaubert, en 1875, a derrière lui cinq années de lectures acharnées pour *Saint Antoine* et *Bouvard*, soit environ deux mille volumes ou articles annotés. D'ailleurs, toute cette matière vient nourrir la rêverie et enrichir la rédaction, mais sans perturber la structure mise en place par l'auteur dans le scénario, qui avait été écrit, comme on l'a vu, sans aucune documentation : Flaubert n'utilise ses sources que pour la beauté ou la rareté des éléments, et n'hésite pas à y renoncer ou à les transformer complètement s'ils résistent à sa propre conception du récit. Les divergences peuvent être massives. L'auteur, contre toutes les traditions hagiographiques, décide par exemple de donner à son héros une fin solitaire. Dans les légendes attestées, Julien, après le parricide, part bien au bout du monde, mais accompagné de son épouse avec qui il fonde un hôpital, et tous deux expient le crime en se consacrant aux malades (d'où le nom de Julien *l'Hospitalier*). Rien de tout cela dans le conte de Flaubert qui, pour la fin de l'histoire, préfère emprunter quelques éléments à la vie de saint Christophe, selon un choix parfaitement établi depuis le tout premier scénario.

La composition générale du texte est apparemment assez simple : trois parties, elles-mêmes divisées en deux ou trois moments par des blancs. La première partie raconte la naissance et les enfances du héros dans le château paternel, l'obsession de la chasse et la montée du délire cynégétique, la journée du grand carnage des animaux, l'épreuve de la malédiction du cerf et, enfin, la fuite loin du château paternel. La seconde partie, d'une dimension sensiblement égale à la première, évoque la vie de Julien à l'âge d'homme : les années d'épopée guerrière, son mariage impérial et son nouveau château, la montée de la tentation de chasser, la nuit de grande chasse impossible, l'épreuve du parricide et, enfin, la fuite loin du château conjugal. Une troisième partie, de moitié plus courte que les précédentes, raconte la vieillesse et la mort de Julien : ses errances à travers le monde, sa tentation du suicide, son installation dans une pauvre cahute, son expiation dans le métier de passeur, l'épreuve du lépreux et, enfin, la fuite loin du monde entre les bras du Rédempteur. Cette construction en trois blocs et le rétrécissement ogival de la dernière partie évoque fortement la structure du vitrail. Les ruptures entre les blocs sont soulignées par le fait qu'à la fin de chaque partie, Julien rompt avec le passé et s'enfuit, en changeant d'âge, de lieu et d'identité. Mais ces ruptures sont aussi une façon d'accentuer l'unité et la répétition qui font de ces périodes les étapes d'un destin. Flaubert élabore entre chaque partie un système très complexe d'homologies, d'échos et de correspondances, à plusieurs échelles : depuis les grandes structures narratives (symétries, inversions, annonces et rappels) jusqu'au détail du style où la cohérence est construite à l'échelle lexicale.

L'exemple le plus frappant de ce dispositif est certainement l'étonnante symétrie des deux grandes scènes de chasse, dans la première et la seconde parties : tous les éléments en sont terme à terme inversés selon une logique qui ne laisse aucune place au hasard. La première chasse, où Julien accomplit triomphalement un massacre d'animaux, a lieu dans un pays du Nord, par une froide journée d'hiver, de l'aube au soir ; c'est Julien qui domine les bêtes, les encercle : elles sont ses victimes, et lui le bourreau. Mais tout s'achève à la tombée du jour par la malédiction du cerf qui prédit à Julien l'assassinat de ses parents. La seconde chasse, où Julien ne parvient à atteindre aucun animal, se déroule dans une région du Sud, par une chaude nuit d'été, du soir au matin ; ce sont les bêtes qui dominent Julien, l'encerclent : elles sont les bourreaux et lui leur victime ; et tout se termine à l'aube par l'accomplissement du parricide où Julien réalise la prophétie de la première chasse. Cette symétrie formelle n'est que le cadre d'une homologie bien plus approfondie : parce qu'il s'agit des deux pôles majeurs de la destinée du héros, et parce qu'il voulait y dissimuler un élément symbolique directement informulable (un détail délirant – la figure totémique du père comme renard – sert de point central à cette symétrie), Flaubert a introduit entre ces deux épisodes un effet de correspondance et d'inversion jusque dans les détails les plus infimes de son écriture.

Mais des processus comparables structurent le récit tout entier : à chaque instant de cette histoire, le présent de l'action n'est qu'un tissu d'énigmes dont les significations (souvent surprenantes) se dissimulent, en amont et en aval, dans la mémoire du texte. Tout résonne d'un bout à l'autre du récit comme cette intonation de cloche qui fait vibrer la voix du cerf dans la malédiction de la première partie, et dont l'écho se retrouve à la fin de l'histoire dans l'appel impérieux du lépreux. Sous l'apparence d'une narration hagiographique toute simple, *La Légende* est ainsi traversée par une multiplicité de cohérences secondes qui, de l'intérieur, ajoutent au récit linéaire de la vie de Julien un foisonnement d'histoires secondes esquissées en perspectives de fuite. Une bizarre continuité latente conduit par exemple Julien, de l'épée sarrasine qu'il contemple dans la salle d'armes du château (et par laquelle il manque de castrer son père) et des récits de croisades qu'il entend pendant l'enfance dans le château paternel, à un itinéraire épique qui l'entraîne jusqu'aux Indes et se termine par une victoire sur les Infidèles ; il épouse une princesse dont les charmes juvéniles et orientaux préfigurent ceux de Salomé, et s'installe aux confins de l'Orient et de l'Occident dans un château « moresque » qui inverse celui des enfances et symbolise dans *La Légende* la présence d'un conte « à l'orientale » dont le développement sous-jacent et schématique se juxtapose à celui du récit hagiographique.

La Légende de saint Julien malgré son apparente limpidité se caractérise par une certaine opacité événementielle, patiemment construite par Flaubert dans les brouillons : entre les différents moments du récit, les médiations peuvent proliférer et donner l'impression d'une certaine saturation, comme si l'histoire était surdéterminée ; mais il arrive tout aussi fréquemment que ces médiations manquent, y compris à des moments clés du récit, et que l'enchaînement du destin de Julien paraisse reposer sur de pures coïncidences, sans qu'il soit possible de savoir s'il faut y voir la marque de la contingence ou le signe d'une volonté supérieure. Par excès ou par défaut, l'histoire se déroule selon une logique de la fatalité dont il est difficile d'établir clairement l'ordre des causes et des effets. Les ressources du genre hagiographique ont en fait permis à Flaubert d'utiliser la schématisation à deux fins opposées et complémentaires : c'est l'idée du récit en partie double. D'un côté, on peut suivre l'histoire du point de vue de Dieu : la Providence a choisi les voies les plus détournées pour conduire l'âme de Julien au salut, selon une logique transcendante où la volonté de Dieu est à la fois constante et de plus en plus nettement affirmée. Quelles que soient ses errances et ses abominations, Julien est un élu, et c'est la transcendance qui donne le sens d'un destin exemplaire à cette vie si diverse : on le sait depuis le début, c'est la vie d'un saint qu'on nous raconte. Mais d'un autre côté, Dieu (si présent et si absent de cette histoire) n'est évidemment autre que Flaubert lui-même, et toute l'histoire peut se lire sans qu'il soit nécessaire de poser l'hypothèse d'une cohérence autre que narrative et immanente : alors, la vie de Julien devient une énigme.

Plusieurs grandes configurations mythiques, celles d'Œdipe, celle de Narcisse, paraissent l'organiser ; mais Flaubert, à dessein, ne les utilise que par fragments, sans laisser leur logique se profiler intégralement dans le récit. Les mythes ne suffisent pas à élucider le mystère d'un personnage que l'auteur, en profitant des moyens génériques du conte, s'est employé à priver de psychologie ou peut-être à doter d'une psyché totalement anormale. Car tout peut aussi se lire dans cette histoire comme la logique psychiatrique d'une véritable pathologie mentale, organisée involontairement par les parents dès la plus petite enfance du héros, et qui passe successivement par toutes les phases cliniques de la névrose. Julien ne sait pas qui il est. Il n'a jamais réussi à construire son moi face à l'image de son père. Au moment de se suicider c'est encore l'image de son père qu'il aperçoit comme un anti-Narcisse, à la surface de l'eau où il voulait se noyer. A travers mille souffrances, il passe toute sa vie à essayer de donner forme aux espérances (guerrières et religieuses) de ses parents sans savoir pourquoi ni pour qui. A son insu, ce qu'il cherche à tuer depuis le début,

La parenthèse du légendaire (1875-1876) 461

à travers les animaux, ce sont ses parents, ou plutôt les parents, la forme même du couple et l'idée de la procréation : il est l'anti-Adam, l'anti-Noé. Les prédictions, miracles, prophéties, événements merveilleux du récit ne sont peut-être tous, finalement, que les effets du rêve et de la suggestion, ou de simples hallucinations plus ou moins délirantes.

En réalité, Flaubert, qui s'était beaucoup renseigné sur la pathologie mentale et ses relations avec la sexualité, semble bien avoir installé dans son récit tous les éléments d'une mise en scène – stupéfiante de lucidité – sur l'atrophie exemplaire d'un psychisme et sur la pathologie des relations père-mère-enfant ; et, sans rien ajouter ni ôter aux intentions de l'auteur, il est en effet possible de lire *Saint Julien* comme on pourra le faire, quelques années plus tard, après les découvertes de Charcot et de Sigmund Freud. Les brouillons, beaucoup plus clairs que le texte définitif qui cherche à rester indécidable, ne laissent aucun doute sur la volonté qu'avait l'auteur de rendre cette lecture clinique et « réaliste » aussi pertinente par exemple que celle de la transcendance et de l'hagiographie. Rien d'étonnant donc si, en retour, les lectures psychanalytiques de ce conte se sont multipliées : avec une naïveté émouvante, elles redécouvrent, comme les traces de l'inconscient de l'auteur, ce que Flaubert avait construit de longue main dans ses manuscrits avec les moyens (non négligeables) qui étaient ceux de la psychiatrie de son époque, et qu'il s'était employé à dissimuler au cœur du texte comme une logique latente de l'histoire. Plusieurs réseaux de symboles, apparemment délirants mais d'une cohérence indiscutable (les bêtes, les barbes, les yeux, les couleurs, etc.), organisent autour de Julien un réel surchargé de sens qui raconte, en terme de schizophrénie paranoïde, la logique mortelle d'une fatalité intérieure.

Reste l'explication par le vitrail, qui renvoie, dans l'*explicit* du récit, cette problématique à celle de l'écriture elle-même. Car ce vitrail de saint Julien auquel le récit tout entier est rapporté en post-scriptum (« Et voilà l'histoire de saint Julien... ») est bien sûr un symbole de l'œuvre, de l'originalité littéraire qui la distingue de sa source plastique, mais c'est aussi un symbole actif qui est lui-même présent dans le récit. Loin d'être un témoin impartial de l'histoire, le vitrail final entre évidemment en résonance avec celui qui dans la narration joue un rôle décisif au moment le plus terrible de l'histoire. A y regarder de près, c'est bien le vitrail, avec ses cristaux colorés et ses lourdes barrettes de plomb, qui obscurcit la lumière du matin dans la chambre, empêchant Julien de reconnaître ses parents : c'est lui qui fait que Julien croit retrouver son épouse dans le corps endormi de sa mère et perçoit son père comme l'amant de sa propre femme... Et après avoir créé les conditions du parricide, c'est encore lui qui éclabousse de lueurs écarlates les murs de la chambre comme pour mieux accuser Julien du sang qu'il vient de répandre par sa faute. Or, le vitrail, on l'a vu, c'est l'image décalée du texte lui-même dans sa littérarité : c'est Flaubert à l'œuvre, et aussi le lecteur à l'œuvre dans sa propre lecture. Mais dans ce cas, qui est le véritable criminel ? Où est la vérité dans cette histoire à dormir debout, sinon dans le rêve, dans ce travail du rêve que Flaubert a su fixer en un texte où circule le démon de l'indécidable ?

CHAPITRE 19

Du moderne et de l'antique (1876-1877)

Lorsqu'il termine son premier conte en février 1876, Flaubert sait déjà qu'il veut aboutir à un volume dans lequel se trouveront associés deux ou trois récits. Rien ne prouve qu'il ait encore une vision très précise de l'œuvre finale, car les premières mentions d'*Hérodias* dans la *Correspondance* n'apparaissent que deux mois plus tard, en avril. Mais Flaubert n'a sûrement pas oublié sa vieille idée de triptyque : donner « du moderne, du Moyen Age et de l'Antiquité ». En tout cas il a déjà une idée assez claire de son « Histoire d'un cœur simple » qui doit s'opposer à son premier texte non seulement par l'époque mais surtout par la tonalité : autant *Saint Julien* est « effervescent », autant *Un cœur simple* sera un récit « bonhomme ». Quant au sujet de l'histoire, les premiers scénarios prouvent que Flaubert a hésité entre deux développements possibles qu'il a finalement superposés : d'un côté le perroquet adoré par une vieille servante, et d'un autre côté la vie même de cette vieille servante. Sous sa forme primitive, le plan de Flaubert s'orientait vers l'idée de centrer tout le récit sur l'animal idolâtré. Le plan était le suivant : un perroquet est adoré par une vieille servante, Félicité. « Peu à peu il meurt » ; une fois empaillé, Félicité « lui parle mort », puis elle obtient qu'il soit placé sur son reposoir, à la Fête-Dieu. La scène doit faire « tableau ». Enfin, l'émotion terrasse Félicité qui a une attaque : transportée à l'hôpital, elle agonise en ayant « une vision mystique. Son perroquet est le Saint-Esprit. Elle meurt saintement ». Dans ce scénario primitif, l'évocation de la vie de Félicité n'est pas radicalement absente, mais reste très marginale. On est encore très loin du schéma définitif qui ne fera apparaître le perroquet qu'au troisième tiers du récit (chapitre IV), et qui va consacrer les deux premiers tiers de l'histoire à la vie passionnée et douloureuse de Félicité, c'est-à-dire à la résurgence d'une figure esquissée vingt ans plus tôt : le « demi-siècle de servitude ».

En développant son scénario, Flaubert se trouve progressivement conduit à décaler la thématique du perroquet (adoration, reposoir, vision mystique) d'une position centrale qui en faisait l'objet même de la narration à une situation de conclusion significative. Par ce décalage, le récit cesse d'être l'histoire obsessionnelle d'une vieille servante idolâtre et fétichiste pour atteindre une vraie dimension pathétique : le perroquet ne devient objet d'amour que lorsque Félicité se trouve successivement privée par le destin de tous les êtres à qui elle avait offert humblement son besoin d'aimer. Cette évolution du projet peut s'expliquer de plusieurs manières, mais il est certain que l'influence de George Sand y a joué un rôle décisif. De décembre 1875 à avril 1876, Flaubert et sa vieille amie continuent leurs discussions épistolaires par des lettres sur le droit de l'artiste à émouvoir, à exprimer ses propres convictions éthiques et ses sentiments personnels dans son œuvre. Flaubert ne démord pas de ses principes – le grand art implique l'impersonnalité totale – mais on le sent visiblement ému par les idées généreuses de George Sand : si l'écrivain ne témoigne pas des souffrances du peuple, qui le fera ? Flaubert n'est pas exactement un homme de gauche, ce qui ne l'empêche pas de vomir l'aliénation et les souffrances infligées aux faibles : il déteste l'injustice sociale infiniment plus encore que la bêtise des socialistes de son époque.

De son propre aveu, c'est en grande partie pour donner raison à Sand qu'il écrit *Un cœur simple*. Mais l'idée de raconter la douloureuse histoire d'une servante n'a jamais non plus été complètement absente de ses projets : on en trouve la trace dès 1836, dans *Rage et Impuissance*, et surtout dans *Madame Bovary*, à travers le personnage épisodique de Catherine Leroux qui, au cours des comices agricoles, porte témoignage de la terrible souffrance des humbles devant l'assemblée des « bourgeois épanouis » ; et il y avait déjà là bien plus qu'une audace, c'était une véritable mise en accusation. Enfin, avec de tout autres intentions, il est assez probable que, dans ce récit à tonalité fortement autobiographique, Flaubert ait voulu aussi rendre un secret hommage à son adorable vieille Julie qui s'occupe de lui depuis l'enfance, et qui le verra mourir après l'avoir servi pendant près d'un demi-siècle.

En choisissant, pour son récit, un cadre contemporain et normand, Flaubert se donne évidemment les moyens de revenir à loisir sur les souvenirs et les décors de sa jeunesse. Tout se passe un peu comme si l'extrême nostalgie qui s'était emparée de lui avec la catastrophe de l'année 1875 avait dû attendre un moment de meilleure santé morale pour pouvoir s'exprimer. En septembre 1875, Flaubert allait trop mal pour opérer directement ce retour sur lui-même. *La Légende* lui a permis de faire le même trajet en arrière, mais par la médiation d'un vieux projet littéraire, et ce n'est pas un hasard si *Saint Julien* contient tant d'allusions à ses propres œuvres de jeunesse et à cette période rouennaise des années 1830. Après cette première rédaction, Flaubert se sent mieux. Son projet, bien sûr, n'est nullement de s'épancher, mais plutôt de ressaisir la nostalgie pour mettre ses souvenirs à l'épreuve des mots et donner forme littéraire à quelques images de son passé.

Les recherches anciennes de Gérard-Gailly ont bien mis en évidence la place importante qu'occupent ces réminiscences dans *Un cœur simple*, comme l'avait d'ailleurs déjà signalé Caroline de Commanville dans ses *Souvenirs intimes*. Il y a le décor des vacances d'autrefois, la plage de Trouville, Pont-l'Évêque, la ferme de Geffosses, le *Marais*, l'espace des années d'enfance. Il y a aussi les figures anciennes que Flaubert avait bien connues : le capitaine Barbey, son perroquet, sa fille et sa servante, la mère David qui tenait l'auberge de l'Agneau d'or où il descendait avec ses parents. Flaubert invente en se souvenant : il décrit le pays, ses traditions, les gens, le rythme de vie tels qu'il les a connus quarante ans plus tôt. Les enfants de Mme Aubain, Paul et Virginie, ne sont pas le double littéraire du couple enfantin que formaient Gustave et sa petite sœur Caroline, mais Flaubert leur donne la même différence d'âge et les fait jouer dans les paysages où lui-même s'amusait avec Caroline.

Le statut autobiographique de ces évocations reste difficile à définir : Flaubert inscrit bien dans la narration des signes de reconnaissance à usage personnel, mais plusieurs d'entre eux n'ont pas grand-chose à voir avec la spontanéité des souvenirs d'enfance. Par exemple, il introduit dans le récit un marquis de Grémanville qui, à l'initiale près, n'est autre que le conseiller de Crémanville, lequel est bien l'arrière-grand-oncle de Flaubert mais sans qu'il ait été donné à l'auteur de le connaître autrement que par des récits de famille. De même Virginie est mise en pension chez les Ursulines à Honfleur et l'histoire familiale nous apprend que la mère de Flaubert avait fait elle-même ses études dans un établissement du même type dans la même ville. Bizarrement tous ces détails satisfont à la fois à l'exigence autobiographique et au principe d'impersonnalité. Sans doute faut-il y voir un usage ludique du référent, une sorte de clin d'œil que Flaubert, avec nostalgie, s'adresse à lui-même en pensant peut-être aussi à quelques très proches amis.

Car pour le reste *Un cœur simple* répond sans défaillance aux règles de l'écriture flaubertienne qui exclut toute confidence et toute prise de position personnelle de l'auteur. A tel point que, loin de s'en remettre à ses seuls souvenirs, et comme pour leur faire écran, Flaubert s'oblige, avant d'écrire ce conte, à de véritables recherches et enquêtes sur le terrain. Il visite Honfleur et Pont-l'Évêque carnet en main, prend des notes sur l'église Saint-Michel (lieux qu'il connaît parfaitement !), consulte des ouvrages spécialisés sur les costumes féminins en usage à Pont-l'Évêque au début du siècle, etc. Le pays de l'enfance fait ainsi l'objet d'une enquête serrée et les documents versés au dossier le sont au même titre que les autres recherches : l'ordonnancement des processions pour lesquelles il compulse l'*Eucologue* de Lisieux, le *Traité de la pneumonie* de Grisolles sur les particularités de cette maladie, des livres, des articles, des notices sur les perroquets, etc.

Reste à savoir si toute cette documentation, comme les enquêtes sur le terrain, vise réellement l'exactitude de détail, ou si elle ne constitue pas plutôt, comme c'était déjà le cas pour *Saint Julien*, une sorte de machine à rêver, une collection d'images propres à exciter l'imagination. C'est précisément au moment où il accumule ces notes et ces lectures qu'il écrit à George Sand : « Je regarde comme très secondaire le détail technique, le renseignement local, enfin le côté historique et exact des choses. Je recherche par-dessus tout la beauté... » La source documentaire, à cet égard, n'est ni plus vraie ni plus fausse que l'effet de mémoire : ce ne sont que deux modalités complémentaires pour le déclenchement ou la relance du processus inventif. Que penser de cet autre « document » que Flaubert utilise pour toute la durée de rédaction d'*Un cœur simple* : un perroquet de race « amazone » empaillé qu'il place devant lui sur sa table, afin, dit-il, de « peindre d'après nature », c'est-à-dire, précise-t-il, afin de « s'emplir l'âme de perroquet », comme Félicité ? Là-dessus, le beau livre de Julian Barnes propose quelques pistes mémorables.

*
* *

Les premiers moments de la rédaction semblent avoir posé plus de problèmes que pour *Saint Julien* : « (...) depuis trois jours, je ne décolère pas : je ne peux mettre en train mon *Histoire d'un cœur simple*. J'ai travaillé hier pendant seize heures, aujourd'hui toute la journée et ce soir enfin, j'ai terminé la première page » (à Mme Roger des Genettes, Paris, 15 mars 1876).

Un mois plus tard, Flaubert a atteint la dixième page. Il poursuit au même rythme en mai et juin ; progressivement, la vision d'ensemble se précise, le texte prend forme, et le 19 juin, c'est un Flaubert éclatant de santé littéraire qui s'explique sur le sens de son récit : « Je me suis *remâté*, j'ai envie d'écrire (...) et mon conte avance ! je l'aurai fini probablement dans deux mois ; *L'Histoire d'un cœur simple* est tout bonnement le récit d'une vie obscure, celle d'une pauvre fille de campagne, dévote mais pas mystique, dévouée sans exaltation et tendre comme du pain frais. Elle aime successivement un homme, les enfants de sa maîtresse, un neveu, un vieillard qu'elle soigne, puis son perroquet ; quand le perroquet est mort, elle le fait empailler et, mourant à son tour, elle confond le perroquet avec le Saint-Esprit. Ce n'est nullement ironique comme vous le supposez, mais au contraire très sérieux et très triste. Je veux apitoyer, faire pleurer les âmes sensibles, en étant une moi-même. »

Détail important : Flaubert se sent obligé de dissiper les soupçons d'ironie ou de dérision que risque d'entraîner la scène finale de confusion entre le perroquet et le Paraclet. Il faut se souvenir que cette période où Flaubert écrit *Trois Contes*, juste après la défaite de 1870 et l'insurrection de la Commune, est en France une époque d'ordre moral extrêmement sévère où le pays, avec Mac-Mahon, vit sous le diktat militaire et clérical : c'est le sabre et le goupillon. A Paris, on vient juste d'inaugurer la basilique du Sacré-Cœur, consacrée à l'expiation des « crimes de la Commune » contre la religion (*Gallia pœnitens*), et la toute nouvelle Troisième République (qui ne l'a emporté que d'une voix sur la restauration monarchique) envoie ses députés se sanctifier en cortège sur les lieux des apparitions. Bref, le moment n'est pas du tout à la plaisanterie légère, surtout en matière de religion.

Les opinions de Flaubert en ce domaine sont assez connues pour qu'on puisse raisonnablement le soupçonner de perfidie lorsqu'il fait succéder, à une légende où la sainteté est la conclusion d'une vie entièrement vouée au crime et au délire, l'histoire lamentable et dérisoire d'une vieille servante idolâtre qui meurt saintement en confondant le Saint-Esprit avec un volatile empaillé. Mais, précisément, cette dimension ironique et critique qui ne ferait pratiquement aucun doute rapportée aux idées personnelles de Flaubert, reste impossible à confirmer dans l'espace de l'œuvre. D'abord parce que l'auteur, conformément à ses principes, n'intervient pas et laisse toujours au lecteur la responsabilité d'une prise de position caractérisée sur le sens du texte ; et ensuite, parce que, dans le cas précis d'*Un cœur simple*, Flaubert a voulu justement définir, entre lyrisme et ironie, entre illusion et désillusion, une sorte d'équilibre fragile qui donne à cette œuvre une tonalité assez différente de celle qui caractérisait *Madame Bovary* ou *L'Éducation sentimentale*.

Le fait, par exemple, qu'en dépit de toutes les injustices, Félicité puisse garder ses illusions, n'est pas en soi une chose risible : l'affreux Bourais l'apprend d'ailleurs à ses dépens puisque après s'être cruellement moqué de la pauvre servante, il se trouve, comme par un fait exprès, condamné à une mort infamante. Malgré son ignorance opaque, son étroitesse d'esprit, sa folie même, Félicité (comme Catherine Leroux) se distingue de tous les autres personnages par son origine, qui fait une différence radicale : elle est du peuple. Elle ne partage pas avec les bourgeois, grands ou petits, cette fatuité imbécile qui patauge dans la fausse intelligence et la fausse morale des idées reçues, ni cette prostitution permanente de l'esprit obnubilé par l'argent, l'épargne et le profit : elle ne pense pas bassement. En revanche, il lui arrive assez souvent de penser *bêtement*, en suivant l'automatisme de son instinct, et c'est ce que lui reproche sans arrêt Mme Aubain : « Comme vous êtes bête ! » Et c'est justement cette bêtise qui constitue l'autre aspect de son identité d'héroïne.

Dans les brouillons, Flaubert avait pensé doter Félicité d'un étrange « pouvoir sur les animaux ». Quelque chose en elle relève d'une relation profonde, aveugle et archaïque avec l'ordre de la Nature. Elle ne sait rien, mais le monde naturel se sait en elle. Cette idée de Bêtise est profondément ambiguë chez Flaubert : au sens d'animalité, elle n'a rien de péjoratif, au contraire. Flaubert, aussi pessimiste que Pascal mais avec d'autres conclusions, pense que l'humain est plus proche de la bête que de l'ange. Un trait d'intelligence pure est une exception héroïque à la règle qui est de ne pas penser. La véritable bêtise, la stupidité, est de nier l'animalité, de faire l'ange et de se croire présomptueusement autorisé à énoncer des vérités morales ou intellectuelles définitives. L'homme, ordinairement, se paie de mots. Sans qu'il le sache, ce n'est pas lui qui parle, c'est seulement la sottise des idées reçues qui le traverse. Ça parle. Son langage creux, plein de stéréotypes et de façons de penser toutes faites, ne lui appartient pas plus que celui du perroquet.

Quant au véritable courage, il est aussi rare que les traits d'intelligence. Au contraire Félicité, qui parle rarement, risque sa vie pour sauver Paul et Virginie de la fureur du taureau, mais elle n'en tire aucun orgueil : elle ne se doute même pas de l'héroïsme de son geste. C'est un geste naturel, comme tout ce qu'elle sait de la vie, du désir, de l'attirance amoureuse : « les animaux l'avaient instruite ». Quant à l'amour sentimental qu'elle porte à sa maîtresse, aux deux petits enfants qu'elle élève, à son neveu, il a le caractère absolu du « dévouement bestial ». Lorsqu'elle aura perdu les uns après les autres tous les êtres à qui elle avait consacré son besoin d'aimer, c'est tout naturellement vers un animal, le perroquet, que se tournera son adoration.

A mesure que l'histoire avance vers son dénouement, le vide se fait autour de Félicité et, dans les dernières pages, la servante devient l'unique objet de la narration. Cet isolement pourrait se traduire par un élargissement de sa stature d'héroïne. Il n'en est rien. Ce qui gagne en importance et en profondeur, c'est son effacement. Sa vie s'épuise, banale, misérable, de plus en plus réduite à l'humilité d'un corps qui va vers le néant du grand sommeil : « le petit cercle de ses idées se rétrécit encore... Ne communiquant avec personne, elle vivait dans une torpeur de somnambule ». Enfin, elle perd la vue, ne peut plus bouger de son lit. C'est à la limite même de l'inconscience, comme une pauvre bête agonisante, qu'elle assiste de loin à « l'apothéose du perroquet » : la description que lui fait Simonne, quelques bruits qui résonnent dans sa tête, une odeur d'encens, puis la mort où tout s'abolit dans la vision du perroquet gigantesque. Mais Félicité n'est pas seule au moment de mourir, et elle disparaît avec un sourire aux lèvres. Rien n'est tenté par l'auteur pour attribuer à cette fin la valeur d'un sens : c'est au lecteur de l'inventer, ou de la sentir, en opérant lui-même la conversion qui pourra peut-être donner à tout ce non-sens la dimension d'un symbole. C'est à sa sensibilité que revient la tâche de mesurer ici le fragile équilibre du grotesque et du lyrisme, et de décider vers lequel des deux pôles – pureté ou absurdité – incline pathétiquement cette légende des temps présents.

*
* *

C'est au moment même où il commence la rédaction d'*Un cœur simple*, vers la fin d'avril 1876, que Flaubert annonce à ses amis sa décision d'écrire un troisième récit : « Savez-vous ce que j'ai envie d'écrire après cela ? L'histoire de saint Jean-Baptiste. La vacherie d'Hérode pour Hérodias m'excite. Ce n'est encore qu'à l'état de rêve, mais j'ai bien envie de creuser cette idée-là. Si je m'y mets, cela me ferait trois contes, de quoi publier à l'automne un volume assez drôle » (à Mme Roger des Genettes, Paris, fin avril 1876).

Deux mois plus tard, tout en continuant d'écrire l'histoire de Félicité, Flaubert continue à ruminer le projet et s'explique sur son idée : « L'histoire d'*Hérodias*, telle que je la comprends, n'a aucun rapport avec la religion. Ce qui me séduit là-dedans, c'est la mine officielle d'Hérode (qui était un vrai préfet) et la figure farouche d'Hérodias, une sorte de Maintenon et de Cléopâtre. La question des Races dominait tout » (à Mme Roger des Genettes, Croisset, 19 juin 1876).

Du moderne et de l'antique (1876-1877) 473

On sait peu de choses certaines sur l'origine de ce projet d'*Hérodias* qui constitue d'ailleurs à cette époque un thème à peu près inédit en littérature française (l'*Hérodiade* de Mallarmé est écrite depuis 1864, mais n'est publiée qu'en 1876). Du Camp, qui sait toujours tout mais ne prouve rien, prétend que le sujet obsédait Flaubert depuis très longtemps. C'est possible mais aucun document connu, à ce jour, dans les manuscrits ou ailleurs, ne permet de l'affirmer. Un fait est certain : la cathédrale de Rouen, qui contient déjà le vitrail de saint Julien, présente aussi, à son portail nord, un ensemble sculpté représentant le festin d'Hérode, l'exécution de Baptiste et une Salomé qui danse « sur les mains les talons en l'air », avec la posture suggestive que Flaubert cherchera à lui donner dans le texte. Pour Du Camp, la source essentielle est là. Il ne fait aucun doute que Flaubert avait eu de nombreuses occasions de voir cette œuvre depuis l'enfance, assez probable aussi qu'elle l'ait fait rêver, mais faut-il y voir l'origine du texte ? En tout cas, cette sculpture qu'il connaît depuis plus de quarante ans n'explique pas pourquoi tout d'un coup Flaubert décide d'écrire *Hérodias*.

Le plus probable, c'est que le projet d'*Hérodias* soit né d'un quasi-hasard documentaire. C'est ce qui ressort des carnets de l'auteur. En mars-avril 1876, on s'en souvient, Flaubert était parti faire du repérage en Normandie pour *Un cœur simple*. Pour prendre ses notes en chemin, il avait emporté avec lui un calepin, déjà bien empli de notes anciennes prises en 1871-1872 pour *La Tentation*, mais où il restait plusieurs pages vierges disponibles. Or, au milieu des notes utilisées pour *Saint Antoine*, plusieurs feuillets du calepin contenaient des recherches restées inexploitées, dont trois ou quatre pages écrites en 1871-1872 sur Jean-Baptiste, Vitellius, Ponce Pilate. Il est très vraisemblable que l'idée d'*Hérodias* soit venue à Flaubert en feuilletant ce vieux calepin de *La Tentation*, lorsqu'il parcourait Honfleur et Pont-l'Évêque en fiacre : entre deux notes topographiques, il tombe sur les indications concernant Jean-Baptiste, rêvasse à ses vieux souvenirs de voyage en Judée, imagine la tête d'Hérode, et le projet se forme. A moins qu'il n'ait choisi précisément ce calepin, plein de reliquats, parce qu'il avait déjà une idée en tête au moment de partir en repérage. En tout cas, geste prémédité ou non, c'est bien en revenant de cette excursion qu'il annonce sa nouvelle idée.

Le projet d'*Hérodias* a donc certainement pris ainsi naissance dans l'épaisseur des notes documentaires de *La Tentation*, mais ce qui décide Flaubert, c'est la certitude de pouvoir y déployer plusieurs thèmes qui le séduisent. Anecdotiquement, le portrait d'Hérode-Antipas en « préfet » l'amuse au plus haut point, car l'idée cadre de manière inattendue avec l'un de ses derniers projets de roman, le micro-scénario de *Mr le Préfet*, où il avait imaginé de définir l'homme officiel en situation : celui qui « *doit* commettre tous les crimes par amour de l'ordre ». Mais surtout l'histoire de Baptiste le tente par la nature même de l'intrigue, érotique et sanglante, par le vertige de ce jeu sur le désir et la mort qui doit traverser le récit, et par cette double image de la femme orientale qui pourrait prendre forme : femme irrésistible et fatale, femme mûre et adolescente à la fois, Hérodias qui se recommence en Salomé. L'idée de décrire la danse de la femme-enfant, offerte presque nue aux regards de toute une foule, ne pouvait qu'enflammer l'imagination de Flaubert. Il y voit aussi une façon de revenir en esprit vers cet Orient qu'il avait connu en 1850 – la Palestine, l'Égypte –, paysages et souvenirs érotiques. Son manuscrit du *Voyage en Égypte* contient des notes très précises sur la danse d'une petite Égyptienne qu'il n'a jamais pu oublier et qui, pense-t-il, mériterait bien d'être immortalisée littérairement : pas Koutchouk-Hânem, comme on l'a souvent dit, mais Azizeh, dont les caresses et la danse étaient « plus savantes ». C'est elle qui avait ce mouvement si étrange du cou, en dansant : « son col glisse sur les vertèbres d'arrière en avant, et plus souvent de côté, de manière à croire que la tête va tomber – cela fait un effet de décapitèment effrayant. (...) – ce n'est plus de l'Égypte, c'est du nègre, de l'africain, du sauvage », une posture que Flaubert rêve de mettre en scène depuis vingt-cinq ans... Parfait pour une Décollation de saint Jean-Baptiste !

La rédaction flaubertienne, on le sait, prend naissance dans des images mentales. Parallèlement et antérieurement à un travail presque abstrait et géométrique sur les mots, Flaubert a besoin de « voir », comme en rêve, ce qu'il veut évoquer. Il faudrait ajouter que cette exigence contient sa réciproque : il ne peut « bien écrire » que ce qu'il finit par se représenter visuellement (comme si la chose posait devant lui à la manière d'un « motif »), mais il a tout autant besoin de donner forme littéraire aux images qui peuplent sa mémoire, de donner leur place à des images préexistantes qui s'imposent à lui depuis longtemps. Au moment où Flaubert doit arbitrer entre plusieurs projets de rédaction, il n'est pas rare que cette exigence ou ce désir intérieur joue un rôle secret mais considérable dans ce qui conduit un sujet et un scénario à se préciser : rendre justice aux images qui attendent et qui voudraient se (re)matérialiser sous forme verbale. Il y a, flottant dans l'imaginaire de l'écrivain, une constellation de choses vues, tout un univers d'images mémorielles « en souffrance » qui n'attendent que l'occasion de se formuler : des représentations souvent fortement attachées à un moment intime de la vie de l'écrivain. Il peut s'agir d'images « obsédantes », mais c'est l'exception : il faudrait plutôt parler de « cabinet psychique d'images », d'une sorte de musée imaginaire que Flaubert revisite en se remémorant, et dans lequel il sait disposer de « réserves ». Si écrire peut immortaliser, toute la question est de saisir le sujet, ou la péripétie narrative qui va permettre à ces images de se risquer à l'existence à travers l'écriture : s'arracher à l'intériorité où elles restaient confinées pour s'extérioriser en mots et renaître dans l'émotion et la mémoire des autres.

Au fond, pour Flaubert, il en va un peu de ces choses vues comme des monades devant le Dieu de Leibniz : chacune l'implore d'être « élue », de passer de l'essence à l'existence ; le créateur écoute les suppliques et les raisons de chaque essence, considère la place qu'elle pourrait occuper dans le système qu'il crée, et après avoir arbitré, lui donne ou non le droit à passer la grande porte du temps. C'est un des sens du fameux « comme Dieu dans la création, invisible et tout-puissant ».

Les tout premiers brouillons d'une œuvre sont presque toujours organisés autour de micro-scénarios visuels qui se développent, parfois indépendamment les uns des autres, comme une série de noyaux d'images encore à peine verbalisées.

A ce stade de la conception, les images mémorielles jouent un rôle souvent décisif sans qu'il soit nécessaire ou même possible de parler de « sources » ou d'autobiographie au sens propre. Il s'agirait plutôt d'un matériau pré-élaboré, d'une sémantique visuelo-interne de l'évocation spontanée. L'image d'Azizeh et de sa *décapitation*, par exemple, s'impose à Flaubert. Et parmi les souvenirs d'Orient, une foule d'autres visions – silhouettes, panoramas, gestes, paysages, postures –, qui n'avaient pas trouvé leur place dans *Salammbô*, restent disponibles à la rêverie créatrice. Le lendemain du jour où il achève *Un cœur simple*, Flaubert sait qu'*Hérodias* exigera une importante documentation, mais, sur l'essentiel, il *voit* déjà clairement, par bribes, le film de l'histoire : « Maintenant que j'en ai fini avec Félicité, Hérodias se présente et je *vois* (nettement, comme je vois la Seine) la surface de la mer Morte scintiller au soleil. Hérode et sa femme sont sur un balcon d'où l'on découvre les tuiles dorées du Temple. Il me tarde de m'y mettre et de piocher furieusement cet automne (...) » (à Caroline, 17 août 1876, c'est Flaubert qui souligne).

S'il faut « piocher », travailler dur le plan, la syntaxe et le lexique, c'est justement parce que le travail essentiel de l'écrivain consiste à relier entre elles les visions, à en réduire la discontinuité séquentielle, à les transposer dans une cohérence verbale, bref à transformer cette narration visuelle en un texte que le lecteur devra pouvoir lire comme la partition de sa propre rêverie : « Il ne s'agit pas seulement de voir, il faut arranger et fondre ce que l'on a vu. La Réalité, selon moi, ne doit être qu'un tremplin » (à Tourgueniev, Croisset, 8 novembre 1876). Il n'en va pas différemment pour les choses lues : les notes documentaires, les informations érudites que Flaubert adore pour elles-mêmes, ne valent du point de vue de l'œuvre qu'à la façon d'une matière brute qui produit des images et soutient la rêverie mais qu'il s'agit, aussi, de transformer en produit littérairement fini par un vrai travail de réécriture et d'intégration. « Arranger et fondre » les notes n'est pas un aspect marginal de la rédaction, qui pourrait se régler à l'échelle d'un texte pratiquement abouti : tout au contraire, c'est un travail qui accompagne, par phases successives, toute la durée de la rédaction, du plan initial aux dernières corrections. En ce domaine, le cas d'*Hérodias* présentait des difficultés considérables. D'un point de vue historique, le projet, tel que le conçoit Flaubert, consiste à traiter des oppositions et des mélanges ethniques de la Palestine au début de notre ère, en tenant compte des conflits politiques et religieux qui dressent les uns contre les autres les différents groupes de pression et minorités de la Judée, trois ans avant la mort du Christ ; à ce tableau assez complexe s'ajoute le point de vue des Romains, dont la présence cruciale pour la narration complique encore le récit de déterminations historiques précises ; et tout cela dans un texte aussi bref que les deux autres contes, en évitant l'écueil qui consisterait à faire une leçon d'histoire, mais en donnant quand même au lecteur le minimum de repères sans lesquels l'intrigue deviendrait entièrement opaque. Flaubert est tout à fait conscient que la solution d'un nombre aussi important de problèmes ne peut être que globale. Le projet implique que les notes soient d'emblée intégrées à une structuration très sévère du récit : « Mes notes pour *Hérodias* sont prises, et je travaille mon plan. Car je me suis embarqué dans une petite œuvre qui n'est pas commode, à cause des explications dont le lecteur français a besoin. Faire clair et vif avec des éléments aussi complexes offre des difficultés *gigantesques*. Mais s'il n'y avait pas de difficultés où serait l'amusement ? » (à Tourgueniev, Croisset, 28 octobre 1876).

La complication est d'autant plus inextricable que Flaubert s'est confectionné en quelques semaines un dossier considérable de notes sur les sujets les plus variés, multipliant les lectures savantes pour être aussi « complet » que possible sur la question. La *Correspondance*, les *Carnets 0*, *16*, *16 bis*, *20* et le *Dossier manuscrit* donnent une idée assez précise du travail de recherche auquel il s'est livré, mais aussi de la liberté complète avec laquelle il manipule ses lectures savantes. Il s'est renseigné sur la topographie et l'architecture dans des ouvrages modernes (entre autres *Land of Moab* de Tristram, le *Machaerous* de Parent, les *Voyages* d'exploration de la mer Morte de Saulcy, du comte de Vogüé, du comte de Laborde, etc., où Flaubert trouve et utilise des vues photographiques) et des livres anciens (notamment *La Guerre des Juifs*, les *Antiquités judaïques* de Flavius Josèphe, la *Palestine* d'Adriann Reeland, etc.). Sur la question religieuse, qu'il avait déjà eu l'occasion de travailler en détail pour *Saint Antoine*, Flaubert reprend ses lectures des historiens modernes (la *Vie de Jésus* de Strauss, celle de Renan ; les *Doctrines religieuses des Juifs*, *Études critiques sur la Bible*, de Michel Nicolas, l'*Histoire d'Hérode* de F. de Saulay, etc.). Il relit le *Nouveau Testament*, la *Bible*, et notamment les *Prophètes* et les *Psaumes*. Sur l'administration romaine, sur Lucius et Aulus Vitellius, il consulte Tacite et Suétone, prend des notes dans un traité de numismatique ; pour la description du festin, il cherche des détails frappants dans la *Rome au siècle d'Auguste* de Dezobry. Un chapitre entier de notes est consacré aux questions générales d'« administration militaire et religieuse », il se documente sur les Arabes et les Parthes, etc. Sur les questions les plus « pointues », il s'adresse à ses amis érudits : l'orientaliste Clermont-Ganneau cherche pour lui des noms de villes dissyllabiques qui puissent prendre place dans l'évocation initiale du panorama, et Baudry le renseigne sur l'astronomie hébraïque et arabe.

Le plan du récit se construit progressivement à l'aide de toutes ces informations qu'il s'agit pour Flaubert de condenser en un tout clair et homogène, et d'articuler autour du drame de « la décollation de Jean-Baptiste ». Mais comme tout dépend de la « composition », Flaubert s'empresse de gauchir ses données scientifiques pour mieux les faire entrer dans son plan. Il bouscule la chronologie, donne comme contemporains ou simultanés des événements qui ne se sont produits que dans un intervalle de temps beaucoup plus large, d'une quarantaine d'années environ. En fait, tous les événements qui composent le fond historique du récit sont à la fois vrais et chronologiquement inexacts : la guerre contre le roi des Arabes est plus tardive, les secours militaires de Vitellius ne peuvent avoir eu lieu en 30-31 puisque Vitellius n'est devenu « gouverneur de la Syrie » (ou plutôt proconsul) qu'en 35. Au moment de l'exécution de Jean-Baptiste (qui a eu lieu ailleurs), la citadelle de Machaerous était selon toute vraisemblance aux mains des Arabes. De même, l'emprisonnement d'Agrippa par Tibère ne s'est produit qu'en 36, mais situer l'événement six ou sept ans plus tôt, au moment même de l'action, permet à Flaubert de préciser un aspect essentiel du climat d'intrigue dans lequel se déroule le drame.

Le procédé est clair : Flaubert falsifie délibérément le rythme des circonstances historiques pour resserrer la logique de l'Histoire, pour en condenser la causalité dans une durée significative. Il en résulte, dans le récit d'*Hérodias*, une étrange sensation de « vraisemblable », une logique artificielle des événements plus vraie que nature, comparable à la manière dont la dramaturgie classique concevait la temporalité tragique. Tant pis pour les quelques aménagements chronologiques qui permettent de réunir en un même lieu les acteurs historiques d'un drame sanglant dont l'action doit se nouer et se dénouer en quelques heures. Est-ce la raison pour laquelle le modèle dramatique joue un rôle si important dans les brouillons de ce conte ? Ce modèle n'est pas absent dans la rédaction des deux autres contes, mais il s'efface à mesure que le texte évolue vers sa forme définitive. Ici, en revanche, c'est le texte final qui reste profondément hanté par la tentation théâtrale. La relative abondance des dialogues (rares dans *Un cœur simple*, presque inexistants dans *Saint Julien*), la brièveté des répliques, l'unité de lieu (la forteresse), l'unité dramatique (le problème tragique – Jean-Baptiste sera-t-il exécuté ou non ? – qui est exposé très vite dans la narration), l'entrée en scène réglée des différents personnages : tout dans ce récit suggère l'omniprésence de la scène. Pourtant, d'un autre point de vue, plusieurs pauses à valeur descriptive, l'usage du style indirect et de la focalisation interne, le retour en arrière dans la temporalité narrative, indiquent aussi l'évidente présence d'un modèle indiscutablement narratif. En fait, il semble bien que Flaubert ait voulu, dans ce conte, travailler dans le sens un peu expérimental d'une remise en cause des genres. Mais à considérer cette double appartenance générique (modèle narratif et dramatique) jointe à la qualité profondément visuelle du scénario, il devient très difficile de ne pas penser ici à la technique du cinéma qui associe spontanément les ressources du récit et de la mise en scène.

Quel que soit l'anachronisme du rapprochement, il s'impose d'autant plus fortement que les procédés de Flaubert, dans le détail, paraissent également anticiper sur les moyens propres de l'écriture cinématographique : prise de vues, cadrage, bande-son, insert, montage, séquence, plan fixe, zoom, etc. Les exemples abondent. On peut citer, par exemple, à la fin du chapitre 1, dans la scène de dispute entre Antipas et Hérodias sur la terrasse, cet admirable « insert » par lequel le récit passe, brutalement, du plan moyen sur Hérodias en pleine invective, à un plan sur le Tétrarque qui n'écoute plus et regarde ailleurs : on entre dans le regard d'Antipas et la caméra narrative *zoome* sur la terrasse d'une maison où le Tétrarque aperçoit la silhouette de Salomé (d'abord dans un plan d'ensemble, puis en plan rapproché, puis en gros plan sur le corps de la jeune fille). Le même procédé revient à la fin du chapitre 2 : zoom sur le bras nu d'une jeune esclave (en fait Salomé) qui apparaît dans l'encadrement d'une porte en face. Les notes de régie des brouillons ne laissent que peu de doute sur la systématicité des simulations visuelles qu'utilise Flaubert pour sa mise en scène narrative, et son usage délibéré de l'ellipse, du fondu-enchaîné, des séquences de plans rapides, etc., serait également à interpréter comme les éléments d'une véritable tentative d'écriture du visuel. Paradoxalement, c'est ce qui rend aujourd'hui si délicate (les pessimistes disent « impossible ») la transposition cinématographique des œuvres de Flaubert. Car, avec toute cette anticipation des moyens du septième art, il reste que c'est bien à un texte que l'on a affaire, c'est-à-dire à une machinerie purement verbale qui, en prenant son origine dans le fantasme et la rêverie dirigée, vise à fixer et à produire de l'image dans l'esprit du lecteur, mais par les seules ressources de la langue et de l'évocation spontanée.

Le cinéma est une référence légèrement anachronique (la technique n'apparaîtra que vingt ans plus tard) mais pertinente au sens où Flaubert était réellement obsédé par la question de la mobilité visuelle : ses carnets, on l'a vu, contiennent plusieurs notes évoquant la projection d'images mouvantes sur un écran... et l'idée de plasticité cinétique est pour lui au cœur des problèmes de la représentation littéraire. On sait d'autre part que Flaubert, sans s'en vanter, a utilisé la photographie, comme document, pour ses descriptions de paysages de la mer Morte ; et que la sculpture (le portique de Rouen) fait partie des sources anciennes du projet. Mais qu'en est-il, pour ce récit, de son rapport à la peinture ? Quelques mois avant d'écrire *Hérodias*, Flaubert avait visité le Salon de 1876 où Gustave Moreau présentait *Salomé dansant devant Hérode*, et l'*Apparition*. C'est beaucoup plus qu'une coïncidence. Le projet d'*Hérodias* était déjà acquis, mais il est clair que cette rencontre frappante le confirme dans son idée. La référence plastique au Salon n'est pas absente des brouillons où Flaubert a longtemps prévu d'introduire dans les dernières phrases du conte le célèbre « rayonnement » qui caractérise les toiles de Moreau en l'associant au mythe solaire : « Soleil levant – mythe. La tête se confond avec le soleil dont elle masque le disque » f°713v°. Et « des rayons ont l'air d'en partir » f°705. Dans la version définitive, l'allusion est maintenue, mais sous une forme très atténuée, comme un simple signal pour lecteur averti : la tête coupée de Jean, décrite comme celle des toiles flamandes, est éclairée par un rayonnement à la Moreau : « ... Les paupières closes étaient blêmes comme des coquilles ; et des candélabres à l'entour envoyaient des rayons. » L'allusion à la peinture de Moreau, même plus explicite, n'aurait pas joué à la fin d'*Hérodias* le même rôle que la référence au vitrail dans les derniers mots de *La Légende*, puisque ici il ne s'agit nullement de source mais plutôt d'une connivence esthétique contemporaine. Mais cette référence aurait tout de même été présentée, comme le vitrail, dans l'irréductible écart du *ceci* et du *cela* qui marque pour Flaubert, en référence à la formule hugolienne, l'autonomie réciproque de l'image et du texte.

Pour Flaubert, les modes d'expression plastique et littéraire s'enrichissent mutuellement mais sans pouvoir se juxtaposer : la seule idée que l'on puisse ajouter à son texte une illustration (même un dessin sublime de Gustave Moreau, comme le lui suggérait Zola pour une édition de luxe) fait entrer Flaubert en transe : « Jamais ! vous ne me connaissez pas. » Il veut bien publier *Saint Julien* avec une reproduction colorée du vitrail de Rouen, mais justement parce que celui-ci « n'a aucun rapport » avec le récit : parce qu'il ne s'agit pas d'une illustration mais d'un document, d'ailleurs passablement hermétique, qui forcera le lecteur à se demander : comment a-t-il donc pu tirer ceci (le texte) de cela (le vitrail) ? Quant aux images qui émanent du récit lui-même, celles que libèrent par milliers la syntaxe et le lexique du texte, ce sont des images irréductiblement mobiles et polymorphes, mais fondées sur les processus infinitésimaux de l'association verbale. Leur puissance d'invocation repose sur un charme, celui de l'indéfinissable et du vague qui permet toutes les appropriations ; en raison de cette magie suggestive, les images littéraires sont à la fois toutes-puissantes sur l'imaginaire et d'une extrême fragilité : elles requièrent la collaboration active du lecteur. Afficher la transposition plastique d'une image verbale, c'est lui interdire toute participation : fixer du mouvement, réduire l'universel à du contingent, conclure sur un sens contre toutes les autres significations possibles. Comme il l'avait déjà expliqué, quinze ans plus tôt, quand son éditeur Lévy lui avait proposé de faire illustrer *Salammbô*, l'image *tue* le texte parce qu'elle subjugue l'esprit. C'est ce qu'il disait à Duplan, le 12 juin 1862 : « la plus belle description littéraire est dévorée par le plus piètre dessin ».

Dans *Notre-Dame de Paris*, Hugo avait dit prophétiquement « Ceci tuera cela » en parlant de l'incunable, du livre imprimé de la Renaissance qui détrône la Cathédrale, l'opus architectural, le grand livre de pierre du Moyen Age. Ce que Hugo désignait par cette formule, c'était un processus : la logique d'une concurrence impitoyable dans l'histoire des techniques. Quatre siècles après Frollo, l'âge typographique est parvenu à son apogée, et désormais, c'est le texte typographique qui est lui-même menacé par l'image reproductible en nombre. Les journaux en sont déjà pleins. Quant à la Presse, pour Flaubert, le péril n'est pas grand : à en juger par la profondeur de ce qu'on peut y lire, l'image est plutôt bienvenue, elle ne peut que venir au secours de l'indigence. Mais cette inflation d'images dans les périodiques est un signe : la rage d'illustrer ne va pas s'arrêter là, elle va vouloir s'emparer du livre et de toute chose écrite. Flaubert en est persuadé, il faut protéger la littérature de l'invasion qui menace. Placer un dessin, une gravure, une lithographie en regard du texte littéraire pour lui donner une représentation visuelle, est un crime : c'est figer, minéraliser le processus d'évocation spontanée, substituer une interprétation univoque à ce « rêve » créatif qui circule de l'auteur au lecteur, et dont le texte, selon Flaubert, ne doit être que la partition.

*
* *

Flaubert achève la rédaction d'*Hérodias* dans un état d'excitation mentale difficile à décrire : « J'ai besoin de contempler une tête humaine fraîchement coupée » (à Caroline, Croisset, 28 janvier 1877). Quatre jours plus tard, le 1er février, le texte est terminé, et après deux semaines de corrections acharnées sur l'ensemble du manuscrit, tout est prêt pour la publication. Flaubert est en mille morceaux : « Quant à votre Polycarpe, pas plus tard que dans la nuit dernière, il a fini de recopier son troisième conte, et ce soir même le grand Tourgueniev a dû en commencer la traduction. Je vais me mettre dès la semaine prochaine à "faire gémir les presses" – qui ne gémissent plus – et le 16 avril prochain mon petit volume peut éclairer le monde. Avant de paraître en bouquin, mes trois historiettes paraîtront dans trois "feuilles publiques". Votre ami a travaillé cet hiver d'une façon qu'il ne comprend pas lui-même ! Pendant les derniers huit jours, j'ai dormi en tout dix heures (*sic*) je ne me soutenais plus qu'à force de café et d'eau froide. Bref, j'étais en proie à une effrayante exaltation, un peu plus le petit bonhomme claquait comme un pétard. Il était temps de s'arrêter » (à Mme Brainne, Paris, 15 février 1877).

Entre le 12 et le 22 avril, l'œuvre est d'abord publiée en feuilleton dans *Le Moniteur* et *Le Bien public*, puis les *Trois Contes*, rassemblés en un volume (in-18 jésus), sortent chez Charpentier le 24 avril. Le livre est plutôt bien accueilli par le public, et salué comme un événement littéraire par toute la critique, mais commercialement, les ventes ne suivent pas : l'agitation politique du moment, les événements du 16 mai, les démenées de Mac-Mahon, la dissolution de la Chambre, etc., dispersent l'attention de l'opinion et perturbent sérieusement le marché. Finalement les ventes reprennent et Charpentier fait cinq éditions de *Trois Contes* en moins de deux ans. Mais on est très loin des tirages que connaît au même moment *L'Assommoir* de Zola, publié aussi chez Charpentier. C'est un signe des temps. La presse a été unanime pour voir dans *Trois Contes* un chef-d'œuvre. A l'exception de Brunetière qui n'a pu s'empêcher de cracher sa bile contre Flaubert qu'il déteste personnellement, toutes les tendances critiques de l'époque s'accordent pour témoigner à Flaubert une admiration à laquelle il n'avait jusque-là jamais eu droit. Il y a, certes, une sorte de malentendu dans cette unanimité, particulièrement sensible dans les louanges de la presse catholique qui font beaucoup sourire l'auteur. Mais il y a aussi l'effet d'une évolution. Si Flaubert peut être reconnu comme un « maître », c'est que cette œuvre brève ne scandalise pas, comme *Madame Bovary* ou comme *L'Éducation sentimentale*, et ne paraît pas incompréhensible comme *La Tentation* ou *Salammbô*. C'est une œuvre qui rassure. A tort, c'est certain. Mais, en 1877, ce n'est plus Flaubert, c'est Zola qui fait scandale et qui défraie la chronique. Les lettres à George Sand prouvent que Flaubert avait voulu marquer très nettement dans *Trois Contes* tout ce qui l'opposait à l'esthétique du naturalisme. La critique de l'époque, épouvantée par la « vulgarité » réaliste de Zola, lui en a su gré, en se trompant peut-être sur l'essentiel. Le naturalisme aujourd'hui a cessé de scandaliser. Quant aux *Trois Contes*, il est devenu bien difficile de continuer à croire que leur qualité essentielle soit d'être une œuvre rassurante.

CHAPITRE 20

Lire et écrire

Flaubert écrit à une époque qui se caractérise, en Europe, par un accroissement vertigineux de l'imprimé et de l'écriture autographe. Sa carrière d'écrivain (1850-1880) coïncide avec les premiers effets d'une mutation historique qui redéfinit entièrement les relations à la chose écrite : la fin de la malédiction du papier rare (entre 1800 et 1900 la production de papier est multipliée par 2 800), l'industrialisation du livre, la technique d'impression rapide et le développement exponentiel de la presse. La machine à papier continu, inventée en France en 1799, et perfectionnée en Angleterre dans les premières années du siècle, se généralise dans les années 1840 et permet immédiatement de multiplier par dix la production des moulins traditionnels ; le papier de chiffon, encore rare et cher, cède progressivement la place au papier à base de pâte de bois, abondant et bon marché, à partir des années 1860 ; simultanément, les nouvelles rotatives rapides ouvrent la voie de la presse quotidienne à grand tirage. Certains périodiques, comme *Le Petit Journal* fondé en 1863, atteignent des chiffres énormes : 400 000 exemplaires au moment où paraît *L'Éducation sentimentale*, en 1869, 500 000 l'année suivante, à la chute de l'Empire, un million en 1890. Dans le même temps, l'écriture privée, et notamment la correspondance, connaît un essor sans précédent : à l'époque où apparaît le premier timbre postal, en 1840, on écrit en moyenne une à deux lettres par an, mais on en écrit douze en 1871, cinquante-huit en 1900 : les relations épistolaires se sont multipliées par trente en soixante ans. La scolarisation et l'alphabétisation bouleversent le monde du lectorat qui s'élargit chaque année. Le message imprimé devenu accessible au plus grand nombre devient très vite un médium commercial pour les produits de la révolution industrielle et la nouvelle culture de masse : slogan publicitaire, raison sociale des entreprises, marques déposées, réclames et annonces commencent à couvrir les murs des villes sous forme d'affiches et d'enseignes, à se répandre dans les colonnes des journaux populaires et à décorer les emballages et les papiers à lettres à en-tête commerciale historiée. Bref, l'époque où Flaubert invente au verbe « écrire » le sens intransitif et absolu d'« être écrivain », et définit la lecture comme la seule autre activité digne d'un homme de lettres, est aussi, dans le champ des réalités sociales et techniques, l'époque d'une des mutations les plus radicales qu'ait connu, en Occident, l'évolution des supports de la lecture et de l'écriture[1].

Cette mutation est ressentie par Flaubert comme une menace beaucoup plus que comme un progrès, notamment par les risques que les développements de la presse

---

1. P.-M. de Biasi et M. Guillaume, « Pouvoirs du papier », *Cahiers de médiologie*, n° 4, Gallimard, octobre 1997 ; P.-M. de Biasi et K. Douplitzky, *La Saga du papier*, Adam Biro et Arte Éditions, Paris, 1999 ; P.-M. de Biasi, *Le Papier, une aventure au quotidien*, coll. « Découvertes », Gallimard, 1999.

et de la publicité lui paraissent faire peser sur l'avenir de la littérature. Face à l'industrialisation du livre et à la modernisation des pratiques d'écriture, Flaubert développe une théorie de la résistance : c'est avec le sourire, mais sans appel qu'il condamne chez son ami Maxime Du Camp le passage à la plume d'acier, avec laquelle on ne produit selon lui que de la basse littérature, aussi sèche, anonyme et manutentionnée que son instrument de tracé ; seule la plume d'oie, taillée par l'auteur lui-même, peut donner satisfaction à un écrivain digne de ce nom. On imagine ce qu'il aurait pensé de la machine à écrire de Nietzsche, autre pourfendeur de modernité, avec lequel son œuvre entretient pourtant d'étranges rapports de parenté. Mais Flaubert condamne aussi, en bloc, ce que le journalisme et la démocratisation du livre ont pu induire dans l'opinion comme croyance irréfléchie, comme foi superstitieuse et fétichiste dans la vérité de la chose imprimée : « Vous me parlez des turpitudes de la presse ; j'en suis si écœuré que j'éprouve à l'encontre des journaux un dégoût physique radical. J'aimerais mieux ne rien lire du tout que de lire des abominables carrés de papier. Mais on fait tout ce que l'on peut pour leur donner de l'importance ! On y croit et l'on en a peur. Voilà le mal. Tant qu'on n'aura pas détruit le respect pour ce qui est imprimé, on n'aura rien fait ! (...) Je regarde comme un des bonheurs de ma vie de ne pas écrire dans les journaux. Il m'en coûte à ma bourse, mais ma conscience s'en trouve bien, ce qui est le principal » (à la princesse Mathilde, Croisset, 18 février 1869).

Même s'il faut faire la part des choses (Flaubert lit tout de même régulièrement la presse et va jusqu'à faire l'expérience d'y écrire sous pseudonyme), ses convictions sont authentiques. En fait, ses formules les plus négatives doivent aussi être comprises dans ce qu'elles ont d'affirmatif. « Détruire le respect pour ce qui est imprimé » contient implicitement toute une série de mots d'ordre propre à l'attitude flaubertienne de résistance : retour au manuscrit et à une écriture qui reste hors du domaine public aussi longtemps que possible, lecture critique avec prise de notes et confrontation des thèses, examen des sources et culture de première main, culte de la recherche et d'une sphère privée de la pensée, recours parcimonieux à la publication. La question de la lecture et de l'écriture, telle qu'elle se pose avec Flaubert, est inséparable de deux considérations préalables : d'un côté, le foisonnement typographique (il y a maintenant vraiment plus de livres qu'aucun lecteur ne pourra jamais en lire) et un accroissement de l'imprimé qui semble sans limites, et d'un autre côté, une résistance critique opposant aux premiers symptômes d'une société de consommation du livre (qui aime lire vite et multiplier les produits) l'image d'une écriture artisanale, lente et peu productive, fondée sur une lecture approfondie et un véritable culte du travail de recherche.

*
* *

Dans un tel contexte d'abondance typographique, que lit donc Flaubert ? Tout, ou plutôt de tout : des livres, des dictionnaires et des encyclopédies, des opuscules, des revues, des journaux, les manuscrits qu'on lui envoie, les lettres de ses correspondants et amis, et, bien sûr ses propres notes... avec une curiosité universelle et éclectique, et selon des régimes de lecture fort variables : lecture plaisir (qui n'exclut pas la recherche professionnelle d'informations), lecture recherche (à vocation provisionnelle : pour engranger des idées) et lecture rédactionnelle (directement motivée et induite par l'écriture elle-même). Dans tous les cas ou presque, la lecture reste inséparable d'un geste d'écriture : au minimum un trait de crayon en marge d'un livre, au maximum la rédaction pure et simple d'une œuvre. La médiation flaubertienne entre lecture et écriture est la « note[1] ».

Mais il y a une assez grande différence entre les dossiers documentaires de la période de jeunesse – plutôt généralistes, largement autobiographique et sans vocation rédactionnelle, exception faite de *La Tentation* de 1849 – et les enquêtes de la maturité. Cette relative indépendance primitive de l'écriture vis-à-vis de la lecture documentaire reste encore sensible à l'époque de *Madame Bovary*, écrite pratiquement sans dossier. En revanche, à partir de *Salammbô*, sans abandonner le rêve encyclopédique ni la tentation d'une recherche fondamentale, l'obsession flaubertienne de « tout connaître » ne possède plus son centre de gravité en elle-même mais dans le livre à venir qui l'a induite, dans le projet d'œuvre qui constitue la vie psychique de l'auteur. C'est d'ailleurs précisément l'époque où apparaît dans l'environnement professionnel de l'écrivain une nouvelle catégorie d'instruments : les carnets (albums et calepins) qui vont prendre une part de plus en plus importante dans le travail rédactionnel, à la frontière du lire et de l'écrire[2]. La recherche est devenue ce que Flaubert, *l'homme-plume*, appelle sa manière de vivre : « A propos d'un mot ou d'une idée, je fais des recherches, je me perds dans des lectures ou des rêveries sans fin... » (à Mlle Leroyer de Chantepie, 18 décembre 1859).

---

1. P.-M. de Biasi, « L'Esthétique référentielle », in *Flaubert, l'autre*, textes réunis pour Jean Bruneau par F. Lecercle et S. Messina, Éditions des Presses universitaires de Lyon, Lyon, 1989, pp. 17-33.

2. P.-M. de Biasi, « Les Carnets de travail de Flaubert : taxinomie d'un outillage littéraire », in *Littérature*, n° 80, « Carnets, Cahiers », Larousse, Paris, décembre 1990, pp. 42-55.

Cette confidence, contemporaine des immenses recherches sur Carthage, se retrouve presque mot pour mot dans une autre lettre où Flaubert parle littéralement de ses « divagations » documentaires. Sur les quatre ou cinq années de labeur que l'auteur a consacrées à chacune de ses œuvres, ces investigations « flottantes » ont occupé vraisemblablement, à chaque fois, plusieurs milliers d'heures, aussi bien dans la phase de conception initiale, quand il s'agissait pour Flaubert d'imaginer l'atmosphère du récit et de construire un plan, qu'au moment de la rédaction proprement dite lorsqu'il lui fallait s'interrompre d'écrire pour se renseigner sur tel ou tel point de détail indispensable à la poursuite du travail.

Mais l'usage flaubertien de la note et la corrélation entre lecture et écriture ont évolué au cours de la carrière de l'écrivain, à la fois en termes de dispositif (de plus en plus « professionnel ») et en termes quantitatifs (par accumulation et élargissement) : quelques dizaines de documents consultés pour *Madame Bovary*, des centaines pour *Salammbô*, plus d'un millier d'ouvrages et de journaux pour *L'Éducation sentimentale*, autant pour *La Tentation de saint Antoine*, des centaines pour le bref texte de *Trois Contes*, largement plus de deux mille pour *Bouvard et Pécuchet*. L'ensemble constitue un corpus si étendu qu'en dépit des efforts constants et renouvelés de la recherche flaubertienne depuis un siècle, il reste encore difficile de préciser l'étendue exacte des lectures de l'écrivain. A défaut d'un bilan qui reste à faire, on peut définir le champ du problème. Il y a, en tout premier lieu, la bibliothèque personnelle de Flaubert, que l'on connaît de différentes manières : par ce qu'il en reste à la mairie de Canteleu, qui est loin d'être négligeable et qui devrait sans doute aboutir à des révélations significatives ; cette bibliothèque réelle représente un ensemble important quantitativement – et surtout génétiquement car les livres contiennent des traces autographes et des signets – mais il ne s'agit que d'un reliquat tout de même puisque l'ensemble est composite et partiel, et non conforme à la bibliothèque originale de l'auteur à la fois par excès et par défaut : ce qui est conservé à Canteleu est en fait la bibliothèque de la nièce de Flaubert ; elle contient des livres, postérieurs à la disparition de l'écrivain, qui appartenaient à Caroline Franklin-Grout et une partie seulement des livres de son oncle.

Une reconstitution précise reste à faire, notamment par comparaison avec l'inventaire après décès de la bibliothèque de Flaubert[1], ce qui n'est pas une tâche aisée puisque cet inventaire ne dressait malheureusement qu'une liste en partie approximative, avec des imprécisions bibliographiques (du style : « *Pensées* de Pascal, 2 vol. ») et surtout des zones entières d'obscurité : « six volumes d'auteurs divers », « dix autres volumes, guides, itinéraires divers », « auteurs divers, 15 vol. », « deux cent soixante-dix volumes brochés d'auteurs divers, plus 80 reliés » (!), etc. Mais le corpus des choses lues par Flaubert ne se limite évidemment pas aux livres qu'il possédait : il faut y ajouter tous les livres qu'il a pu emprunter à ses amis (ici la *Correspondance* et les témoignages peuvent apporter certaines informations, mais seulement très partielles vraisemblablement), les livres et opuscules qu'il a consultés ou empruntés dans diverses bibliothèques publiques (notamment à la bibliothèque municipale de Rouen et à Paris, à la Bibliothèque impériale c'est-à-dire nationale, rue de Richelieu, ainsi que dans bien d'autres centres de conservation) et pour cela, on bénéficie en général de la ressource précieuse des

---

1. Inventaire par Me Bidault, publié par Dubosc en 1902 et 1917, puis par R. Rouault de La Vigne en 1957.

registres de prêts. Mais on ne dispose que rarement d'un registre pour les consultations sur place, et Flaubert, pour de nombreux livres empruntés, faisait aussi appel à l'aide de ses amis qui les empruntaient sous leur propre nom... Enfin, il va sans dire qu'il conviendrait de recenser l'ensemble des mentions bibliographiques contenues dans les carnets et manuscrits autographes de l'écrivain, sources évidemment essentielles et prioritaires, qui contiennent un nombre considérable de mentions. C'est là que l'on trouvera avec le plus de certitude les indices des lectures effectives de Flaubert en découvrant sans doute qu'elles ont été encore plus étendues et plus nombreuses qu'on ne l'imaginait. On peut s'en faire une idée (impressionnante) avec le *Carnet 15* : il contient la mention de centaines d'ouvrages lus pour la préparation de *Bouvard et Pécuchet*, des indications bibliographiques cités et classés selon la date de lecture des ouvrages[1] ; pour une large part d'entre eux (une soixantaine de titres), il s'agit de sources dont la critique (A. Cento, par exemple) a pendant longtemps méconnu l'existence.

En dehors des *Carnets*, les archives autographes des œuvres et des rédactions fourmillent d'indications, d'autant plus intéressantes que, comme dans les calepins, elles donnent à voir la lecture aux prises directes avec l'écriture. En résumé, pour autant qu'on puisse le définir (encore assez approximativement, il faut l'avouer), le corpus des choses lues par Flaubert se caractérise donc par une extrême diversité qui est allée en s'élargissant tout au long de sa carrière. Aucun secteur du savoir ou des arts ne semble a priori être exclu d'une recherche qui, de proche en proche, devient proprement encyclopédique : histoire des religions, de l'art, histoire politique,

---

1. G. Flaubert, *Carnets de travail, op. cit.*, pp. 458-529.

droit, art militaire, médecine, techniques, sciences « dures », littérature antique, médiévale, moderne et contemporaine, philosophie, archéologie, linguistique, économie, et d'une manière générale, sciences de l'homme et de la société, mais aussi magie, parapsychologie, erreurs et fausses sciences, curiosités et perversions intellectuelles et morales... Flaubert lit tout, persuadé, c'est un de ses axiomes, que « tout est intéressant » pour peu qu'on y porte de l'attention pendant assez longtemps. Avec une moyenne quotidienne de trois heures de lecture tout au long de sa vie, on peut estimer que Flaubert, en cinquante ans, a lu, en un peu plus de cinquante mille heures, environ un million et demi de pages, soit l'équivalent d'une bibliothèque de cinq à six mille volumes. Il ne s'agit, bien entendu, que d'un ordre de grandeur, d'une estimation simplement probable. Mais elle va me servir à démontrer que toute massive qu'elle soit, cette montagne de lectures en cache une autre, tout aussi imposante et qui, d'une certaine façon, nous intéresse encore plus. Les deux montagnes ne sont d'ailleurs pas sans rapport : elles ont une pente commune et il s'agit d'un seul et même massif.

On a parlé des différents types d'ouvrages lus par Flaubert (livres, brochures, journaux, lettres d'amis, dictionnaires, revues, etc.), de ses modalités de lecture (plaisir, recherche fondamentale, documentation rédactionnelle, attention flottante) et de l'étendue de ses centres d'intérêt (encyclopédiques et à vrai dire non énumérables). Dans cette recension déjà assez étendue des choses lues quotidiennement par un auteur au travail, on a pourtant oublié un type de lecture un peu particulier et par définition non négligeable, mais qui reste ordinairement inaperçu en raison même de son évidence : je veux parler de la lecture par l'écrivain de ce qu'il écrit lui-même. Contrairement à ce que l'on pourrait imaginer, il ne s'agit pas du tout d'un phénomène marginal, mais bien d'une activité essentielle, d'une réalité massive qui représente probablement à elle seule un total d'heures équivalent ou supérieur à l'ensemble des durées consacrées par l'auteur aux autres lectures. Comme on va le voir, un rapide calcul suffit en effet à prouver qu'en nombre de pages l'univers des lectures endogénétiques (les lectures par l'écrivain de son propre texte à l'état naissant) est certainement aussi étendu que celui des lectures exogénétiques (les lectures par l'écrivain de textes dont il n'est pas l'auteur). Ce calcul repose sur un constat de fait auquel sont habitués tous les analystes des brouillons littéraires, mais dont il faut bien mesurer les implications : la moindre rature démontre que l'écriture est une lecture et, en dehors de tout repentir, la simple réalisation d'un tracé, toujours contrôlée par les yeux, est déjà elle-même un acte de lecture. Dans cette espèce assez particulière de lecture qui accompagne et rend possible l'écriture, qui en est la condition de possibilité même, les phénomènes de relectures répétitives sont constants et permanents. On doit distinguer plusieurs phases de lectures endogénétiques qui contiennent chacune de nombreuses étapes et qui forment au total un gigantesque système d'emboîtement.

Il y a d'abord la lecture instantanée, segment par segment, du fragment de phrase qui s'écrit : un balayage oculaire de contrôle pendant toute la durée de la réalisation graphique. Il ne s'agit que d'une lecture superficielle de vérification, une sorte de surveillance de la performance graphique, la signification étant en principe en train de s'élaborer au plan psychique des gnosies et des praxies, en aval du déjà-écrit, antérieurement à la réalisation des tracés. Mais cette lecture de contrôle n'est pas linéaire et univoque : elle ne se borne pas à vérifier successivement la conformité des tracés ; ce travail se poursuit et se double très vite d'un autre type de vérification qui devient lui-même permanent : dès que la phrase est amorcée, la lecture, investie d'une nouvelle mission d'évaluation, commence à balayer le déjà-écrit en reprenant la séquence en amont ou même à son début, pour en confronter les contenus et la forme avec le nouveau segment qui s'invente. Cohérence de la syntaxe, respect des conventions du code écrit, mesure des séquences, intelligibilité des propositions, chasse aux répétitions, contrôle des tropes, dosage des assonances, élaboration du rythme, respect des unités de souffle, arrangement mélodique, aspect visuel des mots, etc. : ce sont des dizaines de variables qui, à chaque instant de l'écriture, font l'objet de tests, de vérifications, de retours en arrière. De telle façon qu'une phrase de trois lignes, même formée pour l'essentiel selon un mécanisme mental, pourra sans difficulté avoir fait l'objet d'une dizaine de lectures de contrôle avant d'être terminée. Au cours de la réalisation graphique, ces lectures pourront donner lieu à des corrections immédiates (rature des derniers tracés et substitution à la suite), ou à des corrections en amont sur des segments antérieurs de la séquence. Chacune de ces corrections s'accompagne, bien entendu, d'une nouvelle série de lectures rapides destinées à évaluer le bien-fondé des modifications apportées. Une fois la phrase terminée, la totalité de la séquence fait ordinairement l'objet d'une ou plusieurs relectures d'ensemble, avec quelquefois retour sur la ou les phrases précédentes pour une vérification des enchaînements. Le même processus se reproduit à l'étape du paragraphe, puis de manière encore plus marquée à l'étape de la page, avec le cortège des corrections (parfois plusieurs centaines pour une seule page) qui se traduisent à chaque fois par de nouvelles lectures de contrôle. Enfin, il va sans dire qu'au cours de la rédaction chaque franchissement de phase – l'achèvement d'une scène, d'un épisode ou d'un « mouvement » narratif de quelques pages, a fortiori d'un chapitre ou d'une partie – donne lieu à de nouvelles lectures et de nouvelles campagnes de corrections.

La *Correspondance* est très claire sur l'aspect décisif de ces pauses où la lecture endogénétique passe au poste de commande : il s'agit de moments où le déjà-écrit, encore modifiable, se trouve subsumé par l'acte d'une lecture synthétique. C'est le moment du « collier » : les « perles » qui ne se donnaient à voir que dans la beauté de leur éclat individuel vont apparaître, par l'enchaînement de la lecture, selon la continuité du « fil » qui les associe. Ce qui avait été expérimenté comme écriture/lecture syncopée de fragments successifs mais hétérogènes (les « perles »), et dont la concaténation restait encore abstraite et extrinsèque (le « fil » pendant la rédaction n'existe qu'à l'échelle des plans et scénarios qui servent de guide au travail quotidien), devient l'expérience d'une totalité. Notons au passage que ces fameux plans-scénarios, que Flaubert rédige sur un papier particulièrement solide parce qu'ils sont en permanence sur son bureau et consultés quotidiennement, doivent atteindre à eux seuls un score de lectures absolument considérable : en quatre ans et demi de rédaction, les quelques dizaines de pages de scénarios de *Madame Bovary* ont été lues et relues par fragments tant de fois qu'elles correspondent vraisemblablement, au final, à un corpus d'une valeur de 1 500 et 2 000 pages. Ces documents de régie sont sans cesse relus par l'écrivain (et remaniés sous forme de résumés) parce qu'ils constituent longtemps pendant l'écriture de l'œuvre le seul rapport possible à l'image organique d'un tout qui n'existe précisément encore que de manière programmatique. Mais lorsque Flaubert parvient au terme d'une étape rédactionnelle, la lecture fonctionnelle du scénario se trouve relayée par la lecture esthétique de la séquence achevée. Les lectures qui accompagnent la confection de la mise au net prédéfinitive d'une section de l'œuvre constituent, de ce point de vue, une étape clé, notamment lorsqu'il s'agit pour l'écrivain de faire le point sur un ensemble massif comme une « partie » de roman : les centaines de pages écrites au cours des mois ou des années précédentes se rassemblent dans la durée ramassée d'une lecture de quelques heures. C'est toute la mémoire du déjà-écrit qui se condense dans une expérience où l'écrivain peut s'autoriser le fantasme d'une omniscience divine, comme le Dieu de la tradition classique qui voit les temps et les espaces se rétrécir en un seul instant, perceptible en un « unique coup d'esprit » : « Je suis en train de recopier, de corriger et raturer toute ma première partie de *Bovary*. Les yeux m'en piquent. Je voudrais d'un seul coup d'œil lire ces cent cinquante-huit pages et les saisir avec tous leurs détails dans une seule pensée » (à Louise Colet, Croisset, 22 juillet 1852). A cette lecture synthétique mais encore partielle, succéderont dans la genèse les lectures effectivement totalisantes (le manuscrit définitif, les épreuves corrigées, le dernier placard typographique, les rééditions), assorties bien souvent de la lecture à voix haute de morceaux choisis pour les proches et les amis comme Bouilhet.

Revenons donc à notre évaluation quantitative et faisons les comptes. Pour un écrivain comme Flaubert qui corrige beaucoup (en moyenne 1 à 2 corrections par ligne, soit une quarantaine de corrections par page[1]), on peut estimer que tous les éléments constitutifs d'une page

---

1. Il ne s'agit que d'une moyenne : les scénarios et les mises au net finales sont en général peu corrigés mais les brouillons peuvent

de brouillon ont été relus une trentaine de fois lorsque l'écrivain décide de mettre un terme à ses modifications. Mais cette page est elle-même reprise et retravaillée en moyenne une douzaine de fois entre sa première version sous forme de scénario primitif et les dernières corrections sur placard typographique. Cela donne, pour n'importe quel fragment rédactionnel, une moyenne de trois cent soixante relectures par page publiée. Pour trois mille pages environ de textes parus en librairie, on atteint donc le chiffre minimum de 1 080 000 pages lues par l'auteur. A cette énorme masse de lectures intra-rédactionnelles consacrées à l'écriture de l'œuvre publié, il faut évidemment ajouter tout le reste de la production écrite de l'auteur, demeuré inédit de son vivant : œuvres de jeunesse, carnets, dossiers documentaires, correspondances, théâtre, scénarios et brouillons abandonnés, notes de voyages, etc., soit, pour Flaubert, environ 15 000 pages au total. Ces écrits-là n'ont sans doute pas fait de sa part l'objet d'une attention aussi soutenue que pour les œuvres destinées à la publication, mais chaque page a certainement été relue en moyenne une trentaine de fois au cours de sa rédaction et des diverses relectures ultérieures, ce qui nous fait quand même au total l'équivalent de 450 000 pages supplémentaires. Total général, plus d'un

---

atteindre des chiffres records : jusqu'à un millier de corrections par page, ce chiffre allant en diminuant jusqu'au zéro à mesure que l'on se rapproche du texte définitif donné à l'imprimeur. On pourrait, bien entendu, y ajouter encore les corrections et les lectures des diverses rééditions faites par l'écrivain de son vivant. Voir P.-M. de Biasi, « Qu'est-ce qu'une rature ? », *Ratures et Repentirs*, 5e colloque du Cicada, Université de Pau, textes réunis par Bertrand Rougé, Publications de l'Université de Pau, 1996, pp. 17-47. « What is a Literary Draft ? Towards a Functional Typology of Genetic Documentation », *Yale French Studies, Draft*, n° 89 (M. Contat, D. Hollier, J. Neefs éd.), juin 1996.

million et demi de pages, c'est-à-dire l'équivalent d'une bibliothèque de cinq à six mille volumes, autant que la bibliothèque virtuelle de ses lectures exogénétiques. Conclusion : Flaubert lit beaucoup de Flaubert. Il fait bien partie de l'espèce des « écrivains chercheurs » qui passent le plus clair de leur temps libre à lire de tout, et qui lisent en effet pour se documenter, pour s'informer et enrichir leurs propres rédactions ; mais c'est aussi et tout autant un scripteur qui se lit et se relit pour « bien » écrire.

CHAPITRE 21

La vengeance (1872-1874/1877-1880)

L'écriture de *Trois Contes*, entre 1875 et 1877, n'avait été qu'une parenthèse d'un peu plus de deux ans, dans une entreprise littéraire qui, de l'été 1873 au printemps 1880, a obsédé Flaubert pendant les huit dernières années de sa vie : *Bouvard et Pécuchet*, un roman de la pensée aux prises avec ses propres contradictions, une exploration tragi-comique des savoirs à travers laquelle devait aussi prendre forme une très vieille idée, celle du *Dictionnaire des idées reçues*. Flaubert y pense depuis les années 1840 et il disait, à son ami Bouilhet en 1850 : « Ce livre complètement fait et précédé d'une bonne préface où l'on indiquerait comme quoi l'ouvrage a été fait dans le but de rattacher le public à la tradition, à l'ordre, à la convention générale, et arrangée de telle manière que le lecteur ne sache pas si on se fout de lui, oui ou non, ce serait peut-être une œuvre étrange, et capable de réussir, car elle serait toute d'actualité. » Trente ans plus tard, l'œuvre est toujours d'actualité, mais, dans l'esprit de l'écrivain, la préface a laissé place à l'ambition d'un roman abstrait.

Après avoir été un choix délibéré de vie, l'isolement devient pour Flaubert une sorte de destin : le rhinocéros est pris au piège de sa propre légende. Seul à Croisset depuis la mort de sa mère en juin 1872, Flaubert s'occupe du jeune Guy de Maupassant, qui est à la fois l'enfant de son amie Laure Le Poittevin et le neveu de son cher Alfred disparu : plus qu'un fils, une réincarnation de leur jeunesse. Il lui enseigne le métier d'écrivain. Le jeune homme deviendra vite un compagnon précieux pour les repérages, les courses en bibliothèque et les folles recherches qu'exige cette traversée insensée des savoirs. Comme dans les premières années de rédaction de *Madame Bovary*, Flaubert ne quitte guère son cabinet de travail de Croisset, au premier étage : un vaste bureau éclairé par cinq croisées donnant sur la Seine et le jardin. Il vit là, entouré de ses souvenirs : des gravures, un marbre de Pradier, des tapis d'Orient, une peau d'ours polaire, un grand bouddha en bois, un autre en métal doré, sa chère pipe à long tuyau et son pot à tabac, deux consoles couvertes d'antiquités orientales. Mais le véritable espace vital de Flaubert se condense un peu plus loin, près d'une fenêtre : une large table ronde couverte d'un tapis vert, flanquée de deux voltaires bas et moelleux, réservés à la lecture ou aux invités et, en vis-à-vis, un fauteuil Louis XIII à tapisserie et pieds torses. C'est dans ce robuste fauteuil à dossier haut que Flaubert se cale pour ses longues heures de rédaction. A sa gauche la pile des mises au net, bien serrées sous un presse-papiers en marbre, à droite la pile des deux ou trois cents derniers brouillons, entre les deux, le tas des fiches documentaires, un calepin d'enquête, les notes, les scénarios, et à plat devant lui, éclairées par la lumière de deux lampes à abat-jour vert, les trois ou quatre pages de rédaction en cours avec, à portée de main, un grand carnet pour noter les idées qui lui viennent, une pile de feuillets vierges fraîchement coupés, une bouteille d'encre pour remplir l'encrier en forme de crapaud, et un large plateau de cuivre plein de plumes d'oie taillées. Partout à l'entour, des livres ouverts, des liasses de documents, des monceaux de manuscrits. Entre les fenêtres, et pratiquement sur tous les murs, des étagères et de hautes bibliothèques à torsade regorgent de milliers d'ouvrages, de carnets et de dossiers accumulés depuis trente ans.

Né en même temps que le canevas de *L'Éducation sentimentale*, en 1863 dans le *Carnet 19*, le scénario de *Bouvard et Pécuchet* avait bien failli prendre l'avantage sur le roman politique en 1864, mais Flaubert y avait entrevu des difficultés si énormes qu'il avait préféré remettre son développement à plus tard. En 1870, après avoir baigné pendant près de six ans dans l'univers moderne et occidental de *L'Éducation*, Flaubert avait préféré revenir à un sujet oriental et antique, avec *Saint Antoine*, un projet de jeunesse, sûr et bien balisé, dont il savait que la rédaction ne l'occuperait pas trop longtemps. Mais, en juin 1872, une fois *La Tentation* achevée, et avant même que la publication n'en soit décidée, Flaubert retrouve dans ses cartons le fameux scénario dont l'esprit vengeur et comique lui semble bien adapté aux circonstances morales et politiques du moment. Le gouvernement d'Ordre moral règne sur le pays. Les esprits libres sont montrés du doigt. On est militaire et ultra-catholique. Les temps sont mûrs pour une œuvre de vengeance. Le 5 octobre 1872, il écrit à Mme Roger des Genettes : « (...) je médite une chose où *j'exhalerai ma colère*. Oui, je me débarrasserai, enfin, de ce qui m'étouffe. Je vomirai sur mes contemporains le dégoût qu'ils m'inspirent, dussé-je m'en casser la poitrine. Ce sera large et violent. »

Dès le mois de juillet, Flaubert s'attelle au travail de scénarisation, en ouvrant parallèlement les multiples dossiers de recherches préparatoires. L'argument narratif est simple : deux greffiers parisiens, Bouvard et Pécuchet, délivrés de leur profession de copiste par un héritage providentiel, décident de se consacrer entièrement au savoir. Retirés à Chavignolles, en Normandie, ils abordent, l'une après l'autre, toutes les disciplines avec la ferme intention d'en maîtriser les principes (agriculture, chimie, médecine, géologie, archéologie, histoire, littérature, politique, amour, gymnastique, magnétisme, philosophie, religions, pédagogie, morale), mais, à chaque nouvelle tentative menée consciencieusement sur le même modèle expérimental (documentation, expérimentation, évaluation), les deux apprentis savants essuient le même échec : les vérités les mieux établies se révèlent pleines d'incertitudes et se contredisent, remettant en cause les fondements mêmes de la logique et de tout acquis intellectuel. Chaque nouvelle déception les pousse à essayer une nouvelle discipline, mais c'est toujours la même déconvenue : en aucune matière, rien ne paraît stable ni assuré. Finalement, dégoûtés de tout, déprimés par les prétentions abusives de la science et des discours de vérité, Bouvard et Pécuchet sentent s'opérer en eux une transformation radicale : « Alors une faculté impitoyable se développa dans leur esprit, celle de voir la bêtise et de ne plus la tolérer. » En toute cohérence, ils ne retrouvent leur joie de vivre qu'en revenant à leur première occupation : copier, mais cette fois, avec le projet de procéder à un véritable redéploiement critique des contradictions et des préjugés qu'ils ont rencontrés à chaque étape de leur quête encyclopédique.

Avant de pouvoir commencer à rédiger, Flaubert est contraint à d'énormes lectures : des livres et des articles par centaines. Les années 1872 et 1873 y sont presque entièrement consacrées, avec quelques digressions notamment théâtrales. Scandalisé par la bêtise des partis au pouvoir (les nouveaux programmes scolaires prévoient « plus de gymnastique que de littérature »... déjà !), Flaubert, entre septembre et novembre 1873, écrit une comédie vengeresse, *Le Candidat*, qui tourne systématiquement en dérision tous les milieux politiques : chaque spectateur se sentant visé, la pièce, montée en mars 1874 au Vaudeville, fait un tel four qu'elle doit être retirée de l'affiche dès la quatrième représentation, dissuadant Flaubert de poursuivre dans ses tentatives dramatiques. Il corrige aussi des montagnes d'épreuves pour la réédition de ses œuvres chez son éditeur Michel Lévy : *L'Éducation sentimentale* (2 vol. in-18) en 1873 et une « édition définitive » de *Salammbô* en 1874. Mais ses relations avec Lévy ne sont pas excellentes et, pour *Madame Bovary*, dont il a récupéré les droits, Flaubert négocie de nouveaux contrats chez Lemerre, qui fait de beaux petits formats de poche (2 vol. petits, in-12, 1874), et chez Charpentier (1873, 1 vol., in-18) avec qui il sympathise. Flaubert a rencontré Charpentier, l'éditeur de Zola et des jeunes qui montent, dans le brillant salon littéraire que tient Mme Charpentier, son épouse, et c'est à lui qu'il confie dorénavant ses nouvelles œuvres : *La Tentation* en 1874 et *Trois Contes* en 1877.

Même en corrigeant ses textes, Flaubert n'oublie pas son roman tentaculaire : de-ci de-là, il note des détails pour son roman qu'il conçoit aussi comme une sorte de somme critique de son propre itinéraire intellectuel. Mais c'est la recherche pure qui occupe le plus clair de son temps, dans des proportions qu'il n'avait encore jamais atteintes. Avec ses centaines de références bibliographiques et la liste des livres lus jour après jour entre juillet 1872 et juillet 1874, le *Carnet 15* permet de se faire une idée précise de ce travail, absolument monumental, qui se poursuivra presque au même rythme jusqu'en 1880 : au total plus de deux mille ouvrages mis en fiche, sur les questions les plus diverses, de la technique à la théorie, des savoirs aux croyances, en passant par une infinité de sujets ineptes ou saugrenus. Enfin, le 1er août 1874, bardé de citations et de références, Flaubert commence la rédaction de *Bouvard et Pécuchet*. La première phrase est trouvée après quatre jours de travail : « Comme il faisait une chaleur de 33 degrés, le boulevard Bourdon se trouvait absolument désert. » En avril 1875, Flaubert a terminé le premier chapitre (la rencontre des deux bonshommes, leur vie à Paris et la première soirée à Chavignolles) et ses notes sont prêtes pour le second, beaucoup plus ardu, qui doit condenser en trente pages l'agriculture, l'art des jardins, l'industrie alimentaire et la gastronomie. Mais dès le mois suivant, la brusque faillite des Commanville crée la situation de rupture qui interrompt la rédaction pour deux années.

*
* *

Préparé en 1872-1874, commencé en 1874-1875, interrompu en septembre 1875, *Bouvard* est remis en chantier dès qu'*Hérodias* est achevé, en juin 1877. « Rematé » par *Trois Contes*, Flaubert se sent en forme. Après trois mois de recherches, il reprend sa rédaction là où il l'avait laissée puis, en moins de deux mois et demi, rédige « l'abominable » chapitre III sur « l'anatomie, la physiologie, la médecine pratique (y compris le système de Raspail), l'hygiène et la géologie » et le chapitre IV sur l'archéologie, le celticisme, les théories de l'Histoire et la biographie bouffonne du duc d'Angoulême. En décembre 1877, il en est au tiers du parcours, mais le plus rude reste à faire. Les trois chapitres à venir (V-VII) respectivement consacrés à la littérature, la politique et l'amour, posent des problèmes délicats et exigent à nouveau une sérieuse documentation. Mais le plus ésotérique et le plus démesuré en lectures préparatoires est le chapitre VIII qui doit aller des sports à une histoire intégrale de la philosophie. Pour une pareille recherche, les grandes bibliothèques parisiennes sont indispensables. Tout en poursuivant sa rédaction, Flaubert s'installe dans la capitale pour mener ses investigations tambour battant pendant les cinq premiers mois de l'année 1878 et une fois toute sa moisson de notes mise en ordre, il s'en retourne écrire à Croisset dès le mois de juin.

Le chapitre V sur l'histoire littéraire est terminé en juillet, le chapitre VI sur les théories politiques et l'expérience de 1848 à l'automne et, précédé par une semaine d'inoubliables ébats avec Juliet à Paris en septembre, le chapitre VII précisément consacré à l'amour et à la sexualité est bouclé pour la fin de l'année. Quant au terrible chapitre VIII, impossible de l'écrire avant plusieurs mois de nouvelles vérifications. Enfin prêt, en avril 1879, Flaubert fait le point sur le trajet qui lui reste à parcourir : « Après trois mois et demi de lecture sur la philosophie et le magnétisme, je me propose de commencer ce soir même (j'en ai la venette) mon chapitre VIII qui comprendra la gymnastique, les tables tournantes, le magnétisme et la philosophie jusqu'au nihilisme absolu. Le IXe traitera de la religion, le Xe de l'éducation et de la morale, avec application au bonheur général de toutes les connaissances précédemment acquises. Restera le second volume, rien que des notes... Elles sont presque toutes prises. Enfin, le chapitre XII sera la conclusion en trois ou quatre pages. »

L'année 1879 est entièrement consacrée aux chapitres VIII et IX, mais l'ermite n'est pas au meilleur de sa forme. Fatigué par les milliers d'heures de lecture qu'il s'impose depuis sept ans, Flaubert souffre des yeux, et en décembre 1878, il a contracté une hépatite virale. Pour couronner le tout, le 27 janvier 1879, il fait une chute accidentelle et se fracture le péroné. Un voisin, le docteur Fortin, et son vieil ami Laporte le soignent, mais il enrage de devoir rester alité de longues semaines. Les finances vont très mal. Dépourvu depuis 1876 de tout autre revenu que ses maigres droits d'auteur, Flaubert doit renoncer à passer ses hivers dans la capitale comme il en avait l'habitude depuis toujours. Il n'y fait plus que quelques apparitions pour y retrouver ses maîtresses, Suzanne Lagier, Léonie Brainne, et l'irremplaçable Juliet qui vient le rejoindre fidèlement à la fin de chaque été à Paris.

La réalité est que tout en étant l'un des écrivains les plus célèbres de son époque, Flaubert vit à la limite de la pauvreté. La situation finit par émouvoir les milieux littéraires parisiens. A la demande de ses amis (Taine, la princesse Mathilde, Juliette Adam), le ministre Jules Ferry fait accorder à l'écrivain une indemnité annuelle de 3 000 francs (9 000 euros) à dater du 1er juillet 1879 comme « conservateur hors cadres » de la Bibliothèque Mazarine. Flaubert accepte l'aide avec une certaine honte, en espérant pouvoir rembourser l'État grâce aux quelques rentrées d'argent de ses nouvelles éditions corrigées de *Salammbô* (2 vol. petits, in-12) chez Lemerre et de *L'Éducation sentimentale* (datée de 1880 : 1 vol., in-18) chez Charpentier.

En janvier 1880, Flaubert entame la rédaction du dixième chapitre qui doit clore le premier volume de *Bouvard et Pécuchet* et annonce à ses amis la prochaine mise en chantier du fameux « second volume » destiné à paraître en même temps que le roman proprement dit : il lui faudra six secrétaires à plein temps pendant un bon semestre, et l'affaire sera bouclée – une hypothèse on ne peut plus farfelue vu l'état désastreux de ses finances, mais qui indique assez l'ampleur du travail et sa nature :

sélection, tri, classement et copie de trois ou quatre cents pages extraites d'un dossier de 5 000 pages. Censément écrit par les deux gratte-papier, en vengeance de leurs expériences malheureuses dans les différents domaines de la pensée, le « Second volume » devait synthétiser le dossier des preuves, témoignages à charge et autres pièces à conviction permettant d'instruire un procès total de l'ineptie.

Le livre devait comporter « La Copie », florilège des textes et documents les plus stupides et ridicules qu'ils avaient rencontrés au cours de leur traversée des savoirs, sorte de « trésor » à rebours, que Flaubert préparait depuis de nombreuses années en recueillant toutes les absurdités, bizarreries ou idées grotesques qu'il avait lui-même épinglées au cours de ses lectures. Il est assez difficile de dire à quoi aurait ressemblé l'ensemble, mais on sait que l'ouvrage se serait assurément présenté comme une somme, le « Sottisier » comportant, pour chaque discipline, un important appareil de fragments textuels propres à se détruire réciproquement (« bienfaits de la religion – crimes de la religion »), des citations idiotes, contresens et antinomies trouvées chez les meilleurs auteurs, des anecdotes relatant les plus belles énormités de la bêtise universelle, des fragments narratifs réinsérant ces perles dans le fil d'un récit.

Mais le livre devait aussi contenir les éléments d'une remise en cause structurelle et symbolique de l'écriture narrative elle-même : des textes « aléatoires » ainsi qu'un important ensemble lexicographique, le *Dictionnaire des idées reçues*, véritable inventaire de la bêtise faite langue, catalogue raisonné des clichés et anthologie des stéréotypes en usage.

Les quatre premiers mois de l'année 1880 sont consacrés au chapitre X et aux époustouflants fichiers du

Sottisier. Malgré la fatigue, Flaubert se sent en verve et la rédaction avance rondement. Les ventes de ses œuvres remontent chez Lemerre et Charpentier. *Le Château des cœurs* commence à paraître par fragments dans *La Vie moderne* à partir du 24 janvier. Le petit Guy de Maupassant lui témoigne une affection filiale et ses amis l'entourent. Mais son opus l'obsède. Dans un message envoyé à sa nièce Caroline, et horodaté de « 9 heures car Monsieur ne dort plus ou presque plus ! », Flaubert retrouve sa vieille image du dada de l'écriture, mais sur le mode éreinté : « Quel livre ! Je suis à sec de tournures, de mots et d'effets ! L'idée seule de la terminaison du bouquin me soutient, mais il y a des jours où j'en pleure de fatigue (sic), puis je me relève, et trois minutes après, je retombe comme un vieux cheval fourbu » (à sa nièce Caroline, Croisset, 23 mars 1880). Il est vrai que Flaubert n'omet pas non plus de mentionner le jour « Mardi, 23 mars » : le mardi, rien ne va jamais bien.

Cinq jours plus tard, pour Pâques, le 28 mars, les amis viennent à quatre – Daudet, Goncourt, Zola et Maupassant – lui rendre visite à Croisset et le 27 avril, pour la « Saint Polycarpe », ils sont une dizaine, chez Edmond Laporte, à lui offrir un dîner digne des *Mille et Une Nuits*. Flaubert reprend confiance dans son œuvre qui se termine ; elle sera d'un comique féroce et d'un style systématique, chirurgical, plus fort encore que celui de *L'Éducation* : phrases courtes, images rares, descriptions délibérément plates, collages d'opinions divergentes, avalanche de citations, dérision impitoyable, le tout joint à une alternance déconcertante entre dialogues et style indirect libre qui transforme le récit en un véritable roman épistémologique, sous le régime d'un rythme binaire qui juxtapose les antinomies et rend impossible toute conclusion décisive. Encore un mois pour terminer le chapitre X, une petite année pour tout relire en mettant en ordre le second volume, et le tour sera joué. Flaubert songe déjà avec délices à un nouveau projet de roman, politique, antique et grec, sur l'idée de Nation et de Résistance : *La Bataille des Thermopyles*.

Le printemps est revenu, l'été à Croisset promet d'être magnifique. Flaubert se prépare à retourner travailler quelques jours à Paris, lorsque, brusquement, le 8 mai au matin, en sortant de sa salle de bains, il perd connaissance. De la fenêtre du premier étage, une jeune domestique – les mauvaises langues disent qu'elle était peu habillée – appelle à l'aide. Les voisins vont chercher le docteur Fortin. Il est absent. On s'empresse de quérir un médecin à Rouen ; il arrive une heure plus tard : Flaubert a cessé de vivre.

Flaubert est enterré le 11 mai, près de ses parents et de sa sœur dans le caveau familial du cimetière monumental de Rouen. Caroline Commanville, sa nièce, confie à Maupassant le soin de préparer l'édition posthume de *Bouvard et Pécuchet*. Le fidèle disciple n'a pas trop de mal à établir le texte du récit, mais bute sur la structure du « Sottisier ». Nul mieux que lui ne pouvait connaître les intentions de Flaubert, mais le maître était resté très discret sur son projet de livre hallucinogène. Maupassant travaille six mois sur les milliers de pages du dossier sans parvenir à reconstituer une sélection ni un ordre convaincant et finit par déclarer forfait. Malgré bien des recherches, personne depuis n'est parvenu à publier ce fameux « second volume ». Sous le titre *Bouvard et Pécuchet*, c'est donc le premier volume, un roman inachevé en son dixième chapitre, qui paraît en feuilleton, du 15 décembre 1880 au 1er mars 1881, dans *La Nouvelle Revue* dirigée par Juliette Adam. L'œuvre posthume est publiée en volumes chez Lemerre, en mars 1881, et provoque une consternation unanime. Le livre se vend mal, les journaux s'indignent, et sûrs de leur impunité, les ennemis de Flaubert se déchaînent. Barbey d'Aurevilly, dans *Le Constitutionnel*, parle de « suicide littéraire ». Il faudra attendre Queneau, Borges et la génération du Nouveau Roman pour que ce livre météore commence à être reconnu. Mais il reste l'un des textes les plus mystérieux de Flaubert et attend encore son véritable lectorat.

D'où vient le projet de *Bouvard et Pécuchet* ? Le 1ᵉʳ juillet 1872, Flaubert déclare à son amie G. Sand qu'à peine fini *Saint Antoine*, il se lancera dans la rédaction d'un grand roman moderne « qui aura la prétention d'être comique ». Il s'agit, en fait, d'un projet presque aussi ancien que celui de *La Tentation*, d'une idée dont on retrouve la trace dans toute la carrière de l'auteur, depuis 1841 au moins, et qui n'a cessé, sporadiquement, de refaire surface en se transformant et en s'amplifiant : écrire « une encyclopédie de la bêtise humaine ». Le but d'une telle œuvre s'est précisé avec le temps, et, au moment d'envisager pour de bon la rédaction, l'auteur, en 1872, ne cache rien de ses intentions vindicatives : je veux, dit-il « cracher sur mes contemporains le dégoût qu'ils m'inspirent. Je vais enfin dire ma manière de penser ». Mais c'était déjà à ce roman « de toutes les vengeances » que Flaubert avait sérieusement pensé en 1862-1863, lorsqu'il réfléchissait sur le choix de sa prochaine rédaction après *Salammbô*, qui avait été pour lui une expérience d'écriture fondatrice dans le domaine de la recherche historique et encyclopédique. Avant de se décider pour *L'Éducation sentimentale*, Flaubert avait hésité entre deux idées, comme en témoignent la *Correspondance* et les scénarios du *Carnet 19* : juste à la suite du scénario initial de *L'Éducation sentimentale* (« Mme Moreau » f°35-39), on trouve (f°40v° et 41), sous le titre « Histoire des Deux Cloportes. Les deux commis », le plan primitif de ce qui donnera naissance, dix ans plus tard, à *Bouvard et Pécuchet*. Ces deux pages de notes très serrées forment un canevas narratif dans lequel on reconnaît déjà nettement les grandes articulations du futur récit, avec un traitement encore schématique des contenus encyclopédiques, mais quelques indications très précises sur certaines scènes, une idée claire de la conclusion et une image affirmée des deux héros dont les silhouettes physiques et les noms sont presque acquis (Dumolard ou Dubolard et Pécuchet). En commençant à travailler en 1872, Flaubert sait donc qu'il dispose depuis dix ans d'une ébauche de plan déjà bien avancée, sur un sujet auquel il n'a cessé de réfléchir depuis une trentaine d'années. Projet d'œuvre à la fois comique et d'un « sérieux effrayant », *Bouvard et Pécuchet* va très rapidement devenir pour Flaubert le prétexte d'une recherche écrasante.

Les *Carnets 15* et *18 bis* pour la période 1872-1874, et les *Carnets 18*, *11* et *6* pour la seconde phase de travail (1877-1880), en donnent, en raccourci, une image parfaitement claire par leur densité, l'étendue des références bibliographiques, et l'extrême diversité des sujets d'enquête qui y sont abordés. Mais ils ne représentent eux-mêmes, quantitativement, qu'une infime partie de l'immense chantier documentaire que Flaubert avait ouvert pour son roman : en tout, près de quatre mille pages de notes et de brouillons (pour la plupart écrites recto verso), parmi lesquelles plus de deux mille folios réservés à la préparation du « second volume ». Le chantier documentaire complet de *Bouvard et Pécuchet* reste d'ailleurs très difficile à délimiter, car Flaubert semble y avoir petit à petit annexé la quasi-totalité de ses notes de recherche fondamentale et plusieurs dossiers de documentation rédactionnelle, notamment ceux de *L'Éducation sentimentale* et de *La Tentation*, tant et si bien qu'il faudrait, pour être tout à fait sûr de ne rien oublier, y intégrer toutes les recherches des trente années qui ont précédé, et notamment la quasi-totalité des *Carnets* qui ont été, à cette occasion, relus et sporadiquement annotés (avec la mention « Copie » en marge de certains feuillets), pour la préparation du second volume. *Bouvard et Pécuchet* est un roman conçu pour passer en revue un échantillonnage aussi représentatif que possible de l'ensemble des connaissances humaines. Le schéma narratif en est très simple : deux greffiers, Bouvard et Pécuchet, délivrés de leur profession par un héritage aussi confortable que providentiel, décident de s'installer quelque part à la campagne et de s'y consacrer à leur passion : le savoir. Autodidactes, ils traversent successivement toutes les disciplines, chacune venant relancer la curiosité et l'enthousiasme d'apprendre après une déception qui a laissé les deux greffiers anéantis. Car, à chaque nouvelle tentative menée sur le même modèle (en gros, celui de la démarche expérimentale : 1° documentation, 2° expérimentation 3° évaluation), les deux apprentis savants essuient le même échec. Les lois qui paraissaient au départ les mieux établies s'avèrent à l'usage minées par les exceptions et les contre-exemples, le prétendu consensus de la communauté scientifique est presque toujours remis en cause par de nouvelles recherches qui en disqualifie le bien-fondé : rien ne paraît stable, ce qui semble exact en théorie ne résiste pas à l'épreuve pratique, les énoncés se contredisent, l'ordre des choses ne parvient pas à se dire dans l'ordre des discours, et le désordre dans les mots, c'est la folie dans l'âme. Finalement, après une vingtaine d'années de recherches sans résultats dans les disciplines les plus diverses, dégoûtés de tout et en particulier de ce qu'ils considèrent comme les contradictions et les prétentions abusives de la science, les deux comparses ne retrouvent leur joie de vivre qu'en revenant à leur première occupation : « Pas de réflexion ! Copions ! Il faut que la page s'emplisse, que "le monument" se complète. – égalité de tout, du bien et du mal, du beau et du laid, de l'insignifiant et du caractéristique. il n'y a de vrai que les phénomènes. – Finir par la vue des deux bonshommes penchés sur leur pupitre, et copiant » (scénario autographe pour la conclusion, non rédigée, Ms gg f°67).

D'après les indications de régie, trop peu nombreuses, qui nous ont été laissées par Flaubert dans son Dossier, le volume des deux copistes se serait présenté comme une « somme » présentant un formidable appareil de citations antinomiques classées par genre (agricole, ecclésiastique, révolutionnaire, etc.), des fragments narratifs, peut-être sous la forme d'une sorte de « journal » ou de « mémorandum » destiné à inscrire dans une durée diégétique cette exposition systématique de la bêtise universelle, une « critique des critiques », des pastiches, des copies « aléatoires » (« ils copient au hasard tous les manuscrits et papiers imprimés qu'ils trouvent », Ms gg 10, f°32) « vieux papiers achetés au poids à la manufacture », vieux journaux, éditoriaux décontextualisés, lettres perdues, tracts, papiers d'emballage, affiches déchirées... selon une formule globale difficile à se représenter mais qui, pour un lecteur d'aujourd'hui, pourrait évoquer la mythologie scripturale de Borges repensée par le génie combinatoire d'une fiction à la Perec.

En réalité, le principe du second volume doit sans doute être cherché et interprété par analogie avec les dispositifs singuliers de quelques œuvres du XVIe siècle dont Flaubert faisait ses modèles : encyclopédisme, accumulation et logique des listes chez Rabelais, citations et goût comparatif des « contrariétés » chez Montaigne, bibliothèques imaginaires, totalisation et recyclage chez

Cervantès. Ainsi, par exemple, c'est probablement chez Cervantès que le romancier a trouvé depuis longtemps l'idée d'introduire dans le second volume des textes « recyclés » : « jusqu'aux bribes de papier qu'on jette à la rue » (*Don Quichotte*, I, 9). L'effet Perec ou Borges est pour nous indéniable, et pour cause : ces contemporains essentiels sont eux-mêmes fils de Flaubert et petit-fils de Cervantès. Ainsi conçu le « second volume » ne pouvait qu'aboutir à une sorte de monstre littéraire propre à faire éclater la continuité du récit, le pacte romanesque, et la forme même du livre, ou du moins, à remettre en cause sérieusement les principes conventionnels de la lecture. Parmi les textes, on devait trouver une collection de perles – stupidités, fautes de langue, inepties, etc. – épinglées chez des auteurs petits ou grands de toute époque, personne n'échappant à la dérision, pas plus les amis comme Sand ou les Goncourt que l'écrivain Gustave Flaubert dont les maladresses, contradictions et autres passages idiots, relevés par les copistes, devaient être épinglés dans le Sottisier. Avec une logique implacable, les deux bonshommes décident de ne pas s'épargner eux-mêmes ; le scénario prévoit qu'ils finissent en intégrant aux « pièces justificatives » une lettre de Vaucorbeil, le médecin du récit dans le premier volume, statuant sans appel sur leur déficit intellectuel :

> « Un jour, ils trouvent (dans les vieux papiers de la manufacture) le brouillon d'une lettre de Vaucorbeil à M. le Préfet. Le préfet lui avait demandé si Bouvard et Pécuchet n'étaient pas des fous dangereux. La lettre du docteur est un rapport confidentiel expliquant que ce sont deux imbéciles inoffensifs. En résumant toutes leurs actions et pensées, elle doit pour le lecteur, être la critique du roman. – "Qu'allons-nous faire ?" – "Pas de réflexion ! copions !"... » (Ms gg 10, f°67.)

Le premier volume, que l'on connaît sous le titre *Bouvard et Pécuchet*, et qui reste lui-même partiellement inachevé dans les dernières pages du chapitre X, est publié posthume, d'abord dans *La Nouvelle Revue*, puis en volumes in-8°, à Paris, chez Lemerre, en 1881. A sa sortie, non seulement le projet n'est pas compris par le public, mais, de tous les livres de Flaubert, celui-ci est le seul à n'être véritablement défendu par personne. A l'exception de Maupassant, qui publie dans *Le Gaulois* du 6 avril 1881 un bel article, d'une rare pénétration, la consternation est à peu près totale. Barbey d'Aurevilly, depuis toujours ennemi venimeux de l'œuvre et de la personne de Flaubert, saisit l'occasion pour se livrer à un éreintement nécrologique de la plus basse espèce (*Le Constitutionnel*, 10 mai 1881), en aggravant encore, mais cette fois en toute impunité, les critiques fielleuses dont il s'était fait le champion, du vivant de l'écrivain, à chacune de ses publications. Quant aux amis de l'auteur, ils restent tous sans voix et sans argument : comment défendre une œuvre si « inquiétante » par son sujet et si peu romanesque qu'elle laisse le « lecteur indécis et l'esprit en suspens ». Flaubert avait parfaitement prévu le mauvais accueil de son livre : « Qu'il soit peu compris, peu m'importe pourvu qu'il me plaise à moi... et à un petit nombre ensuite. » Ce petit nombre, à vrai dire tout à fait infime chez ses contemporains, s'est, depuis lors, un peu élargi, grâce aux écrivains notamment, sous l'effet d'une évolution intellectuelle qui, tout au long du XXe siècle s'est orientée vers le goût et l'intelligence des œuvres qui font de la vérité un problème. Mais si l'on perçoit, de nos jours, que *Bouvard et Pécuchet* inaugure bien un nouveau style de démarche romanesque – une intrigue mentale, la dramatisation comique de questions abstraites – et une nouvelle attitude littéraire de nature plutôt paradoxale – répondre « de travers » aux problèmes que l'on pose pour mieux faire ressortir les véritables questions –, il est clair que ce dernier roman de Flaubert reste encore, pour une large part, une œuvre à la recherche de son public.

Roman de la quête inassouvissable des connaissances qui ne conduit qu'aux doutes les plus déstabilisants, *Bildungsroman* qui se solde par la remise en cause permanente de ses acquis et la marginalisation progressive de ses héros, exposition des idéologies et des croyances qui déconstruit le bien-fondé de toutes les certitudes, *Bouvard et Pécuchet* est un roman qui revendique et construit un nouveau type de lecteur. Un lecteur aux caractéristiques morales fort improbables : un moral d'acier et une indifférence universelle associés à une tendresse et une faculté de rêverie presque enfantines, une culture immense et la plus grande méfiance pour tout ce qui est imprimé, un goût prononcé pour le comique, la dérision et même l'autodérision, aidé par une sensibilité presque canine à flairer la présence des stéréotypes, la plus grande suspicion pour toute forme de publicité et de notoriété mais associée à une curiosité intacte et sans limite... Et si ce lecteur, revenu de tout, était précisément en passe de voir le jour aujourd'hui ?

*
* *

Bouvard et Pécuchet n'est pas un roman flaubertien comme les autres, en premier lieu il n'appartient pas à la catégorie des œuvres publiées du vivant de l'auteur : c'est un texte à l'état naissant qui se présente plutôt comme un « avant-texte », un roman sauvage qui conserve quelque chose d'irréversiblement inachevé. Si l'on en reste au projet de l'écrivain, le texte du « premier volume » n'est que le fragment d'un tout qui aurait dû être constitué en œuvre mais qui ne nous est accessible que sous une forme non structurée : celle du dossier de genèse composée des manuscrits et des dossiers préparatoires de l'œuvre. Ce corpus, conservé à la Bibliothèque municipale de Rouen, se compose des cinq grands ensembles de documents.

Le plus abouti est le « Manuscrit autographe » (ms g 224) du premier volume (le « récit ») : il se présente sous la forme de 300 feuillets qui contiennent les neuf premiers chapitres de l'œuvre à l'état de mise au net quasi définitive ; le dixième et dernier chapitre reste à l'état de brouillon avancé, certains passages se présentent comme une mise au net corrigée, d'autres comme une rédaction inachevée, toute la fin du récit demeurant elle-même à l'état de plan-scénario. Le second ensemble est celui des « Brouillons » (ms g 225, 1-3), conservés sous la forme de trois volumes reliés qui totalisent 1 203 feuillets. A côté de ces documents rédactionnels, le dossier de genèse fait apparaître un vaste recueil de « Documents divers recueillis par Flaubert pour la préparation de *Bouvard et Pécuchet* » (ms g 226, 1-8) : huit volumes reliés qui contiennent au total 2 215 feuillets. Ces archives réunissent les notes documentaires et les résumés que Flaubert avait établis en consultant les ouvrages utilisés pour son récit (la première partie du roman), mais aussi de très nombreux matériaux destinés au « Second volume » : sottisier, florilèges de citations, éléments de la « Copie », coupures de journaux, fiches, pages de carnets découpées, fragments de rédactions, morceaux d'œuvres dramatiques, plans ou résumés de pièces de théâtre, etc. Ce recueil contient aussi des dossiers provenant de rédactions antérieures, comme *Les Mémoires de Madame Ludovica* (déjà utilisées pour *Madame Bovary* et *L'Éducation sentimentale*) ou de substantiels ensembles documentaires sur la révolution de 1848 (qui appartenaient primitivement au corpus des documents préparatoires de *L'Éducation*). Le quatrième grand ensemble du dossier est consacré au *Dictionnaire des idées reçues* (ms g 227 et ms g 228), sous la forme de deux volumes de 59 et 26 feuillets. Avec le « Manuscrit autographe », c'est un des fragments du corpus le plus proche de l'état textuel : une édition récente a permis de dégager une image aussi fidèle que possible de ce que pouvait être cette œuvre dans l'esprit de Flaubert au moment où la rédaction s'est interrompue[1]. Enfin, les *Scénarios, esquisses et plans* (ms gg 10) ont été regroupés en un volume de 72 feuillets.

Au regard de ce corpus composite, qu'est-ce que *Bouvard et Pécuchet* ? Sans parler du second volume, qui reste une question éditoriale jusqu'à présent non résolue, la fiction narrative qui devait constituer la première partie de l'œuvre pose elle-même des problèmes notables d'établissement et de définition. Ce que nous entendons aujourd'hui sous le titre *Bouvard et Pécuchet* (premier volume) correspond à la transformation en texte publié du « Manuscrit autographe » enrichi, pour la fin du récit, d'un fragment emprunté aux « Scénarios » et, pour l'ensemble du récit, de quelques recours aux « Brouillons » et aux « Documents » permettant d'élucider les sources et, le cas échéant, certaines obscurités du manuscrit. Le roman publié posthume en 1881 chez Lemerre ne peut servir de norme puisqu'il a été publié à partir d'une copie établie par la nièce de l'écrivain, Caroline, qui, pour la gloire de son oncle, avait cru bien faire en procédant à des suppressions, des ajouts et des modifications partout où le manuscrit lui paraissait insatisfaisant. Il a fallu des générations de chercheurs, et tout particulièrement les travaux

---

1. Gustave Flaubert, *Dictionnaire des idées reçues*, texte établi, présenté et annoté par Anne Herschberg Pierrot, Paris, Classiques de Poche, 1997.

d'Alberto Cento, de Lea Caminiti Pennarola et de Claudine Gothot-Mersch pour que, de cette version allographe fautive, considérée longtemps comme l'œuvre originale elle-même, on finisse par passer à l'édition d'un véritable « texte » reconstitué d'après les manuscrits. Chaque édition nouvelle cherche à perfectionner les lectures et à améliorer l'intelligibilité de l'œuvre, dans une conscience aujourd'hui de plus en plus attentive à cette réalité indépassable : il s'agit d'un roman manuscrit qui comporte irrévocablement une part d'inachevé.

L'inachèvement le plus visible concerne évidemment la fin du roman. Les chapitres XI (« leur copie ») et XII (« Conclusion ») n'existent qu'à l'état de canevas préparatoire. Le dixième et dernier chapitre de la section narrative n'est que partiellement rédigé, les derniers épisodes du récit ne nous étant eux-mêmes connus qu'à travers les indications du plan-scénario. De plus, à la différence des autres chapitres, que Flaubert avait recopiés, au fur et à mesure de leur rédaction, sous une forme « quasi définitive », ce dernier chapitre reste à l'état de brouillon et contient localement plusieurs défauts de cohérence et de finition. La difficulté la plus manifeste porte sur le fameux épisode sur la botanique : pour la logique de sa démonstration (une exception à l'exception, qui infirmerait la règle) Flaubert avait besoin de trouver « un cas » : par exemple une plante commune, dont une variante serait par exception dépourvue de calice, mais dont une catégorie particulière de cette variante serait tout de même munie d'un calice. Ce cas de « sous exception », dont la confirmation scientifique manque à Flaubert, le bloque dans sa rédaction. Indécis par manque d'information, Flaubert hésite, laisse le passage en suspens, charge Maupassant de l'enquête auprès des spécialistes et se consacre à la suite du récit. Les semaines passent. Finalement Maupassant lui fournit la réponse qui lève la difficulté : « l'exception d'exception » qu'il avait imaginée est rarissime mais existe bien, c'est la « shérarde ». Rien ne s'oppose plus à la réécriture définitive de l'épisode… si ce n'est le temps d'écrire : la lettre de Maupassant ne lui parvient que huit jours avant sa mort. Flaubert, occupé par un autre passage, n'aura pas le temps de reprendre l'épisode, et le manuscrit, tel qu'il nous est parvenu, toujours à l'état de chantier, reste bien difficile à interpréter :

> « Il écrivit cet axiome sur le tableau : "Toute plante a des feuilles, un calice. (…) Ils trouvèrent X, rubiacée qui n'a pas de calice. Ainsi le principe posé par Pécuchet était faux. Il y avait dans leur jardin des tubéreuses, toutes sans calice. – "Une étourderie ! La plupart des Liliacées en manquent." Mais un hasard fit qu'ils virent une shérarde (description de la plante) – et elle avait un calice. Allons bon ! si les exceptions elles-mêmes ne sont pas vraies, à qui se fier ? »

Si ce cas est particulièrement sensible à la lecture, d'autres passages du chapitre, contenant des fragments de rédaction inachevée, restent sur certains points aussi difficiles à interpréter. Nul doute que plusieurs campagnes de réécriture et de finition auraient abouti à un texte beaucoup plus clair si Flaubert avait eu le temps de se relire et de faire évoluer le chapitre jusqu'au stade de la copie au net, comme pour le reste du récit. Mais il est assez probable que les neuf chapitres précédents se trouvaient eux-mêmes en attente de révision générale, et tout recopié qu'il soit, ce manuscrit « définitif » n'est pas exempt de difficultés : on est très loin d'un texte préparé pour la transposition typographique, et les problèmes d'établissement du texte restent nombreux. A son habitude, Flaubert multiplie les tirets et laisse à son futur copiste le soin de proposer une ponctuation de détail ; les capitales et les minuscules se présentent là où on ne les attend pas ; les noms propres affichent souvent des orthographes atypiques et variables, des crochets ici et là semblent indiquer des intentions de suppression ou, au moins, un doute sérieux sur le maintien de certains fragments ; enfin, des lapsus, des coquilles ou des fautes d'inattention rendent parfois l'expression ambiguë et dans quelques cas ininterprétable. L'ensemble donne à penser que ce « Manuscrit autographe » n'était peut-être pas une mise au net définitive, mais plutôt une première copie au propre, une version prédéfinitive qui attendait elle-même une grande campagne de révision et d'harmonisation, ou, à tout le moins, une étape finale de relecture serrée qui aurait sans doute été l'occasion de multiples corrections de détail et de grande amplitude.

Mais si *Bouvard et Pécuchet* est à la fois un monument de savoirs et, par son inachèvement autant que par ses intentions iconoclastes, un récit profondément sauvage, le livre reste avant tout un formidable morceau d'anthologie comique, traversé par la violence d'un éclat de rire sans concession. Comme une tempête toujours prête à renaître après chaque accalmie, il y passe, en tornades, toute la *vis comica* du théâtre antique. Mais nous sommes chez Aristophane, il ne s'agit plus d'une comédie des Maîtres. Avec Bouvard et Pécuchet, ce sont les esclaves qui envahissent la scène. Ils s'autorisent ce que ne se permet jamais l'Autorité : avouer sa méprise et rire de soi-même. A travers leur ignorance et leur soif inextinguible de savoir, à travers la succession ininterrompue de leurs échecs et de leurs nouvelles tentatives, ce qui finit par s'affirmer, c'est le renversement de l'improbable en probant, la métamorphose du risible en rire victorieux. Quelque chose d'exemplaire se désire à travers eux comme une forme nouvelle de présence au monde : le droit de comprendre, de se dégager de ses liens, le principe absolu d'une libération. Rire, fou rire, sourire : le roman décline les modalités cruelles et joyeuses d'un affranchissement.

*
* *

Flaubert disparaît en 1880, à l'âge de cinquante-neuf ans et demi, en faisant de sa nièce Caroline, alors âgée de trente-quatre ans, sa légataire universelle. L'année suivante, Victor Hugo rédige le fameux codicile de 1881, qui va servir à instituer la conservation des manuscrits modernes : « Je donne tout ce qui sera trouvé, écrit ou dessiné par moi, à la Bibliothèque nationale de Paris qui sera un jour la Bibliothèque des États-Unis d'Europe. » Personne ne peut dire avec certitude si Flaubert, avec le temps d'y réfléchir sereinement, aurait décidé de léguer à la postérité l'ensemble de ses manuscrits, ou s'il se serait au contraire décidé à les détruire pour ne laisser derrière lui que les œuvres publiées. On sait qu'il conservait tous ses papiers avec le plus grand soin, et notamment ses brouillons, comme le témoignage de son travail et l'illustration de sa méthode. Au moment de la rédaction de *Madame Bovary*, il écrivait à Louise Colet : « Quand mon roman sera fini (…) je t'apporterai mon manuscrit complet par curiosité. Tu verras par quelle mécanique compliquée j'arrive à faire une phrase » (à Louise Colet, Croisset, 15 avril 1852). S'il a bien entrevu, comme cela semble être le cas, le sens de cette approche « génétique » de l'écriture, la valeur irremplaçable d'une plongée dans la genèse de l'œuvre et le détail des processus d'écriture, pouvait-il renoncer finalement à transmettre ses dossiers ? Mais il y a une différence entre communiquer ses brouillons à une amie intime, et les rendre accessibles à l'ensemble du public et de la postérité. Et par ailleurs, on sait à quel point Flaubert détestait l'idée qu'une œuvre littéraire puisse être jugée et interprétée d'un point de vue biographique et circonstanciel. La vie d'un écrivain n'a rien à faire selon lui dans la lecture de ses textes : c'est du contingent, de la « guenille », dit-il. Flaubert explique comment, pour lui, la découverte de la *Correspondance* de Balzac n'avait pas contribué à grandir l'image qu'il se faisait de l'écrivain. Ce qui relève de la vie privée doit rester privé. Et c'est la raison pour laquelle, par exemple, Flaubert et Maxime Du Camp ont décidé d'un commun accord de détruire la quasi-totalité des lettres qu'ils s'étaient échangées. On peut imaginer que Flaubert ressentait les mêmes réserves pour ses inédits, œuvres de jeunesse, récits de voyages, carnets et notes personnelles, tous plus ou moins marqués par l'écriture autobiographique. Donc, il n'est pas du tout impossible que Flaubert, s'il en avait eu le temps, ait fini par faire disparaître une grande partie de ce qui constitue aujourd'hui pour nous des éléments essentiels de son œuvre : sa correspondance, ses inédits et les trente mille pages de manuscrits de son cabinet de travail. Il est mort brutalement en pleine rédaction, au milieu de ses dossiers ; et en 1880, c'est son héritière qui s'est donc retrouvée en situation d'arbitrer le destin de son œuvre, publique et privée.

Pendant un demi-siècle exactement, Caroline Commanville, qui se remariera plus tard au docteur Franklin-Grout, va présider sans états d'âme aux destinées de l'héritage littéraire de son oncle, dont elle touchera les droits jusqu'à sa mort, en 1930 : comme si cette gestion était son unique raison d'être, elle disparaît à point nommé, à quatre-vingt-quatre ans, juste au moment où les œuvres vont tomber dans le domaine public. Caroline fait partie de la longue lignée des veuves, sœurs, filles et nièces d'écrivains qui exercent leur autorité de légataire avec une fermeté d'autant plus rigoureuse qu'elles comprennent mal le sens des œuvres et des manuscrits qui leur échoient. Douée d'une intelligence médiocre, soucieuse du « qu'en-dira-t-on » et finalement assez cupide, Caroline a joué les héritières ingrates et abusives sans faillir totalement à sa mission. Pour éponger ses dettes, elle vend immédiatement la propriété de Croisset : la maison de Flaubert est détruite et remplacée par une usine. Seul en subsiste aujourd'hui un petit pavillon en bordure de Seine que l'écrivain utilisait pour ses baignades et des moments de détente à la belle saison. Peu intéressée par les livres, elle vend petit à petit la bibliothèque de l'écrivain : d'abord les livres les plus précieux, puis des lots, avant de faire disperser le reste en 1931. Seules quelques centaines d'ouvrages, qu'elle avait légués à son ami Louis Bertrand, se trouvent encore aujourd'hui conservés dans la salle des mariages de la mairie de Canteleu : des livres de travail du plus haut intérêt, souvent annotés de la main de Flaubert, que L. Bertrand a voulu léguer à la bibliothèque de l'Institut qui les a refusés, tout comme le Musée Carnavalet mit, à la même époque, des années à bien vouloir accepter le legs des carnets autographes de l'écrivain. En revanche, à l'exception notable de quelques importants manuscrits (œuvres de jeunesse, voyages, *L'Éducation sentimentale*) qu'elle a monnayés de son vivant et à la vente publique posthume qu'elle avait fait organiser en 1931 pour ses œuvres caritatives, Caroline a plutôt bien géré les autographes de Flaubert en les léguant aux collections publiques : *Saint Antoine*, *Salammbô* et *Trois Contes* à la Bibliothèque nationale de Paris, et les romans « normands », *Madame Bovary* et *Bouvard et Pécuchet* à la bibliothèque municipale de Rouen, la *Correspondance* à la bibliothèque de l'Institut. Contrôlant sévèrement l'édition des œuvres et de la *Cor-*

respondance, exerçant une autorité de fer sur la critique universitaire, elle a veillé inflexiblement à la réputation de son oncle en faisant disparaître tout ce qui pouvait se rapporter à ses crises nerveuses et aux singularités de ses amours, spécialement pour le voyage en Orient et ses relations avec Juliet Herbert.

CHAPITRE 22

Au nom du père, du fils...

Le dimanche 4 novembre 1849 à huit heures du matin, après trois jours de halte dans la bonne ville de Marseille, Gustave Flaubert, accompagné de son ami Maxime Du Camp, embarque sur le paquebot *Le Nil* qui lève l'ancre à destination d'Alexandrie. A la différence des autres moments du voyage, on ne sait pas grand-chose sur ces trois jours passés à attendre le départ : trois jours presque vides, ou du moins sur lesquels Flaubert reste très discret dans les notes du *Voyage en Égypte*. On sait qu'il est allé en pèlerinage, rue de la Darce, revoir l'hôtel où il avait aimé Eulalie, huit ans plus tôt ; il note qu'il a vaguement traîné dans les cafés du port, et au spectacle, au total bien peu de chose. Tout change le matin du départ, le 4 novembre. En embarquant sur *Le Nil*, alors qu'il arrive sur le pont du paquebot, tout à coup Flaubert remarque, au milieu des passagers, « une grande fille de dix-huit ans » qui ressemble « à Laure Le Poittevin ». C'est Laure, en beaucoup moins bien, précise-t-il dans ses notes. Laure, son aînée de trois mois qui, à cette date, n'a donc pas du tout dix-huit ans mais vingt-huit, et qui depuis trois ans se trouve (mal) mariée à un certain Maupassant. Or – la coïncidence est quand même plus qu'étrange – c'est neuf mois, jour pour jour, après ce 4 novembre 1849, que Laure va mettre au monde le petit Guy de Maupassant. Question : et si Laure était venue, incognito, passer la fin de sa semaine à Marseille ?... Mais non, la réalité est moins romanesque, et plus profonde. En quittant Marseille, Flaubert ne rêve pas à Laure parce qu'il vient de lui faire un enfant : Guy est certainement le fils de l'obscur Gustave de Maupassant (dont Laure se séparera quelques années plus tard) et non pas de notre Gustave national à qui elle vouait une admiration totale depuis l'adolescence mais sans avoir jamais pensé, probablement, à en devenir la maîtresse. Si Flaubert, ce dimanche matin là, croit reconnaître Laure, c'est pour une tout autre raison, dont les conséquences auront, contre toute attente, le même résultat : celui de faire de Flaubert le véritable père du petit Guy de Maupassant.

Pour y voir clair, il faut revenir en arrière, reconstruire le scénario passionnel qui sous-tend l'intrigue, et reparler un peu d'un personnage qui n'existe plus en cette année 1849, mais dont l'ombre va peser très fort sur toute cette histoire : Alfred Le Poittevin, le grand frère chéri de Laure, l'ami de cœur de Flaubert, jeune homme brillantissime disparu brutalement, l'année précédente, à l'âge de trente-deux ans. Leur amitié était née dans un contexte familial : les parents se connaissaient depuis longtemps. Le père de Laure et d'Alfred, Paul-François Le Poittevin, qui avait épousé une amie d'enfance de Mme Flaubert mère, était le parrain de Gustave. Symétriquement Alfred Le Poittevin était le filleul de M. Flaubert père. On ne saura jamais vraiment jusqu'où sont allées les relations d'amitié entre Gustave et Alfred, mais ce qui est sûr, c'est que Flaubert n'en connaîtra jamais d'aussi intenses jusqu'à la fin de sa vie, même avec le bouillonnant

Maxime Du Camp ou avec le placide Louis Bouilhet : une sorte d'amour dont Laure avait été témoin. Alfred, qui avait cinq ans de plus que Gustave, lui avait tout appris : les femmes, le rêve, la passion pour la pensée pure et la beauté, Spinoza, les mauvais lieux, la croyance en l'absolu, bref, la vie. Ils s'étaient promis de partir vivre ensemble à l'autre bout du monde. Quand Alfred s'était marié en 1846, Gustave avait cru mourir de chagrin. Il avait épousé une certaine Louise de Maupassant. Sa sœur Laure, par esprit de symétrie, c'est-à-dire par amour fou pour Alfred, avait épousé la même année le frère de ladite Louise, Gustave de Maupassant : mariage de substitution incestueuse qui perdra son sens assez rapidement après la disparition d'Alfred.

Le 4 novembre 1849, donc, à défaut de partir avec Alfred pour l'Orient, Flaubert embarque avec Maxime et, par une sorte de métonymie inconsciente, croit reconnaître Laure sur le pont. Au même moment (ou à peu près) la véritable Laure est en train, par défaut également, de concevoir le petit Guy de Maupassant avec un homme qui n'est pour elle qu'une métaphore d'Alfred : qui, à la lettre, crée en elle l'illusion d'Alfred. Voilà le scénario initial. La suite, malgré son économie un peu délirante, peut se déduire de manière presque mathématique. Après quelques années, et une nouvelle naissance (celle d'Hervé), Laure, décidément déçue par son époux qui ressemble de moins en moins à son frère, va se débarrasser de Gustave de Maupassant, et reporter toute l'énergie de son amour sur ses fils, et principalement sur Guy, l'aîné. Ce premier fils, conçu un an après la mort d'Alfred, sera ce que le père biologique n'a pas su être : un véritable double d'Alfred, une réincarnation de ce jeune homme « si intelligent, si distingué, si exceptionnel » qui était l'homme de sa vie. Elle y est résolue. Or, parallèlement, tandis que cet enfant grandit, un autre homme qui porte le même prénom que son père – Gustave – est en train de devenir ce qu'Alfred aurait pu être : un romancier brillant, un artiste reconnu de tous pour son intelligence et son talent exceptionnel. Aux yeux de Laure, c'est l'évidence : Flaubert est le seul qui puisse prétendre à la véritable paternité du petit Guy. C'est elle qui va créer cette situation de toutes pièces, patiemment, résolument, avec obstination, jusqu'à la réussite complète de son projet ; mais, de son côté, Flaubert comprend visiblement tout à demi-mot, et entre dans le scénario en sachant son rôle. Sa lettre du 8 décembre 1862 ne laisse aucun doute sur leur complicité :

> « Ta bonne lettre m'a bien touché, ma chère Laure ; elle a remué en moi des vieux sentiments toujours jeunes. Elle m'a apporté, comme sur un souffle d'air frais, toute la senteur de ma jeunesse où notre pauvre Alfred a tenu une si grande place ! Ce souvenir-là ne me quitte pas. Il n'est point de jour, et j'ose dire presque point d'heure où je ne songe à lui. Je connais, maintenant, ce qu'on est convenu d'appeler "les hommes les plus intelligents de l'époque". Je les toise à sa mesure et les trouve médiocres en comparaison. Je n'ai ressenti auprès d'aucun d'eux l'éblouissement que ton frère me causait. Quels voyages il m'a fait faire dans le bleu, celui-là ! Et comme je l'aimais ! Je crois même que je n'ai aimé personne (homme ou femme) comme lui. J'ai eu, lorsqu'il s'est marié, un chagrin de jalousie très profond ; ç'a été une rupture, un arrachement ! Pour moi il est mort deux fois et je porte sa pensée constamment comme une amulette, comme une chose particulière et intime. Combien de fois dans les lassitudes de mon travail, au théâtre, à Paris, pendant un entr'acte, ou seul à Croisset au coin du feu, dans les longues soirées d'hiver, je me reporte vers lui, je le revois et je l'entends ! Je me rappelle, avec délices et mélancolie tout à la fois, nos interminables conversations mêlées de bouffonneries et de métaphysique, nos

lectures, nos rêves et nos aspirations si hautes ! Si je vaux quelque chose, c'est sans doute à cause de cela. J'ai conservé pour ce passé un grand respect ; nous étions très beaux ; je n'ai pas voulu déchoir.

Je vous revois tous dans votre maison de la Grande-Rue, quand vous vous promeniez en plein soleil sur la terrasse, à côté de la volière. J'arrivais et le rire du "Garçon" éclatait, etc. Combien il me serait doux de causer de tout cela avec toi, ma chère Laure ! Nous avons été bien longtemps sans nous revoir.

Mais j'ai suivi de loin ton existence et participé intérieurement à des souffrances que j'ai devinées. Je t'ai "comprise" enfin. C'est un vieux mot, un mot de notre temps, de la bonne école romantique. Il exprime tout ce que je veux dire et je le garde. »

A Mme Gustave de Maupassant, Paris,
8 décembre 1862.

L'histoire des relations Flaubert-Maupassant repose sur cette connivence entre Laure et Gustave qui croise, à l'ombre de la mort, le souvenir d'un inceste impossible et d'une amitié amoureuse inoubliable. Guy n'a pas de père, Flaubert n'a pas d'enfant, Alfred va pouvoir revivre à travers leur affection réciproque.

Ce marché symbolique que Laure veut passer avec Flaubert ne s'est pas conclu tout de suite. Le moment décisif a lieu en mars 1866, au moment où Laure vient de perdre sa mère et se retrouve toute seule dans la vie. Voici ce qu'elle lui écrit au sujet de Guy : « l'aîné est un jeune homme, déjà sérieux. Le pauvre garçon a vu et compris bien des choses, et il est presque trop mûri pour ses quinze ans. Il te rappellera son oncle Alfred, auquel il ressemble sous bien des rapports, et je suis sûr que tu l'aimeras » (16 mars 1866). Son idée est d'en faire le

« disciple » de Gustave, et avec le temps le projet devient réalité : « Pendant les quelques jours que Guy a passés à Étretat, nous avons bien parlé de toi, mon vieux Gustave, et je sais combien tu te montres excellent pour mon fils. Aussi comme on t'aime, comme on croit en toi, comme le disciple appartient au maître » (3 mai 1874). Pour que le scénario fonctionne, il faut évidemment que Laure et Gustave y croient, mais il faut aussi que Guy entre dans cette logique de reconnaissance en paternité symbolique. Flaubert chaque dimanche s'occupe de Guy, lui enseigne les rudiments du métier d'écrivain. Voici comment Maupassant en 1876 remercie Flaubert de ces causeries qu'il voudrait poursuivre par lettres : « ... en causant avec vous, il me semblait souvent entendre mon oncle que je n'ai pas connu, mais dont vous et ma mère m'avez si souvent parlé. (...) Il me semble voir vos réunions de Rouen. » Laure a presque gagné son pari fou, mais elle ne désarme pas ; chaque mois enregistre un progrès, les relations filiales se resserrent. Deux ans plus tard, pour une sombre affaire de poste au ministère, lorsqu'elle doit sous les injonctions de Guy demander pour son fils un service à Flaubert, c'est à la figure d'un père qu'elle s'adresse : « Puisque tu appelles Guy ton fils adoptif, tu me pardonneras, mon cher Gustave, si je viens tout naturellement te parler de ce garçon. La déclaration de tendresse que tu lui as faite devant moi m'a été si douce que je l'ai prise au pied de la lettre, et que je m'imagine à présent qu'elle t'impose des devoirs quasi paternels. » Flaubert va s'exécuter sans broncher.

Laure n'a aucune fortune. Quelques années plus tôt Flaubert qui était à l'aise, aurait pu aider financièrement le jeune Maupassant à s'établir. Depuis 1875, par malheur, le romancier est ruiné : il a liquidé toute sa fortune pour sauver sa nièce Caroline de la faillite, et il lui faut pourvoir à sa propre survie. Mais même sans argent, Flaubert n'est pas sans pouvoir. Il connaît tout le monde à Paris, et ses avis sont écoutés. Comme un véritable fils, Guy de Maupassant va en user et abuser pour se faire une place dans la société, et tout d'abord pour parer au plus pressé : trouver un poste dans la fonction publique. Un bon tiers de ses lettres sont d'insoutenables complaintes contre la dureté de ses chefs de bureau au ministère de la Marine, puis lorsque Flaubert obtient sa mutation pour la Direction des Beaux-Arts, sur l'insuffisance de son traitement au ministère de l'Instruction, etc. Et Flaubert, avec la patience d'un véritable père obtempère toujours, faisant une lettre au ministre par-ci, un déjeuner avec le chef de cabinet par-là, jusqu'à ce que Guy finisse par obtenir entière satisfaction. Même scénario dans les milieux du journalisme où le jeune Maupassant cherche, en complément de salaire, quelques appointements de rédacteur littéraire. Flaubert le recommande, mais ses piges ne sont pas toutes publiées, puis le poste au journal se fait attendre, et Guy se plaint amèrement par des rafales de lettres gémissantes : Flaubert réécrit, redéjeune, le re-recommande, et avec le temps, tout finit par s'arranger. Même scénario encore (et là Flaubert lui offre ce qu'il a de plus précieux) dans le monde littéraire : en quelques mois Maupassant est présenté à Zola, Paul Alexis, Théodore de Banville, Tourgueniev, Edmond de Goncourt, Alphonse Daudet, J.-K. Huysmans, Catulle Mendès, etc. ; il est introduit dans les principaux salons de l'époque, présenté à Charpentier, l'éditeur même de Flaubert et Zola... Bref, entre 1877 et 1878, Flaubert use de toute son influence pour lancer sur l'avant-scène parisienne ce jeune inconnu qui n'a publié en tout et pour tout que quelques mauvaises pièces de vers. Le vieux Gustave fait tout cela pour Laure, bien entendu, et pour Alfred. Mais il ne le ferait pas s'il n'avait son idée de derrière la tête. Le petit Guy n'a encore rien écrit de bon, mais l'ours de Croisset a bon espoir : voilà bientôt cinq ans qu'il inculque au jeune Maupassant ce que c'est que le métier d'écrire, et tout lui semble indiquer que Guy va bientôt pouvoir donner sa mesure.

Le tutorat littéraire de Flaubert, sur lequel on sait peu de chose parce qu'il s'exerçait surtout par conversations directes, n'a pas dû être une pure partie de plaisir pour Maupassant. Sur ce chapitre, le vieux Gustave est intraitable. Témoin, en 1876, cette lettre de Guy à Catulle Mendès au sujet des corrections qu'il apporte *in extremis* à son premier article de presse littéraire. On le sent partagé entre la crainte de voir son texte refusé et la terreur des réactions de Flaubert lorsqu'il va lire le papier : « Mais ce qu'il me reprocherait certes le plus, c'est la répétition du mot *immense* à deux lignes d'intervalle, l'emploi du mot *fille* pour dire *catin* et surtout le dernier hiatus (son *ami Ivan*) à cause duquel j'avais supprimé le prénom de Tourgueniev. Car Flaubert est impitoyable pour ces sortes de choses – et je serai déjà assez *grondé* par lui pour quelques répétitions, et un abus de phrases incidentes que le peu de temps ne m'a pas permis d'éviter. » Au-delà des requisits formels du style (obsession du mot juste, musicalité, chasse au cliché), Flaubert donne à Maupassant une formation complète : rigueur stricte de composition et de conception de l'œuvre, impersonnalité, relativité des points de vue narratifs, refus de conclure, critique des systèmes de pensée hégémoniques, une certaine tendance au pessimisme philosophique... Peut-être faut-il même voir dans le talent de Maupassant pour le récit court, le conte et la nouvelle, une certaine conséquence générique de ces dures années d'apprentissage passées aux côtés d'un Flaubert plongé dans la rédaction de *Trois Contes* (1875-1877). Avant de mériter le nom de « disciple », Guy subit plusieurs années de bagne dans la rude fonction d'assistant : il est chargé de mille petits services, fait des recherches bibliographiques pour le maître, transporte les livres de Paris à Croisset, part en repérage, interroge savants et spécialistes sur tel ou tel point d'érudition dont Flaubert a besoin pour son roman encyclopédique, etc.

Si l'enquête n'a pas été menée jusqu'au bout, ou si le renseignement ne convient pas parfaitement, Flaubert hurle, tempête, ordonne et Maupassant, sans broncher, doit tout recommencer de zéro. Entre octobre et novembre 1877, pour le jeune collaborateur, c'est l'interminable enquête sur place le long des falaises normandes pour le chapitre « géologie » de *Bouvard et Pécuchet*. Guy prospecte la côte, prend des notes et des croquis, fait de son mieux pour trouver l'endroit idéal que le patron exige, mais sans succès :

> « Mon cher Ami,
> Vos renseignements sont parfaits. Je comprends toute la côte entre le cap d'Antifer et Étretat, comme si je la voyais. Mais c'est trop compliqué. Il me faut quelque chose de plus simple, autrement ce seraient des explications à n'en plus finir. Songez que tout ce passage de mon livre ne doit pas avoir plus de trois pages, dont deux au moins pour le dialogue et la psychologie. Voici mon plan, que je ne puis changer. Il faut que la nature s'y prête [*ici Flaubert résume à Guy le scénario détaillé du chapitre*].
>
> Vous comprenez maintenant que la Courtine, son tunnel, la Manne-Porte, l'Aiguille, etc., tout cela me prendrait trop de place. Ce sont des détails trop locaux. Il me faut rester autant que possible dans une falaise normande en général. Et j'ai deux terreurs : peur de la fin du monde (Bouvard), venette personnelle (Pécuchet) ; la première causée par une masse qui pend sur vous, la seconde par un abîme béant en dessous.

Que faire ? Je suis bien embêté !!! Connaissez-vous aux environs ce qu'il me faudrait ? Si je les faisais aller au-delà d'Étretat, entre Étretat et Fécamp ? Commanville, qui connaît très bien Fécamp, me conseille de les faire aller à Fécamp, parce que la valleuse de Senneville est effrayante ; en résumé il me faut : 1° une falaise ; 2° un coude de cette falaise ; 3° derrière lui une valleuse aussi rébarbative que possible ; et 4° une autre valleuse ou un moyen quelconque de remonter facilement sur le plateau.

Entre Fécamp et Senneville il y a des grottes curieuses. La conversation géologique pourrait y débuter. J'ai envie de faire ce voyage ; pouvez-vous me l'épargner par une description bien sentie ? Enfin, mon bon, vous voyez mes besoins ; secourez-moi. »

A Guy de Maupassant, Croisset, 5 novembre 1877.

Le maître met les formes pour expliquer à son assistant qu'il va lui falloir repartir au charbon. Guy ne se le fait pas dire deux fois. Rien n'est explicite, mais la prière est injonctive. Le vieux maître ne demande pas au jeune homme une simple aide amicale ; en réalité, il l'associe complètement à son travail en exigeant de lui le dévouement que l'on doit à quelqu'un de très proche : une sorte d'abnégation filiale. Tout cela se joue sur le mode du non-dit réciproque, mais, dans les faits, avec une éclatante évidence.

Flaubert s'est laissé volontairement piéger par la stratégie de Laure qui lui offrait un enfant. Mais s'il a repris cette idée de parenté à son compte, c'est en toute connaissance de cause, résolument, et en la faisant évoluer à son rythme, de 1875 à 1880, avec une intensification constante dont la correspondance donne une image frappante : de 1877 à la mort de Flaubert, la fréquence des lettres qu'ils s'échangent ne cesse de croître pour atteindre un maximum dans les tout derniers mois. Entre janvier et mai

1880, Flaubert et Maupassant s'écrivent plus d'une fois par semaine, et la dernière lettre de Flaubert[1] semble bien être celle qu'il adresse à son disciple le 3 mai 1880 pour lui donner rendez-vous à Paris la semaine suivante, une lettre de combat qui se termine par « le pédantisme de la futilité m'exaspère. Bafouons le chic ! ». Depuis un an, Flaubert considère que Maupassant est prêt à devenir ce qu'il doit être, un véritable écrivain. Il lui parle comme à un vrai disciple, et il est émouvant de suivre l'évolution des formules par lesquelles Flaubert s'adresse à lui dans les lettres de 1879 : « mon cher ami », « mon bon », puis « mon cher vieux solide », « mon pauvre chéri », « mon chéri »… Cette fois Laure a gagné ; maintenant plus rien ne la retient : dès février 1879, elle sombre dans une crise nerveuse profonde dont elle ne sortira plus vraiment.

C'est en 1880, *in extremis*, juste avant la mort du romancier, que le disciple se change en véritable héritier. La métamorphose se fait en deux temps. Il y a d'abord le moment du premier vrai texte de Maupassant, *Boule-de-Suif*, qui prouve à Flaubert que le petit Guy a tout compris : « il me tarde de vous dire que je considère *Boule de Suif* comme un *chef-d'œuvre*. Oui, jeune homme ! Ni plus ni moins, cela est d'un maître » (1ᵉʳ février 1880). Venant de Flaubert, le compliment n'est pas mince, mais, notons-le, le maître continue à vouvoyer le disciple comme il l'a toujours fait. L'ultime reconnaissance a lieu brusquement quelques jours plus tard, le vendredi 13 février 1880, au moment où Flaubert apprend que Maupassant est poursuivi devant les tribunaux pour outrage aux bonnes mœurs. Le baptême du feu ! L'affaire *Bovary* qui recommence ! D'un seul coup, Flaubert se met à le

---

1. La fameuse missive à Maxime Du Camp datée du 7 mai, veille de sa mort, est certainement un faux inventé par Maxime.

tutoyer, et – enfin ! – lui écrit : « mon cher *fils*... ». La semaine suivante, l'ours se redresse, monte au créneau pour son ourson, et publie dans la presse un article retentissant (« Avec la théorie des tendances, on peut faire guillotiner un mouton pour avoir rêvé de la viande. Il faudrait s'entendre définitivement sur cette question de la moralité dans l'État. Ce qui est Beau est moral, voilà tout, et rien de plus »). Le parquet abandonne aussitôt les poursuites, merci papa... Mais l'idylle filiale sera de courte durée.

Deux mois plus tard, le 8 mai, Flaubert meurt au milieu des manuscrits de *Bouvard et Pécuchet*, terrassé par une congestion cérébrale foudroyante. Guy, écrasé de chagrin, se retrouve orphelin au moment même où il vient de gagner un père. Mais peut-il vraiment quitter la scène, ce père symbolique qui ressemblait déjà si fort à un autre fantôme ? Pour Maupassant, il semble bien que non. En disparaissant Flaubert passe le relais, mais accède aussi pour toujours à la présence d'une dimension intérieure : « Plus la mort du pauvre Flaubert s'éloigne plus son souvenir me hante, plus je me sens le cœur endolori et l'esprit isolé. Son image est sans cesse devant moi, je le vois debout, dans sa grande robe de chambre brune qui s'élargissait quand il levait les bras en parlant. Tous ses gestes me reviennent, toutes ses intonations me poursuivent, et des phrases qu'il avait coutume de dire sont dans mon oreille comme s'il les prononçait encore... » (à Caroline Commanville, 24 mai 1880).

CHAPITRE 23

L'ange du bizarre et le Dieu des âmes

Flaubert était-il superstitieux ? Oui, un peu, et même beaucoup, mais pas du tout à la manière de ses contemporains qui donnaient dans le spiritisme et les tables tournantes : plutôt au sens de l'augure, comme devaient l'être les Anciens, et au nom de l'inconnaissable comme pouvaient y inviter les derniers développements de la science contemporaine. Il se trouble de certaines coïncidences, croit aux signes, aux rêves prémonitoires, se méfie des mauvais jours : rien de vraiment bon, par exemple, ne peut vous arriver le mardi, dans la vie pas plus que dans la fiction, comme l'a bien montré Pierre Dumayet. A l'une de ses correspondantes favorites, il écrit un jour avec une réelle inquiétude : « Le verre de votre portrait accroché dans ma chambre, sur une porte, s'est fêlé ces jours-ci. J'ai de ces superstitions. Vous est-il arrivé quelque malheur ? » (à Mlle Leroyer de Chantepie, Rouen, 8 octobre 1859). Au moment de s'embarquer vers l'Orient, ne sachant comment rassurer sa mère, transie d'inquiétude, qui est certaine de ne plus le revoir vivant, il écrit de Marseille : « Dans la cour de la diligence nous avons trouvé Pradier qui s'est écrié (il faisait très beau soleil) :

"Fameux, fameux ! Savez-vous ce que j'ai vu ce matin à mon baromètre ? *Beau fixe*. C'est bon signe ; je suis superstitieux, ça m'a fait plaisir." (...) C'était dans la même cour où je me suis embarqué pour la Corse, à la même place, à peu près à la même heure. Le premier voyage a été bon, le deuxième sera de même, pauvre vieille » (à sa mère, Marseille, 2 novembre 1849). Même argumentation, quoique peut-être ici un peu plus spécieuse, lorsqu'il cherche à s'excuser auprès de Louise de ne pas lui avoir fait ses adieux avant son départ pour l'Orient : « j'ai toujours détesté les choses solennelles. Nos adieux l'eussent été. Je suis superstitieux là-dessus. Jamais avant d'aller en duel, si j'y vais, je ne ferai mon testament ; tous ces actes sérieux portent malheur. Ils sentent d'ailleurs la draperie. J'en ai eu à la fois peur et ennui. Donc, quand j'ai eu quitté ma mère, j'ai pris de suite mon rôle de voyageur. Tout était quitté, j'étais parti » (à Louise Colet, Croisset, 27 mars 1853). Tout fabriqué que puisse être ici l'argument à Louise, il reste que Flaubert se méfie réellement de « la draperie » et de la pose, de la convention et du sérieux : ce sont des choses qui portent avec elles le malheur et la mort. Il n'en va pas autrement des idées toutes faites, des façons de penser ou de parler obligées : la bêtise tue. On a le droit de lui opposer le pressentiment, la superstition ou la conduite la plus fantasque, par simple mesure de précaution.

*
* *

La fascination de Flaubert pour l'irrationnel, la logique du rêve ou les anomalies qui traversent notre réalité ne relève par d'une simple résistance contre l'esprit de sérieux. Les coïncidences constituent aussi des défis pour la pensée. Peut-être faut-il voir dans la superstition quelque chose comme le fondement même du sentiment religieux et de l'inspiration poétique : ce qui donne sa profondeur à l'immanence ? Flaubert en fait la théorie, on le verra, en rejetant dos à dos matérialisme et idéalisme. Mais en restant à l'échelle de notre simple expérience du bizarre, de l'insolite, comment comprendre le hasard ? Est-il seulement l'expression de notre ignorance des causes, comme le croyait le physicien déterministe Pierre-Simon Laplace ? Contemporain de Flaubert, Antoine-Augustin Cournot le définit au contraire comme la « rencontre de deux séries causales indépendantes ». Les événements en eux-mêmes sont tout à fait déterminés quant à leur cause et à leur effet ; c'est de leur rencontre imprévisible, de l'intrusion d'une nouvelle causalité indépendante dans le déroulement d'un processus que naît le hasard. Mais, s'interroge Flaubert, si les idées et les représentations sont des phénomènes tout aussi matériels que chaque élément de l'Univers, la pensée comme substance subtile ne pourrait-elle pas avoir assez de consistance pour former à son tour l'une de ces séries causales et agir sur le réel ou être infléchie par la causalité immanente ?

> « Hier, en allant me faire arracher ma dent, j'ai passé sur la place du Vieux-Marché, où l'on exécutait autrefois, et en analysant l'émotion caponne que j'avais au fond de moi, je me disais que d'autres à la même place en avaient eu de pire, et de même nature pourtant ! L'attente d'un événement qui vous fait peur ! Cela m'a rappelé que, tout enfant, à six ou sept ans, en revenant de l'école, j'avais vu là une fois la guillotine qui venait de servir. Il y avait du sang frais sur les pavés et on défaisait le panier. J'ai rêvé cette nuit la guillotine ; chose étrange, ma petite nièce a rêvé aussi la guillotine cette nuit. La pensée est donc un fluide, et qui découle des pentes plus hautes sur les plus basses ?... Qui est-ce qui a jamais étudié tout

cela scientifiquement, posément ? » (à Louise Colet, Croisset, nuit de samedi, 1 heure, 30 avril-1ᵉʳ mai 1853).

De quelles nécessités inconnues et de quels échanges invisibles est faite la singularité de notre rapport « inscient » au monde ? Par quel mystère peut-on sans le vouloir déclencher la passion ou l'attirance des êtres apparemment les plus éloignés de soi ? Comment la pensée circule-t-elle à travers le Vivant ? Peut-on imaginer une expérience à la fois sensorielle et mentale par laquelle il deviendrait loisible, comme saint Antoine, de se confondre avec l'étendue, d'être la matière ? Depuis les expériences fusionnelles qu'il a connues en Corse, Flaubert a lu Spinoza. Le panthéisme pour lui n'est pas dissociable de la puissance d'être, du *conatus*. Si l'essentiel pour la subjectivité réside dans sa capacité à participer de plain-pied à la nature naturante, à se ressentir comme parcelle d'énergie, c'est à une conversion complète du regard que doit conduire le sentiment de la Nature. Par exemple, accepter d'appartenir réellement au même monde que celui des bêtes, des fous ou des idiots. Connaître, selon la connaissance du troisième genre, c'est bien voir : traverser les fausses antinomies pour entrer en empathie avec ce qui est autre, avec l'aliéné.

« Tu me dis que tu deviens de plus en plus amoureux de la nature ; moi, j'en deviens effréné. Je regarde quelquefois les animaux et même les arbres avec une tendresse qui va jusqu'à la sympathie ; j'éprouve presque des sensations voluptueuses rien qu'à voir, mais quand je vois bien. Il y a quelques jours, j'ai rencontré trois pauvres idiotes qui m'ont demandé l'aumône. Elles étaient affreuses, dégoûtantes de laideur et de crétinisme, elles ne pouvaient pas parler ; à peine si elles marchaient. Quand elles m'ont vu, elles se sont mises à me faire des signes pour me dire qu'elles m'aimaient ; elles me souriaient, portaient la main sur leur visage et m'envoyaient des baisers. A Pont-l'Évêque, mon père possède un herbage dont le gardien a une fille imbécile ; les premières fois qu'elle m'a vu, elle m'a également témoigné un étrange attachement. J'attire les fous et les animaux. Est-ce parce qu'ils devinent que je les comprends, parce qu'ils sentent que j'entre dans leur monde ? » (à Alfred Le Poittevin, Genève, 26 mai 1845).

Même constat, en 1853, lorsque Flaubert assiste à une exhibition de Cafres, à Rouen, et qu'à l'étonnement de tous les spectateurs, il provoque les effusions les plus explicites de l'une des sauvagesses : « Qu'ai-je donc en moi pour me faire chérir à première vue par tout ce qui est crétin, fou, idiot, sauvage ? Ces pauvres natures-là comprennent-elles que je suis de leur monde ? Devinent-elles que je suis de leur monde ? Devinent-elles une sympathie ? Sentent-elles, d'elles à moi, un lien quelconque ? Mais cela est *infaillible*. Les crétins du Valais, les fous du Caire, les santons de la Haute-Égypte m'ont persécuté de leurs protestations ! Pourquoi ? Cela me charme à la fois et m'effraie » (à Louis Bouilhet, Croisset, décembre 1853, entre le 15 et le 27).

Les *Carnets* de Flaubert, comme ses notes et sa *Correspondance*, fourmillent de considérations et de références sur les cas les plus étranges de désordres mentaux ou manifestations délirantes. La folie, bien entendu, est une thématique romantique et frénétique, dont Gustave a usé et abusé dans ses œuvres de jeunesse, mais il serait difficile, comme d'ailleurs pour sa familiarité avec les idiots et les bêtes, de ne pas y voir aussi un tropisme personnel : un motif récurrent qui ne se démentira à aucun moment de sa carrière et dont il fera la matière de son œuvre, avec un talent d'observateur pour l'anormal et une attirance esthétique pour le bizarre qui font penser, avant l'heure, à la curiosité des surréalistes :

> « Nous avons eu jadis un pauvre diable pour domestique, lequel est maintenant cocher de fiacre. (...) Ce malheureux Louis a ou croit avoir le ver solitaire. Il en parle comme d'une personne animée qui lui communique et lui exprime sa volonté et, dans sa bouche, *il* désigne toujours cet être intérieur. Quelquefois des lubies le prennent tout à coup et il les attribue au ver solitaire : "*Il* veut cela" et de suite Louis obéit. Dernièrement *il* a voulu manger pour trente sols de brioche ; une autre fois il *lui* faut du vin blanc, et le lendemain *il* se révolterait si on lui donnait du vin rouge (textuel). Ce pauvre homme a fini par s'abaisser, dans sa propre opinion, au rang même du ver solitaire ; ils sont égaux et se livrent un combat acharné. "Madame (disait-il à ma belle-sœur dernièrement), ce gredin-là m'en veut ; c'est un duel, voyez-vous, il me fait marcher ; mais je me vengerai. Il faudra qu'un de nous deux reste sur la place." Eh bien c'est lui, l'homme, qui restera sur la place ou plutôt qui la cédera au ver, car, *pour le tuer et en finir avec lui*, il a dernièrement avalé une *bouteille de vitriol*, et en ce moment se crève par conséquent. Je ne sais pas si tu sens tout ce qu'il y a de profond dans cette histoire. Vois-tu cet homme finissant par croire à l'existence presque *humaine*, consciencieuse, de ce qui n'est chez lui peut-être qu'une idée, et devenu l'esclave de son ver solitaire ? Moi je trouve cela vertigineux. Quelle drôle de chose que les cervelles humaines ! » (à Louise Colet, Croisset, 31 mars 1853).

« L'homme au ver solitaire » et son épopée schizophrène fascinent Flaubert comme un symbole de divagation d'autant plus vertigineux que s'y manifeste aussi une forme presque limite d'ambivalence et de réciprocité imaginaire entre l'humain et l'animalité ; mais l'aventure du pauvre Louis ne constitue pas, pour Flaubert, un cas si différent des diverses maladies mentales auxquelles il consacre son attention tout au long de sa vie. Sur ce chapitre, ce sont visiblement les relations entre sentiment religieux et démence qui l'intéressent le plus. Le problème, selon lui, repose sur le jeu complexe des relations qui s'y jouent entre désir sexuel et idéalité ascétique. Nul doute que Flaubert en soit arrivé à ces conclusions par autoanalyse et l'écrivain retrouve ici une question qui était au cœur de ses fictions amoureuses dans *Salammbô* et *Madame Bovary* ; mais la lucidité de sa démonstration force l'admiration, tout comme d'ailleurs sa prophétie d'une science du psychisme qui va bientôt sortir de l'ombre :

> « C'est une triste histoire que celle de cette jeune fille, votre parente, devenue folle par suite d'idées religieuses, mais c'est une histoire commune. Il faut avoir le tempérament robuste pour monter sur les cimes du mysticisme sans y perdre la tête. Et puis, il y a dans tout cela (chez les femmes surtout) des questions de tempérament qui compliquent la douleur. Ne voyez-vous pas qu'elles sont toutes amoureuses d'Adonis ? C'est l'éternel époux qu'elles demandent. Ascétiques ou libidineuses, elles rêvent l'amour, le grand amour ; et pour les guérir (momentanément du moins) ce n'est pas une idée qu'il leur faut, mais un fait, un homme, un enfant, un amant. Cela vous paraît cynique. Mais ce n'est pas moi qui ai inventé la nature humaine. Je suis convaincu que les appétits matériels les plus furieux se formulent *insciemment* par des élans d'idéalisme, de même que les extravagances charnelles les plus immondes sont engendrées par le désir pur de l'impossible, l'aspiration éthérée de la souveraine joie. Et d'ailleurs je ne sais (et personne ne sait) ce que veulent dire ces deux mots : âme et corps, où l'une finit, où l'autre commence. Nous sentons *des*

> *forces* et puis c'est tout. Le matérialisme et le spiritualisme pèsent encore trop sur la science de l'homme pour que l'on étudie impartialement tous ces phénomènes. L'anatomie du cœur humain n'est pas encore faite. Comment voulez-vous qu'on le guérisse ? Ce sera l'unique gloire du XIXe siècle que d'avoir commencé ces études. Le *sens historique* est tout nouveau dans ce monde. On va se mettre à étudier les idées comme des faits, et à disséquer les croyances comme des organismes. Il y a toute une école qui travaille dans l'ombre et qui fera quelque chose, j'en suis sûr.
>
> Lisez-vous les beaux travaux de Renan ? Connaissez-vous les livres de Lanfrey, de Maury ? Moi, dans ces derniers temps, je suis revenu incidemment à ces études psycho-médicales qui m'avaient tant charmé il y a dix ans, lorsque j'écrivais mon *Saint Antoine*. A propos de ma *Salammbô*, je me suis occupé d'hystérie et d'aliénation mentale. Il y a des trésors à découvrir dans tout cela » (à Mlle Leroyer de Chantepie, Croisset, 18 février 1859).

Il est frappant que Flaubert associe directement maladie mentale et mythographie. Les noms qu'il cite sont très clairs : pour lui, c'est par l'étude des mythes que la science future pourra éclairer les arcanes du psychisme, en partant des cas les plus déviants. Si Flaubert s'intéresse tant à ce qui, de son vivant, a formé les prémices d'une science de la psyché, en préfigurant les recherches de Charcot sur l'hystérie et les futures découvertes de Sigmund Freud et de Jung, c'est, bien entendu, par curiosité encyclopédique et par souci d'écrire en connaissance de cause, mais aussi, assurément, pour des raisons personnelles. Plus encore que la cervelle des autres, c'est bien de la sienne et de ses propres bizarreries que Flaubert entend faire un constant sujet d'étude. Et voilà, entre autres raisons, pourquoi on trouve dans ses notes, ses lettres et ses œuvres tant de récits de rêves et de références circonstanciées aux recherches contemporaines sur l'empire de l'hypnagonique. Parmi beaucoup d'autres exemples, voici un rêve assez peu connu que Flaubert note, en 1845, dans son *Carnet de voyage*. En descendant vers l'Italie par le sud de la France en 1845, Gustave fait une halte à Lamalque, où il visite une maison de poète. Dans le jardin, il tombe nez à nez avec un petit singe qui le fixe dans les yeux, et le regard de ce singe fait remonter à sa conscience le souvenir d'un rêve. Que Flaubert pensait-il du contenu latent de ce rêve qui met en scène sa mère, l'animalité qu'elle dénonce en lui et le sang versé d'une sorte de suicide ? La tendresse d'une fusion panthéiste avec la Nature, dit-il. Mais il est non moins vrai que le même songe sera présent, trente ans plus tard, dans la scène de chasse impossible de *Saint Julien*, celle de la seconde partie du conte, lorsque le héros halluciné n'échappera au cercle des animaux que pour accomplir son destin en égorgeant ses propres parents : « Lamalque – habitation de poète – les roses dans le jardin – le petit singe. Je ne sais jamais si c'est moi qui regarde le singe ou si c'est le singe qui me regarde – les singes sont nos aïeux. Il y a environ 3 semaines, j'ai rêvé que j'étais dans une grande forêt toute remplie de singes. Ma mère se promenait avec moi, plus nous avancions plus il en venait – il y en avait dans les branches qui riaient et sautaient. Il en venait beaucoup dans notre chemin, et de plus en plus grands, de plus en plus nombreux – ils me regardaient tous – j'ai fini par avoir peur. Ils nous entouraient comme dans un cercle – un a voulu me caresser et m'a pris la main. Je lui ai tiré un coup de fusil à l'épaule et je l'ai fait saigner. Il a poussé des hurlements affreux – Ma mère m'a dit alors : "pourquoi le blesses-tu ton ami ? qu'est-ce qu'il t'a fait ? ne vois-tu pas qu'il t'aime ? Comme il te ressemble !" et le singe me regardait. Cela m'a déchiré l'âme et je me suis réveillé….. me sentant de la même nature que les animaux et fraternisant avec eux d'une communion toute panthéistique et tendre » (*Carnet de voyage 1*, f°13-13v°).

On se souvient de l'accent à la fois mystique et panthéiste des dernières lignes du carnet d'Afrique, lorsque, au moment de s'enfoncer pour quatre années dans la rédaction de *Salammbô*, Flaubert en appelle à la Force et à Dieu : « Que toutes les énergies de la nature que j'ai aspirées me pénètrent et qu'elles s'exhalent dans mon livre. A moi puissances de l'émotion plastique ! résurrection du passé, à moi ! à moi ! il faut faire à travers le Beau, vivant et vrai quand même. Pitié pour ma volonté, Dieu des âmes ! donne-moi la Force – et l'Espoir ! Nuit du samedi 12 au dimanche 13 juin 1858, minuit » (*Carnet de voyage 10*, f°70-70v°). Qui est ce « Dieu des âmes » ? Au-delà des superstitions et des légitimes ambitions de plonger dans l'inconnu pour y découvrir du nouveau, Flaubert était-il croyant ? Quelle place donnait-il dans sa pensée à la transcendance ?

Le Dieu des âmes

Par ses origines, comme par ses propres convictions, Flaubert appartient à une famille de médecins où les hommes se déclarent volontiers agnostiques, anticléricaux et voltairiens. S'il ne partage pas exactement toutes leurs idées, et si la posture d'« esprit fort » lui paraît profondément ridicule, il n'en prend pas non plus le contre-pied. Quant au groupe d'artistes, de penseurs et d'écrivains dont Flaubert, au cours de sa vie, fait ses amis les plus proches, à peu d'exceptions près, ils sont tous dans le camp de l'incroyance. Les coups du sort, les deuils et les pires adversités n'y changent rien : Flaubert reste fidèle d'un bout à l'autre à sa position de libre-penseur, sans jamais cacher sa méfiance à l'égard des églises et de leurs dogmes, ni faiblir dans son hostilité contre toute forme d'aliénation ou d'inféodation de l'esprit à une quelconque vérité révélée. Ce n'est pas tout à fait sans raison que son premier roman, en 1857, *Madame Bovary*, fait l'objet d'une procédure pour atteinte à la religion, notamment pour la figure dérisoire du prêtre Bournisien et le traitement équivoque de l'agonie d'Emma. Mais le fait religieux sous ses formes les plus répulsives se trouve au cœur du projet de *Salammbô* ; et dans le bêtisier de son dernier roman, *Bouvard et Pécuchet*, les deux copistes réservent une place de choix aux inepties du dogme et à ses contradictions. Flaubert ne cache rien de ses convictions : « M. de Voltaire. C'est pour moi un *saint* ! (...) Son "Écrasons l'infâme" me fait l'effet d'un cri de croisade » (à Mme Roger des Genettes, Paris, janvier 1860). Il admire son vieux Louis Bouilhet qui, sur son lit de mort, en 1869, passe ses derniers instants à écrire un drame vengeur sur l'Inquisition et envoie vertement promener ses deux sœurs ultra-catholiques venues lui faire un scandale pour qu'il accepte les saints sacrements. En 1876, il trouve magnifique la dignité avec laquelle George Sand, mourante, refuse de recevoir les prêtres, et il se scandalise lorsque la famille et les amis bienpensants décident, contre sa volonté, de l'enterrer religieusement : « Oui, l'autre samedi, à l'enterrement de George Sand, j'ai éclaté en sanglots, en embrassant la petite Aurore, puis en voyant le cercueil de ma vieille amie. Les journaux n'ont pas dit toute la vérité. La voici : Mme Sand n'a reçu aucun prêtre et est morte parfaitement impénitente. *Mais* Mme Clésinger, par chic, (...) a télégraphié à l'évêque de Bourges pour demander des obsèques catholiques. L'évêque s'est empressé de répondre : "oui" (...). Maurice, qui est maire du pays (point notable), a craint de faire scandale ; mais je suspecte le docteur Favre et le bon Alexandre Dumas d'avoir fortement contribué à cette bassesse ou convenance » (à Mme Roger des Genettes, Croisset, 19 juin 1876).

Flaubert s'insurge donc contre les bondieuseries et la trahison faite à son amie G. Sand, mais c'est dans la même lettre que l'on trouve quelques lignes plus haut, le résumé d'*Un cœur simple* (« une pauvre fille de campagne, dévote » qui « confond le perroquet avec le Saint-Esprit » : « Cela n'est nullement ironique comme vous le supposez, mais au contraire très sérieux et très triste »). Et c'est dans la même lettre encore, quelques lignes plus loin, que Flaubert dresse ce récapitulatif, un peu ironique assurément, mais tout de même bien accablant pour un libre-penseur : « Connaissez-vous les Fioretti de saint François ? Je vous en parle parce que je viens de me livrer à cette lecture édifiante. Et, à ce propos, je trouve que, si je continue, j'aurai ma place parmi les lumières de l'Église. Je serai une des colonnes du temple. Après saint Antoine, saint Julien ; et ensuite saint Jean-Baptiste ; je ne sors pas des saints » (*ibid.*). Bien pire : c'est le même Flaubert, le soir de Noël de la même année 1876, qui confie à Mme Régnier : « Je ne serai pas à Paris avant les premiers jours de février, afin d'arriver là-bas avec mon Iaokanann presque terminé. (…) Il est minuit moins un quart (…) et je vais me revêtir pour aller à la messe, dans un petit couvent de religieuses près d'ici. Quel vieux romantique, hein ? » (à Mme Régnier, Croisset, dimanche soir, 24 décembre 1876).

Tel est le paradoxe : Flaubert n'est pas croyant, mais l'instinct humain de la transcendance le fascine et de tous les romanciers de sa génération, il n'y en a probablement aucun qui ait consacré autant d'énergie intellectuelle et de patiente érudition à penser le fait religieux, les rites et la croyance, en développant une véritable mystique de la « sacro-sainte littérature ». « Je suis né à l'hôpital (...) et j'ai grandi au milieu de toutes les misères humaines – dont un mur me séparait. Tout enfant, j'ai joué dans un amphithéâtre. Voilà pourquoi, peut-être, j'ai les allures à la fois funèbres et cyniques. Je n'aime point la vie et je n'ai point peur de la mort. L'hypothèse du néant absolu n'a même rien qui me terrifie. Je suis prêt à me jeter dans le grand trou noir avec placidité. Et cependant, ce qui m'attire par-dessus tout, c'est la religion. Je veux dire toutes les religions, pas plus l'une que l'autre. Chaque dogme en particulier m'est répulsif, mais je considère le sentiment qui les a inventés comme le plus naturel et le plus poétique de l'humanité. Je n'aime point les philosophes qui n'ont vu là que jonglerie et sottise. J'y découvre, moi, nécessité et instinct ; aussi je respecte le nègre baisant son fétiche autant que le catholique aux pieds du Sacré-Cœur » (à Mlle Leroyer de Chantepie, Paris, 30 mars 1857). D'un côté donc, pour Flaubert, quelque chose comme une répulsion envers ce que chaque dogme singulier contient de prétention à détenir la vérité ; mais d'un autre côté, une attirance tout aussi puissante pour ce que le religieux, sous toutes ses formes, révèle d'instinct poétique vers une sublimation du réel. Les dogmes, les dévotions, dans le détail de leurs rituels et l'aveuglement de leur intolérance, sont généralement immondes et répugnants d'ineptie. Mais leur monstruosité fait précisément qu'ils sont souvent surprenants par leur extravagance, proches des configurations délirantes, inhumains, grotesques au point d'en devenir admirables et dignes, par conséquent, comme la Bêtise, de l'attention la plus approfondie. Flaubert, pour le chapitre Religion de *Bouvard et Pécuchet*, s'y est une dernière fois immergé avant de disparaître : « Depuis trois mois je ne lis que des livres de dévotion moderne. Aujourd'hui, j'ai expédié le Manuel des jeunes communiants où il y en a des raides. "Avez-vous commis des actes déshonnêtes avec des animaux, etc.", page 376 ! Ce qui est peut-être un souvenir de ce passage de la Mischna : "Il n'est pas bon à l'homme prudent de rester seul avec un animal, surtout si c'est un quadrupède !" (…) Je vous assure qu'en ces matières je suis un peu plus qu'un amateur. Eh bien ! Le cœur me saute de dégoût ! Pie IX – le martyr du Vatican – aura été funeste au catholicisme. Les Dévotions qu'il a patronnées sont hideuses ! Sacré-Cœur, Saint Joseph, entrailles de Marie, Salette, etc., cela ressemble au culte d'Isis et de Bellone dans les derniers jours du paganisme » (à Mme X, Croisset, décembre 1879 ?).

Il y a donc la face obscure du religieux où la diversité inouïe des rituels, par-delà les cultures et les millénaires, finit par se confondre dans une même abomination ; et il y a le côté lumineux de la croyance, celui du sentiment religieux : l'instinct poétique dont toutes les religions ne sont que les avatars circonstanciels, l'aspiration humaine à l'idéal qui est, selon Flaubert, de même nature que celle qui hante les artistes. Ce « sentiment religieux », Flaubert l'assimile radicalement, mais de manière nullement négative, à la « superstition » qu'il pose comme le principe même de la foi. Si la religion peut se définir comme une philosophie devenue art, cette fiction de vérité qui l'anime est universelle. Par-delà les différences qui semblent les opposer, les religions attendent le savant qui sera capable de reconstituer dans sa logique unitaire l'histoire naturelle de toutes les croyances : « Qui est-ce qui a généralisé les religions ? Geoffroy Saint-Hilaire a dit : le crâne est une vertèbre aplatie. Qui est-ce qui a prouvé, par exemple, que la religion est une philosophie devenue art, et que la cervelle qui bat dedans, à savoir la superstition, le sentiment religieux en soi, est de même matière partout, malgré ses différences extérieures, correspond aux mêmes besoins, répond aux mêmes fibres, meurt par les mêmes accidents, etc. ? » (à Louise Colet, Croisset, 7-8 juillet 1853). La superstition n'est pas une simple crédulité ; elle n'est autre que le « sentiment religieux en soi » : la propension à développer du transcendant dans l'immanence. Et voilà pourquoi Flaubert ne s'excuse pas d'être « superstitieux » à ses heures, dans la vie quotidienne : c'est la même superstition qui, à une autre échelle, fonde l'équation supérieure entre religion, sentiment du sacré et création artistique. Le religieux, comme l'Art, est un double magnifié de la vie : son image glorieuse inversée dans un miroir, un mirage qui lui ressemble donc, mais comme son contraire. Si le bonheur – c'est-à-dire l'amour sans entrave, le plaisir sans limite – existait dans le réel, il n'y aurait ni art ni religion. C'est ce qu'explique Flaubert à la malheureuse Louise Colet dès leurs premières rencontres : « Oui, j'aimerais à me rendre malade de toi, à m'en tuer, à m'en abrutir, à n'être plus qu'une espèce de sensitive que ton baiser seul ferait vivre. Pas de milieu ! La vie, et c'est là la vie : aimer, aimer, jouir ; ou bien quelque chose qui en a l'apparence et qui en est la négation, c'est-à-dire l'Idée, la contemplation de l'immuable, et pour tout dire par un mot, la Religion dans sa plus large extension. Je trouve que tu en manques trop, mon amour. Je veux dire qu'il me semble que tu n'adores pas beaucoup le Génie, que tu ne tressailles pas jusque dans tes entrailles à la contemplation du Beau ; ce n'est pas tout que d'avoir des ailes, il faut qu'elles vous portent. Un de ces jours, je t'écrirai une longue lettre littéraire. Aujourd'hui j'ai fini *Sakountala*, l'Inde m'éblouit c'est superbe. Les études que j'ai faites cet hiver sur le brahmanisme n'ont pas été loin de me rendre fou ; il y avait des moments où je sentais que je n'avais pas bien ma tête » (à Louise Colet, 14 septembre 1846). Comme Marx, Flaubert croit que la religion est un opium, un alcool violent dont on se soûle pour oublier la misère du monde réel. Mais, à la différence de Marx, Flaubert parie pour l'idéal contre le monde réel, sans la moindre illusion quant à l'existence d'un autre monde, si ce n'est celui, fictionnel, de l'art, plus inaccessible peut-être encore que celui de la foi : « Moi aussi je voudrais être un ange ; je suis ennuyé de mon corps, et de manger, et de dormir, et d'avoir des désirs. (...) c'est ce dégoût de la guenille qui a fait inventer les religions, les mondes idéaux de l'art. L'opium, le tabac, les liqueurs fortes flattent ce penchant d'oubli ; aussi je tiens de mon père une sorte de pitié religieuse pour les ivrognes. J'ai comme eux la ténacité du penchant et les désillusions au réveil » (à Louise Colet, Croisset, 19 septembre 1852).

Empathie sans illusion, mais empathie tout de même pour cette « superstition » sans laquelle nous serions condamnés à l'opacité du réel, et simultanément horreur envers tout ce que les dogmes drainent de ressentiment, de préjugés aveugles et de carcans pour l'esprit : c'est bien dans l'espace d'une dialectique sans issue que semble se tenir le point de vue de Flaubert. Mais comment s'est constitué chez lui ce rapport étrangement ambivalent d'attirance-répulsion au fait religieux ? C'est dans une lettre d'avril 1846 à Maxime Du Camp que l'on en trouve la première formulation la plus claire. Cette lettre est écrite à une époque particulièrement douloureuse de sa vie : au moment où, après les rudes épreuves de sa maladie nerveuse de 1844-1845, le jeune Flaubert, entre janvier et mars 1846, voit mourir coup sur coup son père et sa jeune sœur. Caroline laisse derrière elle un mari écrasé de chagrin qui perd la raison et une enfant qui vient de naître. Par tradition plus que par conviction, on baptise la petite en lui donnant le nom de sa mère défunte, Désirée Caroline, et c'est le lendemain de la cérémonie que Gustave utilise l'occasion d'une lettre à Maxime pour mettre de l'ordre dans ses idées : « On dit que les gens religieux endurent mieux que nous les maux d'ici-bas. Mais l'homme convaincu de la grande harmonie, celui qui espère le néant de son corps, en même temps que son âme retournera dormir au sein du Grand Tout pour animer peut-être le corps des panthères ou briller dans les étoiles, celui-là non plus n'est pas tourmenté. On a trop vanté le bonheur mystique. Cléopâtre est morte aussi sereine que saint François. Je crois que le dogme d'une vie future a été inventé par la peur de la mort ou l'envie de lui rattraper quelque chose. – C'est hier que l'on a baptisé ma nièce. L'enfant, les assistants, moi, le curé lui-même qui venait de dîner et était empourpré, ne comprenaient pas plus l'un que l'autre ce qu'ils faisaient. En contemplant tous ces symboles insignifiants pour nous, je me faisais l'effet d'assister à quelque cérémonie d'une religion lointaine, exhumée de sa poussière. C'était bien simple et bien connu, et pourtant je n'en revenais pas d'étonnement. Le prêtre marmottait au galop un latin qu'il n'entendait pas ; nous autres, nous n'écoutions pas ; l'enfant tenait sa petite tête nue sous l'eau qu'on lui versait ; le cierge brûlait et le bedeau répondait : Amen ! Ce qu'il y avait de plus intelligent à coup sûr, c'étaient les pierres qui avaient autrefois compris tout cela et qui peut-être en avaient retenu quelque chose » (à Maxime Du Camp, Croisset, 7 avril 1846). En réfléchissant sur sa propre expérience du deuil, Flaubert reprend ici une note de ses carnets (« le dogme d'une vie future a été inventé par la peur de la mort ou l'envie de lui rattraper quelque chose ») qui laisse peu de doute sur son incrédulité vis-à-vis du dogme de la vie éternelle et de la résurrection des corps : une simple fiction compensatoire. Pour son usage personnel, Flaubert inclinerait plutôt vers la sagesse de « celui qui espère le néant de son corps », la migration des âmes ou la dissolution dans « le Grand Tout » : une sérénité à l'orientale, mais pessimiste, façon Schopenhauer. Il travaillera beaucoup sur la question à plusieurs périodes de sa carrière, notamment en 1871 pour la dernière version de *Saint Antoine*, toujours sous le regard bienveillant du grand bouddha doré qui orne son cabinet de travail ; et, pour ce qui concerne son usage personnel du religieux, Flaubert s'en tiendra là : « Connaissez-vous Schopenhauer ? J'en lis deux livres. Idéaliste et pessimiste, ou plutôt bouddhiste. Ça me va » (à Mme Roger des Genettes, Paris, 13 juin 1879). Un bouddhisme occidentalisé donc, tempéré par une certaine référence à la sagesse antique et à « l'égalité de l'âme ». Mais la lettre à Du Camp parle aussi de « l'intelligence des pierres » : la mémoire perdue des croyances, l'immensité de ce qui est devenu indéchiffrable. C'est là que se cache le grand secret, Flaubert en est certain : ce que l'histoire des religions, la mythographie, l'étude des sources permettraient de reconstituer comme le principe même de l'inspiration.

De cette année 1846 jusqu'aux derniers jours de sa vie, Flaubert n'a donc jamais cessé de ruminer le fait religieux, aussi bien en termes existentiels comme une façon de penser la mort, qu'en termes de recherche et d'érudition pour « bien écrire » le sacré et en inscrire le principe au centre de son œuvre. Les témoignages de son immense enquête en ce domaine sont innombrables et attestent l'ampleur de sa curiosité, notamment dans les périodes où il travaille sur l'Orient pour son conte oriental ou pour *Saint Antoine* : « J'ai lu le Bagavad-Gîtâ, le Nalus, un grand travail de Burnouf sur le Bouddhisme, les hymnes du Rig-Véda ; les lois de Manou, le Koran, et quelques livres chinois ; voilà tout. Si tu peux me dénicher quelque recueil de poésies ou de vaudevilles plus ou moins facétieux, composés par des Arabes, des Indiens, des Perses, des Malais, des Japonais ou autres, tu peux me l'envoyer. Si tu connais quelque bon travail (revue ou livres) sur les religions ou les philosophies de l'Orient, indique-le-moi. Tu vois que le champ est vaste » (à Emmanuel Vasse, 16 septembre 1846). Et, deux mois plus tard : « Je me dépêche dans ce moment de lire un in-folio que l'on m'a envoyé de la Bibliothèque royale, (…) l'*Historia Orientalis* de Hottinger, un bouquin latin hérissé de grec que je n'entends pas toujours, et d'hébreu par-dessus lequel je passe (…) pour voir différentes choses sur la religion des Arabes avant Mahomet, et pour m'initier à la composition des talismans » (à Louise Colet, Croisset, 3 octobre 1846). Des cas tout à fait semblables se retrouveront dans la *Correspondance* à chaque étape de la vie de Flaubert. A l'exception peut-être de *L'Éducation sentimentale* qui examine le sentiment religieux dans ses composantes sociales et politiques, il n'y a pas une seule de ses œuvres qui n'ait été l'occasion pour lui de revenir à ce « dada » (en voici donc un autre) et d'approfondir ses connaissances en matière de fait religieux. Cette tendance n'ira d'ailleurs qu'en s'aggravant au cours des dix dernières années : « L'immense dégoût que me donnent mes contemporains me rejette sur le passé, et je travaille mon bon *Saint Antoine* de toutes mes forces. Je suis venu à Paris uniquement pour lui, car il m'est impossible de me procurer à Rouen les livres dont j'ai besoin actuellement ; je suis perdu dans les religions de la Perse. Je tâche de me faire une idée nette du Dieu *Hom*, ce qui n'est pas facile. J'ai passé tout le mois de juin à étudier le bouddhisme, sur lequel j'avais déjà beaucoup de notes. Mais j'ai voulu épuiser la matière autant que possible » (à George Sand, Paris, 25 juillet 1871).

On se tromperait pourtant en pensant que cette enquête sur les cultes est avant tout, pour Flaubert, une affaire de livres et de recherche à but documentaire. C'est pour lui une véritable question de vie pour la pensée, une jouissance de l'imagination, le sujet même autour duquel il est humain de se rassembler et de débattre, au même titre que l'art ou la beauté. Au cours de son voyage en Orient, l'un de ses plus beaux souvenirs est une après-midi de palabres sur la transcendance au Caire avec un évêque copte et sa cohorte de docteurs : « Donc je reviens à l'évêque. Il m'a reçu avec moult politesses ; on a apporté le café et bientôt je me suis mis à lui pousser des questions touchant la Trinité, la Vierge, les évangiles, l'eucharistie ; toute ma vieille érudition de *Saint Antoine* est remontée à flot. C'était superbe, le ciel bleu sur nos têtes, les arbres, les bouquins étalés, le vieux bonhomme ruminant dans sa barbe pour me répondre, moi à côté de lui, les jambes croisées, gesticulant avec mon crayon et prenant des notes, tandis qu'Hassan se tenait debout, immobile, à traduire de vive voix et que les trois autres docteurs, assis sur les tabourets, opinaient de la tête et interprétaient de temps à autre quelques mots. Je jouissais profondément. C'était bien là ce vieil Orient, pays des religions et des vastes costumes. Quand l'évêque a été échigné, un des docteurs l'a remplacé et, lorsqu'à la fin j'ai vu qu'ils avaient tous les pommettes rouges, je suis sorti. J'y retournerai, car il y a là beaucoup à apprendre. La religion copte est la plus ancienne secte chrétienne qu'il y ait, et l'on n'en connaît presque rien, pour ne pas dire rien, en Europe (du moins que je sache). J'irai de même chez les Arméniens, chez les Grecs, les Sunnites, et surtout chez les docteurs musulmans » (à sa mère, Le Caire, 5 janvier 1850).

Que l'étude du fait religieux soit tout autre chose qu'une simple aventure intellectuelle, et qu'elle frappe toujours en plein cœur, qu'elle atteigne d'abord la sensibilité, c'est ce qu'atteste son lien presque naturel aux expériences les plus tragiques de la vie. On se souvient de la mort d'Alfred Le Poittevin en 1848, et de cette veillée funèbre pendant laquelle Flaubert s'absorbe dans la lecture de Creuzer. Mais si cette expérience du déchirement – la mort de la personne aimée – constitue un rendez-vous favorable pour se replonger en esprit dans « l'intelligence des pierres », à la recherche des paradis perdus, elle est aussi une épreuve physique de l'absurde devant laquelle les prétentions dogmatiques du religieux nous apparaissent également dans toute leur révoltante et dérisoire étroitesse spirituelle. Ce qui est à l'origine du « sentiment religieux » le plus intense – et qui ne peut que pousser à vouloir penser la transcendance, à y aspirer – est aussi le moment de vérité fatale où l'idée de Dieu s'effondre : « Quand une fois on a baisé un cadavre au front, il vous en reste toujours sur les lèvres quelque chose, une amertume infinie, un arrière-goût de néant que rien n'efface. Il faut regarder les étoiles et dire : "J'irai peut-être." »

« Mais la manière dont parlent de Dieu toutes les religions me révolte, tant elles le traitent avec certitude, légèreté et familiarité. Les prêtres surtout, qui ont toujours ce nom-là à la bouche, m'agacent. C'est une espèce d'éternuement qui leur est habituel : *la bonté de Dieu, la colère de Dieu, offenser Dieu*, voilà leurs mots. C'est le considérer comme un homme et, qui pis est, comme un bourgeois. On s'acharne encore à le décorer d'attributs, comme les sauvages mettent des plumes sur leur fétiche. Les uns peignent l'infini en bleu, les autres en noir. Cannibales que tout cela... Nous en sommes encore à brouter de l'herbe et à marcher à quatre pattes, malgré les ballons.

L'idée que l'humanité se fait de Dieu ne dépasse pas celle d'un monarque oriental entouré de sa cour. L'idée religieuse est donc en retard de plusieurs siècles sur l'idée sociale (...). Et il y a des tas de farceurs qui font semblant de se pâmer d'admiration là-devant » (à Mme Roger des Genettes, Croisset, 18 décembre 1859).

Il y a donc chez Flaubert l'idée que la religion, dans les formes actuelles de son discours et de ses représentations, enregistre un retard historique considérable, notamment si on la compare aux autres évolutions de la culture humaine, sociale, politique ou scientifique. Bloquée dans une image monarchique, obsédée par la recherche de la Cause première, enfermée dans une pensée binaire (le bien et le mal, l'âme et le corps, le fond et la forme, etc.), la religion moderne en reste aux artifices rhétoriques du Moyen Age. Elle a raté le grand virage de la modernité, s'est exclue elle-même de cette révolution du regard engagée par la science, la contemplation ardente du réel lui-même : « Remarquez que les sciences n'ont fait de progrès que du moment où elles ont mis de côté cette idée de cause. Le Moyen Age a passé son temps à rechercher ce que c'était que la substance, Dieu, le mouvement, l'infini, et il n'a rien trouvé, parce qu'il était *intéressé*, égoïste, pratique dans la recherche de la vérité. (Ceci doit être un enseignement pour les individus.) – "Qu'est-ce que ton devoir ? L'exigence de chaque jour." Ceci est un mot de Goethe. Notre devoir est de vivre (noblement, cela va sans dire), mais rien de plus. Or, je ne connais rien de plus noble que la contemplation ardente des choses de ce monde. La science deviendra une foi, j'en suis sûr. Mais, pour cela, il faut sortir des vieilles habitudes scolastiques : ne pas faire ces divisions de la forme et du fond, de l'âme et du corps, qui ne mènent à rien ; – il n'y a que des faits et des ensembles dans l'univers. Nous ne faisons que de naître » (à Mlle Leroyer de Chantepie, Croisset, 18 décembre 1859).

La science deviendra donc une foi, selon Flaubert, parce que c'est en elle que bat aujourd'hui la cervelle de l'idéal, le « sentiment religieux en soi », c'est-à-dire, au sens artiste et prométhéen qu'il lui donne, la « superstition ». Or, précisément, ce n'est pas vers la science que se sont tournés les grands réformateurs de la société, mais bien vers la religion dans ce qu'elle peut avoir de rétrograde et de plus médiéval. Le socialisme a vu juste pour son combat en s'emparant du « sentiment religieux », principe de toute croyance et de toute aspiration spirituelle, mais il s'est aussi aveuglé et définitivement condamné en se faisant, par la même occasion, l'héritier des dogmes. C'est en travaillant sur les journaux politiques de 1848, pour la rédaction de *L'Éducation sentimentale*, que Flaubert en a pris conscience : « Je suis indigné de plus en plus contre les réformateurs modernes, qui n'ont rien réformé. *Tous*, Saint-Simon, Leroux, Fourier et Proudhon, sont engagés dans le Moyen Age jusqu'au cou ; *tous* (ce qu'on n'a pas observé) croient à la révélation biblique. Mais pourquoi vouloir expliquer des choses incompréhensibles par d'autres choses incompréhensibles ? Expliquer le mal par le péché originel, c'est ne rien expliquer du tout. La recherche de la cause est antiphilosophique, antiscientifique, et les religions en cela me déplaisent encore plus que les philosophies, puisqu'elles affirment la connaître. Que ce soit un besoin du cœur, d'accord. C'est ce besoin-là qui est respectable, et non des dogmes éphémères. Quant à l'idée de l'expiation, elle dérive d'une conception étroite de la justice, une manière de la sentir barbare et confuse ; c'est l'hérédité transportée dans la responsabilité humaine. Le *Bon Dieu* oriental, qui n'est pas bon, fait payer aux petits enfants les fautes de leur père, comme un pacha qui réclame à un fils les dettes de son aïeul. Nous en sommes encore là, quand nous disons la justice, la colère ou la miséricorde de Dieu, toutes qualités humaines, relatives, finies et partant incompatibles avec l'absolu » (à Mme Roger des Genettes, Croisset, été 1864).

Révélation, faute originelle, expiation, vengeance : sans même s'en apercevoir le « sentiment religieux », indispensable à toute grande cause, a drainé avec lui les immondices de la pensée dogmatique, si bien que les réformateurs non seulement n'ont rien réformé mais se sont enfermés dans la même impasse que leurs adversaires. Et voilà pourquoi le socialisme utopique, selon Flaubert, s'avère tout aussi régressif, dans ses tentations transgressives d'établir par la force un ordre nouveau, que le sont les partis de la réaction dans leur désir fou de restaurer un ordre révolu. Pour les uns comme pour les autres, il s'agit de mettre l'humanité sous la toise et de niveler les têtes. Monastère ou caserne, couvent ou collège, le parti pris reste le même : en finir avec la liberté, arrêter l'histoire, conclure.

Paradoxalement, il n'y a donc aucun avenir pour le sentiment religieux sans une extermination des dogmes religieux. Pour se débarrasser du fanatisme, il faut dresser contre lui la force d'un autre fanatisme. Et c'est la raison impérieuse pour laquelle Flaubert admire Voltaire. Il l'admire comme on peut admirer une arme à feu ou une pièce d'artillerie : pour sa précision, sa longue portée et sa puissance d'impact. Il admire que Voltaire, à l'inverse de son siècle incrédule, ait su croire que la religion et la foi ne sont pas des enfantillages, mais au contraire des puissances redoutables contre lesquelles il s'agit de mobiliser toutes les forces de l'esprit, dans un combat à mort : « Vous savez bien que je ne partage nullement votre opinion sur la personne de M. de Voltaire. C'est pour moi un *saint* ! Pourquoi s'obstiner à voir un farceur dans un homme qui était un fanatique ? M. de Maistre a dit de lui dans son traité des *Sacrifices* : "Il n'y a pas de fleur dans le jardin de l'intelligence que cette chenille n'ait souillée." Je ne pardonne pas plus cette phrase à M. de Maistre que je ne pardonne tous leurs jugements à MM. Stendhal, Veuillot et Proudhon. C'est la même race quinteuse et anti-artiste. (…) Je m'étonne que vous n'admiriez pas cette grande palpitation qui a remué un monde. Est-ce qu'on obtient de tels résultats quand on n'est pas sincère ? Vous êtes, dans ce jugement-là, de l'école du XVIIIe siècle lui-même, qui voyait dans les enthousiasmes religieux des *momeries* de prêtres. Inclinons-nous devant tous les autels. Bref, cet homme-là me semble ardent, acharné, convaincu, superbe. Son "Écrasons l'infâme" me fait l'effet d'un cri de croisade. Toute son intelligence était une machine de guerre. Et ce qui me le fait chérir, c'est le dégoût que m'inspirent les voltairiens, des gens qui rient sur les grandes choses ! Est-ce qu'il riait, lui ? Il grinçait ! (…) » (à Mme Roger des Genettes, Paris, janvier 1860).

Ici, comme dans sa critique du socialisme, Flaubert pense le religieux en termes tout aussi politiques que métaphysiques. Et il existe en ce domaine chez Flaubert une vision globale du problème, une appréciation géopolitique du fait religieux, qui pourrait bien nous surprendre par ses aspects prophétiques. Flaubert connaît bien l'Orient. Il est anticolonialiste et condamne la présence française au Maghreb. Mais il est aussi un observateur attentif des progrès du fondamentalisme musulman et des manipulations auxquelles se livre, en sous-main, la politique impériale de la Grande-Bretagne pour consolider sa présence au Moyen-Orient contre les autres prétentions occidentales. Il avait pressenti le problème dès son séjour en Égypte en 1850, et l'histoire est en train de lui donner raison. Mais la question, pour Flaubert, dépasse de très loin celle des rivalités coloniales ; ce qu'il y voit, c'est ni plus ni moins le début d'un affrontement Orient-Occident et l'émergence d'un islam radical qui va peser lourdement sur le futur : « J'ai été bien impressionné par le massacre de Djedda et je le suis encore par tout ce qui se passe en Orient. Cela me paraît extrêmement grave. C'est le commencement de la guerre religieuse. Car il faut que cette question se vide ; on la passe sous silence et au fond c'est la seule dont on se soucie. La philosophie ne peut pas continuer à se taire ou à faire des périphrases. Tout cela se videra par l'épée, vous verrez. Il me semble que les gouvernements sont idiots en cette matière. On va envoyer contre les musulmans des soldats et du canon. C'est un Voltaire qu'il leur faudrait ! Et l'on criera de plus belle au fanatisme ! à qui la faute ? Et puis, tout doucement, la lutte va venir en Europe » (à Mlle Leroyer de Chantepie, Croisset, 4 septembre 1858). Vingt ans plus tard, alors que la « question d'Orient » redevient brûlante, ce n'est plus à un Voltaire arabe que Flaubert s'en remet pour en finir, une bonne fois pour toutes, avec le fondamentalisme musulman et les manœuvres britanniques, mais bel et bien au canon : « Sans doute par l'effet de mon vieux sang normand, depuis la guerre d'Orient, je suis indigné contre l'Angleterre ! (…) Cette prétention de défendre l'Islamisme (qui est en soi une monstruosité) m'exaspère. Je demande, au nom de l'Humanité, à ce qu'on broie la Pierre-Noire, pour en jeter les cendres au vent, à ce qu'on détruise La Mecque, et que l'on souille la tombe de Mahomet. Ce serait le moyen de démoraliser le Fanatisme » (à Mme Roger des Genettes, Paris, 1er mars 1878). De tels propos peuvent étonner sous la plume d'un écrivain qui se prétend ami des opprimés, respectueux de tous les cultes et combattant de la liberté. L'idée, toute rhétorique et spéculative qu'elle soit, reste, bien entendu, inexcusable et ne lui sera jamais pardonnée. Mais si Flaubert invite à bombarder La Mecque, soyons certain qu'il en a tout autant au service de la chrétienté : bombarder le Vatican et en finir avec la papauté n'aurait rien pour lui déplaire, si du moins les voûtes de Michel-Ange pouvaient être épargnées.

Au fond, quoi qu'il advienne, c'est celui qui passe aux extrêmes qui aura toujours le dernier mot. Flaubert en arrive à penser que le principe même de la croyance, ce qu'il appelle aussi la « superstition », n'est finalement rien d'autre que le « fanatisme ». Flaubert déteste la littérature engagée, mais il rêve d'un art qui serait capable de métamorphoser la planète et d'engendrer une humanité capable de vivre dans le bleu, dans l'idéal. Demain, ou dans dix mille ans, qu'importe... Or, qu'est-ce qui change la face du monde ? Qu'est-ce qui mobilise les masses, qui entraîne les cultures vers de nouveaux horizons, si ce n'est l'exaltation, la fièvre et la fureur ? Donc, le fanatisme, le fanatisme de l'art, est la seule façon logique de sortir par le haut de l'antinomie entre une adhésion au « sentiment religieux » et une répulsion pour la hideur des « dogmes » : « On ne fait rien de grand sans le fanatisme. *Le fanatisme est la religion* ; et les philosophes du XVIIIe siècle, en criant après l'un, renversaient l'autre. Le fanatisme est la foi, la foi même, la foi ardente, celle qui fait des œuvres et agit. La religion est une conception variable, une affaire d'invention humaine, une idée enfin ; l'autre un sentiment. Ce qui a changé sur la terre, ce sont les dogmes, les *histoires* des Vischnou, Ormuzd, Jupiter, Jésus-Christ. Mais ce qui n'a pas changé, ce sont les amulettes, les fontaines sacrées, les ex-voto, etc., les brahmanes, les santons, les ermites, la croyance enfin à quelque chose de supérieur à la vie et le besoin de se mettre sous la protection de cette force. Dans l'Art aussi, c'est le fanatisme de l'Art qui est le sentiment artistique » (à Louise Colet, Croisset, 31 mars 1853).

Si le destin de l'art est d'occuper la place laissée vide par Dieu, c'est donc bien à une guerre totale que l'artiste doit se préparer pour remplir sa mission ; et dans ce combat, c'est toute la puissance du sacré qui se trouve engagée, non plus à travers la médiation des idoles, mais par une véritable conversion du divin en énergie créative : « Je tourne à une espèce de mysticisme esthétique (si les deux mots peuvent aller ensemble), et je voudrais qu'il fût plus fort. Quand aucun encouragement ne vous vient des autres, quand le monde extérieur vous dégoûte, vous alanguit, vous corrompt, vous abrutit, les gens *honnêtes et délicats* sont forcés de chercher en eux-mêmes quelque part un lieu plus propre pour y vivre. Si la société continue comme elle va, nous reverrons, je crois, des mystiques comme il y en a eu à toutes les époques sombres. Ne pouvant s'épancher, l'âme se concentrera. Le temps n'est pas loin où vont revenir les langueurs universelles, les croyances à la fin du monde, l'attente d'un Messie. Mais, la base théologique manquant, où sera maintenant le point d'appui de cet enthousiasme qui s'ignore ? Les uns le chercheront dans la chair, d'autres dans les vieilles religions, d'autres dans l'Art ; et l'humanité, comme la tribu juive dans le désert, va adorer toutes sortes d'idoles. (...) Si le sentiment de l'insuffisance humaine, du néant de la vie venait à périr (ce qui serait la conséquence de leur hypothèse), nous serions plus bêtes que les oiseaux, qui au moins perchent sur les arbres. L'âme dort maintenant, ivre de paroles entendues ; mais elle aura un réveil frénétique où elle se livrera à des joies d'affranchi (...) » (à Louise Colet, Croisset, 4 septembre 1852). Flaubert est donc bien un véritable mystique, cela ne fait aucun doute, mais un mystique de l'immanence. Que sa conception du sacré ne puisse s'accomplir dans l'écriture qu'au prix d'une néantisation de Dieu et de tout ce qui n'est pas l'art, c'est ce qu'il avoue sans beaucoup de peine quand il constate : « Je suis mystique au fond, et je ne crois à rien » (à Louise Colet, Croisset, 9 mai 1852). Cette mystique qui crée une communauté très restreinte – celle de l'art – repose sur un *non serviam* aussi définitif que celui de Lucifer, une autonomie radicale qui ne développe pas plus de tendresse pour Dieu que pour le genre humain : « L'humanité nous hait, nous ne la servons pas et nous la haïssons, car elle nous blesse. Aimons-nous donc en l'art, comme les mystiques s'aiment en Dieu. » Quant à la postérité, inutile d'y voir un succédané de l'immortalité de l'âme. S'il faut écrire « pour aussi longtemps que la langue vivra », ce doit être sans illusion : « La célébrité la plus complète ne vous assouvit point et l'on meurt presque toujours dans l'incertitude de son propre nom, à moins d'être un sot. »

Table des matières

Le troisième Flaubert 11
Comme un sauvage fait de son cheval 17

1. Dada de l'écriture 21
2. Enfance (1821-1838) 41
3. La nature du feu (1839-1844) 69
4. La mort, l'amour, l'ailleurs (1845-1851) 107
5. Éros et l'autre 129
6. Entrer en littérature (1851-1857) 159
7. Madame Bovary, c'est qui ? 181
8. Le procès du style 203
9. Crypter le secret 231
10. Nouer et dénouer le « nous » 251
11. L'invention du flou (1857-1863) 269
12. Une manière spéciale de vivre 309
13. L'Éduc sentim (1863-1869) 323
14. L'engagement 343

15. Traversées de Paris 367
16. « Qu'est-ce que cela veut dire, la réalité ? » 387
17. La stratégie du rhinocéros (1870-1874) 417
18. La parenthèse du légendaire (1875-1876) 439
19. Du moderne et de l'antique (1876-1877) 463
20. Lire et écrire 487
21. La vengeance (1872-74/1877-80) 503
22. Au nom du père, du fils… 531
23. L'ange du bizarre et le Dieu des âmes 543

Du même auteur

G. FLAUBERT : ÉDITIONS DES MANUSCRITS

CARNETS DE TRAVAIL, *édition critique et génétique*, Balland, 1988 (Prix de l'Académie française, 1989).
VOYAGE EN ÉGYPTE, *édition intégrale du manuscrit original*, Grasset, 1991.

G. FLAUBERT : ÉDITIONS DES ŒUVRES

MADAME BOVARY : Seuil, L'École des lettres, 1992 ; La Salamandre, Imprimerie nationale, 1994.
L'ÉDUCATION SENTIMENTALE, Seuil, L'École des lettres, 1993 ; Livre de Poche n° 1499, Classiques de poche, 2002 ; en préparation : *in* vol. 4 des *Œuvres complètes*, Bibliothèque de la Pléiade, Gallimard.
TROIS CONTES, GF Flammarion, 1985, nouvelle éd. 2007 ; Seuil, L'École des lettres, 1993 ; Livre de Poche n° 1958, Classiques de poche, 1999.
BOUVARD ET PÉCUCHET, Livre de Poche n° 1649, Classiques de poche, 1999.

ESSAIS

TRÉSORS DE L'ÉCRIT, coll. Enjeux Culture, Réunion des Musées nationaux, 1992.
FLAUBERT : LES SECRETS DE L'HOMME-PLUME, Coup double, Hachette, 1995.
LA SAGA DU PAPIER (avec K. Douplitzky), Adam Biro - Arte éd., 1999 ; nouvelle éd. 2003.
LE PAPIER, UNE AVENTURE AU QUOTIDIEN, Découvertes, Gallimard, 1999.
LA GÉNÉTIQUE DES TEXTES, 128, Nathan, 2000 ; Hatier, 2007.
GUSTAVE FLAUBERT, L'HOMME-PLUME, Découvertes, Gallimard, 2002.
LEXIQUE DE L'ACTUEL, Calmann-Lévy, 2005.
HISTOIRE DE L'ÉROTISME. *De l'Olympe au cybersex*, Découvertes, Gallimard, 2007.
PRÉCIS DE GÉNÉTIQUE, CNRS éditions, 2011.

Composition réalisée par PCA

Achevé d'imprimer en mars 2011, en France sur Presse Offset par
Maury-Imprimeur - 45330 Malesherbes
N° d'imprimeur : 163606
Dépôt légal 1re publication : avril 2011
LIBRAIRIE GÉNÉRALE FRANÇAISE - 31, rue de Fleurus - 75278 Paris Cedex 06

31/5615/5